미술치료 연구방법

Research Methods for Art Therapy

●

정현희 저

학지사

미술치료 연구의 필요성은 인간의 부적응 현상의 이해와 미술치료에 의한 정신건강의 유지라는 측면에서 크게 주목받고 있다. 인간이 어떻게 적응하고 인간의 행동이 어떻게 변화를 일으키는가에 대한 의문과 탐구는 미술치료의 연구과제를 제공하며, 이것은 과학적인 연구를 통해 해결할 수 있다. 연구방법은 과학적인 연구를 하기 위한 방법이다.

미술치료는 인간발달 및 심리치료의 이론과 연구결과에 근거를 두고, 미술치료 현상을 과학적으로 탐구한다. 과학적 탐구는 연구가 객관적이고 정확하며, 경험적으로 이루어지고, 이 결과가 다른 연구자에 의해 검증되어야 함을 의미한다.

미술치료 연구방법이 근본적으로 사회과학의 다른 학문분야 연구방법과 차이가 있는 것은 아니다. 실제에 있어 각 학문은 다른 분야에서 잘 수립한 연구방법을 활용하고 있다. 그러나 타 학문분야에서 채택한 연구방법은 해당 학문에 적합하도록 수정·보완 후 사용되어야 한다. 더구나 각 학문은 다른 학문과 구분되는 특성이 있어, 이 특성에 맞도록 수정·보완해 줄 연구방법이 필요하다. 이 책은 그러한 목적하에 저술되었다.

이 책은 모두 15개 장으로 구성되어 있다. 제1장에서는 미술치료학의 정의, 미술치료의 연구목적과 연구의 필요성을 제시하고, 미술치료의 학문적 특성을 중심으로 다루었다. 그리고 미술치료 연구분야와 미술치료프로그램 개발을 위한 연구방법도 설명하였다. 제2장에서는 미술치료 연구를 위한 과학적 방법의 중요성과 필요성에 대한 이해를 목적으로 과학적 방법을 정리하였다. 제3장과 제4장에서는 각각 과학적 연구의 요소와 과학적 연구의 유형을 정리하였다. 미술치료 연구에서 요구되는 과학적 연구를 위한 기본 개념에 중점을 두었다.

제5장에서는 연구의 일반적 절차를 소개하여, 미술치료 연구를 어떻게 진행해야 하는가에 대한 방향을 제시하고자 하였다. 미술치료 연구과정에서 중요한 부분의 하

나는 인간의 심리를 어떻게 측정하느냐 하는 측정도구이다. 제6장에서는 측정과 측정도구를 정리하면서 측정도구의 개발과정에 대해서 설명하였고, 제7장에서 측정도구의 준거를 정리하였다.

제8장 조사연구, 제9장 문헌연구, 제10장 관찰연구, 제11장 실험연구에서는 각 연구 유형의 개념, 연구의 목적, 연구절차, 연구의 평가에 대해 설명하면서, 미술치료 연구에 어떻게 적절히 적용할 수 있는가를 중점으로 다루었다. 제12장에 단일사례연구를 따로 다루어 미술치료 사례연구나 미술치료 실험연구의 확장에 도움을 주고자 하였다.

제13장과 제14장은 자료분석에 대한 통계의 이해와 통계프로그램의 시행에 대해 정리하였다. 제13장에서 미술치료 연구에 필요한 통계방법과 통계표의 예를 제시하여 연구논문에 필요한 통계표 작성과 설명에 도움을 주고자 하였다. 제14장에서는 통계프로그램을 제시하여 프로그램 출력에서 어떤 부분을 발췌하고, 어떻게 해석하는가를 설명하였다. 그럼으로써 실제로 연구에 필요한 통계방법의 선택과 통계프로그램의 구성, 출력된 통계치의 내용에 대한 이해를 돕고자 하였다.

제15장은 질적연구에 대해 정리하였다. 미술치료 연구에서 질적연구는 중요한 연구방법의 한 축이다. 질적연구의 특성과 연구절차를 설명하여, 질적연구에 대한 이해를 높이고자 하였다. 또한 질적연구의 평가와 질적연구의 유형도 제시하였다.

본 저서가 미술치료를 전공하는 대학생 및 대학원생, 일선에서 미술치료를 실시하고 있는 미술치료사뿐만 아니라 상담사, 교사, 사회복지사, 임상심리사 및 인간의 정신건강이나 상담에 관심이 있는 일반인에게도 도움이 되었으면 한다.

끝으로 미술치료 연구방법의 중요성에 대해 많은 시간 함께 이야기한 동료 연구자들과 미술치료 연구를 계속 이어 나갈 후학들에게 이 책을 바친다. 그리고 이 책의 출간이 가능하도록 배려해 주신 학지사 김진환 사장님과 편집부 여러분의 노고에 감사를 드린다.

2017. 5.

정현희

차례

제15장 질적연구 / 431

제1장

미술치료 연구

미술치료의 체계적이고 과학적인 연구는 그리 오래되지 않았다. 20세기에 이르러서야 비로소 과학적인 연구가 시작되었다고 할 수 있다. 미술치료는 인간발달 및 심리치료 이론과 미술매체, 미술활동과정 및 미술작품의 치료적 특성을 통합하여 개인의 욕구, 사고, 정서, 내적 갈등을 조정하고, 심리문제를 해결하며, 자아성장을 촉진하는 심리치료의 한 분야이다. 미술치료는 미술활동을 치료과정에서 심리치료적으로 활용하고 심리치료와 통합함으로써, 심리치료와는 구별되는 학문적 특성을 갖고 있다.

미술치료 연구방법이 사회과학의 다른 학문분야 연구방법과 근본적으로 차이가 있는 것은 아니다. 실제로 각 학문은 다른 학문분야에서 잘 수립한 연구방법을 채택하여 활용하고 있다. 예를 들어, 실험연구는 심리학에서, 조사연구는 사회학에서, 사례연구는 인류학에서의 연구방법이 활용되고 있다. 그러나 타 분야에서 채택된 연구방법은 해당 학문에 적합하도록 수정 · 보완되어 사용되어야 한다. 예를 들어, 미술치료 회기진행에서 연구대상자의 행동변화에 관한 연구는 인류학의 사례분석과 아동학의 관찰분석, 심리학의 축어록분석을 활용하는 것이 필요하나, 미술치료는 미술활동을 통한 심리치료이기 때문에, 실험, 사례분석, 관찰분석, 축어록분석에 미술활동, 작품 등이 적절히 분석되고 해석되어야 한다.

이 장에서는 미술치료학의 정의, 미술치료의 연구목적, 미술치료의 연구분야, 미술치료프로그램 개발연구, 미술치료 연구와 윤리에 관해 살펴보고자 한다.

1. 미술치료학의 정의

미술치료는 심리치료를 하는 데 있어 미술을 치료적으로 활용하는 심리치료의 한 분야이다. 심리치료를 하는 데 있어, 미술활동과정, 미술매체, 미술작품의 심리치료적 요소인 심상, 승화 및 창조성, 매체에 의한 심리촉진, 심리통제 및 표현의 다양성, 미술작품의 시각성, 구체성, 대화가능성을 심리치료이론(정신분석, 인지행동, 게슈탈트, 현상학, 행동주의 등), 심리치료 기술(해석, 직면, 반영, 질문 등) 및 심리치료태도(민감성, 허용성, 수용성, 인내성 등)와 통합하는 것이다(정현희, 2006). 즉, 미술과 심리치료를 통합함으로써 심리치료와 구별되는 학문적 특성을 갖고 있다.

미술활동과정, 미술매체, 미술작품의 심리치료적 요소와 심리치료이론, 심리치료 기술 및 심리치료태도인 심리치료와의 통합의 예에 대해 살펴보겠다. 심상은 경험을 통해 형성되므로 개인의 경험을 이해하게 해 준다. 그리고 심상을 구체적으로 볼 수 있게 해 주는 것이 미술표현이다. 심상을 표현하게 하고, 이 심상을 어떻게 이끌어 나가느냐는 미술치료사의 심리치료적 전문지식이 중요 요인이 된다. 과제화로 할 수도 있고, 자유화가 될 수도 있다. 정신분석적으로 미술치료를 한다면 어린 시절, 부모와의 관계, 핵심감정, 욕구갈등 등의 심상이 표현될 수 있는 과제를 제안하고, 그림에 대한 질문, 대화, 해석도 여기에 맞추어질 것이다. 게슈탈트 심리치료의 관점이라면 심상에서 미해결문제가 잘 표현되도록 하고, 인지치료는 비합리적 사고, 비합리적 감정을 보기 위한 표현과 이에 따른 치료의 진행이 이루어질 것이다.

심리치료 기술인 해석, 직면, 반영, 질문도 미술을 심리치료적으로 활용한다. 치료대상자의 모르거나 막연하거나 인정하고 싶지 않은 내면은 언어화가 어렵기 때문이다. 예를 들어, 아동에게 바다 속 꾸미기 과제를 제시했다. 아동이 큰 고래를 그렸고, 벌린 입에 작은 물고기가 있는 그림을 그렸다. 직면의 단계인가, 반영이 필요한가, 질문이 필요한가에 대한 미술치료사 평가에 의해, 미술치료사의 반응이 다르게 나타난다. 그리고 미술치료사의 그다음 진행되는 그림 그리기의 주제가 달라진다. 엄마 그리기나 어항 그리기, 동물가족 그리기, 받고 싶은 선물과 실제로 받은 선물 그리기 등의 제시가 나올 수 있다. 미술치료가 진행되면서 치료대상자가 모르거나 막연하거나 인정하고 싶지 않았던 욕구, 사고, 감정이 드러나고 명백해진다. 언어화되면서 문제해결이 이루어진다. 문제해결의 계획, 방법의 연습과 반복, 평가도 미술활동을 하면서 의식화 또는 언어화된다.

심상과 심리치료적 통합의 예

- **치료적 활용**: 개인의 정신세계를 일깨워 줌
  - 모호한 욕구, 사고, 정서가 구체적인 정서, 사고로 변화
  - 의미의 발견, 문제해결
- **치료적 통합**: 치료이론에 따라 미술활동, 작품 평가
  - 치료기술(해석, 반영, 질문, 대화)
- 예 고래와 물고기: 모자녀 관계(정신분석: 무의식)
  - 힘 센 사람(게슈탈트: 미해결 과제)
  - 큰 사람 싫다(인지행동: 비합리적 사고)
- ⇨ 고래가 어떻게 될까? 물고기 삼킴 또는 군함이 고래 잡기(해석, 반영 가능)
- ⇨ 작은 물고기가 받은 선물과 받고 싶은 선물 그리기(질문, 대화 가능)
- ⇨ 고래 가족 그리기(직면, 해석 가능)

승화는 내면에 저장된 부정적 심리를 건강한 방향으로 변화시켜 심리적 성장을 가져오게 한다. 미술활동은 사회적으로 수용되는 방법으로 분노, 적대감 등을 표현하게 하는 승화의 기능이 있다. 승화가 효과적으로 이루어지기 위해, 치료사는 심리치료이론 및 치료태도와 미술활동의 심리치료적 활용을 통합한다. 치료대상자의 관심이 집중되어 있는 대상을 변화시키기, 지향하는 긍정목표로 현재의 목표를 변화시키기, 그리고 그 목적을 이루고자 구체적 활동 찾기 및 활동몰입으로 안내하며 도움을 준다(정현희, 이은지, 2007). 이러한 과정에 창조성이 필요하다.

미술치료에서의 창조성은 삶에 의미를 부여하는 것이다. 이제까지와는 다르게 긍정적인 시각으로 삶을 보는 것이다. 내면에 잠재되어 있는 것을 표현할 수 있도록 하며 표현에 직면하게 하기, 이해하기, 통찰하기가 중요하다. 그러기 위한 조건으로 내면에 잠재되어 있는 것을 끄집어 낼 수 있는 환경의 조성이 필요하다. 환경은 심리적 환경과 물리적 환경이다. 심리적 환경은 미술치료사가 제공해 주는 분위기로 치료대상자의 개인적 탐색과 표현에 대한 미술치료사의 지지, 관심과 존중이다. 물리적 환경은 표현을 위한 재료, 공간, 시간 등의 제공이다. 이를 위해 미술치료사의 심리치료적 태도가 중요하다. 예를 들어, 공격아동이 군함 만들기의 미술활동에서 군함들이 싸우는 그림을 계속 그렸다. 이를 충분히 반복했다고 평가된 시점에, 잃은 것과 찾은

것 표현해 보기, 자신이 원하는 공작새를 말하면 짝이 만들어 주기, 친구와 함께 놀 수 있는 기구를 만들기 등의 활동을 다음 회기에 과제화로 제시할 수 있다.

승화 및 창조성의 심리치료적 활용의 예

- 치료적 활용: 내면에 저장된 부정적 심리를 건강한 방향으로 변화시킴
  삶에 의미를 부여하며, 이제까지와는 다른 긍정적 시각으로 봄
- 치료사 태도: 치료대상자의 관심 대상을 변화시키기, 지향 목표의 변화, 활동의 몰입
  탐색과 표현에 대한 지지, 관심과 존중, 표현 위한 재료, 공간, 시간
  직면, 이해, 반영, 해석, 통찰
- 예 군함 싸우기(직면, 노출)
  잃은 것과 찾은 것(이해, 수용, 통찰)
  함께 놀 수 있는 기구(통찰)

이 외에 미술활동은 운동, 감각, 지각능력도 필요로 한다. 운동, 감각, 지각능력에는 뇌와 시지각, 손근육의 활동이 전제된다. 교육과 재활에 활용될 수 있으며, 동기강화, 자존감, 문제해결력의 심리치료 요인과 미술치료사 태도가 요구된다. 성공할 수 있는 미술활동 예를 들면, 파스텔로 그리기, 콜라주로 작품 만들기 등은 할 수 있다는 동기강화나 자존감에 도움이 된다. 문제해결 방법이 있는 다양한 사진(콜라주)으로 작품활동을 하기는 문제해결, 결과예측에 활용될 수 있다. 그리고 작품을 구성하는 과정이 심리치료적으로 활용된다. 작품의 형상화 과정, 작품을 구성하는 과정에 수반되는 심상과정 및 상징화과정, 대화과정과 해석과정, 작품을 구성하면서 또는 작품을 만든 후의 대화과정도 심리치료적 요인이다. 이를 통해 미술치료사와 치료대상자 간에 이루어지는 만남과 관계의 과정에서 미술치료가 이루어진다. 이와 같은 요소들이 심리치료이론, 심리치료기법, 심리치료사태도와 통합되면서 미술치료는 심리치료와 구별되는 학문적 특성을 갖게 된다.

미술치료는 인간발달과 심리치료의 다양한 이론을 바탕으로, 이와 같이 미술을 활용한다. 정신적으로 어려움을 겪고 있는 개인들의 심리가 과학적으로 진단되면 이 진단을 통해 미술치료 활동을 계획한다. 미술치료를 진행함으로써 개인의 심리적 적응을 도모한다는 점에서, 예술로써의 미술과 구별되는 학문적 특성을 갖고 있다.

미술치료는 한 개인이 신체, 인지, 언어, 사회, 정서발달 등의 영역에서 정상적인 발달을 벗어나 심리적 어려움을 갖고 있거나, 문제의 잠재성을 보이는 경우에 적절한 시기에 평가하고 진단하여, 개입하는 것이다. 따라서 미술치료는 인간발달과 환경에 관련된 현상을 연구하는, 다양한 학문분야의 성과들을 필요로 한다. 이러한 측면에서 미술치료는 다학제적 학문이라는 특성을 갖고 있다.

다양한 학문분야로 생물학, 심리학, 생활과학(인간발달 및 가족학), 인류학, 사회학, 미술학 등 여러 학문과 관련되어 있으며, 이들 여러 학문의 연구결과들은 미술활동을 활용한 심리치료라는 목적하에 통합된다. 이러한 점에서 미술치료학은 다학제적 특성을 갖는다. 예를 들어, 치료대상자가 애착장애를 가지고 있다면 애착에 대한 이해가 선행되어야 한다. 치료대상자가 갖고 있는 애착장애에 대한 이해정도에 따라 장애가 다르게 진단되거나 평가되기 때문이다.

미술치료에 관한 축적된 지식체계는 다학제적 접근법에 의한 다양한 분야의 학자들의 노력에 의해 이루어지고 있다. 〈표 1-1〉은 미술치료학과 관련이 있는 대표적인 학문분야의 내용이다.

〈표 1-1〉 미술치료학의 다학제적 접근분야와 내용

학문분야		내용
심리학		발달이론, 심리치료이론, 이상심리, 임상심리
미술학		미술사, 미술매체, 미술감상, 미술표현
생활과학	아동발달, 청소년발달	신체, 인지, 언어, 사회, 정서발달, 환경과 적응
	성인발달, 노년발달	신체, 인지, 언어, 사회, 정서적 특성, 환경과 적응
	가족학	가족체계와 인간행동, 가족 본질과 가족관계 변화, 다양한 가족
생물학		유전, 뇌, 신경계, 신체기관의 성장과 노화
인류학		개인과 사회문화적 맥락, 문화와 인간발달
사회학		사회체계, 사회변동
의학		생물, 생리학, 뇌과학, 신경학

인간의 발달은 생물학적 발달, 인지적 발달, 사회적 발달, 정서적 발달이 상호작용을 한다. 예를 들어, 한 개인이 자신의 외모에 대해 어떻게 생각하는 있는가는 자신에

대해 스스로 느끼는 감정에 영향을 준다. 그리고 이 감정이 친구관계에도 영향을 미친다. 자신을 수용하는 개인은 친구도 수용하기가 수월하고, 좋은 친구관계를 유지할 가능성이 높다. 또한 정상적인 지능발달은 조망능력과 추론능력에 영향을 미치며, 다른 사람의 감정, 의도, 욕구가 무엇인가를 이해하는 데 영향을 준다. 이것은 또래관계, 대인관계 같은 사회적 관계에도 영향을 미친다. 계속적인 스트레스나 우울은 신체 및 생리발달에도 영향을 준다. 이와 같이 생물학적 과정이 인지과정에 영향을 주며, 인지과정은 사회정서적 과정에 영향을 주기도 한다. 반대로 사회정서적 과정이 생물학적 과정에 영향을 미친다. 발달과정이 상호 연결되어 있기 때문이다. 미술치료를 하기 위해서는 인간발달의 각 영역 간의 상호작용에 대한 이해가 필요하다. [그림 1-1]은 인간발달의 세 영역과 그것들의 주요 내용에 관한 것이다.

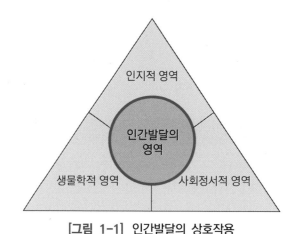

[그림 1-1] 인간발달의 상호작용

　미술치료는 인간의 적응과 발달을 목적으로 하기 때문에, 미술치료 영역도 대체로 세 영역으로 구성할 수 있다. 생물학적 영역, 인지적 영역, 사회정서적 영역이다.

　생물학적 영역은 신체적 변화와 관련된 것으로 부모로부터 물려받은 유전인자, 뇌와 신경계, 감각기관의 발달, 신체기능, 사춘기, 갱년기에 나타나는 호르몬의 변화, 질병이나 외상에 의해 유발된 구조적인 손상이나 기능장애 등이다. 미술치료에서 생물학적 과정의 반영이 중요하다.

　인지적 영역은 개인의 사고, 기억, 판단, 문제해결능력, 언어영역을 포함한다. 지능발달, 주의집중, 언어습득, 추상적 사고, 판단력 등이다. 인지발달에 따른 적응과 문제행동의 고려는 실제 개입을 목적으로 하는 미술치료의 중요한 분야이다.

사회정서적 영역은 개인의 심리적 특성, 사회적 특성, 대인관계, 정서를 포함한다. 반항, 공격, 위축, 산만, 불안, 우울 등에 대한 개입은 미술치료의 중요한 분야이다. 〈표 1-2〉는 미술치료의 세 영역과 이에 대한 주요 내용에 관한 것이다.

〈표 1-2〉 미술치료의 영역과 내용	
영역	내용
생물학적 영역	뇌와 신경계, 근육, 감각능력 등의 행동과 적용
인지적 영역	학습, 기억, 문제해결 능력, 언어, 지능 등 지적 능력과 적용
사회정서적 영역	심리적 특성과 변화, 대인관계, 사회적 관계와 적용

미술치료는 인간을 대상으로 개인, 개인과 개인, 개인과 집단, 집단과 집단의 관계를 다루는 사회과학분야이다. 인간발달에 관련되는 다양한 학문을 기반으로 개인의 성장과 발달을 도모한다는 점에서 다학제적 특성이 있다. 동시에 개인의 적응과 문제해결, 잠재적 문제의 예방, 자아성장을 위한 실제적 개입을 다루는 응용과학적 특성을 지니고 있다.

미술치료학의 사회과학, 다학제, 응용과학적 특성은 개인의 기질, 성격, 환경, 문제행동에 대한 접근에서 적절한 그림진단 방법의 선택, 미술활동 주제의 선택, 미술치료기법 및 미술매체 선정, 미술활동 이끌기, 미술작품 등에서 나타난다. 또한 미술치료과정에서 나타나는 미술작품의 시각적 이미지와 미술활동의 내용에 대하여 인간발달 및 심리치료이론으로 해석하거나 미술활동과 작품에서 개인의 정서, 행동, 사고를 언어화하도록 함으로써 현실적응으로 연결하기에서 나타난다. 이러한 학문적 특성은 상담 및 심리치료, 미술교육, 재활교육과 차별되면서, 인간의 심리적 문제해결을 도와준다고 할 수 있다.

2. 미술치료의 연구목적

오늘날 우리 사회에 만연되어 있는 개인 및 사회의 병리현상은 미술치료에 대한 요구를 증대시키고 있다. 병리현상의 예방과 대처 및 해결을 위해서는 전문적인 심리치료가 요청되며, 과학적 연구가 매우 중요하다. 미술치료는 과학의 한 분야로 일반적인 과학적 연구의 목적이 미술치료에도 그대로 적용된다. 미술치료의 연구목적은 기술, 설명, 적용으로 나누어 볼 수 있다.

〈표 1-3〉 미술치료 연구의 목적

• 기술: 관찰한 현상을 있는 그대로 기술, 현상과 관련된 변인 발견, 관련 정도 파악
  예 미술치료과정의 내담자 행동 묘사 → 치료요인 발견
• 설명: 현상이 생기게 되었는가의 원인 설명
  예 테두리법이 왜 불안을 감소하는가 → 불안아동에게 테두리법 적용
• 적용: 미술치료 현장에 활용
  예 문제행동 치료, 문제행동 잠재요인 발견과 예방적 개입

---

1) 기술

과학의 목적은 우리가 사는 세계를 이해하기 위한 것이다. 어떤 현상을 과학적으로 이해한다는 것은, 관심 있는 현상을 엄격한 기준하에 정확하게 기술하는 것이다. 현상을 기술한다는 것은 있는 그대로 관찰하여 기록하는 것이다. 연구하고자 하는 현상을 명확히 하는 것은 분명한 의사소통이 될 수 있도록 하는 것이다. 그러기 위해서는 그 현상과 관련된 변인들을 발견해 내고, 그 변인들의 관련정도를 결정하기 위해 현상을 정확히 기술하는 과정이 필요하다(이은해, 1987). 불안한 아동이 주의 깊게 관찰되고, 아동이 언제, 어떻게 불안해하는가를 정확하게 객관적으로 기술한다. 또는 어떤 매체와 미술과제가 어떤 심리상태에 적절한가, 미술치료사의 어떤 미술활동 제시가 아동의 어떤 반응을 가져오는가를 정확히 객관적으로 기술한다. 이러한 기술을 통해서 매체, 미술과제와 심리문제, 미술활동 제시방법과 치료 차이 등을 알 수 있게 된다.

기술의 방법에는 분류, 순서배열, 상호관계가 있다(김재은, 1971). 분류는 개개의 사실이나 현상 간의 공통적 특성에 따라 유목을 나누는 것이고, 순서배열은 공통성의 크기나 정도에 따른 표현이다. 상호관계는 관계의 양상이다. 과학적 기술이 되기 위해서는 그 현상에 포함되는 변인들에 대해 지식이 있어야 한다. 새로운 연구의 시작은 변인들에 대한 기술이다. 그러나 기술에서는 변인들의 관계에 대한 해답은 제공하지 못한다. 관계에 대해 설명을 해 주는 것이 설명이다.

2) 설명

과학의 목적은 현상을 설명하기 위한 것이다. 왜 이러한 현상이 생기게 되었는가의 원인에 대해 설명하는 것이다. 즉, 변화가 일어나는 이유를 규명하고 설명하는 것이다. 매체의 어떤 특성이 강박아동에게 치료효과를 가져오는가, 왜 테두리법이 불안을 감소시키는가에 대한 이유를 설명하는 것이다. 그러나 설명은 현상에 대한 기술을 필요로 한다. 어떤 행동에 대한 기술이 없다면 그에 대한 설명을 할 수가 없다. 따라서 기술은 설명의 필요조건이다.

설명은 왜 그런가에 대한 해답이다. 왜 그런 현상이 생기게 되었나의 원인에 대해 이야기하는 것이다. 인과관계에 대한 근거를 밝히는 것이다. 특정 현상의 인과관계가 발견된다면, 이 관계를 다른 현상에도 적용해 보고, 이러한 과정을 거쳐 특정 현상에 대한 설명이 더 많은 현상을 설명하는 법칙이나 이론이 된다. 과학의 궁극적 목적은 일반화된 법칙이나 이론을 찾아내는 것이다. 프로이트의 정신분석이론은 심리학, 사회학, 경영학, 정치학, 문학, 미술, 영화 등의 다양한 영역의 인간심리를 설명하는 포괄적 이론이다. 이에 비해 촘스키의 언어생득이론은 언어발달을 설명하고 있다.

그런데 현상이나 인간행동은 다양한 요소와 그들 간의 복잡한 상호작용에 의해 나타나기 때문에, 설명을 하는 데는 많은 과학적 증거가 누적되어야 한다. 특히 미술치료는 다학제적인 응용과학이다. 미술치료에 관련되는 현상들을 제대로 이해하기 위해서는 심리학, 가정학, 인류학, 생리학, 의학 등 여러 학문에 관한 지식이 있어야 하며, 다학제적 접근이 필요하다.

3) 적용

미술치료는 개인의 정신건강에 기여하는 응용학문의 특성이 있다. 기술하고 설명하는 것이 과학의 주요 목표이기는 하지만, 미술치료는 미술치료 현장적용도 중요한 목표이다. 미술치료는 개인의 현실적인 심리문제 해결과 사회적, 심리적 적응력을 높이거나 잠재적 문제를 예방하기, 자아성장에 효율적인 미술진단방법과 미술치료방법을 모색하기 등을 통해 개인이 행복한 삶을 영위할 수 있도록 돕는 학문으로, 적용이 중요하다. 적절한 미술치료이론과 기법을 통한 치료적 개입으로, 시각적 구체물인 미술작품을 활용하여, 비언어적 대화를 언어적 대화로, 저항과 부정을 긍정으로 이끌어

문제해결을 가져오게 하는 실제 적용을 목적으로 한다.

적용의 예를 들면, 한 아동이 무기력에 빠져 있고 말이 없다. 에너지 부여를 위해 미술치료사가 지점토를 치료테이블 위에 올려놓았다. 아동 옆에서 지점토를 조금씩 떼며 무언가 활동의 모습을 보이기도 하며, 슬쩍 아동을 보며 '도와줄래?' 한다. 미술치료사는 매체연구의 결과인 매체 특성을 활용하기도 하고, 미술치료 사례연구의 효과요인에서 제시된 에너지 부여의 한 방법인 '서서 미술활동'을 하게도 한다. 미술치료 사례연구, 프로그램 개발연구 등의 결과를 활용하여, 치료대상자 특성과 문제행동에 적절한 활동제시를 한다. 문제행동을 진단하기 위해, 그림검사의 진단도구로써의 가능성에 대한 연구결과에서 그림검사를 진단에 활용하기도 한다.

적용은 예측과 통제이다. 설명은 이미 일어난 사건에서 원인을 찾는 데 비해, 예측은 특정 사건이 발생하기 전에 수집된 자료를 법칙이나 이론을 활용하여 발생할 사건을 예측하는 것이다. 예측의 정확성은 법칙이나 이론이 얼마나 타당하고 신뢰적인가에 달려 있다. 그림검사와 미술표현에 대한 임상집단의 연구결과는 한 개인의 문제행동을 미리 예측하게 해 준다. 그런데 그림검사와 미술표현의 해석이 이론이나 법칙이되기 위해서는 과학적 연구결과가 누적되어야 한다.

통제는 어떤 현상의 원인 또는 필수적인 조건을 조작함으로써 그 현상이 일어나게도 하고 혹은 일어나지 않게도 하는 것을 말한다. 예측한다면 그 현상을 감소시키거나 제거하기 위한 조치를 취할 수 있고, 이를 통제라고 한다. 공격적인 텔레비전 시청이 아동의 폭력성을 조장하고, 친사회적 텔레비전 시청이 아동의 친사회적 성향을 조장한다는 연구가 있다. 이 결과에 따라 폭력성향 텔레비전 시청의 금지를 하는 것을 통제라고 한다. 그림검사와 미술표현에서 문제행동이 예측되거나 문제행동의 잠재성이 보이면 미리 통제를 할 수 있다. 일반적으로 통제는 윤리적인 문제를 야기하는 경우가 발생된다. 과학이 가치중립적이어야 하지만, 실제 적용을 다루는 응용과학 분야에는 연구의 윤리적 측면을 간과해서는 안 된다.

3. 미술치료 연구의 필요성

미술치료 연구의 필요성은 이론적 측면과 실제적 측면에서 살펴볼 수 있다. 먼저 이론적 측면은 미술치료에 관한 과학적 지식을 제공하고 이론을 발전시키기 위해 필요하다. 미술치료에 관한 이론은 인간의 부적응행동과 발달, 부적응행동과 환경에 관련된 현상을 설명할 뿐만 아니라, 이 현상이 왜 생기는지를 설명할 수 있게 하여, 앞으로의 현상을 예측할 수 있게 한다. 예를 들면, 미술활동의 심리치료적 요인에 대한 연구, 미술활동에 대한 심리치료이론 적용연구, 심리치료로서의 미술매체연구, 미술기법, 미술활동에 대한 연구는 미술의 심리치료적 활용이 어떻게 개인의 심리구조를 형성하며, 변화시키는지에 대한 미술치료이론 구축에 기여한다. 어떤 매체가 어떤 성향이나 태도를 지닌 대상자에게 어떠한 영향을 주는지, 미술기법과 심리표현은 관계가 있는지, 다양한 미술활동의 배열에 따라 심리변화가 다르게 나타나는지를 알게 해 준다.

실제적 측면은 미술치료 연구가 임상현장의 미술치료사가 미술치료를 이해하여 효과적으로 치료할 수 있도록 해 주기 위한 연구이다. 개인이 어떤 부적응 행동을 하는가, 언제 이 행동이 발생하며, 왜 일어나는가, 그리고 미술치료의 효과 요인이 무엇인가 등을 이해할 수 있다면 효과적으로 미술치료를 할 수 있을 것이다. 문제행동과 정상행동의 기준, 특정 연령에서 보편적으로 발생되는 행동의 유형, 대상과 문제행동에 따른 효과적인 미술치료이론, 매체와 기법, 진단을 위한 도구의 이해도 효과적으로 미술치료를 할 수 있도록 해 줄 것이다. 예를 들면, 연필의 특성연구를 통해 강박행동 치료의 초기단계에서는 연필 제공을 지양할 수 있다. 학대아동이나 한 가족 아동의 심리연구는 동적가족화 과제를 초기에 제시하는 것도 지양할 수 있게 해 준다.

또한 실제적 측면은 미술치료 연구가 인간의 정신건강을 유지시켜 주는 데 기여한다는 점이다. 잠재력 개발, 에너지 발견, 자아탐색, 자아성찰 등에 관련한 미술치료 연구결과는 정신적으로 건강하게 생활할 수 있는 구체적인 방법의 발견 및 활용에 도움을 줄 수 있다. 예를 들면, 나에게 주는 여가계약서, 부정적 생각 연에 날려 보내기, 난화에서 형태 찾고 내가 왜 이 형태를 찾았는가 등의 활동이 정신건강 유지에 적용될 수 있다.

〈표 1-4〉 미술치료 연구의 필요성

- 이론적 측면: 미술치료에 관한 과학적 지식 제공
  미술치료이론의 발전
- 실제적 측면: 임상현장에서의 적절한 개입시기와 개입방법
  적절한 매체와 활동
  정신건강 유지

이와 같은 연구의 필요성과 중요성에도 불구하고 미술치료 연구는 제한점을 갖고 있다. 미술치료 연구의 제한점은 다음과 같다.

첫째, 연구대상자를 구하는 문제이다. 많은 경우에 치료대상자가 연구의 대상이 된다. 상담기관이나 복지시설, 병원, 학교 등에서 연구대상을 선정할 수는 있으나 기관의 이해와 허가를 얻어야 한다. 또한 연구진행도 기관의 다른 일정에 맞추어야 하는 경우가 있다. 더욱이 임의 표집에 따른 표집의 편파성은 연구결과를 일반화하는 데 제약을 가져올 수 있다.

둘째, 미술치료과정에 대한 연구는 미술치료사와 연구대상자 간의 의사소통 과정에서 뜻하지 않은 문제를 야기할 수 있다. 미술활동과정이나 미술작품의 이해, 해석 등에서도 예기하지 않은 문제가 대두될 수 있다. 미술치료과정에서 연구대상자의 익명성, 비밀보장, 진단 및 평가 등이 연구대상자의 심리에 미칠 영향에 대해서도 고려하여야 한다. 그리고 문제가 실제로 발생했을 때 연구자의 책임과 연구대상자에 대한 보상에 대해서도 고려하여야 한다. 연구대상자가 아동이거나 장애를 가진 경우에는 부모나 친권자와의 관계형성에도 많은 주의와 기술이 필요하다.

셋째, 윤리적인 문제이다. 인간을 대상으로 하는 연구는 연구대상자의 개인적 권리를 존중하여야 한다. 특히 아동이나 장애가 있는 개인의 경우에는 연구참여에 대한 충분한 동의가 되지 못한 상태에서 연구대상자가 되기도 한다. 부모나 친권자의 동의가 있어도 이것으로 연구대상자들에 대한 권리나 보호를 보장하지 못할 수 있음을 연구자는 인식하여야 한다.

4. 미술치료의 연구분야

미술치료 연구는 미술치료 영역에서 다루어지는 다양한 영역을 연구분야로 하고 있다. 즉, 이론정립의 기초가 되는 심리이론 적용 미술치료, 그림투사검사의 객관화 연구, 미술치료에 영향을 주는 미술치료사, 내담자 및 주변 환경에 대한 관계 분석, 현장적용을 위한 사례연구 및 프로그램 개발연구, 심리치료적 관점에서 본 미술매체, 미술기법, 미술작품 분석, 미술치료 회기과정에서의 미술활동과 미술치료사 요인 등에 관한 연구 등을 포함하고 있다. 이는 언어를 중심으로 하는 심리치료연구나 미술이라는 예술 장르에서 오는 치료적 연구와는 구별되는 미술치료의 학문적 정체성을 반영하는 연구분야로 볼 수 있다.

미술치료 연구영역

- 심리치료이론적용 미술치료 연구: 예 정신분석적용미술치료의 효과 검증
　　　　　　　　　　　　　　　인지행동적용미술치료의 효과 검증
　　　　　　　　　　　　　　　인간중심적용미술치료의 효과 검증
　　　　　　　　　　　　　　　해결중심적용미술치료의 효과 검증
　　　　　　　　　　　　　　　게슈탈트적용미술치료의 효과 검증
- 미술심리진단 연구: 예 미술심리진단 검사개발
　　　　　　　　　　미술심리진단검사의 객관화 연구
- 미술치료 과정 연구: 예 변화과정
　　　　　　　　　　치료요인
- 미술치료 성과 연구: 예 미술치료사 특성(성격, 태도, 주변 체계 등)
　　　　　　　　　　연구대상자 특성(문제유형, 성격, 태도, 주변 체계 등)
　　　　　　　　　　미술매체 특성(연구대상자 성격, 발달단계, 문제 등)
　　　　　　　　　　미술기법(연구대상자 성격, 발달단계, 문제유형 등)
- 현장연구: 예 미술치료 사례연구
　　　　　　미술치료프로그램 개발연구
　　　　　　미술치료에서의 개인차 연구

　심리이론 적용 미술치료는 정신분석심리학, 개인심리학, 행동주의 심리학, 인지행동이론, 인지이론, 게슈탈트이론 등의 심리치료이론들이 미술활동의 치료적 요인과 어떻게 통합될 수 있고, 치료효과는 어떠한가를 연구한다. 그럼으로써 언어를 중심으로 하는 치료와 비교하여, 어느 측면에서 의미가 있는가를 이론적, 실제적 측면에서 비교한다. 또한 언어중심으로 심리치료이론을 적용하는 심리치료와는 어떤 측면에서 구별화될 수 있는가도 평가할 수 있게 해 준다. 언어중심치료 외에 놀이치료, 음악치료, 문학치료 등과도 비교될 수 있는 학문적 틀을 제공하게 해 준다. 예를 들면, 핵심 감정을 찾기 위한 미술과제, 미술활동의 제시방법과 미술활동, 작품 평가 등이 언어중심의 심리치료보다 자기표현 촉진, 방어기재, 시공간의 동시적 표현, 자료의 영속성 등에서 유익한 측면을 보여 준다.

미술심리진단의 연구는 그림검사의 신뢰도와 타당도를 평가하거나, 그림검사의 평가기준개발 등의 연구이다. 평가자 간의 일치도, 연구대상자 특성에 따른 그림검사에 대한 반응, 임상집단과 일반집단의 판별효과 등이 연구될 수 있다. 그리고 집단검사로서의 가능성 연구, 그림검사의 리커트척도화 연구가 해당된다.

미술치료 과정의 연구는 미술치료가 어떻게 진행되며, 어떻게 치료대상자의 심리상태가 변화되고, 미술치료사의 치료적 태도가 어떻게 변화되는가, 이와 같은 심리변화 및 행동변화를 이끄는 기제들은 무엇인가, 미술치료의 성과에 영향을 미치는 치료적 요인들은 무엇인가를 밝혀내는 연구들이다. 그리고 이 요인들의 상호작용이 어떠한가이다.

미술치료 성과 연구는 미술치료의 효과를 가져오는 요인을 밝히고자 하는 연구들이다. 미술치료사 요인의 연구로 미술치료사의 심리적 특성(예 자아탄력성, 대상관계, 심리적 소진, 작업동맹, 슈퍼비전), 사회적 특성(예 경력, 가족배경), 심리적 사회적 지원체계(예 사회적 지지, 작업환경)에 관련된 연구를 들 수 있다. 치료대상자 특성(예 자아강도, 양육환경, 가족관계, 사회적 관계)과 미술매체(예 콜라주, 그리기, 입체매체)나 미술기법(예 풍경구성법, 동그라미 중심화)이 문제행동에 대해 어떤 효과가 있는가도 연구한다. 이 외에 치료대상자의 수, 미술치료 유형과 같은 변인에 따른 치료효과가 비교될 수 있다.

현장연구로는 미술치료 사례연구, 미술치료프로그램 개발연구 등의 연구를 들 수 있다. 미술치료의 사례연구는 미술치료 각 회기의 활동들이 갖는 특성과 각 활동들이 가져오는 개인행동 변화요인에 대한 이해를 갖게 해 준다. 집단치료에서 집단의 평균에 의한 정보는 개인차에 의한 세밀한 정보를 상실하게 할 수 있다. 이에 대한 보완의 일환으로 미술치료는 양적분석에서도 회기관찰을 요구하고 회기관찰을 기술하여 양적분석을 보완하고 있다. 사례가 연구가 되기 위해서는 각 사례에서 사례를 넘어서는 인간의 공통성에 대한 통찰 및 각 개인 및 집단의 독특성에 대한 이해와 해석이 기술되고, 다른 대상이나 다른 현상에서도 적용될 수 있어야 한다. 미술치료 사례보고서와 미술치료 연구는 다름을 이해하여야 한다.

한편 미술치료의 연구대상은 인간 발달단계의 모든 대상을 포함하고 있다. 따라서 앞에서 본 연구의 분야는 다시 아동, 청소년, 부모, 중년, 노년으로 나누어질 수 있다. 더불어 미술치료는 정신병리뿐만 아니라 재활분야를 다루고 있어, 일반적으로 심리치료가 다루고 있는 분야를 넘어 재활미술치료로 연구분야가 확대된다. 발달장애아동을 위한 발달미술치료, 장애심리 및 교육을 포함한 인지행동미술치료, 행동주의 미술치료가 연구될 수 있다. 또한 뇌졸중, 치매를 위한 미술치료 연구도 재활치료의 한 분야이다.

미술치료프로그램 개발연구는 미술치료의 현장적용을 위한 중요 연구분야이다. 미술활동 적용이 가져오는 다양한 장점은 다른 심리치료와 구별되는 중요한 미술치료의 요인이다. 이의 효과를 최대화하여 치료대상자의 성장과 복지에 기여하려는 연구이다. 프로그램 개발연구는 여러 단계의 프로그램 구성단계와 효과 검증의 단계를 포함하므로 절을 달리하여 설명하겠다.

5. 미술치료프로그램 개발연구

미술치료프로그램 개발연구는 인간의 행동변화를 연구목적으로 한다. 또한 실험처치의 한 방법으로 사용되어, 변인 간의 관계에 대한 이론적 연구에 기여할 수 있다. 미술치료프로그램이 체계적으로 구성되기 위한 프로그램 개발과정은 대개 프로그램 개발의 필요성, 선행연구고찰 및 요구도 조사, 예비프로그램 구성, 내용타당도, 예비프로그램 실시와 수정, 본프로그램의 구성, 프로그램 효과 검증, 적용 확대의 순서로 다루게 된다. 그런데 선행연구고찰(문헌고찰)은 프로그램 개발의 시작부터 종료까지 계속 이루어져야 한다. 선행연구고찰에 관해서는 제5장에서 설명하고자 한다. 요구도 조사는 프로그램 개발의 필요성에 포함될 수 있다.

1) 프로그램 개발의 필요성

프로그램 개발의 필요성은 개인 및 사회적 요구 또는 선행연구고찰에서 나올 수 있다. 필요성은 개인의 적절한 성장과 적응을 위해, 또는 사회적 필요성에 의해서이다. 예를 들면, 지적장애 청소년의 직업탐색 프로그램은 청소년의 적응과 발달을 위해 필요하다. 또한 사회적으로도 지적장애청소년의 직업교육이 필요하다(이정하, 정현희, 2015). 그런데 선행 프로그램을 찾아보기 어렵거나, 있더라도 연구대상자의 발달단계, 특성, 문제유형 등에는 적절하지 않은 경우이다.

그리고 선행연구고찰을 통해 다른 심리치료보다 미술치료가 더 효과적으로 보이는 타당한 근거가 제시될 수 있는 경우이다. 예를 들면, 지적장애 청소년의 또래관계를 위한 미술치료프로그램의 개발 필요성이 제기될 수 있다. 선행 프로그램들이 일반화나 추상적 사고능력의 부족을 고려하지 않고, 이론 위주, 토론 중심, 반복과 시연의 부족으로 구성되어 있다. 미술치료는 구체적인 시각자료 제공, 단서 제공, 매체나 미술활동주제 변화에 의한 반복 가능성 등의 요소를 갖고 있다. 프로그램 개발에 선행연구의 어떤 부분을 어떻게 보완하였는가를 명백히 제시하여야 한다.

　요구도 조사도 필요하다. 이론적으로 프로그램 개발의 필요성이 있으나, 실제로 이 프로그램의 개발을 현장에서 요구하고 있는가, 개발된다면 현장에서 유용하게 활용될 수 있는가, 그리고 어떤 틀로 프로그램이 구성되기를 요구하는가를 파악하기 위해 요구도 조사를 하게 된다. 요구도가 있음이 경험적으로 증명되면 예비프로그램을 구성하게 된다.

2) 예비프로그램의 구성

　예비프로그램의 구성은 먼저 프로그램의 목적이 명백해야 한다. 그리고 목적을 달성하기 위해 프로그램이 기초하고 있는 이론적 근거가 분명하게 드러나야 한다. 프로그램의 이론적 근거는 프로그램이 갖게 될 심리치료학적 방향, 문제행동의 구조, 치료프로그램의 진행을 안내하는 치료행동의 수정방법과 치료사의 개입방향, 치료전략, 회기구성 등의 방향지침이 된다.

　선행연구고찰을 기초로 하여 프로그램 전체 목적을 달성하기 위해 필요한 각 회기의 목표와 미술활동의 선정이 이루어진다. 미술매체의 특성, 매체에 의한 미술표현의 가능성, 매체를 통한 미술활동의 주제 및 전개과정, 미술활동이 가져올 수 있는 인간행동의 변화요인에 대한 확인이 정밀하고 엄격하게 이루어져야 한다. 회기목적에 부합하는 매체와 미술활동은 연구자가 임의로 선택하는 것을 지양해야 하고, 미술활동의 배열 순서를 고려하여야 한다. 그리고 프로그램의 각 회기와 전체적 흐름, 각 회기의 내용과 평가에 대한 내용타당도 검증이 필요하다.

3) 내용타당도

　내용타당도(제6장, 제7장 참조)는 전문가들에게 의뢰하여 평가를 받는 것이다. 내용타당도 검증에 참여한 전문가들의 전공영역이나 전문분야, 활동분야, 연령, 경력 등의 제시는 타당도 검증이 적절함을 나타내 준다.

　미술치료프로그램의 내용타당도 검증은 크게 두 요소로 구분할 수 있다. 먼저 미술치료프로그램의 내용이 프로그램 개발의 필요성에서 제기한 문헌고찰의 결과를 잘 반영하고 있는가, 선행프로그램 연구의 보완 및 수정이 제대로 이루어졌는가, 그리고 미술치료프로그램에 적용된 치료이론 및 치료적 개입이 전반적인 목표 및 치료전략, 회기진행과정에 잘 반영되어 있는가이다.

　다음은 미술치료프로그램의 각 회기에 대한 검증이다. 전체 프로그램의 평가, 각 회기들 간의 관계, 각 회기 활동들이 각각 가지고 있는 변화 요인과 치료목표와의 관계 등에 대한 검증이 필요하다. 치료대상자의 행동특성, 치료목표와 프로그램 단계의 적절성, 회기목표와 미술활동과의 일치성, 총 회기 수, 진행방법의 적절성, 회기 진행방향의 명료화, 매체와 미술활동에 대한 대상자의 수행정도 등이 검증된다. 또한 프로그램이 현실적으로 적용가능한가의 실용성도 검토되어야 한다. 그리고 현실적인 적용을 위해 프로그램의 비용도 고려한다.

　검증방법은 각 회기목표, 활동내용, 매체 등에 대해 서술식으로 의뢰된다. 그런데 리커트(likert) 척도로 의뢰되기도 한다. 예를 들면, 5점 리커트 척도에서 항목당 4점 이상이면 내용타당도가 무난한 것으로 본다. 그리고 비고란을 두어 간단한 설명을 부탁하고 수정방향의 제시를 부탁한다. 그러나 리커트 척도는 단순한 점수화 방식이어서 무엇이 잘못 되었는지를 구체적으로 알 수 없으므로, 진정한 의미의 내용타당도 검증이 되기 어렵다. 프로그램의 회기가 구성되고, 전문가 집단의 프로그램에 대한 내용타당도가 검증되면 예비프로그램이 구성된 것이다.

4) 예비 미술치료프로그램 실시와 수정

　예비 미술치료프로그램 실시는 예비프로그램의 수정과 보완점을 찾기 위해서다. 실제로 본 연구의 대상과 유사한 대상에게 실시한다. 예비프로그램의 내용과 활동이 대상자들의 행동특성, 수행정도, 능력 등을 고려하고 있는가, 대상자들이 미술치료사의 제안이나 제시에 적절히 반응하는가, 반응이 제대로 안 된다면 무엇이 문제인가, 미술활동 시의 어려움이 무엇인가, 미술매체나 미술활동이 회기목표 달성에 기여하고 있는가 등을 점검하는 것이고, 모든 구성원의 참여와 경험의 기회가 잘 이뤄지는지, 치료사의 회기 진행방법, 질문, 태도 및 언어의 적절성을 점검하는 것이다. 그리고 예상하지 못했던 문제들을 찾아내고, 이에 대한 해결책을 찾는 것이다.

〈표 1-5〉 예비프로그램 실시의 목적

- 대상자들의 행동특성과 프로그램 내용과 활동의 부합
- 대상자들의 미술치료사 제안이나 제시에 대한 반응 점검
- 미술매체나 미술활동과 회기목표 달성과의 관계
- 예상치 못했던 문제발견과 해결

예비프로그램을 실제로 실시함으로써 예비프로그램 회기의 첨가 및 축소, 회기진행과정, 활동, 매체 등이 수정된다. 예비프로그램은 본프로그램이 완성되기 전에 프로그램을 예비로 실시하여 그 결과를 수정 · 보완하여 개발절차의 타당성을 확보(지용근, 김옥희, 양종국, 2005)하는 것이다.

5) 본프로그램의 구성

본프로그램의 구성은 예비프로그램의 수정과 보완에서 이루어진다. 예비프로그램 실시결과의 문제점과 보완점을 검토하여야 한다. 검토과정에는 전문가집단이나 동료치료사들의 토론 및 제언, 슈퍼바이저의 지도, 대상자들로부터의 피드백, 연구자의 관찰 및 통찰 등을 통해 이루어지게 된다. 예를 들면, 활동의 제시에서 '꾸며 보자.'라고 하였더니 아동들은 앞뒤를 모두 꾸며 회기시간을 초과하였다. 그래서 '한 쪽만 꾸며 보자.'라는 명확한 제시를 하는 것으로 수정하였다. 또한 아동의 표현 유도가 필요함을 발견하였다. 즉, 자신의 그림을 설명하는 데 부족함이 많아 예시그림을 통해 설명방법을 보여 주는 것으로 수정하였다(이미라, 정현희, 2014).

본프로그램의 각 회기활동과 진행과정은 정확하고 자세히 기술되어야 한다. 그럼으로써 추후의 연구가 프로그램을 재검증하거나, 다른 미술치료사가 개발된 프로그램을 그대로 사용할 수 있도록 기술되어야 한다.

6) 프로그램 효과 검증

프로그램 개발에는 프로그램의 효과 검증이 반드시 포함되어야 한다. 효과의 검증

이 이루어져야 프로그램은 실제에 적용될 수 있다. 프로그램 효과 검증에는 연구대상자 선정 및 실험집단과 통제집단의 구성, 사전검사 실시, 프로그램 실시, 사후검사 및 추후검사 실시, 자료분석 등이 포함된다.

　사전검사는 미술치료를 시작하기 전에 실시하고, 사후검사는 미술치료가 종결된 후에 실시하는 것이 보편적이다. 추후검사는 미술치료가 종료되고 일정 기간이 지난 후에 미술치료의 효과가 지속되는지를 알아보기 위해 실시된다. 실험집단과 통제집단 외에 비교집단도 구성될 수 있다. 비교집단에게 실시되는 프로그램은 개발된 프로그램과 같은 목적의 다른 접근을 사용하는 기존의 프로그램이다. 개발된 프로그램이 기존의 프로그램보다 효과나 효율성에서 더 우수함이 입증되면 개발된 프로그램의 가치와 실제적 적용성이 검증될 수 있다.

　사전검사, 사후검사, 추후검사는 프로그램이 목표에 도달했는가를 평가하는 측정도구이다. 측정도구는 심리검사(질문지검사, 그림검사 등), 회기관찰, 신경검사 등이다. 측정도구는 신뢰적이고 타당해야 한다(제6장, 제7장 참조). 통계분석을 통해 효과가 있음을 검증한다. 회기진행과정의 관찰도 효과를 검증한다. 회기진행 관찰에서 치료목표의 행동부분을 발췌하여 회기별로 변화과정을 볼 수도 있고, 치료초기와 후기로 나누어 행동변화를 볼 수도 있다. 또한 프로그램 각 회기에 대한 연구대상자의 경험보고서, 만족도, 회기별 출석률, 중도탈락률의 제시도 효과 검증에 도움이 된다.

　미술치료사는 미술치료의 효과에 차이를 가져는 중요한 변인이다. 연구자는 미술치료의 효과에서 미술치료사의 전문성을 고려하여야 한다. 특히 다수의 미술치료사가 포함된 연구는 미술치료사의 전문성 수준이 비슷하게 되도록 하여, 치료사 변인이 프로그램에 주는 영향을 최소화할 수 있다. 미술치료사들에게 프로그램의 내용과 절차가 상세하게 설명되어야 하며, 필요에 따라 미술치료사 훈련이 제공되어야 한다. 그리고 미술치료사들이 충실하게 프로그램을 전달하는가를 연구기간 동안 연구자가 점검하도록 한다. 점검은 미술치료사 회의, 슈퍼비전, 오디오나 동영상을 사용한 회기검토, 회기평가지 등을 통해 이루어질 수 있다.

　미술치료의 효과 검증에서 프로그램 진행과정의 관찰이 중요한 자료수집 방법이다. 관찰방법과 관찰기록이 자세하고 분명하게 제시되어야 한다. 따라서 관찰자 훈련도 중요하다(제10장 참조).

〈표 1-6〉 효과 검증과정	
과정	내용
연구대상자 선정	실험집단, 통제집단, 비교집단
측정도구 선정	심리검사(질문지검사, 투사검사, 그림검사), 행동관찰
미술치료사 훈련	프로그램 효과에 대한 미술치료사 영향 최소화
관찰자 훈련	자료수집의 객관성, 관찰자 신뢰도
효과 분석	양적분석, 질적분석
적용 확대	상황에 따른 효과, 개인차에 따른 효과

7) 적용 확대

미술치료프로그램 개발연구에서의 유의점은 치료프로그램과 교육프로그램의 차이점이다. 미술치료프로그램의 목표는 부정적 상황이나 문제상황에서의 문제해결능력이나 심리적 적응이다. 프로그램이 치료프로그램으로서의 가치를 갖기 위해서는 일반적 상황이 아닌 문제 상황에서 효과가 검증되어야 치료프로그램으로서의 의미가 있고, 실제적 적용이 가능할 수 있다고 본다. 예를 들면, 개발한 프로그램이 대인관계 능력 개발을 위한 프로그램이라면 일반적 상황이 아닌 스트레스 상황이거나 부정적 감정, 즉 분노가 높거나 우울이 심한 상황에서 효과가 있는가를 보아야 현실적 적용이 가능하다고 할 수 있다.

미술치료프로그램의 실제적 적용을 위해서는 미술치료프로그램이 집단으로 치료를 하더라도 개인별로 치료의 효과가 나타나야 한다. 그러기 위해서는 집단의 구성을 어떻게 하여야 하는가가 중요한 문제가 된다. 개발된 프로그램이 개인차에 따라 효과에서 어떠한 차이가 있는가를 밝힐 수 있을 때, 프로그램의 현실적 적용 및 유용성에 도움이 될 수 있다. 예를 들면, 어머니와의 친밀도에 따른 효과 검증(윤지현, 정현희, 2016)이나 사건배열 능력에 따른 효과 검증(허진, 2015)은 미술치료프로그램 개발의 효과를 분명하게 나타내면서 적용가능성을 높여 줄 수 있을 것이다.

한편 미술치료프로그램의 매뉴얼화가 필요하다. 이는 재검증과 적용 확대를 위해 반드시 필요한 부분이다. 미술치료프로그램 연구는 프로그램 자체가 처치에 해당되므로, 상세하고 정확한 기술이 요구된다. 연구자가 의도하는 처치가 명확하게 드러나도록 매뉴얼 형태로 제시되는 것이 좋다. 매뉴얼은 다른 연구자나 임상을 하는 미술치료사들에게 미술치료 처치의 내용과 절차를 상세하게 전달해 준다. 미술치료사 훈련에도 필요하다. 그리고 연구의 반복검증을 가능하게 하는 자료가 된다.

미술치료프로그램의 개발절차

- 프로그램 개발의 필요성
  - 문헌고찰에 의한 미술치료프로그램 개발의 필요성
  - 개인적, 사회적 측면에서 미술치료프로그램 개발의 필요성
- 문헌고찰 및 미술치료프로그램 이론적 모형
  - 미술치료프로그램 개발 위한 문헌고찰
  - 기존 치료프로그램의 한계점과 보완점
  - 미술치료프로그램의 목적 및 목표 설정
  - 프로그램의 이론적 근거, 개념, 원리 구성
- 예비프로그램 구성
  - 회기별 목표, 활동내용, 진행방법, 미술치료전략, 미술치료기법, 미술매체
- 내용타당도 검증
- 예비프로그램 실시
  - 예비프로그램 평가
- 본프로그램 구성
  - 예비프로그램 수정 및 보완
  - 전문가 평가
- 본프로그램 실시 및 효과 검증
  - 실험집단, 통제집단, 비교집단; 사전검사, 사후검사, 추후검사
  - 양적분석, 질적분석
  - 프로그램 매뉴얼 구성
- 적용 확대
  - 상황에 따른 효과 검증
  - 개인차에 따른 효과 검증

6. 미술치료 연구와 윤리

　　모든 분야의 학문연구는 연구윤리가 있다. 연구학회나 연구단체들이 연구의 윤리적 기준을 제시하고 있다. 본 절에서는 연구수행의 윤리, 연구대상자에 대한 윤리, 연구대상자 정보의 보호, 연구목적의 은폐, 연구결과에 관한 윤리로 정리하고자 한다.

　　연구수행의 윤리에 대해 정리해 보겠다. 연구자는 권리와 책임이 있다. 연구자는 연구의 자유에 대한 기본권이 있으며, 동시에 연구에 대한 사회적 책임과 의무가 있다. 책임과 의무에는 다른 연구자의 연구를 편견 없이 받아들이고, 자신의 연구에 대한 비판에 개방적이어야 함을 의미한다.

　　연구자의 자세가 중요하다. 연구자는 스스로 자신의 연구에 대해 비평의 자세를 갖고, 오류를 수정하려는 태도를 지녀야 한다.

　　다른 연구자에 대한 태도이다. 다른 연구자의 새로운 시각, 사고 및 접근법에 대해 편견 없이 검토하고 수용하는 자세를 지녀야 한다. 또한 나라의 법과 기준 및 학술단체의 전문적 기준을 준수하며 연구를 수행해야 함을 포함한다.

　　연구를 수행하는 방법이다. 과학적인 방법으로 연구를 계획하고 수행하여야 한다. 연구자는 과학자임을 인식하고 과학적 방법으로 연구를 진행하여야 함을 의미한다.

　　연구수행의 윤리적 기준이 있다. 연구자는 자신의 연구에 독창성을 지녀야 한다. 다른 연구의 주제, 연구내용, 결과 등을 정당한 승인이나 인용 없이 사용하는 행위, 즉 표절 행위를 해서는 안 된다. 다른 연구의 내용에는 반드시 출처를 밝혀야 한다. 자기 표절도 표절이기 때문에 자신의 이전 연구도 출처를 밝혀야 한다.

〈표 1-7〉 연구수행의 윤리

- 연구자의 권리와 책임: 연구의 자유와 사회적 책임
- 연구자의 자세: 자신의 연구에 대한 비평적 자세와 오류 수정의 자세
- 다른 연구자에 대한 태도: 다른 연구자의 시각, 사고, 접근법의 수용
- 연구의 수행 방법: 과학적 방법으로 연구를 진행
- 연구수행의 윤리적 기준을 준수: 연구의 독창성, 표절행위의 지양

　　연구대상자에 대한 윤리이다. 인간이 연구대상인 경우에는 연구자에게 더 많은 책임과 제한을 갖게 한다. 연구를 계획할 때 연구자 스스로 연구대상자에 대한 윤리를

평가할 책임이 있다.

　연구자는 연구대상자의 연구참여에 대해 동의가 필요하다. 연구대상자가 자기결정으로 연구에 참여할 수 있는 기회를 제공하여야 한다. 연구참여의 동의에는 먼저 연구의 목적, 기간, 절차 및 연구에 의해 기대되는 효과를 먼저 설명한다. 연구에 참여하거나 중간에 그만둘 수 있는 권리와 거부 시에 예상되는 결과, 연구의 참여로 예상되는 잠재적 위험이나 해로운 영향, 예상되는 이득을 알려 준다. 그리고 연구 동의서를 받아야 한다.

　연구가 대상자에게 해를 끼칠 가능성이 있다면 다른 연구방법을 채택하거나 그 연구를 포기해야 한다. 연구의 수행과정에서 연구대상자에게 예상하지 못한 심리적, 신체적 손상을 주는 경우에는 연구를 즉시 중단하여야 한다. 그리고 연구참여를 종용하게 될 정도의 지나친 보상은 제공하지 않는다.

　미술치료의 연구대상에는 미성년자와 장애인도 포함된다. 이 경우에는 법적 보호자 또는 법적 대리인의 동의를 받아야 한다. 연구자가 연구대상자의 권위적 위치에 있거나 연구참여에 영향력을 줄 수 있을 때에는 연구대상자의 개인적 자유를 고려해야 한다. 연구가 연구대상자의 인격이나 개인적 영역을 침해하지 않도록 하여야 한다.

　연구수행에 기관의 승인이 필요한 경우가 있다. 이때 연구자는 연구를 수행하기 전에 기관에 연구계획에 대한 정확한 정보를 제공하여 승인을 구한다. 연구는 승인된 연구의 계획대로 수행되어야 한다. 연구의 수행에서 윤리적 쟁점이 명확하지 않다면, 학술기관의 연구윤리위원회에 자문을 구하여야 한다. 또한 인간의 가치에 대한 논의와 생명윤리에 관심이 높아지면서 인간 대상의 연구는 연구윤리심의위원회(Institutional Review Boards: IRB)의 승인을 받도록 하고 있다.

〈표 1-8〉 연구대상자에 대한 윤리

- 연구참여의 동의와 동의서 작성
  - 연구의 목적, 기간, 절차 및 기대되는 효과 설명
  - 중간에 그만둘 수 있는 권리와 거부 시에 예상되는 결과 설명
  - 참여로 예상되는 잠재적 위험이나 해로운 영향, 예상되는 이득 설명
- 예상하지 못한 심리적, 신체적 손상의 경우에는 연구 중단
- 미성년자와 장애인의 법적 보호자나 법적 대리인의 동의
- 필요시 기관의 승인, IRB 승인

연구대상자 정보에 관한 윤리이다. 연구의 자료수집과정에서 연구대상자의 개인정보는 보호되어야 한다. 연구대상자의 신분이 드러날 만한 자료는 연구결과에 제시되어서는 안 된다. 특히 미술치료 연구는 미술작품이 연구의 수행과정에서 수집되는 경우가 있다. 또한 회기진행과정, 치료과정의 연구나 자료는 개인정보를 많이 포함하고 있다. 연구를 위한 자료수집에서 녹음이나 촬영이 이루어지는 경우도 많다. 이러한 자료수집이나 기록에 대해서도 사전에 연구대상자로부터 동의를 받아야 한다. 자료의 보관이나 폐기에 어떠한 적절한 조치를 취할 것인가를 연구대상자에게 사전에 알려 주어야 한다.

〈표 1-9〉 연구대상자 정보의 보호

- 자료수집에서 연구대상자의 개인정보 보호
- 신분이 드러나는 미술작품의 보호
- 자료수집이나 기록에 대한 사전 동의
- 자료의 보관이나 폐기에 대한 적절한 조치

연구목적의 은폐에 대한 윤리이다. 연구에서는 연구목적을 사실과 다르게 알리거나 목적을 숨기는 경우가 있다. 이러한 경우는 연구수행의 결과로 예상되는 과학적, 학문적, 교육적, 실용적 가치가 정당한 사유가 될 수 있고, 다른 효과적인 대안이 없는 경우이다. 그렇지 않는 경우에는 이런 연구가 수행되지 않아야 한다. 그리고 연구의 목적을 사실과 다르게 설명한 경우에는 연구가 끝난 뒤에 가능한 한 빠르게 연구의 목적상 어쩔 수 없었음에 대한 설명을 하며, 사실을 알려 주어야 한다. 이에 대한 양해도 구한다.

〈표 1-10〉 연구목적의 은폐

- 은폐하여야 하는 정당한 사유: 과학적, 학문적, 교육적, 실용적 가치
- 다른 효과적인 대안의 부재
- 연구 종료 후에 사실 설명과 양해

연구결과에 대한 윤리이다. 연구자는 연구결과의 보고에도 윤리기준을 따른다. 이는 자료를 조작, 변형, 삭제함으로써 연구결과를 왜곡해서는 안 된다. 또한 이미 출간

된 연구의 자료에 대해 추후에 오류를 발견하면, 정정이나 취소의 적절한 방법을 통해 오류에 대한 수정의 조처를 취하여야 한다.

　연구결과물은 이중 발표하지 않고, 자신이 수행한 연구나 기여한 연구에 대해서만 공로를 가져야 한다. 그리고 연구자는 연구대상자에게 연구 결과 및 결론에 대한 정보를 제공한다. 이때 과학적 가치와 인간적 가치를 손상시키지 않는 한에서 제공한다.

〈표 1-11〉 연구결과에 관한 윤리

- 연구결과: 자료의 조작, 변형, 삭제 금지
- 출간된 자료의 오류: 오류 수정의 조처
- 연구물의 이중 발표 금지

　인간을 대상으로 하는 연구는 제시되는 연구윤리 기준을 따른다고 하여 모든 윤리 문제가 해결되는 것이 아니다. 연구에 따라서는 연구대상자에게 미치는 연구의 위해에 대해 간단히 언급할 수도 있으나, 어떤 연구는 문제가 복잡하게 관련되어 있을 수 있다. 또한 간과될 수 있는 부분도 많이 있다. 학술기관이나 단체들의 연구윤리뿐만 아니라 연구자 각 개인이 지니고 있는 도덕성, 인간에 대한 존엄성과 관심, 과학적 전문성과 윤리의식, 사회적 책임감 등이 중요하다.

제**2**장

과학적 방법

미술치료가 제대로 이뤄지기 위해서는 연구가 과학적이어야 한다. 현상의 이해나 현상에 대한 해결책은 합리적인 지식을 요구하며, 모든 학문은 합리적 지식을 통해 현상을 이해하거나 해결책을 모색하고자 한다. 그러나 그렇지 못한 경우에는 상식이나 권위 또는 개인의 경험과 직관에 의존하게 된다.

과학적 방법은 개인이 경험을 통해 형성된 개인적인 편견, 가치관, 태도 또는 감정을 뛰어넘는 데 도움을 준다. 이 장에서는 미술치료의 과학적 연구를 위해 지식 추구의 방법과 과학적 방법에 대해 살펴보고자 한다.

1. 지식 추구의 방법

과학적 연구는 개인적 편견, 가치관, 태도, 감정을 떠나 현상을 객관적으로 검토하고, 재검토하여 결론을 도출해 내는 방법이다(차배근, 1984). 과학적 방법을 통해 체계적인 과학적 지식이 획득된다. 먼저 지식을 추구하는 방법인 권위주의적 방법, 개인적 경험과 직관, 상식을 살펴봄으로써 과학적 방법의 중요함과 필요성에 대한 인식을 높이고자 한다. 그러고 나서 과학적 방법에 대해 살펴보겠다.

지식 추구의 방법

- 권위주의적 방법: 권위자들의 글이나 말을 수용하여 지식을 획득
- 개인적 경험과 직관: 개인적 경험이나 직관을 통해 지식을 획득
- 상식: 대부분의 사람들이 보편적인 사실로 그대로 인정하고 있는 지식
- 과학적 방법: 객관성, 경험성, 정밀성, 검증가능성에 의한 지식의 획득

1) 권위주의적 방법

권위주의적 방법은 지식을 얻거나 문제에 대한 해결책을 찾는 데 있어 권위자들의 글이나 말을 수용하여 지식을 얻는 방법이다. 그 진부를 확인하지 않고 받아들이는 것이다(차배근, 1984). 예를 들면, 창조론은 다윈이 진화론을 발표할 때까지 상당히 오랜 기간 지속되었다. 권위주의적 방법에 의한 지식이나 정보의 획득이 실제로 많은 문제해결에 도움이 되기도 한다.

그러나 의구심을 갖지 않는 무조건적인 수용은 그 지식이나 정보에 대한 비판적 사고를 방해한다. 그리고 올바른 지식의 형성에 저해를 가져올 수 있다. 권위적 방법으로부터 유용한 지식을 얻기 위해서는 해당 전문분야에서 타당하다고 인정받고 있는 권위자의 견해를 먼저 받아들인다. 이때 그 견해나 의견을 무조건적으로 받아들이기보다는 비판적인 사고를 통해 취사선택하는 것이 필요하다(정옥분, 2008).

2) 개인적 경험과 직관

개인적 경험과 직관은 개인의 경험이나 직관을 통해 지식을 획득하는 방법이다. 예를 들면, 자녀와 좋은 관계를 유지하면서 자녀를 잘 키운 부모는 아동학을 전공하지 않았어도 아동학 전공자와는 다른 측면에서 아동과의 의사소통, 발달단계에 따른 양육방법에 대해 알 수 있다. 또한 교사들은 다양한 아동을 많은 시간에 걸쳐 경험했기 때문에 아동들의 심리에 대해 잘 알 수 있고, 생활지도에 교사 나름대로의 노하우도 가지고 있다. 그럼에도 부모나 교사 자신의 개인적인 경험으로 인한 선입견이나 편견은 아동 개인의 특성을 있는 그대로 못 보게 할 가능성이 있다. 또한 부모나 교사가 처하는 다양한 상황 요인이나 부모 및 교사의 특성, 심리적 상태가 아동을 바라보는 데 영향을 주어 판단의 오류를 야기할 수 있다. 따라서 개인적 경험이나 직관은 일반화되기에는 무리가 있다.

그러나 인간에 대한 지식이나 정보에는 확인이 가능한 내용과 현상으로만 되어 있지 않다. 인간에 관련된 많은 내용이나 현상에는 확인이나 설명이 어렵거나 복잡한 것들이 상당히 많이 있다. 이들에 대해서는 직관이나 경험이 필요하기도 하다.

미술치료학은 미술치료적 요인, 치료과정, 미술치료적 태도, 치료와 관련된 가치관, 치료적 판단, 윤리 등에서 과학 이상의 것이 요구된다. 인간에 관한 직관적 통찰 및 해석, 철학적 사고가 필요하다. 그러나 이때의 직관적 통찰 및 해석이나 철학적 사고 역시 과학적 방법에 의한 검증이 필요하다.

3) 상식

상식은 대부분의 사람들이 보편적인 사실로 그대로 인정하고 있는 지식이다. 상식은 일상생활의 많은 문제를 해결해 준다. 그러나 당연한 것으로 받아들였던 많은 상식이 과학적 방법에 의해 수정되거나 부정되는 경우가 있다. 과거에는 상식이 대인접촉을 통해 전파되었다. 전파에 시일이 오래 걸렸으나, 요즈음은 대중매체를 통해 많은 상식이 빨리 전파되어 잘못된 정보를 제공하는 경우도 많다. 그리고 상식은 올바른 지식을 갖는 데 저해요인이 될 수 있다.

과학과 상식은 몇 가지 면에서 중요한 차이점이 있다. 과학과 상식은 모두 어떤 개념이나 이론을 사용하나, 개념과 이론을 사용하는 방식에서 차이가 있다. 예를 들면, 상식적으로 아동 문제행동 지도의 한 방법으로 칭찬이 좋다고 한다. 그런데 어느 경우에는 아동이 칭찬을 자신을 비꼬는 행동으로 받아들일 수 있다.

과학은 개념이나 이론이 체계적이고 엄밀하게 사용되고 있으며, 반복적으로 이론을 검증한다. 반면에 상식은 개념이나 이론이 제대로 구성되어 있지 않다. 증거나 검증이 막연하다. 예를 들면, 상식은 네모형의 얼굴을 가진 사람은 마음이 좋다고 한다. 이 말의 증거나 검증은 네모형의 얼굴을 가진, 마음이 좋은 사람을 한 사람씩 꼽는 것이다. 그리고 네모형의 얼굴을 가진 마음이 안 좋은 사람의 예는 무시되는 것이다. 이러한 예는 우리의 일상에 많이 있다.

과학적 태도는 증거나 검증에서 상식과 차이가 있다. 물론 연구가 상식에서 출발할 수 있다. 그러나 과학적 연구자는 연구에 영향을 줄 수 있는 편견을 항상 경계하며, 증거를 임의적으로 수집하지 않으려는 노력에서 상식을 받아들이는 일반인과 구별된다. 상식적인 측면에서의 검증은 많은 경우에 선택적인 검증을 한다. 선택적 검증은 자신의 지식과 일치하는 증거를 골라 검증을 하는 것이다. 자신의 지식과 맞지 않는 많은 예는 무시되는 것이다. 이러한 선택적 방법은 일반적인 인간의 심리현상이다. 과학자들은 이러한 인간적인 심리현상이 자신에게 줄 수 있는 편견을 경계하는 연구자이다. 연구자는 계속 관찰하거나 실험을 한다. 개념과 개념, 사건과 사건, 현상과 현상 간의 관계를 다양하게 예측해 보며, 예측을 검증하기 위하여 객관적이고 정밀하며 체계적으로 검증을 계속하는 것이다.

그리고 과학은 계속 자체 수정되는 과정에 있다. 현재의 과학적 발견이나 증명이 추후에 반증되거나 기각될 수 있다는 것이다. 과학자는 연구결과가 타당하다는 것이 검증될 수 있도록 연구를 한다. 문제해결이나 지식의 근거가 객관적 사실에 있음을 인식하고 있다. 미역이 산모에게 좋다는 상식이 오랜 기간 사회에 통용되었다. 이를 검증하기 위해 과학자는 과학적 검증과정을 거쳤고, 그 결과로 미역이 산모에게 좋다는 과학이 될 수 있었다.

〈표 2-1〉 과학과 상식의 비교

과학	상식
개념이나 이론을 체계적이고 치밀하게 사용	개념이나 이론을 엉성하게 사용
반복적으로 이론을 검증	증거나 검증이 막연
객관적, 정밀, 체계적으로 자료수집	선택적 검증으로 일치되는 증거의 수집
계속적인 자체 수정	사실로 인정

과학적 연구는 변인들 간의 관계를 명확히 규명하는 것이다. 이를 위해서는 연구의 통제가 필요하다. 통제는 연구대상이 되는 변인 이외의 다른 여러 변인들의 영향을 제거하는 것이다. 'X가 Y의 원인이다'를 검증하기 위해, 연구자는 X라는 독립변인을 조작하고, Y라는 종속변인을 관찰하게 될 것이다. 이때 Y는 X뿐만 아니라 다른 변인들의 영향도 받을 수 있다. 따라서 'X가 Y의 원인이다'가 타당하다는 것이 검증될 수 있도록 연구가 통제되어야 한다. 즉, 과학적 연구에서는 통제가 중요시된다. 그리고 이와 같은 관계가 경험적으로 관찰되고 검증하는 것이 불가능하다면 이는 과학적 연구문제나 가설이 되기 어렵다. 따라서 과학적 연구는 경험적으로 관찰할 수 있고, 검증될 수 있는 문제에 증거를 찾는 것이다. 과학적 연구를 하기 위해서는 과학적 방법을 알아야 한다.

〈표 2-2〉 과학적 연구

- 검증: 변인들 간의 관계가 경험적으로 관찰되고 측정되어 검증
- 연구의 통제: 독립변인 외의 다른 변인의 영향 제거
- 변인들 간의 관계를 명확히 규명

미술치료 연구는 인간의 부적응 현상의 이해와 미술치료에 의한 정신건강의 유지라는 측면에서 연구의 중요성과 필요성이 부각되고 있다. 인간이 어떻게 적응하고 인간의 행동이 어떻게 변화를 일으키는가에 대한 의문과 탐구는 미술치료학의 연구과제를 제공하며, 이는 과학적 방법인 연구를 통해 문제해결로 갈 수 있다.

2. 과학적 방법

지식을 얻는 과학적 방법은 몇 가지의 기본가정을 바탕으로 한다. 이 기본가정은 객관적 현실의 인정, 자연의 균일성 및 지적활동의 신뢰성이다(이종승, 1989). 객관적 현실의 인정은 객관적 현실이 연구에 의해서 밝혀질 수 있다고 보는 것이다. 현실세계가 어떠한가에 대해서는 일치하지 않으나, 객관적으로 존재하는 실체라는 데는 동의되고 있다.

자연의 균일성은 어떤 상황에서 한 번 발생한 현상은 그와 유사한 상황에서 항상 다시 발생할 것이라는 가정이다. 현상은 우연히 발생하는 것이 아니라, 상당한 정도의 규칙성이 있다는 가정이다. 이 가정은 현상의 분류가능성, 항상성, 결정론의 세 하위가정이 있다.

분류가능성은 많은 사물 간에, 또 여러 자연현상 간에는 뚜렷한 유사성이 있다는 것이다. 유사성은 집단으로 묶여 명칭이 부여된다. 이것은 같은 분류 현상들의 공통성과 다른 분류 현상과의 차이점을 찾을 수 있게 한다. 예를 들어, 생물과 무생물로 분류한 후에, 생물은 동물과 식물로 분류한다. 그리고 다시 동물은 연체동물, 척추동물 등으로 분류되는 것이다. 항상성은 현상은 비교적 오랜 시간 지속된다는 것이다. 이 가정은 어떤 현상을 토대로 하여 얻은 법칙이나 이론이 일반화되어 그 후의 유사한 현상에 적용될 수 있다. 이를 근거로 하여 과학의 기능인 설명, 예측 및 통제가 가능하게 된다. 결정론은 어떤 현상도 우연히 일어난 것이 아니라 원인이 있다고 것이다. 모든 자연현상은 선행조건에 의해 결정된다는 가정으로, 동일한 조건이 마련되면 현상은 다시 발생하게 된다는 것이다. 그러나 현대 물리학의 발달은 절대적 결정론에 의문을 갖게 하였다. 어떤 조건하에서 어떤 현상이 일어난다는 것을 절대적이 아닌 확률적으로 이야기하게 되었다.

지적활동의 신뢰성은 지적 활동인 지각, 기억, 추리 등의 심리적 과정을 통해서 지식이 획득될 수 있다는 것이다. 과학자도 잘못된 지각을 할 수 있다. 예를 들어, 눈의 착시 현상이나 지각의 선택성 등으로 인한 지각의 오류가 있다. 기억도 잘못하는 경우가 있다. 추리과정 중에서도 오류가 있을 수 있다. 이러한 문제점이 있음에도 불구하고 과학자는 객관적 자료와 증거를 제시하며, 오류를 최소화하기 위해 노력한다.

〈표 2-3〉 과학적 방법의 기본가정

영역	내용
객관적 현실의 인정	객관적 현실이 존재함
자연의 균일성	한 번 발생한 현상은 유사한 상황에서 항상 다시 발생함
지적활동의 신뢰성	지적 활동을 통해 지식을 획득함

이러한 가정은 과학의 기초가 되는 기본가정이다. 그럼에도 현대과학은 과학의 절대성에 대해서는 의심을 한다. 과학은 절대적인 법칙이 아니라 확률적인 법칙이라고 것이다. 따라서 과학적 방법이 무엇인가가 대두된다.

지식을 획득하는 과학적 방법은 객관성, 경험성, 정밀성, 검증가능성을 일컫는다. 첫 번째로 객관성은 과학연구의 중요한 방법이다. 어떤 사건과 현상에 대해 다른 사람들도 동일하게 인정할 수 있어야 한다. 미술치료사가 부모자녀관계가 자녀의 공격행동의 원인이 되고, 동적가족화를 통해 부모자녀관계를 알 수 있다고 한다면, 이것이 객관적으로 검증될 수 있어야 한다. 즉, 객관성은 어떤 사건과 현상에 대해 사람들 간의 일치 정도를 의미한다(Kerlinger & Lee, 2000).

사회과학은 인간의 내적 심리현상도 연구하고 있으며, 심리현상은 직접 관찰하여 측정하기가 어렵다. 동일한 심리현상에 대해서도 다양한 결론이 나올 수 있어 측정의 객관성이 어렵다. 예를 들어, 시금치의 영양성분에 관한 분석은 직접 관찰하여 측정이 가능하다. 결과에 대한 연구자들의 일치도가 높아 객관성이 높다. 반면에 한 개인의 불안, 우울, 지능 등의 측정은 연구자에 의한 왜곡의 가능성이 자연과학에 비해 훨씬 높다. 불안, 우울, 지능은 직접 관찰하여 측정하기가 어렵기 때문이다. 따라서 사회과학에서의 객관성은 연구방법에서의 객관성에 중점을 두게 된다. 연구방법에서의 객관성은 관찰가능성과 측정가능성을 준거로 한다.

관찰가능성은 한 속성이 다른 연구자에 의해서도 관찰될 수 있어야 한다는 것이다. 관찰이 가능한 외현행동과 사상들은 문제가 되지 않으나 불안, 우울, 지능 등의 실체는 직접 관찰할 수 없다. 그러나 관찰이 어려운 내적심리가 미술치료학이 속한 사회과학의 중요 연구대상이다. 연구를 위해 사회과학에서는 직접 관찰할 수 없는 내적 심리적 속성에 조작적 정의를 내려 관찰이 가능하도록 하고 있다.

　　조작적 정의는 어떤 개념이나 변인을 측정하기 위해 구체적인 행동을 명시하는 것이다. 연구문제의 변인이 같은 단어로 진술되어도, 측정에서는 다른 연구자에 의해 다르게 조작적으로 정의될 수 있다. 따라서 실제 연구에서는 연구방법의 측정에서 이를 구체적으로 제시하게 된다. 예를 들면, 측정에서는 공격행동1, 공격행동2, 공격행동3으로 다양한 다른 조작적 정의가 가능하게 된다. 이러한 측정과 관련된 구체적인 정의들이 통합되어 공격행동에 대한 기본적인 개념정의에 도달하게 될 수 있다. 즉, 개념정의는 여러 연구의 통합된 결과이며, 그럼으로써 모든 연구에 해당될 수 있는 일반적 개념으로서의 정의가 존재하게 된다. 따라서 연구변인으로 제시되는 조작적 정의와 측정에서 언급되는 측정을 위한 구체적인 조작적 정의와는 구별함이 필요하다.

　　측정가능성은 속성이 적절한 방법으로 측정될 수 있어야 하고, 측정된 결과는 기록될 수 있어야 한다는 것이다. 그러기 위해서는 앞서 언급한 조작적 정의가 측정가능성과 직접 관련된다고 볼 수 있다. 예를 들어, 신장계, 체중계, 위내시경 등은 신장, 체중, 위의 상태에 대한 측정을 가능하게 해 준다. 자연과학의 이러한 측정에서는 연구자들 간의 측정에 대한 일치도가 상당히 높아 객관성이 보장된다. 그러나 사회과학에서는 연구하고자 하는 심리과정과 행동에 대하여 조작적 정의가 내려지고 이에 대한 측정을 하기 위해 구체적인 행동이 명시된 질문지, 심리검사, 면접, 관찰 등을 통해 측정을 가능하도록 한다.

조작적 정의와 측정가능성

- 조작적 정의
  - 어떤 개념이나 변인을 측정하기 위해 구체적인 행동을 명시
  - 측정을 위해 그 개념이나 변인에 의미를 부여
- 측정가능성: 구체적인 행동이 명시됨으로써 객관적으로 관찰이 가능
  - 예 심리검사, 질문지, 관찰, 면접으로 측정

출처: Kerlinger(1986).

연구자가 임의로 구성하는 심리검사보다 표준화된 심리검사(표준화검사)가 객관성이 높을 수 있다. 그러나 표준화검사도 조작적 정의가 내려지고, 이에 따라 측정방법이 구성되기 때문에 내재적으로 충분히 객관적인 것은 아니다. 검사의 객관성은 검사를 누가 실시하든 같은 결과가 나오는 것이다. 그림검사에서 평가자 간의 일치도가 어느 수준에 다다르게 된 후에 그림평가를 하거나, 회기과정의 연구대상자 행동변화를 제시하는 경우에 관찰자 간에 일치율을 보고하는 것도 측정의 객관성을 높이고자 하는 과학적 연구의 한 방법이다.

〈표 2-4〉 객관성의 예

영역	내용	방법
평가자 일치도	평가자 간	다수 평가자 간의 평가 일치정도
	평가자 내	일정 기간 후의 측정과 사전 측정의 일치정도
	Kappa계수	평가자 간의 평가 상관을 계산
관찰자 일치도	관찰과 발췌내용	관찰일치, 발췌방법(이론에 의거 구체적 행동기술)
	관찰자 간 합의	발췌내용의 모순(동영상 확인)

과학적 방법의 두 번째 특성은 경험성이다. 경험성은 체계적이고 통제된 사실적 증거에 기반을 두는 것으로 추론이 귀납법이다. 귀납법은 여러 차례의 특수 관찰을 통해 일반적인 결론에 도달하는 것이다. 연구에서 전집을 관찰하는 것은 현실적으로 어렵다. 전집을 대표하는 표본을 선정하고, 이 표본에서 얻은 자료를 기초로 하여 전집으로 일반화하는 것이다. 따라서 과학에서의 경험성은 표본의 대표성과 귀납적 추론으로 전집에 일반화하는 것이다. 그리고 이 과정에서 발생할 수 있는 오차의 양을 측정하여 확률적으로 어떤 사상이 발생할 가능성을 기술하게 된다. 따라서 경험성은 단순한 관찰과 경험을 넘어 일반화에 이르는 것이다.

경험성

- 표본 관찰: 전집을 대표하는 표본을 선정하여 관찰
- 귀납적 추론: 특수 관찰에서 일반적 결론을 이끌고, 전집으로 일반화

　　과학적 방법의 세 번째 특성은 정밀성이다. 정밀성은 연구에 사용되는 측정도구가 타당성과 신뢰성이 있고, 측정결과가 정확하고 일관성이 있어야 하며, 자료가 어떻게 수집되는가가 정확하게 제시되어야 함을 의미한다. 또한 실험이 타당성이 있고, 신뢰적으로 구성되었고, 타당하게 잘 통제된 절차에 의해 엄격하고 정확하게 적용되었다는 것을 의미한다. 자료가 어떻게 분석되었는지의 자료분석 방법과 자료로부터 어떠한 결과가 도출되는가의 결과 및 결론에 이르는 과정에 대한 기술 및 추론과정에도 오류가 없어야 함을 의미한다(Stangor, 1998).

　　과학적 방법의 네 번째 특성은 검증가능성이다. 검증가능성은 과학적 연구결과는 공개적으로 검증되어 채택 또는 기각될 수 있어야 함을 의미한다. 과학적 방법에 의해 얻어진 결론은 절대적 진리가 아니기 때문이다. 한 연구에 의한 해답은 연구결과에 대해 새로운 의문이 나타나기 전까지의 일시적 해답이다. 따라서 연구결과가 재검증될 수 있어야 하며, 재검증될 수 있도록 정확하게 기술되어야 한다. 다른 연구가 재검증하기 어렵게 기술된 연구는 연구로서의 가치가 줄어들 수밖에 없다.

정밀성과 검증가능성

• 정밀성: 연구문제의 해답을 얻는 과정의 정밀성
　　　　　측정도구, 실험과정, 자료수집 및 분석과정의 정밀성
　　　　　결과 및 결론의 기술 및 추론과정의 타당성, 신뢰성, 논리성
• 검증가능성: 연구방법, 연구절차 및 분석과정의 공개와 반복 검증의 가능성

　　연구는 과학적인 방법에 의해 이루어진다. 과학적 방법은 지식을 추구하기 위한 과정이나 절차로서, 논리적인 사고와 체계적이고 객관적인 절차가 반드시 필요하다. 따라서 과학적 방법이 지식을 습득하는 가장 타당하고 신뢰할 만한 방법이라고 할 수 있다. 그런데 연구자가 과학적 방법을 알고 있어도 편견을 갖고 있다면 연구결과는 과학적일 수 없다.

〈표 2-5〉 과학적 방법의 특성	
영역	내용
객관성	구체적 조작적 정의에 의한 관찰가능성, 측정가능성
경험성	체계적, 통제적, 귀납적추론, 표본을 전집으로 일반화
정밀성	측정도구, 자료수집과 분석, 통제, 결과제시, 결론의 도출
검증가능성	연구절차 및 분석과정의 공개, 재검증의 가능성 제시

　　과학적 연구가 되기 위해서는 과학의 방법을 잘 알고 있어야 한다. 과학적 방법은 지식의 근거나 문제해결의 방법이 권위주의적 지식이나 개인적인 경험, 직관을 넘어, 객관성, 경험성, 정밀성, 검증가능성, 합리적 사고, 종합적 통찰력에 두는 것이다. 또한 과학은 계속적인 자기수정의 과정을 거쳐 반증되고, 수정되며, 보완하게 된다. 현재의 법칙은 다른 새로운 결론이 형성될 때까지 일시적으로 잠정적인 법칙이다.

제3장

과학적 연구의 요소

    과학적 연구의 주요한 목표는 이론의 구축이다. 이론은 개념을 이용하여 여러 현상을 공통적으로 설명하는, 체계화된 객관적인 법칙, 원리, 추론이다. 개념은 개개의 사물이나 사건, 현상에서 공통된 속성을 종합화하여 추상화한 관념이다. 개념의 측정가능한 측면이 변인이다. 변인은 상호배타적인 속성의 집합으로, 연구의 대상이 된다. 가설은 둘 이상의 변인 관계로서 경험적으로 검증될 수 있다. 본 장에서는 과학적 연구의 중요한 요소가 되는 이론, 개념, 변인 그리고 가설에 대해 설명하고자 한다.

1. 이론

    이론은 현상을 설명해 주는 관점이나 견해, 원리이다. 그리고 이론은 검증이 가능한 개념과 명제들을 제공해 준다. 이를 통해 점진적으로 축적된 증거는 이론의 수정을 가져올 수 있고 다시 검증되면서 수정되고 발전된다. 예를 들면, 정신분석이론의 무의식에 대한 반증으로 인간의 외현적 행동에 관심을 갖는 행동주의 심리학이론이 발달될 수 있었다. 방어기제의 확장, 애착이론, 대상관계이론, 조작적 행동주의, 사회학습 행동주의도 개념과 명제에 대한 검증, 이론의 수정과 발전의 예로 볼 수 있다. 미술치료학에서도 어떤 대상의 어떤 행동의 원인에는 정신분석이론의 핵심감정 개념을 적용하고, 정신분석 기법의 꿈의 분석이나 자유연상에 미술활동을 적용할 수 있다. 어린 시절의 어머니에 대한 감정을 그려 보게 하거나, 떠오르는 과일을 그려 보는 과제화를 제시한다. 그리고 이 그림을 보고 생각나는 경험이나 떠오르는 감정을 색깔로 표현하기를 할 수 있다. 미술활동과정이나 작품이 정신분석적으로 해석이 가능한가를 통해 정신분석이론이 미술치료에 적용될 수 있는가를 검증해 보고, 이 결과로 정신분석 미술치료이론을 구축할 수 있다.

미술치료학의 연구에는 연구의 기반이 되는 다양한 인간발달이론, 심리치료이론이 있다. 이론은 복잡하고 다양한 인간행동의 적응과 부적응 현상 그리고 치료의 과정, 치료요인을 이해하는 데 도움을 준다. 또한 이 이론들은 미래의 인간행동의 적응, 부적응, 발달을 예측할 뿐만 아니라 과거의 행동을 설명할 수 있는 일련의 논리적인 진술이다. 현재의 어떤 상태가 미래의 부적응을 가져오는가를 설명해 주며, 현재의 문제행동은 과거의 어떤 요인들에 의해 형성되었는가를 이해할 수 있게 해 준다. 즉, 이론은 미래를 예측하고 과거의 현상을 설명해 줄 수 있다.

또한 이론은 인간행동의 어떤 측면을 기술하는 데 필요한 정보수집의 안내가 된다. 우울행동을 보이는 아동의 우울문제 원인을 찾는 데 도움이 된다. 이 아동에게 어떤 심리치료이론에 근거하여 어떤 미술활동을 어떤 매체를 통해 미술치료를 하는 것이 유용할 것인가, 미술치료에 효과가 나타나지 않으면 무엇에 대해 어떤 의문을 제기해야 하는가에 대한 정보를 제공해 준다. 이론은 연구의 시작이면서 목표가 될 수 있다.

이론은 문제의 제기나 가설을 생성하게 하고 이를 검증함으로써 새로운 지식이 도출되도록 해 준다. 예를 들면, 프로이트의 정신분석이론이 있었기 때문에, 이후의 많은 연구자들에 의해 정신분석이론은 검증되고, 수정되었으며, 새로운 개념과 이론이 형성되고 있다. 즉, 에릭슨의 이론이나 융의 이론이 나올 수 있었다. 또한 아들러의 개인분석이론도 나올 수 있었다. 이론은 기존의 지식이 통합되면서 재조직되기도 하고, 새로운 지식이 형성되는 토대가 되기도 한다. 그럼으로써 지식의 발달이 이루어진다.

이론의 의미

- 현상을 설명해 주는 관점, 견해, 원리로 검증가능한 개념과 명제들을 제공
- 인간행동 연구의 근거(인간행동의 적응, 부적응, 발달의 예측 및 과거 행동 설명)
- 증거 통한 검증, 수정, 발전
- 문제 제기나 가설의 생성과 이의 검증에서 새로운 지식이 도출되게 함

인간의 행동은 다양하고 복잡하다. 한 이론의 채택은 유익성과 더불어 손실도 있다. 한 이론은 그 이론이 지닌 특정한 관점에서 현상을 설명하기 때문이다. 예를 들

면, 기질을 중시하는 이론은 환경의 영향을 간과할 수 있고, 과거의 경험을 중시하는 이론은 현재 개인의 잠재성과 변화가능성을 축소할 수 있다. 그럼에도 한 이론의 채택은 유익성이 손실보다 많기 때문에 연구자들은 한 이론을 선택하게 된다. 따라서 연구자는 자신이 택한 이론의 한계와 자신의 택한 이론에서 오는 연구의 한계에 대해 인식하여야 한다. 그리고 한계에 대한 보완에 계속 유의함으로써 이론의 발전이 올 수 있다.

모든 이론의 가치와 유용성은 동일하지 않다. 연구자는 이론에 대해 평가할 수 있어야 한다. 이론의 평가 준거에는 포괄성, 일관성, 정확성, 관련성, 다산성, 단순성이 있다(Sidman, 1960). 포괄성(inclusiveness)은 그 이론이 얼마나 많은 현상을 설명할 수 있는가를 말한다. 피아제는 인지발달 전반을 다루고 있는 데 비해 정보처리이론은 사고과정만을 다루고 있어 상대적으로 보다 작은 부분의 현상을 설명하고 있다.

일관성(consistency)은 새로운 현상을 설명하는 데 있어 이론의 기본 가정을 변화시키지 않고 잘 설명할 수 있는가를 뜻한다. 프로이트의 정신분석이론은 여러 다양한 상황에 적용될 수 있다. 인간의 심리적 행동, 사회적 행동뿐만 아니라 정치적 행동, 소비자 행동에도 적용되므로 일관성이 높은 이론이다.

정확성(accuracy)은 이론이 미래의 예측과 과거 사상의 설명을 어느 정도 정확하게 할 수 있는가를 의미한다. 예를 들어, 애착이론은 어머니와 아동의 초기 관계가 이후의 대인관계를 예측할 수 있음을 보여 주고 있다. 그리고 청소년의 따돌림에 어머니와 아동의 초기 애착관계가 영향을 미침도 보여 준다(송동호, 2012).

관련성(relevance)은 이론과 그 이론 내에서 수집된 정보가 서로 얼마나 관련되어 있는가를 의미한다. 예를 들어, 피아제 인지발달의 지각적 사고에 관한 내용이 전조작기적 단계와 잘 관련되는가 또는 대상영속성 개념 발달단계의 특징들이 인지발달의 과정과 잘 맞는가를 볼 수 있다.

다산성(fruitfulness)은 미래 연구를 위한 개념 형성과 방향에 이론이 도움이 되는가를 의미한다. 프로이트의 정신분석이론은 이 이론이 나타난 당시에는 사회나 학계에서 받아들여지는 데 어려움이 많았다. 그러나 그 후에 인간의 심리과정을 설명하는 데 중요한 영향을 주었다. 피아제의 인지이론도 인간의 인지과정을 설명하는 데 많은 영향을 주었다. 이와 같은 이론들은 연구를 자극한다.

단순성(simplicity)은 논증이 단순하며 간단함을 의미한다. 상대성이론과 같은 몇몇 이론들은 논증이 단순하며 간단하다. 반면에 복잡한 이론들은 구체적인 상황을 제외하고는 적용에 어려움이 있다(정옥분, 2008).

〈표 3-1〉 이론의 평가

준거	내용
포괄성	다양한 현상들에 대한 설명의 정도
일관성	새로운 현상에 대해 기본가정의 변화 없이 설명이 가능
정확성	미래의 예측과 과거의 설명에 정확성의 정도
관련성	이론이 사실들을 반영하는 정도
다산성	새로운 개념의 형성과 미래 연구의 방향 제시
단순성	논증의 단순함과 간단함

2. 개념

과학은 독자적인 개념을 가지고 있으며, 연구는 이 개념을 다루게 된다. 개념은 감각에 의한 지각 또는 다양한 경험에서 형성된 논리적 구성으로 개개의 사물이나 사건, 그리고 현상에서 공통된 속성을 종합화하여 추상화한 관념이다. 그리고 진술된 준거틀 내에서만 의미를 갖는다. 연구자에 따라 개념의 진술은 차이가 있을 수 있다. 예를 들면, 지능에 대한 개념이 연구자에 의해 다르게 정의되고 있다. Wechsler(2003)는 지능은 한 개인이 합목적적으로 행동하고, 합리적으로 사고하고, 자신을 둘러싼 환경에 효과적으로 대처해 나가는 종합적, 총체적인 능력으로 정의했다. Gardner(2006)는 지능은 문제를 해결하고 다양한 분야에서 생산적인 일을 하는 것으로 단일요인이 아닌 복합요인으로 여덟 가지 지능을 제안하였다.

개념에는 추상적 개념과 구성개념이 있다. 인간의 심리적 속성에 대한 추상적 개념은 관찰할 수 없는 현상에 대한 정의이다. 연구는 직접 관찰할 수 있는 개념을 다루게 된다. 연구를 위해 구성개념이 대두된다. 구성개념은 연구를 위해 의도적으로 만들어진 개념이라는 의미를 지니고 있다. 예를 들어, 심리적 측정에 사용되고 있는 지능, 자아개념, 사회적 능력이 구성개념이다. 구성개념은 추상적인 심리적 속성이 관찰과 측정이 가능하도록 개념화된 것이다. 구성개념은 조작적 정의(operational definition)에 의해 관찰가능하고, 측정이 가능한 구체적 행동으로 명시되는 것을 이야기한다. 예를 들면, 아동·청소년의 문제행동은 K-CBCL의 점수이다.

개념의 의미

- 지각 또는 경험에서 형성된 논리적 구성으로 공통된 속성을 종합한 추상화된 관념
- 진술된 준거틀에서만 의미를 갖음
- 심리적 속성의 추상적 개념과 관찰과 측정이 가능한 구성개념이 있음
- 심리적 속성의 연구를 위한 구성개념 대두

---

3. 변인

변인은 상호배타적인 속성들의 집합이다(차배근, 1984). 속성은 어떤 사상을 특정 짓는 것이다. 예를 들면, 남자와 여자는 상호배타적인 속성이며, 초등학생, 중학생, 고등학생도 속성으로 상호배타적이다. 첫째 자녀, 둘째 자녀, 셋째 자녀도 상호배타적인 속성이다. 남자가 여자로 동시에 될 수 없고, 초등학생이 동시에 중학생이나 대학생이 될 수 없기 때문이다. 그리고 남자, 여자의 배타적인 속성의 집합은 성별이라는 변인, 초등학생, 중학생, 고등학생은 학생이라는 변인, 첫째 자녀, 둘째 자녀, 셋째 자녀는 출생순위라는 변인이 된다. 그리고 이 변인의 각 속성을 그 변인의 값이라고 한다. 즉, 남자, 여자는 성별이라는 변인의 값이다. 이 값에 일정한 절차에 따라 수치를 부여하면 변인은 양으로 규정될 수 있다. 변인에 대해 좀 더 잘 이해하기 위해서 변인의 종류에 대한 살펴볼 필요가 있다. 변인의 종류는 여러 방법으로 분류할 수 있다. 변인들 간의 관계를 기준으로 한 분류, 변인의 측정방법에 의한 분류, 변인의 조작 유무에 의한 분류가 있다.

〈표 3-2〉 변인의 종류

- 변인들 간의 관계에 의한 분류
- 변인의 측정방법에 의한 분류
- 변인의 조작 유무에 의한 분류

1) 변인들 간의 관계에 의한 분류

변인들 간의 관계를 기준으로 하여 변인은 독립변인, 종속변인, 조절변인, 매개변인으로 분류된다. 독립변인(independent variable)은 영향을 주는 변인이며, 영향을 받는 변인이 종속변인이다. 종속변인(dependent variable)은 독립변인으로 인해 반응이나 결과가 나타나게 된다. 즉, 독립변인은 행동을 야기하는 원인이 되는 변인이고, 독립변인이 원인이 되어 종속변인이 영향을 받게 된다. 독립변인과 종속변인의 용어는 수학에서 유래된 것으로, 독립변인이 X이고, 종속변인은 Y이다. 수학적 공식으로 $y = f(x)$의 꼴로 주어질 때 x를 독립변인, y를 종속변인이라고 한다.

독립변인과 종속변인의 예

- **연구주제**: 부모의 양육행동에 따른 아동의 자아개념
- **독립변인**: 종속변인에 영향을 주는 변인으로 부모의 양육행동
- **종속변인**: 독립변인에 의해 영향을 받는 변인으로 아동의 자아개념

실험연구에서의 독립변인은 연구자가 의도적으로 조작하는 변인이다. 독립변인은 연구자의 조작에 의해서만 변화될 뿐 실험연구 내에서 다른 변인에 의해서는 영향을 받지 않기 때문에 독립변인이라고 한다. 예를 들면, 미술매체에 따른 치료효과를 연구할 때 독립변인은 다양한 미술매체(예 크레용, 지점토, 콜라주)가 되며, 실험자에 의해 조작되는 변인이다.

조작되는 독립변인에는 생리학적 변인, 경험, 자극이나 환경, 연구대상의 일반적 특성이 있다(송인섭, 강갑원, 이경화, 2008). 생리학적 변인은 연구대상의 생리학적 상태를 변화시키는 것이다. ADHD에 대한 약의 효과를 보기 위해 약을 복용한 집단과 복용하지 않은 집단의 차이를 볼 수 있다. 경험은 훈련이나 학습의 양 또는 훈련의 종류가 어떤 효과가 있는가를 알아보기 위한 것으로 실험집단에는 부모교육미술치료를 실시하고, 통제집단에는 실시하지 않는다. 그리고 나서 두 집단의 부모자녀관계를 비교할 수 있다.

자극이나 환경은 자극을 주거나 환경을 변화시키는 것이다. 두 집단으로 나누어 실

험집단은 친사회적 TV 프로그램을 시청하게 하고, 통제집단은 중립적 TV 프로그램을 시청하게 한다. 그리고 아동들의 도움활동을 비교하는 것이다. 즉, TV 시청이라는 자극을 주는 것이다. 연구대상의 일반적 특성은 연령이나 성별, 교육, 경제수준 같은 인구학적 특성이다. 그런데 일반적 특성은 연구자가 직접 조작할 수 없으므로 엄격한 의미의 조작된 독립변인이라고 할 수 없다. 연구자는 이미 주어진 연구대상자의 특성을 기초로 하여 연구대상자를 집단에 배정한다.

비실험연구에서의 독립변인은 논리적으로 종속변인에 영향을 미치는 변인을 말한다. 예를 들면, 미술치료사의 자아탄력성과 심리적 소진에 관한 연구에서 미술치료사의 자아탄력성이 독립변인이 된다. 이런 연구가 실험연구가 아닌 비실험연구 또는 기술연구이다. 이런 연구에서는 연구자가 변인들을 임의로 조작하거나 통제하지 못한다. 그래서 독립변인 대신에 예언변인이라는 용어를 사용하기도 하고, 종속변인 대신에 기준변인이라는 용어를 사용한다.

인간과 사회현상은 독립변인과 종속변인 간의 관계로만 설명될 수 없다. 인간의 행동이 단순한 원인과 결과의 관계로 이루어지지 않기 때문이다. 제3변인의 영향에 의해 독립변인과 종속변인의 관계가 성립되는 것이다. 여기에는 조절변인과 매개변인이 있다.

조절변인(moderating variable)은 독립변인과 종속변인 사이에 개재되어 독립변인과 종속변인에 영향을 주는 변인이다. X의 변화가 Y의 변화를 유발하나 제3변인의 특정한 조건하에서만 Y의 변화를 유발하는 것이다. 이러한 제3변인을 조절변인이라고 하며, 수학용어로 Z이다. 만약 A가 C에 미치는 효과, 즉 A → C가 B의 수준에 따라 달라지면 B를 조절변인이라고 한다. 사회적 지지가 낮은 경우에 어머니의 양육스트레스가 양육행동에 영향을 주나, 사회적 지지가 높은 경우에는 어머니의 양육스트레스가 양육행동에 영향을 주지 않는 경우이다. 이때 사회적 지지가 조절변인이 된다.

매개변인(mediating variable)은 변인들 간에 함수적 관계를 설명할 때, 두 변인 사이를 연계하는 변인이다. 예를 들어, A → B → C에서 B는 매개변인으로서, A의 효과가 B를 거쳐 C에 전달되고 있다. 물론 A가 C에 직접 연결될 수도 있다. 그러나 전체적으로 또는 부분적으로 A의 움직임은 일단 B에 효과를 미치고, 이어서 B가 C에 미치는 효과가 발생할 때 B는 A와 C 사이의 매개변인이다. 결혼만족도가 양육스트레스에 영향을 주고 양육스트레스는 아동의 문제행동에 영향을 준다. 양육스트레스는 결혼만족도와 아동의 문제행동 사이의 매개변인이다.

분류		내용
독립변인		종속변인의 선행조건, 원인, 실험의 조작 조건
종속변인		독립변인의 결과, 효과, 영향, 실험에 의해 변화
중재변인	조절변인	제3변인의 특정한 조건하에서만 Y의 변화를 유발
	매개변인	두 변인 사이를 연계하는 변인

〈표 3-3〉 변인들 간의 관계에 의한 분류

2) 변인의 측정방법에 의해 분류

변인은 측정방법에 의해 분류할 수 있는데, 질적변인과 양적변인으로 나눌 수 있다. 질적변인(qualitative variable)은 체중이 무겁다, 체중이 가볍다와 같이 서술식의 의미나 해석으로 나타나는 변인이다. 체중 10kg, 5kg처럼 숫자로 나타낼 수 있는 변인은 양적변인(quantitative variable)이다. 질적변인의 각 속성은 일정한 절차에 따라 수치를 부여하면 양적변인으로 될 수 있다. 대체로 과학적 연구에서는 변인을 수량화하여 연구하고 있다. 수량화는 일정한 규칙에 따라, 변인의 속성에 수치를 부여하는 것으로 측정(measurement)이라고 한다. 측정은 통계분석에서 중요한 개념이다. 양적변인은 연속변인과 비연속변인으로 나눈다.

연속변인(continuous variable)은 속성의 크기를 잴 수 있어 수치가 부여될 수 있는 변인을 말한다. 예를 들면, 신장, 체중, 연령 등이 해당된다. 비연속변인(discrete variable)은 유목에 속하는 각 개체를 의미하며, 각 개체는 상호 독립적이다. 예를 들면, 성별의 남, 여, 학년의 저학년, 고학년이다. 즉, 유목의 개체와 개체는 연속적이 될 수 없어 비연속적이 된다.

연속변인은 주어진 범위 내에서 그 사이에 어떤 값도 가질 수 있는 등간척도와 비율척도이다(제6장 참조). 예를 들어, 키, 몸무게, 시간 등은 주어진 범위 내에 무한한 여러 값이 있다. 그러나 비연속변인은 주어진 범위 내에 한정된 값만을 갖는 변인으로 성별, 종교, 키 순서, 성적순 같은 명목척도, 서열척도이다.

〈표 3-4〉 측정방법에 의한 분류

분류		내용
질적변인		서술적인 의미, 해석
양적변인	연속변인	속성의 크기를 재서 수치를 부여
	비연속변인	유목의 분류

3) 변인의 조작 유무에 의해 분류

변인은 조작 유무에 의해 능동변인과 속성변인으로 분류된다(Kerlinger, 1986). 능동변인(active variable)은 조작된 변인으로, 조작은 연구대상자에게 처치를 가하는 것이다. 조작되는 변인은 무엇이 조작되어도 능동변인이다. 예를 들면, 미술매체의 종류에 따라 미술치료효과의 차이가 있는가를 연구할 경우, 한 집단은 크레용을 사용하고, 다른 집단은 지점토를 사용한다면 매체종류를 조작하는 것이다. 즉, 매체종류가 능동변인이 된다.

속성변인(attribute variable)은 조작할 수 없는 변인이다. 개인의 이미 형성되어 있는 속성인 성별, 지능, 흥미, 기질, 부모의 연령, 부모의 직업, 부모의 교육정도 같은 변인이다. 그런데 성별, 지능처럼 그 자체의 성격으로 항상 속성변인이 되는 변인이 있지만, 때에 따라 속성변인이 되거나 능동변인이 되는 변인이 있다. 예를 들어, 정서상황(예 우울, 분노상황)에 따라 친사회적 행동은 차이가 있는가를 연구한다. 우울상황은 조작될 수 있다. 그러면 우울은 능동변인이 된다. 그러나 연구대상자의 우울정도를 측정한다면 우울은 속성변인이다.

〈표 3-5〉 조작 유무에 의한 분류

분류	내용
능동변인	연구대상자에게 처치를 가하는 조작변인
속성변인	이미 형성되어 있는 속성변인

* 속성변인이면서 상황에 따라 능동변인으로 되는 변인도 있음

4. 가설

가설은 변인과 변인들 간의 관계에 대한 잠정적인 진술이다. 가설은 과학적 연구에서 연구문제에 대한 잠정적인 해답이다. 예를 들면, '불안정한 애착을 형성한 아동은 또래불안이 높을 것이다.'이다. 가설은 연구문제에 대한 연구자의 사고가 잘 통합된 내용으로 자료가 수집되기 전에 진술되어야 한다(송인섭, 강갑원, 이경화, 2008).

가설은 논리적 근거가 필요하다. 논리적 근거는 이론과 선행연구에서 나온다(Cone & Foster, 1997). 선행연구의 결과에 근거하여 적절해야 하며, 새로운 사실이나 관계를 밝히는 데 도움이 되어야 한다. 가설은 구체적이고 분명하게 변인 간의 관계로 진술되어야 한다. 측정할 수 있는 둘 이상의 변인이 포함되어야 하며, 변인 간의 관계가 검증을 내포하도록 진술되어야 한다. 그럼으로써 가설은 채택되는가 또는 기각되는가를 확률적으로 검증할 수 있게 된다. 확률적 검증은 통계적 검증이다. 통계적으로 가설이 채택되면, 연구문제가 해결된다.

연구결과가 신뢰적이려면 종속변인이 독립변인에 의한 것이라는 확증이 필요하다. 확증은 가외요인들이 고려되고 통제되어야 한다(Salkind, 1997). 예를 들면, '아동의 불안정한 애착은 등교거부에 영향을 줄 것이다.'라는 연구가설에서 연구문제는 '아동의 불안정한 애착은 등교거부에 영향을 주는가?'이다. 불안정한 애착과 등교거부의 관계에서 불안정한 애착(독립변인) 외에 등교거부에 영향을 줄 수 있는 가외변인들, 예를 들면 아동의 기질, 아동과 교사관계, 아동과 또래관계, 아동의 가정환경 등을 고려하여 이 가외변인들을 잘 통제하여야 한다. 그래야 가설이 채택되고, 다른 연구에 의해 재검증되며, 다양한 사건과 현상에도 이 결과가 적용될 수 있다면 가설은 법칙이 될 수 있다.

가설의 기준

- 가설은 이론과 선행연구에 의한 논리적 근거
- 가설은 이론 또는 선행연구에 근거해 검증할 가치가 있어야 함
- 새로운 사실이나 관계를 밝히는 데 도움이 되어야 함
- 구체적이고 분명하게 진술되면서 변인들 간의 관계로 진술
- 측정할 수 있는 둘 이상의 변인이 포함되고, 검증을 내포하도록 진술

제**4**장

과학적 연구의 유형

과학적 연구의 유형은 어떤 기준을 사용하느냐에 따라 다양하게 나눌 수 있다. 유형은 연구의 목적에 따라 기초연구와 응용연구, 자료수집 방법에 따라 기술연구, 실험연구, 연구의 장소에 따라 실험실 실험연구, 현장 실험연구, 현장연구, 조사연구, 연구의 축적에 따라 확인연구, 탐색연구, 그리고 철학적 배경에 따라 양적연구, 질적연구로 나눈다.

이 장에서는 이 유형을 간단히 설명하고자 한다. 그리고 각 유형의 연구방법들은 제9장부터 제12장, 제15장에서 정리하겠다.

〈표 4-1〉 연구의 유형

기준	연구유형
연구의 목적	기초연구, 응용연구
자료수집 방법	기술연구, 실험연구
연구의 장소	실험실 실험연구, 현장 실험연구, 현장연구, 조사연구
연구의 축적	확인연구, 탐색연구
철학적 배경	양적연구, 질적연구

1. 연구의 목적에 따른 분류

연구의 목적에 따라 기초연구와 응용연구로 분류할 수 있다. 기초연구(basic research)는 지식의 탐구가 목적으로 이론적 체계를 발전시킨다. 기초연구는 실제에 대한 적용, 즉 현실적인 실용성보다는 이론의 발전에 비중을 두는 연구로 이론연구라고도 한다. 기초연구는 이론의 발전에 기여하는 연구로 기존의 지식이 조직화되고 통합되는 연구이다. 그럼으로써 현상을 이해할 수 있는 원리나 법칙을 제공한다. 예를 들어, 어머니 양육행동의 내적구조에 대한 연구의 중요한 목적은 어머니 양육행동의 관련변인들이 어떻게 관계되어 있는가이다. 양육행동이라는 현상에 대한 이해에 도움이 되는 연구로, 기초연구이다. 기초연구는 연구결과의 사용가치에 중점을 두는 연구가 아니라, 현상에 대한 원리를 다룬다. 이 원리가 실제 문제의 해결에 필요한가는 추후의 문제이다.

응용연구(applied research)는 실제 적용이 일차적 목적이다. 연구결과의 사용가치에 중점을 두는 연구로, 실제적인 문제해결이나 해결을 위한 정보를 얻기 위해 수행하는 연구이다. 인간행동의 적응과 문제행동의 치료, 재활과 교육 등을 다루는 많은 사회과학 연구들은 연구결과가 실제에 적용될 것을 목적으로 하는 경우가 많다. 동적가족화(KFD)가 임상집단과 일반집단을 변별할 수 있는가의 KFD 타당화 연구는 이론연구라기 보다는 실제로 임상집단을 진단하는 데 사용하기 위한 응용연구이다.

미술치료에 관련된 기초연구는 엄밀한 의미에서는 실제적 적용을 위한 것으로 볼 수 있다. 예를 들면, 기초연구에서 본 어머니 양육행동 구조모형에 관한 연구결과가 실제로 아동의 문제행동이나 치료프로그램, 부모교육 훈련에 어떻게 활용될 수 있으며, 이 연구결과가 실제로 어떤 가치를 가지고 있는가에 관심이 있다면 응용연구가 된다. 연령에 따라 동그라미 중심 부모자녀 관계화에 나타나는 아버지상에 변화가 있는가의 연구는 발달단계에 따른 아버지에 대한 자녀의 지각변화를 알고자 하는 연구로 기초연구의 측면이 있다. 그러나 이 연구결과가 현장에서 문제가 되는 아버지와 자녀 관계의 개선이나 아버지 교육에 활용하기 위한 목적이라면 중요한 응용연구로 볼 수 있다.

이렇게 볼 때 연구목적에 의한 기초연구와 응용연구의 분류는 실제에서는 그 경계가 명확하지 않다. 기초연구와 응용연구가 앞의 예와 같이 서로 관련되어 있기 때문이다. 기초연구는 현장의 실제문제를 해결하기 위한 이론과 원리를 제공해 줄 수 있어 응용연구의 폭을 넓혀 주는 역할을 한다. 또한 응용연구에서 발견되는 변인들과의 관계에 대한 이해는, 현상에 대한 개념이나 이론을 얻는 아이디어를 제공해 줄 수 있다. 기초연구와 응용연구는 상호보완의 관계이므로 연구의 목적이나 필요성, 연구자의 관심에 따른 분류로 보는 관점도 있다.

〈표 4-2〉 연구목적에 의한 분류	
기초연구	응용연구
지식탐구	실용성
현상 이해	현상의 문제해결
개념이나 이론 구축	실제 적용
실제 문제해결의 원리 제공	기초연구의 아이디어 제공

2. 자료수집 방법에 따른 분류

자료수집 방법에 따른 분류에는 기술연구와 실험연구가 있다. 기술연구(descriptive research)는 자연스러운 상황에서 현재의 상황과 조건을 있는 그대로 기술하거나 변인 간의 관계를 설명하는 연구이다. 독립변인이 의도적으로 조작되지 않는 연구이다. 현상을 의도적으로 조작하지 않고 수집된 자료에서 변인들 간의 관계에 연구의 초점이 있다. 예를 들면, 성별에 따라 언어능력에 차이가 있는가의 연구로 독립변인이 의도적으로 조작되지 않는다. 놀이터에서 남녀아동의 언어행동을 관찰하거나 또래 간의 언어적 상호작용을 기술하는 연구이다.

기술연구는 한 현상을 있는 사실대로 기술하며 관계를 조사하는 연구이므로 관계에 대한 해답을 제공하지 못한다. 그러나 기술연구는 특정 상황이나 발달단계의 개인 행동특성뿐만 아니라 개인의 행동과 사회문화적 맥락과의 관계도 알 수 있다. 그리고 관련되는 변인들이 무엇인가도 파악할 수 있게 해 준다.

실험연구(experimental research)는 인과관계의 검증이 목적이다. 연구자가 하나 이상의 독립변인을 의도적으로 조작하고, 종속변인에 영향을 미칠 수 있는 가외변인은 통제한다. 그리고 독립변인이 종속변인에 주는 영향을 검증하는 연구이다. 실험조건과 통제조건의 체계적인 변화에서 종속변인을 측정하는 것이다. 예를 들면, 진로탐색 미술치료 개입이 청소년의 직업태도에 영향을 미치는가를 연구하고자 한다. 미술치료 개입을 받을 청소년과 미술치료 개입을 받지 않을 청소년을 무선배정으로 두 집단으로 배치한다. 배정되는 두 집단은 실험집단과 통제집단이다. 무선배정은 직업태도 (종속변인)에 영향에 미칠 수 있는 가외변인을 통제하는 것이다. 무선배정은 조작변인

외에 종속변인에 영향을 줄 수 있는 지능, 사회인구학적 배경, 공감능력 등과 같은 사회심리적 변인의 영향력의 가능성을 줄이고자 하는 것이며, 이것이 가외변인 통제이다. 그런데 사회과학연구에서는 엄밀한 실험연구를 수행하는 것이 실제로 불가능하다. 실험연구에서 종속변인에 영향을 주는 모든 가외변인들을 통제할 수 없기 때문이다.

〈표 4-3〉 자료수집에 의한 분류

기술연구	실험연구
자연스러운 상황의 기술	조작과 통제
변인 간의 관계를 조사	인과관계의 검증
특정 상황에서의 행동특성	실험조건과 통제조건의 체계적 변화
사회문화적 맥락과의 관계	종속변인 측정

3. 연구의 장소에 따른 분류

연구가 이루어지는 장소가 실험실인가 현장인가에 따라 실험실 실험연구, 현장 실험연구, 현장연구, 조사연구로 나눌 수 있다(Kerlinger, 1986). 실험실 실험연구(laboratory experiment study)는 실험실에서 연구자가 독립변인을 의도적으로 조작하고, 그 외에 종속변인에 영향을 줄 수 있는 가외변인이 최소화되도록 통제하는 연구이다. 연구자가 연구변인이나 현상을 조작하고 가외변인을 통제하여 독립변인이 종속변인에 주는 인과관계를 검증한다.

현장 실험연구(field experiment study)는 자연스러운 환경에서 가능한 통제가 이루어지고 독립변인이 조작되는 연구이다. 일상상황에서 독립변인을 조작하여 실험하는 것이다. 실험집단과 통제집단이 무선배정되나, 실험실 실험연구만큼 가외변인의 통제가 이루어지기 힘들다. 심리학, 사회학, 아동학 등에서 사용하고 있으며, 미술치료에서도 사용한다.

현장연구(field study)는 일상적 환경에서 자료가 수집되는 연구이다. 자연스럽게 일상생활을 관찰하는 것이다. 독립변인이 이미 발생된 후에 종속변인을 관찰하는 연구이다. 독립변인의 조작이 없다는 의미에서 비실험연구이지만, 원인과 결과에 대한 인과관계의 추리에서 실험연구의 특성이 일부 포함된다.

조사연구(survey research)는 표본을 선정하여 자료를 수집하고 분석하여, 전집으로 일반화하는 연구이다. 많은 양의 자료가 수집된다. 질문지와 면접을 통해 자료를 수집하며 변인들 간의 관계, 분포, 비율 등을 연구한다.

〈표 4-4〉 장소에 의한 분류

분류	내용
실험실 실험연구	연구변인이나 현상의 의도적 조작, 통제되는 실험실 연구
현장 실험연구	일상상황에서 독립변인을 조작하여 실험하는 연구
현장연구	자연스럽게 일상생활을 관찰하는 연구
조사연구	변인들 간의 관계, 분포, 비율 등에 관한 연구

4. 연구의 축적에 따른 분류

연구의 축적에 따른 분류는 연구문제에 대한 선행 연구가 어느 정도 축적되어 있는가에 따라 확인연구와 탐색연구로 분류할 수 있다. 확인연구(confirmatory research)는 변인 간의 관계에 대한 가설을 형성할 수 있을 정도로 축적된 지식이 충분한 경우에 가설을 검증하기 위해 하는 연구이다. 탐색연구(exploratory research)는 축적되어 있는 지식의 양이 불충분할 때 하게 된다. 변인 간의 관계에 대한 지식의 양이 불충분할 때 하는 연구로 기초연구라고 할 수 있다. 후에 충분한 결과가 축적되면 확인연구가 시행될 수 있다.

〈표 4-5〉 연구의 축적에 의한 분류

분류	내용
확인연구	변인 간의 지식이 충분, 가설검증의 연구
탐색연구	변인 간의 지식이 불충분, 기초연구

5. 철학적 배경에 따른 분류

철학적 배경에 따라 양적연구와 질적연구로 분류할 수 있다. 양적연구(quantitative research)는 자연과학의 발전과 더불어 발달되었고, 실증주의를 철학적 근원으로 삼고 있다. 양적연구는 변인들 간의 관계를 설명하고, 변인들 간의 인과관계를 파악하여 예측하고자 한다. 그러기 위해 연구자는 변인들을 측정 가능하게 하기 위해 구체적인 조작적 정의를 내리고 측정을 한다.

질적연구(qualitative research)는 현상이 전개되는 자연적인 상황에서의 인간의 행동에 관심을 갖는다. 그리고 연구대상의 관점에서 현상을 관찰하거나 심층적인 인터뷰를 통해, 수집된 자료를 맥락과 연관지으며 분석해 나가는 연구이다. 자료의 분석과정이 인간의 내면을 심층적으로 읽고, 의미를 추론하는 것이다(신경림, 2004).

질적연구와 양적연구의 차이는 이론적 근거 또는 철학적 가정에서 근본적인 차이가 있다. 따라서 연구의 목적, 연구방법이 다르다. 즉, 연구자 태도, 표본의 선정과 자료수집 방법, 자료분석 방법이 다르다.

미술치료학은 연구하는 대상이나 현상, 미술치료과정에서의 수집된 자료의 특성으로 양적분석으로만 하기에는 자료분석이 부족한 경우가 있다. 예를 들면, 미술치료 진행과정에서 관찰로 수집된 자료는 양적연구를 보완해야 한다(제10장 참조). 그리고 서술식으로 기술된다고 하여 질적연구가 되는 것은 아니다(제15장 참조).

양적연구와 질적연구의 차이

- 현상에 대한 기본가정
- 연구의 목적
- 연구자 태도
- 표본의 선정
- 자료수집 방법
- 자료분석 방법

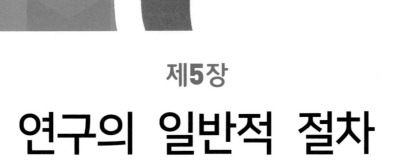

제**5**장

연구의 일반적 절차

연구는 과학적인 방법을 통해 문제를 해결하고 이론을 정립해 가는 과정이다. 본 장에서는 미술치료의 과학적 연구를 위해 일반적으로 사용되고 있는 연구절차에 대해 살펴보고자 한다. 연구문제의 선정, 선행연구 고찰, 연구대상의 선정, 측정도구의 선정, 자료의 수집, 자료의 분석, 연구논문의 작성 순으로 정리하고자 한다.

1. 연구문제의 선정

미술치료 연구가 이루어지기 위해서는 연구문제가 있어야 한다. 연구의 가치는 연구문제의 중요성과 필요성에 의해 결정되므로 연구할 가치가 있는 연구문제를 선정하는 것이 중요하다. 연구문제가 선정되기 전에 먼저 연구주제가 설정된다.

연구주제는 일상적인 경험이나 사건에 대한 예민한 관찰력과 과학적 태도에서 제기된다. 또한 학문적인 관심에서 출발한다. 먼저 관찰력에 의한 주제선정에 대해 살펴보겠다. 예를 들면, 가족의 역동을 알기 위해 가족화를 그리라고 제시했더니 많은 아동들이 정형화된 사진 같은 그림을 그렸다. 이에 대해 무언가 하고 있는 모습을 그리라고 하면 가족의 역동을 볼 수 있을 것이라는 생각에 착안하게 되었다. 또는 테두리를 그려 주는 것이 그림의 시작에 불안을 갖고 있는 아동의 불안감을 감소시킴을 경험했고, 정말로 감소시킬 수 있을까에 대한 확인의 호기심이 연구할 필요성을 갖게 하였다.

다음으로 일상생활의 과학적 태도에서 주제가 떠오르기도 한다. 동일한 현상에 대해 다른 관점에서 보거나 당연하게 여겨지는 사실에 대해서 의문을 품는 것이다. 프로이트는 임상환자와의 만남에서 인간의 병리적 원인, 인간의 심리구조 등에 대한 이론을 구성했고, 피아제도 자녀의 관찰에서 인지이론을 구성하였다. 당연히 일상적으로 발생하는 일이나 현상이 어떤 사람에게는 해답을 발견해야 할 문제제기가 되고, 어떤 사람에게는 그냥 지나치는 일이 된다. 문제를 찾아내는 것이 과학적 태도이다.

그런데 연구자의 관찰력과 과학적 태도에 의한 주제선정은 직접 연구문제로 연결되지 않는다. 선행연구나 이론 고찰을 통해 연구가능성이 검토되어야 한다. 연구주제에 관련되는 중요 변인들을 찾아내고, 변인들이 어떤 방법으로 조사될 수 있는가가 객관적으로 타당성 있게 기술될 수 있어야 한다. 이것을 연구문제화라고 한다.

〈표 5-1〉 일상적 경험이나 사건에서 연구주제 제기

- 예민한 관찰력과 과학적 태도: 동일 현상에 대해 다른 관점이나 문제의 인식
- 선행연구와 이론의 고찰: 연구의 가능성 검토
- 연구문제화: 중요한 관련변인 찾고 타당성 있는 조사방법 결정하기

끝으로 학문적인 관심에 의한 주제선정에 대해 살펴보겠다. 구체적으로 연구자가 지적인 호기심이나 흥미를 갖고 있는 분야에 대한 선행연구들을 비판적으로 읽는 과정에서 연구할 필요성이 있는 연구주제가 발견된다. 연구주제가 학문적으로 매우 중요하다고 해도 연구자의 흥미나 동기가 유발되지 않으면, 연구자의 연구의욕과 관심이 감소될 수 있다. 즉, 연구주제 선정에서 연구자의 지적 호기심과 흥미가 중요하다 (이은해, 1987).

비판적으로 읽는다는 것은 연구방법에 주목할 만한 결함이 있는가, 같은 주제를 다루는 연구들의 연구결과가 일관성 없게 나타나는가, 그리고 연구결과가 잘 해석되어 어떤 현상을 잘 설명하고 있는가 등에 초점을 두고 선행연구를 읽는 것이다. 연구방법의 주목할 만한 결함은 연구가 잘못 수행되었음을 의미한다. 연구대상의 선정, 측정방법, 연구절차, 분석방법이 잘못 되었을 수 있다. 예를 들면, 연구자가 독립변인과 종속변인을 혼동하여 분석을 하는 경우도 있다.

연구결과의 비일관성은 연구자의 과학적 방법과 태도가 중요하다. 비일관성을 야기하는 문제가 무엇인가, 어떤 부분을 어떻게 보완할 방법이 있는가, 재검증이나 반복연구를 어떻게 구성할 것인가에 대한 탐색이 필요하다. 결과해석은 해석이 논리적이고 객관적으로 되어 있는가를 검토하는 것이다.

〈표 5-2〉 비판적으로 읽기
• 연구방법(대상의 선정, 측정방법, 연구절차, 분석방법), 연구결과의 결함
• 같은 주제에 관한 선행연구들의 결과 불일치
• 어떤 현상에 대한 설명력, 결과 해석의 논리성, 객관성

　연구주제는 비판적 읽기 외에도 과학기술이나 사회의 변화에 의해 새로운 연구주제가 대두될 수 있다. 과거에는 연구하기가 어려웠거나 초보연구에 머무를 수밖에 없었던 연구주제가 연구방법의 발달로 인해 연구가 가능하게 되기도 한다. 예를 들어, 뇌과학의 발달은 뇌의 역할과 심리기제와의 관계에 대한 연구를 가능하게 했다. 고급 통계의 발달은 복잡한 심리구조의 탐색이나 확인연구를 가능하게 했고, 질적분석방법의 발달은 체계적으로 깊은 내면까지 분석할 수 있게 한다. 그리고 사회변화는 다양한 가족형태와 심리적응, 정신병리에 대한 연구를 확대시키고 있다. 이러한 변화로 미술치료학의 연구주제가 넓어지고 깊어지게 되었다. 연구주제가 어디에서 연유되었든 간에 중요한 것은 과학적 연구를 하는 것이다.

　연구주제의 선정에는 연구자의 능력과 훈련도 고려되어야 한다. 능력이나 훈련이 없이는 연구가 불가능한 경우가 많다. 학위논문의 주제선정에서 발생되는 오류로는 연구주제에 비해 연구자의 능력이나 훈련이 부족한 것이다. 거의 연구가 되어 있지 않은 분야의 연구, 학문적 깊이가 요구되거나 풍부한 지식과 지식의 통합이 필요한 연구, 오랜 연구경력과 연구경험, 사회적 경험의 통찰이 필요한 분석연구 등이 이에 해당될 수 있다.

　연구가 가치 있는 연구가 되기 위해서는 연구주제 선정에 독창성이 주요 요건이다. 과학연구의 목적이 지식의 발전에 대한 기여이므로, 연구의 독창성은 기존의 지식체계에 발전을 가져온다. 그런데 연구의 독창성은 연구가 반드시 새로워야 한다는 의미의 독창성이 아니다. 선행연구와 유사한 주제라고 해도, 다른 시각이나 다른 연구방법으로 연구를 하면 독창성 있는 주제가 될 수 있다. 또한 유사한 주제에 대한 반복연구라도 반복에 대한 분명히 중요한 이유가 있으면 충분한 연구주제가 된다. 그러나 단순하게 연구대상의 변화나 사소한 분석방법의 변화는 독창성 있는 연구가 아니며, 연구로써의 가치가 떨어지게 된다.

　이 외에 연구자가 연구주제를 선정하는 데는 소요되는 시간과 비용, 에너지 등의 경제성이나 자료수집 가능성도 고려하여야 한다. 또 연구주제의 중요도나 기여도도 보아야 한다. 가치에는 학문적 의미와 실제적 의미가 있다. 학문적 의미는 해당분야의 학문발전에 이 연구가 얼마나 기여할 수 있는가의 평가이다. 실제적 의미는 현실적 문제해결에 얼마나 도움을 줄 수 있는가를 평가하는 것이다.

〈표 5-3〉 연구주제의 선정

- 일상경험에 대한 관찰력과 과학적 태도
- 선행연구의 비판적 읽기
- 연구자의 능력과 훈련
- 연구의 시간과 비용, 에너지
- 연구자의 지적 호기심과 흥미
- 연구의 독창성
- 자료수집 가능성
- 연구의 중요도 또는 기여도

연구주제는 좀 막연한 연구문제이다. 연구가 가능하게 되기 위해서는 연구문제가 연구될 수 있는 형태로 이루어져야 한다. 연구문제는 명확한 질문형태의 해결 가능한 진술이다. 그러기 위해 연구문제는 개념화 과정을 겪게 된다. 개념화 과정은 먼저 연구문제가 구체적으로 서술되기 전에 논리적으로 독립변인과 종속변인의 관계를 구조화하는 것이다. 선행연구를 근거로 하여 연구문제에 직접 또는 간접적으로 관련이 되는 것으로 보이는 변인들을 나열해 본다. 다음의 절차는 이 변인들이 구체적으로 어떻게 관련을 맺고 있는가를 논리적으로 파악해 보는 것이다. 관계유형은 직접관계, 매개관계, 조절관계 등이다. 관계유형이 검토되면 변인들 간의 관계를 도식화해 보는 것이다. 변인들 간의 관계가 도식화되면 이 관계를 연구할 수 있는 범위로 축소화하는 것이다. 이 과정이 개념화의 마지막 단계이다. 개념화 과정은 연구문제를 구체적으로 설정하는 데 도움이 되고, 연구문제를 명료하게 한다.

예를 들면, 어머니의 양육행동 구조에 대해 연구의 관심이 있다. 그리고 선행연구에서 어머니 양육행동에 관련되는 다양한 변인에 대한 연구를 찾는다. 선행연구를 통해 먼저 자녀관련 인구학적 변인으로 자녀의 성별, 자녀의 연령이 있고, 어머니관련 인구학적 변인으로 어머니 교육, 종교, 경제적 지위가 있다. 그다음 독립변인인 자녀의 심리적 특성으로 기질, 자녀의 정서, 인지가 있다. 어머니의 심리적 특성으로 어머니의 정서, 자녀수용이 있고, 어머니의 사회적 특성으로 남편과의 관계, 아버지 양육 참여가 있다.

다음 단계는 이 변인들이 어머니의 양육행동과 어떻게 관련되어 있는지 논리적으로 관계구성을 해 보는 것이다. 자녀의 성별이 어머니 양육행동에 직접 영향을 주는지의 직접관계, 아버지 양육참여가 높으면 자녀의 기질이 양육행동에 영향을 주지 않으나, 참여가 낮으면 자녀의 기질이 양육행동에 영향을 주는가의 조절관계, 부부관계는 어머니의 정서에 영향을 주고 이 정서가 양육행동에 영향을 주는지의 매개관계 등을 검토한다. 그러고 나서 이 변인들 간의 관계가 명확히 보이도록 도식화해 보는 것이다. 그리고 이 복잡한 관계에서 연구가 가능한 범위로 변인을 선정하고 관계의 구조를 축소화하는 것이다.

〈표 5-4〉 변인 간의 관계 개념화

- 선행연구 고찰을 통해 연구문제에 직접 또는 간접적으로 관련되는 변인을 나열
- 변인들의 구체적 관계유형(직접적 인과관계, 조절관계, 매개관계) 검토
- 변인들 간의 관계 및 구조에 대한 도식화
- 변인들 관계를 연구 가능한 범위로 축소화

　　연구분야에 따라 연구문제를 진술하는 유형에는 다소 차이가 있으나, 일반적으로 사용되는 준거가 있다(Keringer, 1986). 첫째 준거로는 연구문제는 변인 간의 관계로 진술되는 것이다. 과학은 변인들 간의 관계에 대한 연구이기 때문이다. 둘째 준거는 연구문제는 명확하게 의문문의 형태로 진술되는 것이다. 의문문은 무엇이 연구되어야 하는가를 구체적으로 보여 주기 때문이다. 셋째 준거는 연구문제는 경험적으로 검증가능성을 내포하여야 한다는 것이다. 사회과학의 많은 변인들은 구체적인 조작적 정의에 의해 경험적으로 검증될 수 있다. 그리고 무엇이 좋다거나 나쁘다의 선호를 의미하는 어휘, 또는 무엇이 옳다거나 그르다는 가치가 포함된 어휘는 객관적인 검증이 어렵다. 객관적인 검증이 가능하도록 진술되어야 한다.

연구문제의 진술

- 두 변인 또는 두 변인 이상의 관계로 진술
- 질문형태의 명확한 의문문 형태로 진술
- 검증가능하게 진술
- 선호 또는 가치판단의 진술 지양

출처: Keringer(1986).

연구에는 연구가설이 제시되기도 한다. 연구가설은 변인관계에 대한 잠정적인 해답으로, 변인들 간의 관계가 어떠하리라는 추측이다. 연구문제와 연구가설의 차이는 연구문제는 의문문 형태인 반면에 연구가설은 서술문 형태이다. 변인과 변인의 관계가 서술로 진술되는 것이다. 서술문이라도 변인들 간의 관계가 검증된다는 의미를 포함하여야 한다. 연구문제의 예를 들면, '미술치료사의 자아존중감은 심리적 소진과 유의한 관계가 있는가?' '중학생의 자기격려 수준에 따라 스트레스 지각에는 차이가 있는가?'의 의문문 형태이다. 연구가설의 예를 들면, '미술치료사의 자아존중감과 심리적 소진은 유의한 관계가 있을 것이다.' '중학생의 자기격려 수준에 따라 스트레스 지각에는 차이가 있을 것이다.'의 검증가능성이 내포된 서술문 형태이다. 그런데 모든 연구가 연구가설을 제시하지는 않는다. 연구문제는 반드시 제기되어야 하나, 연구가설은 그렇지 않다. 가설의 제시는 선행연구가 충분하여 이에 대한 논리적 고찰을 통해 제기되는 것이다. 선행연구가 부족하거나 탐색연구에서는 가설이 제시되기 어렵다. 그러나 인과관계를 검증하는 실험연구는 연구가설이 설정되기도 한다(Cone & Foster, 1997).

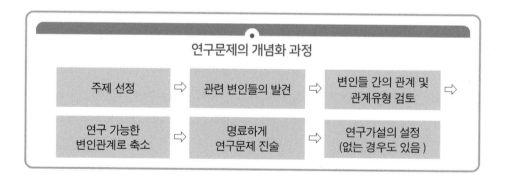

2. 선행연구 고찰

선행연구 고찰은 문헌고찰이라고도 한다. 이는 연구문제에 관련된 선행연구들의 이론이나 견해, 연구결과 등을 비판적으로 분석하면서 정리하는 것이다. 그럼으로써 연구문제의 필요성과 타당성을 갖게 된다. 실제로 연구를 하는 과정에서 선행연구 고찰의 과정은 문제선정과 거의 동시에 이루어진다. 또 연구자가 자신이 관심을 갖는 연구분야에 관한 문헌을 개략적으로 고찰함으로써 연구주제가 선정되기도 한다. 이는 연구주제가 정해지기 전에 문헌고찰이 이루어질 수 있음도 의미한다.

선행연구 고찰은 연구자가 연구문제에 대해 충분한 선행연구를 고찰하여, 어떤 결과가 축적되어 있고, 축적결과에서 선행연구들은 무엇이 미비하며, 무엇이 밝혀져야 하는가를 논리적으로 구성하는 것이다. 그럼으로써 선행연구와 연구자가 수행하고자 하는 연구가 어떤 관련성이 있는가를 밝히고, 연구가 정당화되는 것이다.

연구문제가 선정된 후의 선행연구 고찰은 연구문제의 의미를 재확인하게 한다. 또한 연구방법의 채택 또는 연구방법의 문제에 대한 수정이나 보완에 도움이 되며, 연구결과의 해석에 이론적으로나 논리적으로 도움이 될 만한 자료나 해석적 시각을 얻는데 도움이 된다.

선행연구 고찰의 의미

- 연구주제 및 연구문제 발견: 선행문헌에 대한 비판적 읽기와 분석 및 정리
- 연구문제의 정당성: 선행연구와의 관련성으로 진행 연구의 필요성과 타당성 확보
- 연구문제의 선정 후 연구문제의 의미 재확인
- 연구방법의 수정 및 보완, 연구결과의 논리적, 이론적 해석에의 도움

선행연구 고찰의 의미에서 알 수 있듯이 선행연구 고찰은 단순히 선행연구를 기술하는 것이 아니다. 선행연구에 대한 단순한 나열이나 설명이 아니라, 비판적 검토에 의한 논리적 분석과 통합이 필요하다. 선행연구 결과들은 어떤 양상을 보이고 있는가? 연구결과들이 일관적인가, 아닌가? 일관적이지 않다면 일관적이지 않게 나타나는 이유가 무엇인가를 분석해야 한다. 연구대상의 선정은 적절한가와 연구대상에게 적절한 연구방법인가도 검토한다. 연구절차나 자료수집 및 분석이 적절한가, 독립변인과 종속변인이 제대로 설계되었는가 등도 검토해야 한다. 결과해석의 논리적, 이론적 근거, 연구자의 의견 제시에 대한 합리성과 객관성도 검토하여야 한다.

선행연구 고찰은 선행연구에 대한 비판적 분석과 논리적 통합이며, 현재 진행하고자 하는 연구의 이론적 배경이 된다. 그리고 현재 수행하고자 하는 연구의 가설을 형성하기 위한 근거가 찾아질 수 있다. 또한 선행연구의 어떤 점을 수정해야 하며, 보완

하고자 하는가도 드러날 수 있다. 제기된 연구문제가 이미 선행연구에서 충분히 해결
되었다면 이런 연구는 더 연구할 필요가 없는 연구이기 때문이다.

현재의 연구는 선행연구를 발전시킬 수 있음으로써 그 분야의 학문에 이바지할 수
있다. 이러한 면에서 선행연구 고찰은 단시일에 한 번에 하는 것이 아니라, 연구의 진
행과정에서 지속적으로 하는 것이다.

〈표 5-5〉 선행연구의 비판적 분석과 논리적 통합

- 연구결과들의 양상, 일관성 유무, 비일관성의 이유 및 해결 방안
- 연구문제의 필요성과 가설을 형성하기 위한 근거
- 수행하고자 하는 현재연구의 보완점과 선행연구와의 관련성
- 결과해석에 도움이 될 이론적, 논리적 자료와 해석적 시각

선행연구 고찰은 서론 부분에 포함될 수도 있고, 서론과 장을 분리하여 따로 제시
할 수도 있다. 어느 장에 제시되든지 내용의 구성은 동일하다. 일반적으로 학위논문
의 선행연구 고찰은 서론과 별개의 다른 장에 기술되고, 학술지 연구의 선행연구 고
찰은 서론 부분에 포함된다. 그리하여 학위논문과 학술지 게재논문은 선행연구 고찰
의 양에서 차이가 있다. 그렇다고 하여 학위논문의 선행연구 고찰이 광범위한 범위의
관련 분야를 망라하는 것은 아니다. 모두 직접 관련된 논문으로 제한하여 정리한다.
현재의 연구와 관련성이 높지 않은 선행연구의 제시는 지양되어야 한다. 학위논문의
선행연구 고찰은 풀어서 제시하고, 학술지 게재논문의 서론에 포함된 선행연구 고찰
은 요약하여 정리된 것으로 보면 된다. 학위논문과 학술지 게재논문의 선행연구 고찰
은 질적인 면에서는 동일하다고 보아야 한다.

선행연구 고찰이 잘 기록되기 위해서는 유의점이 있다. 현재 연구하고자 하는 연구
문제와의 관련성이라는 면에서 선행연구가 정리되어야 한다. 선행연구가 현재의 연
구가 수행되기 위해 어떻게 기여하고, 어떤 근거를 제공하고 있다고 보는가를 논리적
으로 잘 정리해야 한다. 이는 각 선행연구가 본 연구에 포함되는 이유를 밝혀 주는 것
이다. 연구문제의 근거가 되는 적절한 문헌만을 선택해서 서술해야 하는 것이다. 또
한 연구문제나 연구방법 등과 직접 관련된 문헌의 내용만을 일목요연하게 잘 정리하
는 것이다.

비슷한 견해나 비슷한 방법의 연구들은 함께 묶어서 서술하는 것이 좋다. 연구결과

들 간에 차이가 있는 문헌은 차이가 나타나는 근거가 명확히 드러날 수 있도록 논리적으로 잘 구성되어야 한다. 선행연구는 연구하고자 하는 분야의 대표적 이론이나 우수한 연구방법에 기초하여 선정하는 것이다. 그리고 최근의 연구를 선정하도록 한다. 최근 연구는 연구의 최신 동향을 알려 주며, 선행연구의 반복을 지양하게 해 준다. 또한 지식과 과학의 발달에 따른 새로운 연구방법의 도입을 가능하게 해 준다. 선행연구 고찰에서는 가능하면 다른 연구들이 인용한 이차적 자료보다는 원자료를 직접 보는 것이 더 권고된다(정옥분, 2008). 인용은 자기 논문의 필요성에 의해 이루어지기 때문에 원자료가 제시하고자 했던 내용이 잘못 전달될 수 있기 때문이다.

문헌정리의 유의점

- 직접 관련된 문헌: 비슷한 견해, 비슷한 방법의 연구들은 함께 묶기
- 연구결과에 차이가 있는 문헌: 차이의 근거가 명확히 드러나도록 논리적으로 구성
- 진행 연구문제와의 관련성: 진행 연구의 근거점
　　　　　　　　　　　　　　 진행 연구의 관련 분야 기여
- 최신 연구의 활용: 선행연구의 반복을 지양, 새로운 연구방법의 도입

　선행연구 고찰에서 표절은 중대한 연구윤리의 문제이다. 다른 연구자의 견해, 생각, 문장, 연구결과, 결과해석 등을 인용 없이 그대로 사용하는 것이 표절이다. 다른 연구의 내용을 인용할 때에는 인용의 출처를 밝혀야 한다. 단어나 어휘, 문장을 바꿔 쓰더라도 내용이 아주 비슷하면 그것도 표절이 된다. 그리고 다른 연구자의 아이디어를 자신의 아이디어처럼 제시하는 것도 표절에 속한다. 연구에 대한 자기의 견해나 아이디어는 자신의 문장으로 구성하여야 한다.

　선행연구의 탐색은 대학 도서관이나 국회 도서관의 과학인용색인(science citation index), 사회과학색인(social science index)을 통해 탐색할 수 있다. 컴퓨터 검색은 검색프로그램에 따라 차이가 있으나, 대략 비슷하다. 주제, 저자, 논문명에 따른 검색이 있고, 주제어(key words)에 따른 검색이 자주 활용된다. 주제어를 컴퓨터에 입력하고 서적인가, 정기간행물이나 학회지의 논문, 학위논문인가를 지정한다. 분야를 지정하기도 하고, 연도의 지정도 가능하다. 간략검색을 사용할 것인지, 상세검색을 사용할

것인지도 선택한다. 학교명이나 학회지명이 사용될 수도 있다. 검색에서 요약이 유용하게 활용된다. 요약을 읽고 원문을 읽을 필요가 있는가를 파악하게 된다.

미술치료학은 다양한 관련 분야의 연구결과를 바탕으로 심리치료를 하는 응용학문이다. 때문에 자료검색에서도 미술치료뿐만 아니라 관련분야의 자료검색이 요구된다. 아동학, 인간발달, 가족치료, 가족관계, 심리학, 상담학, 재활심리, 특수교육학, 사회복지학의 관련학회지와 이 분야의 석 · 박사학위논문도 선행연구 자료로 활용된다.

3. 연구대상의 선정

연구문제의 선정과 선행연구 고찰은 연구의 서론 과정에 해당한다. 다음 과정은 연구대상을 선정하는 것이다. 연구문제에 대한 해결을 얻기 위해서는 연구대상의 선정이 적절해야 한다. 연구대상이 누구이고, 연구대상이 어떻게 선정되었는가는 연구결과를 일반화할 수 있는가에 해당된다. 연구유형이 문헌연구인 경우에는 문헌이 연구대상이 된다. 이때 모든 문헌자료들이 수집 · 분석되기에는 시간, 에너지, 비용 등에서 어렵다. 실증연구도 연구자가 일반화하고자 하는 모집단의 전체구성원을 연구대상으로 하여 연구하는 것은 불가능하다. 시간, 비용, 에너지, 인력 등의 한계 때문에 실증연구에서도 연구대상자는 표본의 표집으로 이루어진다.

연구대상은 표본이 되며, 표본의 특성이 명확하게 제시되어야 한다. 표본을 대상으로 하여 연구가 이루어졌지만, 연구결과는 모집단을 유추하는 것이기 때문이다. 예를 들면, 연구대상자의 인구학적 특성, 연구대상자들의 행동이나 기능 정도, 문제의 유무 등이 해당된다. 연구대상자를 선정할 때 적용하였던 선정의 기준이나 제외의 기준이 있었다면 이에 대해서도 정확하게 기술하여야 한다. 특히 실험연구에서는 연구대상자의 선정과정에 연구대상자가 어떤 연구참여의 정보를 통해 자발적으로 참여하였는지 아니면 누군가의 의뢰로 참여하였는지도 밝혀야 한다.

연구대상자는 몇 명이 참여하였으며, 그들 중에서 몇 명이 최종 선정되었는지 기술하여 표본이 전집을 얼마나 잘 대표하고 있는지를 평가할 수 있도록 해 주어야 한다. 표집의 절차가 명확하고 구체적으로 기술되어 표본이 모집단을 대표할 수 있음을 인정할 수 있도록 되어야 한다.

```
●
표본선정의 의미
```

- 모집단 연구의 한계: 시간, 인력, 비용, 에너지의 한계가 있음
- 모집단을 대표: 표본의 선정과정과 표본의 특성에 관한 명확한 정보의 제시 필요
- 표본으로 모집단 유추: 선정할 때 적용된 포함의 준거나 제외의 준거 정확히 기술
- 연구결과의 모집단에 대한 일반화

　　연구대상의 표집방법은 확률표집과 비확률표집이 있다. 확률표집(probability sampling)은 모집단에서 표본으로 표집될 확률을 알 수 있는 표집방법이다. 표집방법은 무선적이다. 확률표집에는 단순무선표집, 체계적 표집, 층화표집, 군집표집 등이 있다.

　　비확률표집(nonprobability sampling)은 모집단에서 표본으로 추출될 확률을 알 수 없는 표집방법이고, 무작위 표집이 아니다. 비확률표집에는 편의표집, 할당표집, 의도적 표집, 눈덩이식 표집 등이 있다.

〈표 5-6〉 표집방법

확률표집	비확률표집
단순무선표집	편의표집
체계적 표집	할당표집
층화표집	의도적 표집
군집표집	눈덩이식 표집

　　먼저 확률표집에 대해 살펴보고자 한다. 단순무선표집(simple random sampling)은 모집단의 구성원이 표본에 표집될 가능성이 똑같은 표집방법이다. 확률표집의 기초가 되며, 대표성(representativeness)을 갖게 된다. 예로, 중학생 1,000명이 모집단이고 100명을 표본으로 뽑는다. 모집단의 모든 구성원을 1번에서 1,000번까지 일련번호를 붙이고 난수표를 이용하거나 바구니에 1,000의 일련번호를 적은 쪽지를 넣고, 그 안에서 100명을 선정한다. 이때 표본에 선정될 확률은 모든 학생이 1/10이 된다. 이와 같이 표본을 선정하기 위해서는 모집단의 목록이 미리 준비되어 있어야 한다. 따라서 모든 연구에서 무선표집으로 표집을 한다는 것은 상당히 어려우며, 표본의 대표성이 보장되지 않는 문제가 발생하게 된다.

단순무선표집

- 모집단에서 표본에 표집될 확률이 똑같음: 확률표집임
- 표본의 대표성이 보장됨: 모집단의 목록이 사전에 준비되어 있어야 함
- 현실적 어려움이 있음

체계적 표집(systematic sampling)은 모집단의 목록이 일정한 순서가 없이 구성되어 있다는 것을 전제로 한다. 모집단의 목록에서 체계적으로 일정한 간격을 두고 표본을 표집하는 방법이다. 예를 들어, 모집단 1,000명에서 표본으로 100명을 표집하는 경우이다. 무작위로 선택된 첫 번째 사람의 번호가 5였다면 5, 15, 25의 10의 간격을 두고 표본 100명을 표집하는 것이다. 만약 모집단의 목록이 어떤 특성을 기준으로 하여 일정한 간격으로 구성되어 있다면, 유사한 특성의 표본이 표집될 가능성이 있다. 예를 들어, 1,000명의 모집단의 목록이 남학생, 여학생, 남학생, 여학생의 순서로 배열되어 있다면 같은 성별의 학생만이 뽑히게 된다.

체계적 표집

- 모집단의 구성이 일정한 순서 없이 배열되어 있음이 전제되어야 함
- 모집단의 목록으로부터 K번째마다 체계적으로 표집

층화표집(stratified sampling)은 모집단이 가지고 있는 특성에 따라 모집단을 몇 개의 하위집단으로 나눈다. 그리고 이 하위집단에서 표본을 선정하는 표집방법이다. 모집단에서 한 번에 표본을 표집하는 것이 아니라, 하위집단에서 표본이 표집된다. 하위집단 내에서 표집하는 방법은 무선선정을 사용한다. 예를 들면, 단순무선표집으로 중학생 100명을 표집을 하는 경우에 남학생과 여학생의 수가 동수로 표집되지 않을 가능성이 있다. 그러나 모집단을 남학생과 여학생이라는 하위집단으로 나누고, 남, 여의 각 하위집단에서 50명씩 표집하면 같은 수의 남학생과 여학생이 표집될 수 있다. 층화표집의 변인으로는 성별, 학년, 사회경제적 지위, 지역, 지능 등이 있으며, 종속변인에 밀접한 관련이 있는 변인이 선택된다. 하위집단의 표본의 수가 모집단의 구

성비율을 고려하여 추출하는 방법은 비례적 층화표집이라고 한다.

층화표집

- 모집단의 특성에 따라 하위집단으로 분류함
- 각 하위집단에서 표본을 표집
- 하위집단 내에서 무선표집

군집표집(cluster sampling)은 모집단의 개인이 표집되는 것이 아니다. 집단이 먼저 표집되고 난 후에 개인이 표집되는 방법이다. 이는 표본선정을 위한 모집단의 목록이 준비되어 있지 않은 경우에 적용된다. 예를 들어, 서울의 초등학생 중에서 몇 명을 표집해야 할 경우에 서울의 초등학생 목록을 정확하게 작성하기도 어려울 뿐만 아니라 시간과 비용이 많이 든다. 이때 이미 구성되어 있는 군집인 구단위에서 무선적으로 몇 개의 구를 표집하고, 그 다음에 이때 표집된 구에서 각 구별로 초등학교 몇 곳을 무선적으로 표집한다. 그리고 초등학교에 재학 중인 아동을 몇 명씩 단순무선적으로 한다.

군집표집

- 모집단에서 이미 구성된 집단이 단순무선적으로 표집
- 표집된 집단에서 또 이미 구성된 집단을 단순무선적으로 표집
- 집단에서 개인을 무선적으로 표집

다음에는 비확률표집에 대하여 살펴보고자 한다. 편의표집(convenience sampling)은 임의표집이라고도 한다. 연구자가 쉽게 구할 수 있는 대상들에서 임의로 표집하는 방법이다. 일반화를 위한 대표성의 요건은 고려되지 않는다. 따라서 가능하다면 편의표집은 사용하지 않는 것이 좋다. 부득이하게 사용할 수밖에 없었다면 자료분석이나 해석에서 신중을 기해야 하며, 이를 분명히 밝혀야 한다. 이는 연구의 일반화에 제약을 가져오게 된다.

편의표집

• 비확률표집임
• 연구의 편의상 연구대상을 임의로 선정함
• 대표성이 없음
• 자료분석과 해석에서 신중해야 함

할당표집(quota sampling)은 일반대중의 의견을 조사할 때 자주 사용하는 표집이다. 먼저 모집단을 여러 특성의 범주(category)로 나누고, 각 범주를 대표하는 표본수(quota)를 정한다. 각 범주의 표본수를 임의적으로 표집하는 것이다. 층화표집과 비슷하나 층화표집은 무선표집이고, 할당표집은 임의표집이다. 할당표집은 임의표집으로 인해 표집오차가 커진다는 점과 표본수를 정하는 데 있어 연구자의 편견이 개입될 가능성이 높다는 것이다.

할당표집

• 모집단의 특성으로 범주를 설정하고, 각 범주의 표본수를 임의로 정함
• 각 범주의 표본수를 작위적으로 표집
• 층화표집과 비슷하나 층화표집은 무선표집이나 할당표집은 임의표집임
• 임의표집으로 인해 표집오차가 커짐
• 표본수를 정하는 데 연구자의 편견이 작용할 가능성이 높음

의도적 표집(purposive sampling)은 연구자가 모집단의 성격에 대하여 어느 정도 전문지식이 있을 때에 사용된다. 연구자가 판단하기에 가장 효과적이라고 생각되는 표본을 구하는 방법이다. 따라서 의도적 표집은 주관적 판단표집이라고 한다. 이 표집의 기본 가정은 연구자가 건전한 판단을 한다는 것이 전제이다. 이에 따라 표본은 모집단을 대표할 수 있도록 표집된다는 것이다. 그런데 연구자의 편견 오류를 측정하거나 편견을 통제할 방법이 없다.

의도적 표집

- 연구자가 모집단의 성격에 대하여 전문지식이 있음의 전제조건
- 연구자는 건전한 판단으로 모집단을 대표하는 표본의 표집을 할 수 있음
- 연구자의 편견 오류를 측정하거나 편견을 통제할 방법이 없음

눈덩이식 표집(snowball sampling)은 연구대상자로 먼저 선정된 사람이 주변의 사람을 연구대상자로 소개하는 방법이다. 모집단의 크기가 작거나 접근하기 어려운 집단, 예를 들면, 특수아동가족, 다문화가족, 재혼가족 같은 집단을 연구할 때 사용된다. 눈덩이를 굴리면 점점 커진다는 의미에서 눈덩이식 표집이라고 한다. 연구대상을 연속적으로 쉽게 찾을 수 있다는 장점이 있으나, 표본으로 선정되는 사람들의 대표성이 문제가 될 수 있다.

눈덩이식 표집

- 연구대상자로 선정된 사람이 주변의 사람을 연구대상자로 소개
- 소수 집단이나 접근하기 어려운 집단의 연구대상자 선정에 유리함
- 연구대상자를 연속적으로 쉽게 찾을 수 있음
- 연구대상자의 대표성 문제

연구대상의 표집에서 이상적인 표집은 모집단의 대표성이 보장되는 표집을 하는 것이다. 표본의 특성이 연구결과를 일반화하고자 하는 모집단의 특성과 동일해야 한다. 대표성이 보장되는 표본은 무선표집이다.

연구대상자의 표집에서 표본의 크기도 중요하다. 표본의 크기는 자료의 신뢰도, 자료분석방법, 모집단의 동질성, 측정오차 등의 통계적 분석과 연구에 소요되는 경비, 시간, 노력 등의 현실 여건을 고려하여 결정하게 된다. 표본의 크기를 결정함에 있어서 고려해야 할 몇 가지 요인을 살펴보면 다음과 같다.

첫째, 표본이 추출될 모집단의 동질성 여부이다. 모집단이 이질적일수록 더 큰 표본을 필요로 하게 된다. 동질적인 집단은 연구대상자들 간에 유사성이 크기 때문에

집단 내의 오차가 작기 때문이다. 반면에 이질적인 집단은 집단 내의 오차가 크기 때문에 더 큰 수의 표본이 필요하다. 최소의 표본으로 최대의 연구효과를 얻도록 하는 것이 경제적이며 능률적이다(김병성, 1996). 표본의 크기에 대한 일반적인 결정은 쉽지 않으나, 집단별로 적어도 30명 이상 되는 것이 권고되고 있다. 그래야 통계분석의 최소 기준이 충족된다. 둘째, 표집방법이다. 어떤 표집방법을 사용하는냐에 따라 차이가 있다. 층화표집은 적은 수의 표본을 필요로 하고, 무선표집은 더 큰 표본을 필요로 한다. 셋째, 표본의 크기는 연구유형에 따라 차이가 있을 수 있다. 일반적으로 관찰연구나 실험연구보다 조사연구가 더 큰 표본을 필요로 한다. 넷째, 자료분석의 방법이다. 자료를 분석할 때 분석의 유목이 많으면 표본의 수는 더 커야 한다. 예를 들면, 미술치료사의 가족지지에 따른 심리적 소진을 다루는 연구에서 가족지지를 상과 하의 두 유목으로 나눌 때보다 가족지지를 '거의 없다, 없는 편이다, 보통이다, 있는 편이다, 많다' 등으로 세분화할수록 더 많은 연구대상이 필요하게 된다. 분석유목에 속하는 연구대상의 수가 적으면 통계적 분석이 불가능한 경우도 있다. 다섯째, 연구에 드는 시간과 비용, 에너지 등도 고려되어야 한다. 연구에 필요한 이 부분들이 충족될 수 없다면 연구의 진행은 어려워진다.

〈표 5-7〉 표본크기의 결정요인

결정요인	내용
모집단의 동질성	모집단이 이질적일수록 더 큰 표본 필요
표집방법	층화표집보다 단순무선표집이 더 큰 표본 필요
연구유형	관찰연구나 실험연구보다 조사연구가 더 큰 표본 필요
자료분석의 방법	분석유목의 수가 많을수록 더 큰 표본 필요
시간, 비용, 에너지	연구에 충분한 시간, 비용, 에너지의 필요

4. 측정도구의 선정

연구에 필요한 자료를 수집하기 위해서는 측정도구가 선정되거나 제작된다. 측정도구는 인간의 사회적, 심리적 특성을 객관적으로 측정하게 해 주는 도구로 검사(test)

나 척도(scale)로도 불린다. 연구의 형태에 따라 측정도구의 선정에 차이가 있다. 조사연구에서는 질문지 형태의 측정도구나 면접도구(제8장 참조), 관찰연구에서는 관찰도구(제10장 참조), 실험연구에서는 실험조건이나 실험상황을 제시하는 실험도구나 실험결과를 측정하는 측정도구(제11장 참조)가 필요하다.

　연구문제와 연구대상자가 적절하게 잘 되었다고 해도 측정도구가 적절하지 않으면 연구결과는 받아들일 수 없게 된다. 적절한 측정도구는 타당도와 신뢰도가 있는 측정도구를 의미한다. 연구에서 측정도구의 신뢰도와 타당도를 제시하여야 한다. 타당도는 어떤 측정도구가 재고자 하는 내용을 제대로 측정하는가를 의미하며, 신뢰도는 측정도구가 측정하는 것이 무엇이든지 간에 일관성있게 측정하는가를 의미한다. 측정도구의 타당도와 신뢰도에는 여러 종류가 있다(제7장 참조). 그리고 실험의 경우에도 실험의 신뢰도와 타당도를 위해 실험도구, 실험절차가 명확히 제시되어야 한다.

　측정도구로는 표준화된 검사가 유용하다. 그러나 모든 연구에 표준화된 검사가 사용되는 것은 아니다. 실제로 모든 연구변인에 필요한 표준화된 검사가 제작되어 있지 않다. 연구자는 본인의 연구문제인 변인을 측정할 수 있는 측정도구를 선행연구에서 발견했고, 신뢰도나 타당도를 살펴본 후에 적절하다고 판단되면, 이 측정도구를 그대로 또는 연구대상자에 맞게 일부 내용을 수정하여 사용할 수 있다. 그러나 기존의 측정도구에서 새로운 측정도구 개발의 필요성을 발견하면 개발하여 사용하기도 한다.

　측정도구가 선정되거나 개발되면 본 연구에 앞서 측정도구를 실제로 시행해 보아야 한다. 측정도구가 연구문제의 변인을 측정하는 데 적합한지, 연구대상자들이 측정도구의 질문이나 내용을 제대로 이해할 수 있는지, 대답이나 반응에 어려움이 없는지, 있다면 어떤 어려움인지를 살펴보아야 한다. 연구대상자가 성실하게 대답이나 반응을 보이는지, 예기치 못한 어떤 문제점이 발견되는지 등을 검토해 보는 예비조사가 필요하다. 예비조사 대상자로부터 측정도구의 내용, 방법, 문항, 형식에 대한 검토를 받아보는 것이 유익하다. 측정도구의 개발과 표준화검사에 대해서는 제6장의 측정에서 살펴보겠다. 측정도구와 관련하여 연구대상자의 어떤 사회인구학적 배경을 조사할 것인가는 연구의 필요성과 연구결과의 일반화에 따라 결정된다.

5. 자료의 수집

측정도구가 결정되고 나면 실제로 연구대상자로부터 자료수집을 하게 된다. 자료 수집은 체계적이고 타당하게 이루어져야 한다. 자료의 수집은 연구의 목적에 따라 다르다. 많이 사용되는 방법은 질문지법, 면접법, 관찰법, 실험법이 있다. 이 절에서는 간단히 살펴보고, 질문지법과 면접법은 조사연구, 관찰법은 관찰연구, 실험법은 실험연구에서 다루고자 한다.

1) 질문지법

질문지법은 일련의 질문들에 대하여 연구대상자가 대답을 기술하는 방법이다. 한 번에 많은 연구대상자에게 실시가 가능하다. 질문지는 연구대상자의 사회인구학적 배경에 대한 질문과 연구문제와 관련된 연구대상자의 심리적·사회적 특성에 관한 질문으로 구성되어 있다. 그리고 질문지의 대답형식에 따라서 개방형(비구조적) 질문지와 폐쇄형(구조적) 질문지로 분류된다.

개방형 질문지(open form)는 연구대상자가 주어진 질문에 대해 비교적 자유롭게 반응할 수 있도록 되어 있는 질문지이다. 대상자가 자신이 하고 싶은 대로 적는 것이다. 폐쇄형 질문지(close form)는 연구대상자가 몇 개의 선택지에서 대답을 선택하는 질문지이다. 질문지는 배부하기에 앞서 실시방법, 대답방법, 채점방법, 그 외의 고려 사항에 대한 정밀한 검토가 요구된다. 또한 성의있는 대답을 얻을 수 있도록 연구대상자의 협력, 검사장소의 분위기와 검사 실시시기를 고려해야 한다. 자세한 내용은 제8장 조사연구에서 설명하겠다.

2) 면접법

면접법은 연구자가 면접대상자와 일대일로 직접 자료를 수집하는 방법이다. 연구자는 면접 상황, 면접 시간, 면접 장소 등을 사전에 잘 계획하여야 한다. 면접법은 정보나 자료수집을 목적으로 하는 단순한 조사면접과 내면을 심층적으로 파악하는 심층면접이 있다. 심층면접은 대상자가 솔직하게 자신의 내면을 드러낼 수 있는, 라포가 잘 형성된 수용적 분위기가 중요하다. 면접은 일반적으로 개인면접이나 집단면접에 대한 관심이 높아지고 있다. 면접의 자료는 직접 기술하거나 기기(녹음, 동영상 등)를 활용할 수 있다. 자세한 내용은 제8장 조사연구에서 설명하겠다.

3) 관찰법

관찰법은 인간의 행동을 자세히 보고 기록하는 것이다. 일상적인 관찰과는 차이가 있다. 무엇을, 언제, 어디서, 어떻게 관찰할 것인가를 사전에 주의 깊게 체계적으로 계획을 세우고, 이 계획에 따라 객관적으로 관찰하는 것이다. 자세한 내용은 제10장 관찰연구에서 설명하겠다.

4) 실험법

실험법은 어떤 처치나 개입, 또는 상황적인 조건을 의도적으로 조작하여 조작의 효과에 대한 자료를 수집하는 것이다. 조작은 체계적이고 타당성 있게 이루어져야 하며, 조작조건 이외에 결과에 영향을 줄 수 있는 가외변인은 통제되어야 한다. 대상자의 선정에서 표본의 무선화가 되어야 결과를 일반화할 수 있다. 실험법은 실험의 신뢰도와 타당도를 위해 실험도구, 실험절차가 명확히 제시되어야 한다. 자세한 내용은 제11장 실험연구에서 설명하겠다.

〈표 5-8〉 자료수집의 방법

- 질문지법: 대상자가 질문을 읽고 자신의 대답을 직접 표시
  한꺼번에 많은 대상과 많은 지역에서 실시가 가능함
- 면접법: 면접대상자와 일대일로 직접 자료를 수집함
  단순한 조사면접과 내면을 심층적으로 파악하는 심층면접이 가능함
- 관찰법: 개인이나 집단의 행동을 직접 관찰
  조직적이고 체계적인 계획하의 객관적 관찰
- 실험법: 처치나 개입에 의한 효과로 실험도구, 실험절차를 명확히 제시
  가외변인 통제

6. 자료의 분석

자료의 분석은 수집된 자료를 어떻게 분석하였는가를 밝히는 것이다. 연구문제에 대한 해답을 구하기 위해 어떠한 방법이 사용되었는가를 설명하여야 한다. 예를 들면, '양육스트레스의 작업동맹에 대한 설명력을 보기 위해 다중회귀분석을 실시하였다.'로 구체적인 분석방법을 기술하는 것이다.

분석방법은 수집된 자료의 특성에 따라 양적분석과 질적분석으로 나누어 볼 수 있다. 양적분석은 수집된 자료가 수량화된 자료로 통계적 분석을 하는 것이다. 양적분석의 통계적 방법에는 기술통계와 추리통계가 있다. 기술통계는 집단의 특성을 수치나 지수로 요약하거나 기술하는 것이며, 추리통계는 표본으로부터 얻은 결과를 근거로 하여 모집단의 모수치를 추정하는 것이다. 자세한 내용은 제13장 자료분석과 제14장 통계분석의 실제에서 설명하겠다.

질적분석은 문장으로 기술한 행동의 관찰, 면접내용, 문서, 작품, 기록물 등에 대하여 어떤 준거와 기준에 따라 분석할 것인가를 밝히는 것이다. 수집된 자료가 체계적으로 분류되고 정리되어 서술되고 해석되는 것이다. 질적분석도 질적연구 유형에 따라 차이가 있으며, 자세한 내용은 제15장 질적연구에서 설명하고자 한다.

7. 연구논문의 작성

연구가 완성되고 나면 연구의 결과보고서를 작성해야 한다. 연구결과의 보고서는 연구논문으로 작성되며, 연구논문의 목적에는 과학적인 정보전달이 있다. 연구논문이 체계적이고 논리적으로 작성되고, 그 내용이 명확하게 전달될 수 있어야 한다. 다른 연구자가 내용을 이해할 수 있고, 재검증을 가능하게 함으로써 연구로써의 가치를 지니게 된다.

연구논문 작성방법은 논문을 잘 작성하기 위한 안내이다. 논문작성기준이 학술단체나 학술기관에 따라 다소의 차이가 있으나, 일반적으로 통용되는 작성기준이 있다. 일반적으로 작성되는 두부, 서론, 연구방법, 연구결과, 논의 및 결론, 참고문헌에 관해 살펴보고자 한다.

연구논문 작성의 체계

- 두부: 논문의 제목, 연구자의 성명과 소속기관, 초록(국문 또는 영문), 주제어
- 서론: 연구의 필요성과 연구목적, 문헌고찰, 연구문제
    학위논문의 경우에는 문헌고찰은 서론과 분리되어 제시
    학술지의 경우에는 대부분 서론과 이론적 배경이 통합되어 서론으로 제시
- 연구방법: 연구대상, 측정도구, 연구절차, 자료분석
- 연구결과: 본문, 표와 그림
- 논의 및 결론: 논의, 결론 및 제언
- 참고문헌
- 부록: 필요시 기술

---

1) 두부

논문의 두부는 논문의 제목, 연구자의 성명과 소속기관, 그리고 초록이다. 논문제목은 연구목적이 간단하고 명료하게 잘 드러나야 한다. 연구문제의 중요한 핵심변인이 포함되고, 논문의 성격이 잘 요약되어야 한다. 제목을 보고 연구에서 다루고자 하는 내용과 어떻게 검증하였는가를 짐작할 수 있어야 한다. 논문 제목은 다른 연구자가 일차적 자료를 선정할 때 기준이 될 수 있다.

연구자의 성명은 논문제목 아래에 기재된다. 연구자의 소속기관은 대개 연구자의 성명 아래에 기재된다. 학술지의 경우에 교신저자의 성명에 각주를 달아 이메일 주소나 연락처를 기재하기도 한다. 연구비를 받아 수행한 연구는 연구비의 지원기관이나 연구사업명도 각주에 밝힌다.

초록은 국문초록과 영문초록이 있다. 학위논문의 경우에 국문초록은 두부에 기술하고, 영문초록은 논문의 말미에 기재하는 경우가 많다. 학술지의 경우에도 국문초록과 영문초록을 모두 기재하는 경우에는 국문초록은 두부에, 영문초록은 논문의 말미에 기재하는 것이 일반적이다. 국문초록이 생략되는 경우에는 영문초록이 두부에 기재된다. 영문초록은 학문의 국제적 교류를 위해 반드시 기재되어야 한다.

초록은 연구논문을 요약한 것이다. 초록은 논문을 다 읽지 않고도 논문의 전반적인 윤곽을 파악할 수 있도록 간결하게 잘 요약되어야 한다. 연구목적, 연구문제, 연구대

상자의 선정과 특성, 측정도구, 연구절차와 분석, 연구결과가 간결하게 요약되어야 한다. 다른 연구자는 초록을 읽어 보고 논문 전체를 읽어야 할 필요성이 있는가를 결정하게 된다. 초록의 아래에 주제어를 기재하게 된다. 주제어는 문헌검색에서 중요하다.

〈표 5-9〉 두부의 내용

- **논문제목**: 간결하고 명료하게, 연구의 주요변인 포함, 연구성격 요약, 검증방법 유추
- **저자의 성명과 소속기관**: 논문제목 아래 기재
  각주로 교신저자의 연락처, 연구비 지원기관 제시
- **초록**: 간결하고 정확한 요약, 논문의 전반적인 윤곽 제시
  연구목적, 연구문제, 연구방법(연구대상, 측정도구, 절차 및 분석), 연구결과, 주제어

---

2) 서론

서론은 연구를 왜 하는가의 연구의 필요성, 연구의 목적, 연구의 내용, 연구문제를 제시한다. 이들이 명확하게 제시되지 않으면 왜 연구를 하는가와 연구결과나 결론을 이해하기 어렵게 된다.

선행연구 고찰이 별개의 장으로 제시되지 않는 경우에는 서론에 선행연구 고찰을 제시한다. 선행연구 고찰은 연구문제나 연구방법 등과 직접 관련된 선행연구를 잘 선택해서 기술한다. 연구의 이론적 근거이다. 연구필요성과 목적, 연구내용, 연구문제에 대한 뒷받침이므로 잘 통합되어 정리되어야 한다.

선행연구 고찰에서 가설설정의 근거를 알도록 정리한다. 연구자가 진행하려는 연구와 이미 행해진 선행연구와는 어떤 관련성이 있고, 어떠한 차별성이 있는가를 밝힌다. 그럼으로써 선행연구의 반복을 피하고, 연구의 가치나 독창성이 나타나게 된다. 그리하여 전공분야에 학문적 기여가 될 수 있다. 서론에는 연구의 학문적, 실용적 가치나 기여도, 그리고 연구결과의 활용성에 대해서도 제시한다.

〈표 5-10〉 서론의 내용

- 연구의 목적, 연구문제: 명확하게 진술

  명확하지 않으면 연구결과나 결론의 이해가 어려움
- 선행연구 고찰: 연구의 필요성, 연구문제, 연구내용의 뒷받침

  본 연구와 선행연구와의 관련성 및 차별성

  본 연구결과와 선행연구결과 비교, 본 연구결과의 해석이나 논의의 근거
- 연구의 학문적, 실용적 기여도, 연구결과의 활용성 제시

3) 연구방법

연구방법은 연구를 어떻게 진행했는지 자세히 설명하는 것이다. 연구방법의 내용은 연구대상, 측정도구, 자료수집 및 자료분석이다. 다른 연구자가 본 연구가 과학적으로 제대로 수행되었는가를 평가할 수 있다. 다른 연구자가 본 연구를 그대로 반복할 수 있을 정도로 구체적으로 상세하게 그리고 정확하게 기술되어야 한다.

연구대상은 연구대상자의 수, 연구대상자의 특성, 표집방법 등에 관한 기술이다. 표집절차를 자세하고 명확하게 제시한다. 표본집단이 모집단을 대표할 수 있는가를 평가할 수 있다.

측정도구는 어떤 측정도구를 사용했는지를 밝히는 것이다. 연구에서 사용하는 측정도구는 신뢰도와 타당도가 제시되어야 한다. 그리고 실험의 경우에도 실험의 신뢰도와 타당도를 위해 실험도구, 실험절차가 명확히 제시되어야 한다. 연구자 본인이 측정도구를 개발하여 사용하였는지, 다른 연구자가 개발한 측정도구를 사용했는지, 표준화된 측정도구를 사용했는지를 밝히는 것이다. 기존의 측정도구를 그대로 사용했는지, 일부를 수정했다면 왜 수정했고, 어떻게 수정했는지를 제시하여야 한다.

연구절차는 연구가 어떻게 진행되었는가의 진행과정에 대한 기술이다. 연구기간 동안에 연구대상자에게 무엇을 어떻게 했는지, 연구대상자에게 어떤 처치를 했는지 등을 기술하는 것이다. 다른 연구자가 연구를 반복하고자 할 때 어려움이 없도록 상세히 기술한다.

자료분석은 수집한 자료에 대해 어떤 분석방법을 사용했는지를 제시하는 것이다. 구체적으로 어떤 연구문제를 검증하기 위해 어떤 분석을 사용했다고 밝히는 것이다.

〈표 5-11〉 **연구방법의 내용**

- 연구를 그대로 반복할 수 있을 정도로 구체적으로 정확하게 기술
- 연구대상: 연구대상자의 수, 연구대상자의 특성, 표집방법, 표집절차를 정확히 기술
- 측정도구: 표준화된 측정도구가 아니면 신뢰도와 타당도 제시
     기존 측정도구의 수정이나 보완 내용 제시
     연구자 개발의 측정도구에는 개발과정을 구체적으로 정확하게 기술
- 연구절차: 연구를 다시 할 때 어려움이 없도록 진행과정을 상세히 기술
- 자료분석: 수집한 자료의 분석방법을 제시

4) 연구결과

연구결과는 수집한 자료를 분석한 결과를 연구문제나 연구가설의 순서에 따라 서술하는 것이다. 객관적으로 간결하면서 명확하게 기술하는 것으로, 연구자의 가치관이나 주관이 개입되어서는 안 된다. 문장으로 기술하기가 어렵거나 본문을 보충하기 위하여 표나 그림이 사용된다. 표나 그림을 제시하면 이에 대한 설명을 하여야 한다. 표나 그림에는 제목을 붙이며, 일반적으로 표의 제목은 표의 위에 붙이고, 그림의 제목은 그림의 아래에 붙인다.

연구결과의 통계치 제시는 대부분 중요한 통계분석의 결과만을 제시한다. 잘 활용되지 않는 공식을 사용했을 때는 그 방법에 대하여 언급을 하여야 한다. 통계치는 일반적으로 소수 둘째 자리까지 보고한다.

〈표 5-12〉 **연구결과의 내용**

- 연구자가 수집한 자료의 분석결과를 연구문제나 가설에 따라 서술
- 문장으로 기술이 어렵거나 보충을 위해 표나 그림을 사용
- 통계치 제시는 중요한 통계분석의 결과만을 제시

5) 논의 및 결론

논의는 연구결과를 선행연구나 연구자의 견해, 경험, 사고에 근거하여 분석하고 해석을 하는 것이다. 연구자의 주관적인 견해가 비교적 자유롭게 개입될 수 있는 부분이다. 그러나 논리적 근거는 명백하고 합리적으로 서술되어야 한다. 연구에서 발견

된 사실과 다르게 나타난 선행연구나 본 연구의 배경이 된 이론과의 차이점과 일치점이 제시되면서 왜 이러한 결과가 나타났는가에 대하여 논의하는 것이다.

논의는 연구결과를 포괄적으로 다루어야 하며, 결과의 부분만이 논의되어서는 안 된다. 연구결과의 설명하기 어려운 부분도 제시되어야 하며, 의외로 나타난 결과에 대해서도 설명하여야 한다. 연구대상의 표집, 측정도구, 연구의 절차에서 느낀 점, 연구방법의 문제, 연구결과의 일반화 가능성 등에 대하여도 논의를 하여야 한다.

연구결과의 의의도 기술한다. 이론적 측면이나 실제적 측면에서의 의미나 본인의 연구방법이 관련 분야의 연구에서 어떤 의미를 가질 수 있는가를 기술한다. 연구방법과 연구의 진행과정에서 연구의 한계에 대해서도 다루고, 추후연구에서 어느 부분이 보완되어야 하는가도 제시한다. 연구결과를 바탕으로 추후의 연구과제, 앞으로 해결해야 할 문제와 쟁점에 대해서 언급하는 것이다.

〈표 5-13〉 논의의 내용

- 연구결과를 선행연구나 이론, 연구자의 견해, 경험에 근거하여 논리적으로 해석
- 연구결과에 대해 포괄적으로 다루어야 함
- 연구결과의 의의(이론적, 실제적 기여, 연구방법적 기여를 언급함)
- 연구의 한계점, 추후연구의 과제, 쟁점 등에 대해 언급함

6) 참고문헌

참고문헌(reference)은 연구에서 인용한 모든 서적, 논문, 기사 등에 대한 자료의 출처를 밝히는 것이다. 논문의 본문에서 인용한 문헌이 참고문헌의 목록과 일치하여야 한다. 참고문헌은 학술단체나 학술기관이 요구하는 일정한 양식에 따라 정리하여 제시한다. 참고문헌의 제시방법이 전공분야, 학술지, 학교별 학위논문 제출형식에 따라 다소의 차이가 있기 때문이다.

〈표 5-14〉 참고문헌의 내용

- 인용한 모든 서적, 논문, 기사 등에 대한 자료의 출처
- 본문의 인용문헌과 참고문헌의 목록이 일치하여야 함
- 연구자의 논문 제출기관의 참고문헌 작성 양식에 따름

제6장

측정

과학적 연구는 변인 간의 관계를 밝히는 것이고, 관계를 밝히기 위해서는 변인이 측정되어야 한다. 측정은 변인에 숫자를 부여하는 것이다. 그런데 인간의 심리적 속성은 숫자를 부여하는 규칙의 고안이 힘들어 직접 측정하기가 어렵다. 그럼에도 심리적 속성을 연구하기 위해서는 숫자 부여의 규칙을 마련하여 심리적 속성을 측정하여야 한다(Kerlinger & Lee, 2000). 이 장에서는 측정수준, 구성개념, 질문지척도의 개발, 표준화검사, 실험도구와 실험상황의 체계화와 타당화에 대해 알아보고자 한다.

1. 측정수준

측정(measurement)은 사물이나 사상의 속성에 숫자를 부여하는 것이다. 체중이 표준체중계로 30을 가리키면 30kg, 5를 가리키면 5kg이 된다. 사회과학도 인간의 속성에 숫자를 부여하는 데 일정한 규칙이 있다. 예를 들면, 성별에 따라 남자에게는 1을, 여자에게는 2를 부여할 수 있다. 또는 교육수준에 따라 초등학교 졸업 이하는 1을, 중학교 졸업 이하는 2를, 고등학교 졸업 이하는 3을, 대학교 졸업 이하는 4를 부여하기도 한다.

인간의 심리적 속성에 대해서도 자아존중감이 아주 높으면 5점, 높은 편이다는 4점, 보통이다는 3점, 낮은 편이다는 2점, 아주 낮다는 1점을 부여하기도 한다. 예에서 보듯이 인간의 속성에 숫자를 부여하는 규칙은 속성이나 상황에 따라 다르다. 각 숫자가 갖게 되는 특성도 등가, 서열, 등간, 비율로 다르다.

상이한 숫자들이 가지는 특성이 측정수준이다. 측정수준은 등가, 서열, 등간, 비율 중에서 어떤 특성을 지니고 있는가에 따라 명목척도, 서열척도, 등간척도, 비율척도로 나누게 된다. 분석할 자료가 어떤 측정수준의 특성을 가진 변인인가에 따라 분석하는 통계적 방법이 다르다. 양적연구에서 연구자는 측정할 변인이 어느 수준의 특성을 갖고 있는가를 이해하여야 그 측정변인에 따른 적절한 통계분석을 할 수 있다. 연구자는 연구문제 선정단계에서부터 변인의 특성을 알고, 적절한 측정도구로 수집된 자료를 연구변인의 성격에 맞게 통계분석을 해야 한다. 그래야 연구문제에 대한 올바른 연구결과에 도달할 수 있다.

1) 명목척도

명목척도(nominal scale)는 사물을 명명하거나 구분하기 위하여 사용되는 척도이다. 라틴어로 nomin은 이름을 의미한다. 동질적인 종류의 사물에 이름을 부여하는 것으로, 수준이 같거나 서로 다른 등가(equivalence)의 정보만을 갖고 있다. 측정에서 가장 낮은 수준으로 양적측정이 아닌 질적측정인 셈이다. 예를 들면, 성별 변인인 남자에게는 1을 부여하고, 여자에게는 2를 부여하여, 남성과 여성으로 구분하는 것이 명목척도이다.

명목척도는 대상에 할당된 숫자는 대상이 서로 다르다는 의미의 숫자이지, 진정한 의미의 수가 아니다. 따라서 순서를 정하거나 가감승제를 할 수 없다. 이들은 명칭을 부여하기 위하여 사용되는 문자에 불과한 것이다. 남자에게 1이고, 여자에게 2라는 숫자의 부여는 단순한 구분의 명칭으로, 여자에게 1, 남자에게 2라는 숫자를 부여해도 아무 상관이 없음을 의미한다.

명목척도는 수의 부여에서 상호배타성과 포괄성의 두 가지 특성을 갖는다. 상호배타성(mutually exclusiveness)은 어떤 대상도 동시에 둘 이상의 범주에 속할 수 없음을 의미한다. 포괄성(exhaustiveness)은 모든 대상이 그 범주에 포함된다는 것을 의미한다. 예를 들면, 종교라는 변인에서 어떤 대상의 종교가 천주교이면서 동시에 불교일 수 없으며(상호배타성), 종교라는 변인의 범주에는 모든 대상이 어느 한 범주에는 반드시 포함될 수 있어야(포괄성) 한다. 이것은 때로 '기타'라는 범주를 두어, 포괄성의 특성이 유지되게 한다. 예를 들면, 직업종류에서 모든 직업을 다 범주에 포함시킬 수 없어 자영업, 기술직, 관리직, 전문직, 기타로 하는 경우이다.

2) 서열척도

서열척도(ordinan scale)는 대상의 상대적 서열을 표시하기 위하여 순위에 따라 숫자를 부여하는 것이다. 예를 들면, 키의 순위, 성적의 순위가 있다. 서열척도는 순위를 말해 줄 뿐 순위 간의 간격이 동일하다고 가정할 수 없다. 즉, 서열척도의 숫자는 가감승제가 가능한 절대적인 수가 아니다. 예를 들면, 키의 순서에서 1위와 2위 간의 차이는 2위와 3위 간의 차이와 같다고 할 수 없다. 서열척도는 단지 순위에 관한 정보만을 줄 뿐이다. 예를 들면, '더 많다'라는 것을 알려 줄 뿐, 얼마나 더 많은지에 대한 정보는 제공하지 못한다.

3) 등간척도

등간척도(interval scale)는 명목척도나 서열척도보다 더 많은 정보를 포함하고 있다. 온도나 지능지수가 대표적인 예이다. 온도를 예로 든다면 30°는 25°보다 순위에서 높은 온도이며, 온도도 정확하게 5°가 더 높다. 지능지수도 110점은 100점보다 10점이 높다. 그리고 간격이 동일하다. 30°와 25°의 차이는 25°와 20°의 차이와 같다. 110점과 100점의 차이는 120점과 110점의 차이와 같다.

그러나 등간척도는 절대영점이 없어 해석에 유의해야 한다. 가감은 가능하나 승제가 불가능하다. 가감승제는 절대영점이 필요하다. 수학의 수는 음수, 0, 양수가 있어 가감승제가 가능하다. 온도를 보면 20°가 10°보다 2배 더 덥다고 할 수 없다. 지능지수가 80점인 사람이 40점인 사람보다 2배 더 높다고 할 수 없다. 이것은 온도 측정에서 0°는 온도가 전혀 없음을 뜻하는 것은 아니다. 물이 어는 온도는 0°라는 임의적 약속을 하고 온도를 정했기 때문이다. 그리고 이러한 0°를 임의영점이라고 한다. 지능지수 0점도 임의영점이다. 지능지수의 0점은 그 사람의 지능이 전혀 없다는 의미가 아니다. 지능검사에서 0점을 받았다는 의미이다. A의 지능검사 점수가 140점이었고 B는 70점이었다면, A는 B보다 70점 더 높다고 할 수 있나. 그러나 2배 높다고 할 수는 없다.

등간척도는 어느 측정결과가 더 크거나 많은지 알 수 있다. 그러나 2배나 1/2배라고는 할 수 없다. 절대영점이 없어 승제는 할 수가 없다. 인간의 심리적 속성에 전혀 존재하지 않는 것은 없기 때문이다.

4) 비율척도

비율척도(ratio scale)는 절대영점이 있는 척도이다. 명목척도, 서열척도, 등간척도의 특성을 다 가지고 있으면서 절대영점이 있어 가감승제가 가능하다. 무게, 길이, 시간, 질량 등이 해당된다. 예를 들어, 체중이 40kg인 사람은 체중이 20kg인 사람보다 무게가 2배 더 나간다. 무게나 길이가 0이라는 것은 무게나 길이가 전혀 존재하지 않는다는 것이다. 비율척도는 측정의 가장 높은 수준이다. 자연과학(화학, 물리학 등)에서 많이 사용되나 사회과학에서는 아주 드물게 사용된다.

측정수준에 따라 연구의 자료분석에서 사용되는 통계분석의 종류가 달라진다. 이에 대한 내용은 제14장, 제15장에서 다루고자 한다.

〈표 6-1〉 측정척도

종류	내용
명목척도	측정수준은 등가, 동질 종류의 명명이나 구분
서열척도	측정수준은 서열, 순위 간의 간격이 동일하지 않음
등간척도	측정수준은 등간, 가감은 가능하나 승제가 불가능
비율척도	측정수준은 비율, 절대영점, 가감승제 가능

2. 구성개념

측정은 사물이나 사상의 속성이 나타날 수 있도록 규칙에 따라 그 대상에 숫자를 부여하는 것이다. 인간의 신장, 체중, 무게, 크기 같은 신체적, 물리적 속성은 규칙에 따라 숫자를 부여할 수 있고, 측정이 직접 이루어질 수 있다. 반면에 지능, 자존감, 공격성 같은 인간의 심리적 속성은 숫자를 부여하는 규칙을 고안하기 어렵고 이에 따라 측정이 직접 이루어지기 어렵다. 그럼에도 불구하고 심리적 속성의 연구를 위해서는 심리적 속성을 측정하기 위한 규칙이 마련되어야 한다(Kerlinger & Lee, 2000).

심리적 속성을 측정하기 위해 고안된 개념이 구성개념이다. 구성개념은 과학적인 목적에서 인간의 행동을 설명하기 위한 이론을 형성하기 위해 의도적으로 형성된 개념이다. 예를 들면, 본래의 지능, 자존감, 공격성과 같은 인간의 심리적 속성은 추상적인 개념으로, 구체적으로 측정하기 어려운 개념이다. 심리적 구성개념은 실제의 심리적 속성을 직접 측정할 수 없고 행동을 통해서 간접적으로 측정할 수밖에 없기 때문에 만들어진 개념이다. 추상적인 개념을 구체적인 개념으로 정의하여 측정할 수 있게 해주는 개념이다.

예를 들면, 연구자가 자유놀이 시간에 아동들의 노는 행동을 관찰하였다. 어떤 아동들이 다른 아동들이 놀고 있는 장난감을 빼앗거나 때리는 행동을 관찰하였다. 놀리거나 욕을 하는 행동도 관찰하였다. 연구자는 이와 같은 유사한 행동들을 묶어 공격성이라는 심리적 구성개념을 만들게 된다. 그리고 이 개념을 측정한다. 즉, 공격성이 구체적인 행동용어로 정의되고, 이 정의를 조작적 정의라고 한다. 조작적 정의에 의해서 특정 상황에서 아동들이 보이는 행동들을 측정하게 된다. 그런데 이 과정은 단순한 과정이 아니다. 몇 단계에 걸쳐 정밀하고 정확하게 이루어지며, 타당성의 과정을 거치게 된다. 그리고 그 학문을 전공하는 전문가들 간의 합의과정을 거쳐 형성된다.

구성개념

- 심리적 속성을 측정하기 위해 고안된 개념
- 추상적인 개념을 구체적인 개념으로 정의하여 측정할 수 있게 한 개념
- 조작적 정의는 심리적 구성개념을 구체적인 행동용어로 정의하는 것

구성개념이 측정됨으로써 심리적 변인들의 관계에 대한 이론이 만들어질 수 있게 된다. 그런데 심리적 구성개념은 조작적 정의로 완벽하게 정의될 수 없다. 어떤 심리적 변인에 대하여 모든 행동을 포함한 조작적 정의를 내리는 것이 가능하지 않기 때문이다. 전체 행동 중의 일부 행동만이 선택되어 구체적인 조작적 정의가 내려지고 이에 대한 측정이 이루어진다. 예를 들면, 지능, 자존감, 공격성 같은 구성개념이 지능, 자존감, 공격성의 전 행동을 포함하여 조작적 정의를 내릴 수 없기 때문이다.

따라서 심리적 구성개념은 전문가들에 따라 다른 조작적 정의가 내려질 수 있고, 다른 측정방법이 가능하다. 이는 동일한 심리적 속성임에도 다른 결론이 내려질 수 있음을 의미한다.

3. 질문지척도의 개발

측정도구는 연구문제를 해결하기 위하여 자료를 수집하는 방법이다. 변인의 측정이 측정도구에 의해 이루어지는 것으로 측정도구의 선정은 연구의 성패를 좌우하는 중요한 요소가 된다. 연구에 적절한 기존의 측정도구가 없으면 연구자는 직접 측정도구를 개발하게 된다. 측정도구의 개발은 많은 경우에 질문지척도의 개발을 의미한다.

이 절에서는 질문지척도의 개발과정에 대해 살펴보고자 한다. 척도개발의 필요성, 변인의 정의와 잠재적 구성요인 추출, 예비척도문항 제작과 내용타당도, 안면타당도 검증, 예비조사 실시와 본척도 구성, 본척도의 타당도와 신뢰도 검증, 그리고 척도의 적용으로 나누어 살펴보겠다.

1) 척도개발의 필요성

척도개발의 필요성이 있어야 한다. 먼저 측정하고자 하는 변인에 대한 개념적 이해가 있어야 한다. 문헌고찰을 통해 개념을 이해하고, 변인을 측정하는 기존의 측정도구를 분석한다. 측정도구가 변인을 제대로 측정하고 있는가, 측정도구가 어떠한 한계점과 문제점을 지니고 있는가의 분석에 의해 척도개발의 필요성이 대두된다.

2) 변인의 정의와 잠재적 구성요인 추출

변인의 정의는 변인과 관련된 문헌을 탐색하고 이 변인과 관련된 척도들을 분석함으로써 형성된다. 이 정의는 이론적인 틀 내에서 논리적으로 합당하고 구체적으로 기술되어야 변인의 구성요인이 추출된다.

척도의 대상자를 중심으로 심층면접과 개방적 질문을 실시하여 변인의 구성요인을 보완한다. 심층면접과 개방적 질문은 '측정하고자 하는 변인이 무엇이라고 생각하는가? 언제 이 변인을 느끼는가? 다른 사람과 이 변인의 느낌이나 생각에 어떤 차이점이 있는가?'와 같은 느낌과 사고에 대한 질문이다. 대답을 구체적으로 기술하도록 요구한다. 이러한 과정을 통해 척도의 이론적이면서 잠재적인 구성개념과 구성요인들이 추출된다.

3) 예비척도문항 제작과 내용타당도

구성요인이 추출되고 정의되면 이에 맞추어 문항들이 구성된다. 예비문항은 측정변인과 관련된 기존 척도의 문항, 변인관련 이론에서 대두되는 문항, 심층면접이나 개방형 질문지에서의 대답내용, 개발자의 변인에 대한 전공적 관심 등에서 작성된다. 각 문항이 어떤 구성요인을 측정하는지를 각 문항에 명시한다. 문항이 완성되면 이들 문항에서 필요한 문항들을 선정한다.

문항의 선정은 표본이다. 척도의 문항들은 측정하려는 내용이나 행동의 표본이다. 모든 행동에서 일부를 표본으로 선정하여 인간의 행동을 측정하는 것이다. 예를 들어, 미술치료사의 직무스트레스를 측정하는 심리검사는 직무스트레스와 관련된 모든 행동을 측정할 수 없다. 직무스트레스에 관한 행동표본인 문항을 통해 직무스트레스를 알아보는 것이다. 직무스트레스 척도의 문항은 본래 측정하려는 직무스트레스의 모든 행동에 관한 문항에서 선정된 문항인 것이다. 표본문항을 얼마나 잘 선정했는지가 척도의 성패를 결정한다. 예를 들면, 직무스트레스에는 스트레스와 우울이 포함되는데 측정도구가 스트레스는 제외하고 우울만 포함시킨다면 이 척도는 완전한 척도가 되지 못하는 것이다.

문항의 선정은 무선표집이 아니라 대표적 표집이다. 대표적 표집은 중요도로 선정하는 것을 의미한다. 척도의 개발자는 자신의 판단으로 중요한 내용을 대표하는 문항만을 척도에 포함시켜야 한다. 전 내용의 대표가 아니라, 중요하고 적합하다고 판단하는 내용으로서의 대표여야 한다.

〈표 6-2〉 예비문항의 작성
- 각 문항이 어떤 구성요인을 측정하는지 명시
- 측정변인과 관련된 기존 척도의 문항
- 변인관련 이론에서 대두되는 문항
- 심층면접이나 개방형 질문지에서의 대답 내용
- 척도개발자의 변인에 대한 전공적 관심
- 측정하고자 하는 내용이나 행동의 표본
- 문항의 작성은 무선표집이 아니라 대표적 표집

문항작성에 대해 살펴보겠다. 문항의 수와 문장의 길이는 연구대상자의 특성(예 연령, 학력 등)을 고려하여 한 번에 집중하여 대답할 수 있어야 한다. 한 지면에 너무 많은 문항이 제시되지 않으며, 글자 모양도 평범한 문체로 한다.

문항의 어법으로 질문은 가능한 한 짧고 쉬운 문장으로 하여야 한다. 질문이 어렵거나 모호하여 연구대상자마다 다르게 이해한다면 대답의 차이는 질문에 대한 이해의 차이일 수 있다. 연구대상자 간의 대답 차이는 연구대상자 간의 심리적 특성의 차이여야 한다.

한 질문문장에서는 한 가지만 질문한다. 하나의 질문문장에 둘 이상의 문제나 태도가 포함되지 않도록 하여야 한다. 그렇지 않으면 내용이 잘못 전달될 수 있다. 예를 들면, '아동이 미술치료사의 지시를 잘 이해하고 자신의 의견도 잘 표현합니까?'는 한 문항에서 두 개의 질문을 동시에 하는 것이다. 이것은 두 문항으로 나누어 '아동이 미술치료사의 지시를 잘 이해합니까?'와 '아동이 자신의 의견을 잘 표현합니까?'로 한다.

문항의 배열에서 일반적 질문과 구체적인 질문이 있으면, 일반적 질문을 먼저 한다. 주제를 바꿀 때는 대상자의 사고를 전환시킬 수 있는 문장을 사용한다. 그리고 제시되는 대답의 범주가 서로 겹치지 않아야 한다. 또한 제시되는 대답의 범주에 연구대상자가 다 포함되어야 한다. 예를 들면, 연령이 '29세 이하, 30~34세, 35~39세, 40세 이상'으로 대답의 범위가 겹치지 않으면서 모두가 포함되도록 해야 한다.

연구대상자들에게 친숙한 표현의 문항, 쉬운 문항이나 흥미를 유발할 수 있는 문항을 먼저 배열한다. 어렵거나 부담스러운 질문은 마지막 부분에 둔다. 처음부터 힘든 문항이 나오면 연구대상자는 질문에 대답하는 것에 부담감을 느껴 제대로 대답을 하지 않을 수 있다. 순위를 정하는 문항은 응답 항목의 수가 5항목을 넘지 않는 것이 좋다. 항목의 수가 많을수록 순위를 정하는 데 있어, 뒤 순위는 대충하는 경향이 나타나므로 대답의 신뢰도가 낮아지기 쉽다.

편견을 가져오거나 유도할 수 있는 문항은 피하는 것이 좋다. 예를 들면, '찬성하십니까?'는 찬성한다는 방향으로, '반대하십니까?'는 반대하는 방향으로 유도될 수 있다. 또는 반대 방향으로 대답할 수도 있다. 문항은 중립적인 표현을 사용하여야 한다. 예를 들면, '미술치료사의 대우가 현재보다 더 좋아져야 한다는 데에 찬성하십니까?'는 '예'로 대답을 유도할 가능성이 있다.

신념이나 태도에 대해 묻는 문항은 사회적으로 바람직한 방향이 분명한 경우가 있다. 이러한 경우에는 우회적인 표현을 사용하여 연구대상자가 사회적으로 바람직한 방향으로 대답할 수 기회를 줄여야 한다. 예를 들면, '나의 자녀가 장애아동과 함께 노는 것을 싫어합니까?'라는 직접적인 질문보다 '어떤 어머니들은 자녀가 장애아동과 노는 것을 좋아합니다. 그런데 어떤 어머니들은 자녀가 장애아동과 노는 것을 싫어합니다. 어머니께서는 어느 쪽에 해당되십니까?'로 우회해서 질문할 수 있다. 척도의 길이가 길어 시간이 오래 걸리면 주의집중이 떨어진다. 대충 읽고 대답할 가능성도 있다. 일반적으로 30분 정도가 무난하게 여겨진다. 또한 질문지의 시작과 끝부분에 연구에 참여해 준 것에 대해 감사함을 표하는 것도 잊지 말아야 한다.

문항작성

- 문항의 수와 문장의 길이는 연구대상자의 특성을 고려
- 가능한 한 짧고 쉬운 문장
- 하나의 질문에 하나의 답이 되도록 질문
- 일반적 질문과 구체적인 질문이 있으면, 일반적 질문을 먼저 함
- 주제가 바꿀 때는 대상자의 사고를 전환시킬 수 있는 문장을 사용
- 어렵거나 부담스러운 질문은 마지막 부분에 둠
- 가급적 중립적 문장을 사용
- 사회적 바람직성 경향의 문장은 우회적 표현을 사용

　　문항구성이 이뤄지면 전문가로부터 내용타당도 검증을 받는다. 내용타당도(제7장 참조)는 전문가의 학문적 논리적 판단에 의해 검증된다. 전문가 그룹이 동의할 때 내용타당도는 확보된다고 본다. 척도의 구성개념과 문항의 적절성을 평가하는 것으로 여러 차례에 걸쳐 이루어질 수 있다.

　　내용타당도는 전반적 평가와 구체적 평가로 나누어 볼 수 있다. 먼저 전반적 평가는 측정하고자 하는 변인의 구성개념에 대한 평가이다. 또한 이 구성개념과 구성요인의 관계, 그리고 구성요인과 하위구성요인의 관계가 적절한가의 평가이다. 그리고 구체적 평가를 하게 된다. 척도문항이 측정하고자 하는 개념과 일치하는가를 본다. 즉, 척도가 재고자 하는 속성이나 능력을 논리적으로 분석하여, 문항이 이를 반영하고 있는가를 검토한다. 그리고 척도의 문항이 전집문항을 대표하고 있는지 평가한다. 또한 각 문항이 측정할 것으로 가정되는 영역(구성요인)을 실제로 반영하는가를 살펴본다.

내용타당도 검증 결과를 토대로 하여 문항이 수정·보완된다.

〈표 6-3〉 내용타당도

- 전문가의 경험적 논리적 판단에 의해 규명
- 구성개념과 구성요인, 구성요인과 하위구성요인 간의 적절성
- 척도의 구성개념과 문항의 적절성
- 척도문항과 측정하고자 하는 내용 간의 일치성
- 척도문항의 전집문항에 대한 대표성

---

4) 안면타당도 검증

예비척도가 완성되면 척도문항을 안면타당도로 검증하여, 문항의 문제점을 실질적으로 점검하여야 한다. 안면타당도는 척도문항이 일반인이 보기에 적절하게 보이는가를 평가하는 것이다. 문항의 어휘, 문장이해, 배열순서, 길이 등을 점검하는 것이다. 문항의 내용이 이해되고, 의미가 잘 전달되는가, 대답하는 데 어려움이나 곤란함은 없는가, 배열순서나 길이에 문제점은 없는가, 그리고 예상하지 못한 문제점을 파악하기 위한 것이다. 문제점이 나타나면 이를 수정·보완하는 데 목적이 있다. 안면타당도 검증의 대상자는 실제 연구대상자와 유사하되, 실제 연구에는 포함시키지 않는다. 안면타당도의 표집은 대개 유의표집으로, 30명 내외로 하면 된다.

〈표 6-4〉 안면타당도

- 문항의 내용 이해 정도(단어, 어휘, 문장, 표현)
- 문항의 의미 전달 정도(문항 내용이 대상자의 언어, 이해수준에 적절한 정도)
- 대답에 어려움이나 곤란을 주는 문항
- 예상치 못했던 문제발견과 해결

---

5) 예비조사 실시와 본척도 구성

예비조사 실시는 본척도의 구성을 위한 단계이다. 예비척도문항의 제작이 논리적이고 합리적인 판단에 의한 질적인 측면의 문항구성이라면, 이 단계는 통계분석에 의한 척도의 타당화 과정에 속한다. 구체적으로 문항양호도 검증과 구인타당도를 실시

하게 된다. 이를 통해 본척도의 구성요인과 문항이 선정된다. 사회인구학적 배경에 대한 질문이 제시되어 척도의 대상이 되는 집단 특성을 알 수 있게 한다.

문항양호도 검증은 통계적으로 비효율적인 문항을 수정하거나 삭제하는 데 있다. 문항의 평균 및 표준편차, 상대도수분포(%), 전체 척도의 총점과 개별문항과의 상관, 개별문항 제거 시 내적합치도, 문항 변별을 보기 위해 상위 27%와 하위 27% 두 집단의 대답에 대한 카이스퀘어 검증과 Cramer V지수가 있다. 이와 같은 검증에 의해 비효율적인 문항이 제거되거나 수정된다.

비효율적인 문항은 평균이 너무 높거나 낮은 문항, 상대도수분포가 한쪽으로 지나치게 기울어진 문항, 전체 척도의 총점과 개별문항과의 상관이 낮은 문항, 문항 제거 시 내적합치도가 높아지는 문항, 카이스퀘어 검증과 Cramer V지수에서 변별도가 통계적으로 유의하지 않은 문항으로 제거된다.

〈표 6-5〉 문항양호도 검증과 문항제거

- 평균이 너무 높거나 낮은 문항
- 상대도수분포가 한쪽으로 지나치게 기울어진 문항
- 전체 척도와 개별문항과의 상관이 낮은 문항
- 문항 제거 시 내적합치도가 높아지는 문항
- 카이스퀘어 검증과 Cramer V지수: 통계적으로 유의하지 않은 문항

구인타당도 검증은 문항분석에 의해 양호한 문항으로 구성된 척도가 이론적 구성요인을 얼마나 잘 측정하고 있는가를 알아보는 것이다. 조작적으로 정의된 심리적 구성요인이 제대로 측정되었는가를 검증하는 것이다(제7장 참조). 방법은 측정하고자 하는 속성이 어떤 구성요인으로 이루어져 있는가를 통계적으로 설명한다. 그럼으로써 통계적으로 구성된 요인이 조작적 정의에서 내린 심리적 구성요인들과 부합되어, 척도가 목표한 변인을 제대로 측정하는가를 검증하는 것이다. 이 분석의 결과에서도 관계가 없는 문항이 제거된다.

구인타당도 검증으로 요인분석이 많이 활용된다. 요인분석은 몇 단계에 걸쳐 하게 되며(제13장, 제14장 참조), 이 과정에서 문항이 제거된다. 제거되는 문항은 요인들과 낮은 상관관계를 보이는 문항, 어떤 요인에도 속하지 않는 문항, 두 요인 이상에 비슷하게 요인부하량을 갖는 문항, 요인부하량, 고유치, 공통변량, 해석가능성 등으로 제

거된 요인에 속하는 문항, 요인회전 후에 제거된 요인에 속하는 문항, 한 요인이 2문항 이하로 구성된 요인의 문항이다.

〈표 6-6〉 구인타당도와 문항제거

- 요인들과 낮은 상관관계를 보이거나, 어떤 요인에도 속하지 않는 문항
- 두 요인 이상에 걸쳐 비슷한 요인부하량을 보이는 문항
- 고유치, 공통변량, 해석 가능성에 의해 제거 필요 문항
- 한 요인이 2문항 이하로 구성된 요인의 문항

요인분석이 완료되면 각 요인에 대해 명칭을 부여한다. 요인의 명칭은 이론적으로 구성된 구성요인의 어느 요인에 속하였는가와 문항이 속한 구성요인을 참고로 한다.

6) 본척도의 타당도와 신뢰도 검증

본척도가 구성되면 본조사를 실시하여, 본척도의 타당도와 신뢰도 검증을 하여야 한다. 신뢰성과 타당성이 결여된 척도는 연구결과를 그대로 받아들일 수 없기 때문이다. 타당도는 일반적으로 공인타당도 검증, 수렴타당도 검증, 변별타당도 검증을 한다(제7장 참조). 공인타당도 검증은 개발된 본 척도와 유사한 구성개념을 측정하고 있는 이미 공인된 기존척도와 관련성을 비교하는 것이다. 두 척도점수의 상관관계를 측정하여, 상관관계가 높으면 개발된 척도는 타당도가 있는 것으로 판단한다.

수렴타당도는 개발된 척도의 각각 구성요인이 본래 측정하고자 하는 변인의 하위 요인인가를 검증하는 것이다. 검증방법은 구성요인들 간의 상관관계를 본다. Pearson 의 적률상관계수를 산출하여 구성요인들이 적절한 상관을 보일 때, 각 구성요인들이 서로 유사하면서도 차별되는 요인을 측정하고 있음을 보여 주는 것으로 판단한다.

변별타당도는 본척도에서 측정되는 점수가 의미가 있는가를 보는 것이다. 측정된 점수가 심리적 속성을 변별해 줄 수 있는가이다. 본 척도의 측정변인과 관계가 높은 다른 심리적 변인의 점수를 높은집단과 낮은집단(일반적으로 상·하위 27%로 분류)으로 분류하고, 이 두 집단이 본척도의 점수에서 통계적으로 유의미한 차이를 보이는가를 검증하는 것이다. 차이가 나타나면 본 척도의 변별타당도는 검증되는 것으로 본다.

신뢰도는 일반적으로 내적합치도, 반분신뢰도, 검사-재검사 신뢰도로 검증한다.

내적합치도는 척도의 모든 문항이 같은 속성을 측정하는가를 보는 신뢰도이다. 각 문항 간의 상관관계를 본다. 반분신뢰도는 척도를 이분하고, 이분된 각 부분을 동형검사로 보아 두 검사 간의 상관관계를 본다. 검사-재검사 신뢰도는 한 척도를 동일한 대상자에게 시간적 간격을 두고 두 번 실시하여, 이들 간의 상관관계를 본다.

7) 척도의 적용

척도의 적용은 개발된 척도를 지지할 수 있는 자료를 수집하는 것이 목적이다. 척도변인과 관련 있는 사회학적 · 심리학적 변인과의 관계를 분석하는 것이다. 이는 선행연구 고찰에서 척도로 인한 연구의 제한점을 본 척도가 보완할 수 있음을 보여 주는 것이다. 본척도 개발의 필요성을 재확인하는 것이 되며, 본척도 개발에 가치를 부여하는 것이다. 또한 후속연구에 대한 기여를 밝히는 것이기도 하다. 예를 들면, 아동의 친사회적 행동에 부모의 양육행동은 중요한 변인이다. 그런데 양육행동의 어떤 구성요인이 영향을 주는가는 연구들 간에 일관성이 없다. 이는 선행 양육행동 척도가 서구문화권에서 개발된 척도를 사용하였고, 문화 차이를 간과하고 있기 때문이다. 한국 문화의 특성을 반영하는 양육행동 척도가 개발되었고, 이 척도에 의한 양육행동의 구성요인들이 아동의 친사회적 행동을 설명하는가를 실제적으로 연구하는 것이다. 그리고 연구결과가 양육행동과 친사회적 행동 간의 관계를 잘 설명하는가를 보는 것이다.

실제로 척도를 배부할 때는 척도의 본 내용 외에 포함되는 내용들이 있다. 예를 들면, 대상자에게 협조를 요청하는 문장, 연구자 소개, 문항의 대답에 대한 지시사항, 대상자의 사회인구학적 내용 등이다. 협조는 척도의 첫 장에 본 연구의 목적과 필요성을 간략하게 설명하면서 요청한다. 연구자와 연구기관을 밝혀 연구의 신뢰성을 높일 수 있다. 이는 척도에 대한 대답과 척도의 회수율에 영향을 줄 수 있다.

지시사항은 대상자가 혼자서 질문지의 문항들에 답할 수 있도록 쉽고 자세하게 서술되어야 한다. 대상자의 사회인구학적 내용은 대상자가 부담이나 불쾌감을 느끼지 않도록 연구에 꼭 필요한 부분만 선정하여야 한다. 연구에 따라 이 부분은 척도 내용의 앞이나 마지막 부분에 제시한다.

척도개발의 절차

- 척도개발의 필요성
  - 변인에 관련된 선행연구 고찰에서 척도개발의 필요성
  - 기존 측정도구 분석에서 개발의 필요성
- 변인의 정의와 잠재적 구성요인 추출
  - 선행연구 고찰에 의한 변인의 정의
  - 선행연구 고찰에 의한 구성요인 추출
  - 척도분석에 의한 구성요인 추출
  - 면접, 개방적 질문에 의한 구성요인 추출
- 예비척도문항 제작
  - 예비 구성요인에 적절한 문항 구성
  - 내용타당도 검증(구성개념과 구성요인, 구성요인과 문항의 적절성 및 일치성)
  - 예비 구성요인과 예비문항의 수정
- 안면타당도 검증
  - 문항의 난이도, 적절성(단어, 어휘, 문장, 표현 등)을 검토
  - 예비문항의 수정으로 예비척도 문항의 구성
- 예비조사 실시와 본척도 구성
  - 문항양호도 검증과 문항의 제거
  - 구인타당도 검증으로 문항의 제거와 구성요인 결정
  - 본척도의 구성요인에 대한 명칭 부여와 본척도 구성
- 본조사 실시와 척도의 타당도, 신뢰도
  - 척도의 타당도(예 공인타당도, 수렴타당도, 변별타당도 검증)
  - 척도의 신뢰도(예 내적일치도, 반분신뢰도, 검사-재검사 신뢰도 검증)
- 척도의 적용
  - 변인과 관련있는 사회학적·심리학적 변인과의 관계 분석
  - 척도개발의 필요성 재확인, 개발의 가치 부여, 후속연구에 기여

4. 표준화검사

인간의 심리적 특성이 잘 파악되기 위해서는 정확한 측정도구가 전제되어야 한다. 표준화검사(standardized test)는 누가 이 측정도구를 사용하더라도 동일한 결과가 나

오도록 검사실시의 조건, 채점기준, 결과해석 기준을 만들어 놓은 검사를 말한다. 전 과정이 검사요강에 제시되어 있다. 표준화검사의 대표적인 예는 지능검사이다. 측정 도구로 표준화검사가 유익하나, 연구하고자 하는 변인에 모두 표준화검사가 있는 것 이 아니다. 연구자들은 개발된 척도들을 표준화 과정을 거쳐 표준화검사로 하기 위해 연구를 꾸준히 진행하고 있다.

측정도구에서 받은 개인의 점수가 신뢰적이고, 개인들 간을 서로 비교하기 위해서 는 검사실시의 과정이 동일해야 한다. 검사실시의 과정이 동일하려면 검사실시를 위 한 조건이 일정할 수 있도록 구체적으로 검사실시에서 지시내용, 순서, 대답의 기입, 시간제한 등의 실시과정과 대상자의 질문에 대한 검사자의 답변이나 반응이 동일해 야 한다.

검사실의 좌석배치, 조명, 온도 등의 물리적 환경도 모든 대상자에게 동일하게 적 용되어야 한다. 동일한 검사가 실시될 때마다 좌석배치 및 조명, 온도 등에서 차이가 있다면 측정도구가 잘 만들어졌다 해도 대상자의 점수에 영향을 주기 때문에 측정점 수를 신뢰할 수 없게 된다. 표준화검사는 표준화된 조건에서 실시되도록 만든 것이 다. 그런데 완벽하게 동일한 조건하에서 표준화검사가 실시되기는 어렵다. 예를 들 면, 검사자가 계속 동일인으로 될 수 없고, 물리적 환경이 항상 동일하게 되기도 어렵 다. 즉, 측정도구 외에 검사점수에 영향을 주는 요인이 완전히 배제될 수는 없다.

채점의 기준이 객관적이고 명확해야 한다. 대상자들이 동일한 반응을 했어도 채점 의 기준이 명확하지 않으면 개인의 점수를 신뢰할 수 없다. 누가 채점을 하더라도 언 제나 동일한 점수가 계산되는 것이 표준화검사이다. 채점자의 주관적인 판단이 점수 에 영향을 줄 수 없다는 것이다.

표준화검사는 점수가 규준점수에 의해 해석된다. 개인이 측정도구에서 받은 점수 는 그 자체로는 의미가 없다. 적절한 해석기준에 의해 점수의 의미가 평가되어야 한 다. 먼저 목적에 적합한 검사를 제작하기 위하여 문항의 표집과 문항의 구성이 체계 적이고 타당해야 한다. 그리고 척도가 표준화되는 과정으로 검사가 목표로 하는 모집 단의 특성을 규정한다. 집단의 특성이 명확히 규정되어야 타당한 표본집단을 선정할 수 있다. 모집단의 대표성이 보장되도록 선정된 표본이 표준화 표본(standardization sample)이다. 이 집단에 검사를 실시하여 규준점수를 산출하게 된다. 그리고 이 집단 을 규준집단이라고 한다.

규준점수는 평균, 평균보다 높음, 평균보다 낮음 등의 다양한 수준에 대한 상대적

빈도를 나타내 주어 개인의 수준을 평가할 수 있게 한다. 예를 들어, 9세 아동이 언어이해검사의 20문항에서 15문항을 정확하게 이해했다. 그러면 15점은 원점수(raw score)이다. 그러나 원점수 자체로는 의미가 없다. 적절한 해석기준에 의해 이 점수의 의미가 평가되어야 한다. 이 점수는 규준점수에 의해 해석된다. 표준화검사는 규준점수에 의해 한 개인의 점수를 해석할 수 있다는 데 의미가 있다. 규준점수와 비교하여 개인의 상대적 위치가 판단된다.

〈표 6-7〉 표준화검사

- 누가 실시하더라도 동일한 결과: 검사요강의 지시사항이 자세하고 명확
- 검사실시 조건의 동일: 실시과정, 검사실 환경의 동일화
- 채점의 기준이 객관적이고 명확: 채점자 간의 동일한 채점
- 결과해석: 규준점수와 비교하여 해석

규준의 종류에는 연령규준, 학력규준, 지역규준, 성별규준 등이 있다. 규준에는 최근성이 중요하다. 오랜 전에 구축된 규준을 그대로 사용하면 결과해석이 제대로 안될 수 있다.

표준화검사의 실시자는 검사의 실시 전에 검사요강을 주의 깊게 읽어 보고, 검사요강의 내용을 준수해야 한다. 특히 검사의 지시사항을 그대로 따라야 한다. 지시사항을 따르지 않으면 척도개발자의 의도와는 다른 검사가 될 수 있다. 이로 인해 표준화검사에서의 규준집단과 비교하여 해석하는 데 문제가 발생할 수 있다.

5. 실험도구와 실험상황의 체계화와 타당화

실험도구와 실험상황의 구성도 개발된다. 그런데 실험도구나 실험상황의 개발은 질문지척도의 개발과 비교하여 제약이 많다. 동일한 특성의 대상자를 선정하고 확보하는 데 어려움이 있다. 질문지척도에 비해 실험을 하는 데에 더 많은 시간과 더 많은 비용이 든다. 동일 대상자에 대한 반복실험의 문제도 있고, 대상자에 대한 실험의 영향도 고려해야 한다.

실험의 일정과 실험장소의 선정도 질문지척도의 실시에 비해 많은 제약이 있다. 질

문지척도의 배부에는 특별한 훈련이 필요하지 않으나, 실험에는 실험자의 훈련도 필요하다. 또한 실험결과의 측정에도 훈련이 필요한 경우가 많다. 일반화에 필요한 다수의 동일한 특성을 지닌 실험대상자를 구하기도 상당히 어렵다.

〈표 6-8〉 실험도구, 실험상황 개발의 제약

- 개발의 체계적 절차나 타당화 과정을 위한 대상자 선정과 확보의 문제
- 동일대상자에 대한 반복실험의 문제
- 대상자에 대한 실험영향의 문제, 실험일자, 실험장소 선정의 문제
- 실험자 훈련과 실험결과 측정의 문제
- 실험의 시간과 비용의 문제
- 일반화 위한 다수의 동일특성 대상자 확보의 문제

개발의 제약으로 실험도구와 실험상황 개발보다는 기존의 실험도구와 실험상황을 일부 체계화하고, 타당화 과정을 거쳐 사용하는 것이 대부분이다. 그러나 이러한 체계화와 타당화 과정이 거듭 되면서, 진전된 실험도구와 실험상황이 구성된다. 예를 들면, 애착의 실험도구와 실험상황이 처음 구성되었을 때는 엉성하였다. 그럼에도 이 실험이 기본이 되어 그다음의 좀 더 나은 실험이 될 수 있었고, 현재의 발전된 애착 실험도구와 실험상황에 이르게 되었다.

미술치료 연구에서 미술치료프로그램 외에도 실험도구와 실험상황이 필요한 연구문제가 있다. 연구문제에 따라 질문지척도로 측정하기 어렵고, 실험도구나 실험상황을 구성해야 하는 경우이다. 예를 들면, 사건배열 수준이 지적 장애아동의 또래관계 향상 미술치료프로그램의 효과에 영향을 주는가를 연구할 수 있다. 이와 같은 연구는 미술치료에서 개인차를 설명해 줄 수 있고, 미술치료프로그램 실시에서 집단구성원 선정의 중요한 요건이 될 수 있기 때문이다.

또한 미술치료프로그램은 평상의 상태에서 효과를 보는 것이 아니다. 부정적인 상황에서 프로그램의 효과가 나타나야 한다. 이러한 연구에 실험상황 구성이 필요하다. 상황에서의 인간행동은 질문지척도로는 한계가 있다. 대상자 스스로 부정적 상황에서 어떻게 행동할 것이라는 자신의 행동에 대한 지각과 실제로 부정적 상황에 처했을 때의 행동은 다를 수 있기 때문이다. 미술치료 연구에서는 대상자의 연령, 대상자의 특성에 따라 질문지척도가 적절하지 않고, 실험도구나 실험상황이 필요한 경우가 있다.

실험도구나 실험상황 개발의 어려움으로 인해 많은 연구는 선행 실험도구나 실험
상황을 보완하고 있다. 실험구성에 체계적 과정과 타당화 절차를 첨가한다. 본 절에
서 실험도구와 실험상황의 체계적 과정과 타당화 절차를 제시하고자 한다.

1) 실험도구나 실험상황의 필요성 제기

먼저 실험도구나 실험상황의 필요성이 제기되어야 한다. 이는 선행연구, 현장경험
에서 제기된다. 질문지척도에 의한 측정의 객관성, 타당성, 신뢰성 그리고 편리성이
있기 때문에 실험도구와 실험상황을 설정하는 실험이 필요한가를 논리적·합리적으
로 검토해 보는 것이다.

실험도구나 실험상황의 필요성이 제기되면 다음 단계는 선행연구에서 어떤 실험도
구와 실험상황이 사용되었는가를 고찰하는 것이다. 어떤 목적으로 어떤 이론을 근거
로, 어떤 절차를 거쳐서 실험도구나 실험상황이 설정되었는가를 검토하는 것이다. 그
러면서 어떠한 문제점이 있는가를 파악하는 것이다.

현장에서는 변인의 측정이 요구되나, 그 변인을 측정하는 실험도구나 실험상황이
선행연구의 고찰에서 발견되지 못할 수도 있다. 이러한 경우에는 유사한 변인을 측정
하는 실험도구나 실험상황의 선행연구를 고찰한다. 그러면서 본 연구에 어떻게 수정
되거나 보완되어 적용될 수 있는가를 고안한다.

2) 실험도구나 실험상황의 적절성 평가

선행 실험도구나 실험상황이 본 연구 실험대상자의 연령, 성별, 지능, 특성, 경험 등
에 적절한가를 보아야 한다. 예를 들면, 기존의 유아에게 적용된 역할수용 도구의 그
림, 내용, 경험 등이 지적장애로 인해 유사한 정도의 지능수준을 보이는 아동이나 청
소년에게 그대로 적용되는 데 문제가 있다. 이들은 인지능력이 유사해도 생활경험이
유아와는 다르기 때문이다.

실험도구나 실험상황의 전개 및 내용이 객관적이고 타당하여 그대로 본 연구의 실
험에 받아들일 수 있는가를 검토한다. 이는 선행문헌의 이론 및 개념과 실험도구 및
실험상황과의 적합성을 연결시켜 보는 것이다. 이론전문가, 현장전문가의 자문이 필
요하며, 자문을 받으며 실험도구나 실험상황의 수정이 필요하다. 실험도구의 크기,

내용, 그림, 색채, 내용에 인물이 있으면 인물의 연령, 인물들의 성비율 등이 적절히 수정되어야 한다. 예를 들면, 성별에 따른 지각의 오류를 줄이기 위해 그림의 남녀비율을 동수로 하는 것이다. 또 그림에 색이 있으면 색에 의한 효과를 줄이기 위해 흑백으로 하는 것이다.

실험 진행과정의 객관성과 체계성도 검토한다. 제시방법, 제시언어, 제시순서 등의 절차도 수정될 수 있다. 예를 들면, '실험순서에 따른 차이를 없애기 위해 아동의 1/3은 분노상황-우울상황-기쁨상황의 순서로, 1/3은 우울상황-분노상황-기쁨상황의 순서로, 1/3은 기쁨상황-분노상황-우울상황의 순서로 한다.'로 수정하는 것이다.

실험이 한 번으로 종료되는 경우도 있으나, 연구문제가 상황에 따른 차이를 본다면 실험상황이 두 번 이상이 된다. 이런 경우에 앞의 상황이 뒤의 상황에 영향을 주게 된다. 따라서 앞 상황의 영향력을 최소화하기 위한 조처가 필요하다. 앞의 상황이 끝나면 중성정서유도 상황을 도입하여 평상상태가 유지되게 하는 것이 중요하다. 중성정서유도의 방법은 다양하다. 예를 들면, 감정을 유도하지 않는 사회교과서의 한 부분 읽기(신화연, 1990)나 단순한 만다라 색칠하기(김유하, 2016)는 평상의 감정을 갖는 데 도움이 될 수 있다.

내용타당도의 검증이 필요하다. 내용타당도는 이론전문가 외에 현장전문가의 참여도 중요하다. 현장전문가는 실제로 현장에서 연구대상과 유사한 특성의 대상을 접하는 전문가이기 때문이다. 미술치료 연구의 실험에서는 실험대상과 실험목적에 따라 임상심리사, 미술치료사, 사회복지사, 특수교사 등이 전문가로서 내용타당도 검증에 참여할 수 있다고 본다. 실험도구와 실험상황이 내용타당도의 검증을 거쳐 수정된다.

〈표 6-9〉 내용타당도
• 문헌의 이론, 개념과 실험도구 및 실험상황과의 적합성
• 이론 전문가와 현장 전문가의 검증
• 실험도구의 적합성과 실험절차의 체계성
• 대상의 연령, 지능, 특성, 경험 등에 대한 적절성

3) 예비실험 실시

수정된 실험도구와 실험상황은 본 연구대상자와 유사한 대상자를 유의표집하여 예

비실험을 실시한다. 대상자에게 실험도구와 실험상황에 대한 경험 여부가 있는가를 확인하여 동일한 또는 유사한 경험이 없어야 한다. 예비실험의 실시과정에서 대상자들의 실험내용 이해, 실험절차의 순서, 실험도구나 실험상황의 제시방법, 진행과정의 문제점을 파악하여 수정한다.

4) 수준의 구별점수 결정

실험도구나 실험상황에 의한 측정이 그대로 측정점수를 사용하는 방법이면 측정점수를 그대로 활용하면 된다. 그런데 미술치료 연구의 실험에서는 측정한 점수 그 자체로는 의미를 갖기 어려운 경우가 많다. 예를 들면, 실험대상자들의 점수만으로 평균에 속하는 집단이나 평균 이하의 집단, 평균 이상의 집단 분류는 의미를 갖기 어렵다. 질문지척도의 인원에 비해 실험대상자의 인원은 현저하게 적다. 실험대상자의 평균을 실험대상자 이외의 개인들에게 적용해 보는 것이 무의미하기 때문이다.

수준이 높은 집단과 낮은 집단으로 구별하는 것이 필요하다면 높은 집단과 낮은 집단의 구별점수가 결정되어야 한다. 구별점수 결정의 예를 들면, 실험대상이 지적장애청소년이다. 그러면 특수학급 지적장애청소년들을 대상으로 실험을 해서 이들의 평균을 중심으로, 실제 실험집단 청소년의 구별점수로 정한다. 평균 이상은 높은 집단, 평균 미만은 낮은 집단으로 한다(허진, 2015). 또는 본 실험대상과 동일한 특성을 지니고 있는 연구대상자를 중심으로 한 선행연구를 검토하여, 점수의 평균이 나온 연구가 있으면 이 연구의 평균과 표준편차를 활용하여 구별점수를 결정할 수 있다. 예를 들면, 평균에 표준편차를 더하고, 더한 점수 이상은 높은 집단으로, 평균에 표준편차를 빼고, 뺀 점수보다 낮은 점수 이하는 낮은 집단으로 구별점수를 하는 것이다. 그러나 이 방법들은 많은 인원을 대상으로 평균과 표준편차를 구하기 힘든 현실적인 상황에서 임시방편임을 염두에 두어야 한다.

5) 실험 후의 중재과정

실험이 종료되면 중재과정이 필요하다. 처음 실험을 소개하는 단계에서 어쩔 수 없게 실험 본래의 목적을 은폐하는 경우가 있다. 이것은 실험의 목적에 실험대상자가 영향을 받아 종속변인의 효과가 다르게 나타날 수 있기 때문이다. 실험의 종료 후에 본 연구의 실제 목적을 설명하고 정서중재를 해야 한다. 정서중재는 예를 들면, 고맙다는 인사, 격려와 칭찬을 하는 것이다.

실험도구, 실험상황의 체계화와 타당화 과정

- 실험도구나 실험상황의 필요성 제기
  - 선행연구 고찰에서 실험도구나 실험상황의 필요성 제기
  - 현장 경험에서 필요성 제기
- 실험도구나 실험상황의 적절성 평가
  - 연구대상자의 연령, 연구대상자의 특성에 적절성
  - 실험도구나 실험상황의 전개 및 내용의 타당성
  - 실험 진행과정의 객관성 및 체계성
- 실험도구나 실험상황 수정
  - 실험도구나 실험상황의 수정
  - 실험도구, 실험상황 내용 및 구성의 적합화
  - 실험이 두 번 이상이면 중성정서유도 상황 도입하여 평상상태 유지
  - 내용타당도 검증(이론 전문가, 현장전문가)
- 예비실험 실시
  - 대상자의 실험도구와 실험상황에 대한 경험 여부 확인
  - 실험내용의 이해, 실험상황의 전개, 진행과정의 문제점 파악과 수정
- 수준의 구별점수 결정
  - 그대로 측정점수를 사용하는 방법이면 조치 없음
  - 수준의 구분이 필요하면 높은 집단, 낮은 집단의 구별점수 결정
- 실험 후의 중재과정

제**7**장

측정도구의 준거

심리적 속성은 측정도구를 통해 측정된다. 적합한 측정도구의 선정은 연구결과를 신뢰하게 하므로, 어떠한 측정도구를 사용하는가는 연구의 중요한 부분이다. 측정도구의 준거는 신뢰도와 타당도이다.

신뢰도(reliability)는 측정도구에서 얻는 점수가 일관성이 있는가에 대한 것으로, 반복된 측정에서 같은 점수를 얻을 수 있는가를 의미한다. 타당도(validity)는 측정도구가 측정하고자 하는 내용을 얼마나 정확하게 측정하는가를 의미한다. 측정도구의 신뢰성과 타당성에도 불구하고 측정에는 어느 정도의 오차가 있다. 본 장에서는 측정오차에 대해 먼저 설명하고, 측정도구의 신뢰도와 타당도에 대해 살펴보고자 한다.

1. 측정오차

측정오차(measurement errors)는 무선적 오차와 체계적 오차가 있다. 무선적 오차(random errors)는 측정도구의 시행에서 나타나는 오차로 상황의 불안정성으로 인해 발생된다. 예를 들면, 검사를 시행하는 데 나타나는 연구대상자의 기분이나 피로, 건강상태, 또는 측정받는 장소의 분위기, 검사문항에 대한 대상자들 간의 이해수준의 차이에 의해 점수가 왜곡되는 것이다. 신뢰도는 이러한 무선적 오차를 통제하는 것이다.

체계적 오차(systematic errors)는 측정도구가 측정하려는 내용을 제대로 측정하지 못하는 데에서 나타나는 오차이다. 예를 들면, 연구대상자의 독해수준에 의해 점수가 왜곡되는 것이다. 측정도구가 질문지법인 경우에 연구대상자는 질문지의 문항을 읽고 대답을 해야 한다. 이때 연구대상자의 독해정도가 점수에 영향을 줄 수 있다. 따라서 측정도구의 문항은 이해가 쉽도록 간단하고 단순하게 기술되는 것이 좋다.

〈표 7-1〉 측정오차의 종류	
종류	내용
무선적 오차	측정도구의 시행에서 나타나는 상황의 불안정성에 의한 오차
체계적 오차	측정하려는 내용을 제대로 측정하지 못함에서 오는 오차

표준화검사는 무선적 오차와 체계적 오차를 감안한 측정도구이다. 그리고 측정도구의 신뢰도와 타당도가 제시된다. 많은 연구들은 표준화검사가 아닌 측정도구를 사용하거나, 연구의 성격상 표준화검사의 일부 구성요인을 채택하거나 또는 문항을 수정하거나 첨가한다. 그러면 신뢰도와 타당도는 반드시 다시 제시되어야 한다. 실험처치와 도구에 대해서도 신뢰도와 타당도 검증과정이 제시되어야 한다.

2. 신뢰도

신뢰도에는 여러 종류가 있다. 이 절에서는 신뢰도의 개념, 신뢰도의 종류, 신뢰도의 보고에 대해 살펴보고자 한다.

1) 신뢰도의 개념

신뢰도는 측정도구에서 얻어지는 점수가 얼마나 안정성이 있고 일관성이 있느냐의 정도를 의미한다. 신뢰도의 개념을 이해하기 위해서 진점수에 대한 이해가 선행되어야 한다. 개인이 측정도구에서 획득한 점수는 진점수와 측정오차의 합으로 이루어진다고 가정하게 된다.

측정도구에 의한 측정에서 한 개인의 관찰점수가 'X'라고 하면 이 관찰점수는 진점수와 오차점수의 합으로 볼 수 있다. 그리고 측정오차에 대해서는 두 가지 가정이 있다. 첫 번째 가정은 개인을 무한대로 측정해서 평균을 내거나, 무한히 많은 개인을 대상으로 측정해서 평균을 내면 오차의 평균은 0이 된다는 것이다. 두 번째 가정은 진점수와 측정오차는 서로 독립적으로 상관이 전혀 없다는 것이다.

$$X = T + E$$

　　X: 관찰점수(개인이 획득)

　　T: 진점수(개인을 여러 번 측정했을 때의 점수 평균)

　　E: 오차점수(측정오차)

$X = T + E$는 한 개인이 획득한 점수이다. E는 진점수의 변동을 가져오는 모든 요인들에 의해 발생되는 변동점수로 오차점수라고 한다. 이때 측정오차는 '+'일 수도 있고 '−'일 수도 있다. 이 오차점수는 무선적이고 우연적으로 발생하므로 상호독립적이다. 그리고 점수의 분포는 정상분포를 이룬다고 가정할 수 있다. 이 같은 가정에 따라 변량으로 표시할 수 있다.

$$S_{x^2} = S_{t^2} + S_{e^2}$$

　　S_{x^2}: 관찰점수의 변량

　　S_{t^2}: 진점수의 변량

　　S_{e^2}: 오차점수의 변량

신뢰도는 검사 자체의 속성이다. 그리고 신뢰도는 관찰점수의 변량에서 진점수의 변량이 얼마나 되는가의 정도로 나타낸다.

$$r_{xx} = S_{t^2} / S_{x^2}$$

　　r_{xx}: 진점수와 관찰점수의 상관계수

$S_{t^2} = S_{x^2}$이면 신뢰도계수 $r_{xx} = 1$이 된다. 오차변량이 커질수록 $r_{xx} < 1$이 되며 1에서 점점 멀어진다. 예를 들면, 신뢰도계수 $r_{xx} = .80$이라면, 관찰점수의 변량에서 80%는 진점수의 차이로 인한 것이고, 20%가 측정오차에 기인한다고 할 수 있다. $r_{xx} = 1.00$은 측정오차는 전혀 없다는 것을 나타내며, $r_{xx} − .00$은 모든 점수의 차이는 측정오차라는 것이 된다.

신뢰도계수의 범위는 $0 \leq r_{xx} \leq 1$이다. 사회과학에서 측정하는 심리적 속성은 직접 측정이 어렵다. 측정을 위해 심리적 속성에 대한 구성개념과 조작적 정의를 내리게 된다. 그리고 이에 대한 측정을 하는 간접적인 측정이므로 정확한 측정이라고 보기는 어렵다. 또한 동일한 측정도구로 측정을 해도 연구대상자가 달라지면 연구대상자의 특성인 사회인구학적 변인과 심리학적 변인 등이 주는 요인들의 효과 때문에 신뢰도 계수가 다르게 나타날 수 있다. Thorndike와 Hagen(1977)은 신뢰도에 영향을 주는 검사점수 변동의 요인을 제시하였다.

검사점수 변동의 요인

- 개인의 영속적 일반 특성
  - 일반 기능(예 독해력)
  - 검사지시 이해의 일반적 능력, 검사에 익숙정도, 검사요령
  - 검사문항의 출제 형식에 따른 문제해결의 일반적 능력
  - 검사 장면 같은 상황에의 일반적 태도, 정서, 습관
- 개인의 영속적 특수 특성
  - 검사문항이 요구하는 지식과 기능
  - 특정 검사문항에 대한 태도, 정서, 습관(예 높은 장소에 대한 공포, 문항에 대한 공포)
- 개인의 일시적 일반 특성
  - 건강, 피로, 정서적 긴장
  - 동기, 검사자와의 인간관계
  - 온도, 조명, 통풍 등의 영향
  - 검사 문항의 형식에 대한 연습 정도
  - 현재의 태도, 정서, 습관의 강도(개인의 영속적 특성과 구별, 예 선거기간 중의 정치 태도)
- 개인의 일시적 특수 특성
  - 검사 도중의 피로, 동기의 변화
  - 주의력, 조절력, 판단기준의 동요
  - 특수 사실에 대한 기억력의 동요
  - 검사의 지식이나 기능에 대한 연습정도
  - 특정 검사문항과 관련한 일시적 정서, 습관의 강도(예 최근의 악몽을 연상케 하는 문항)
  - 추측에 의한 대답의 요행

2) 신뢰도의 종류

신뢰도는 검증하는 방법에 따라 여러 종류가 있다. 일정 기간이 지난 다음에 실시해도 같은 결과를 보이는가를 의미하는 일관성, 한 개인이 동형검사에서 일관성 있게 대답하는가의 동등성, 측정도구의 모든 문항이 같은 속성을 측정하는가의 내적 일관성에 따라 신뢰도의 종류가 나누어지게 된다. 여기에서는 검사-재검사 신뢰도, 동형검사 신뢰도, 반분신뢰도, 내적합치도에 대해 살펴보고자 한다. 그리고 채점자 간 신뢰도와 채점자 내 신뢰도도 살펴보겠다. 미술치료 연구의 그림평가, 회기진행과정의 관찰에 채점자 간 신뢰도와 채점자 내 신뢰도가 많이 사용되기 때문이다.

(1) 검사-재검사 신뢰도

검사-재검사 신뢰도는 일정 기간이 지난 다음에 검사를 실시해도 같은 결과를 보이는가를 의미하는 일관성의 신뢰도이다. 한 개의 측정도구를 동일한 대상자에게 시간적 간격을 두고 두 번 실시하여, 두 점수 간의 상관관계를 계산하는 방법이다. 먼저 측정했을 때의 점수와 나중에 측정했을 때의 점수 간에 어느 정도의 안정성이 있는가를 보기 때문에 안정성계수(coefficient of stability)라고도 한다. 두 점수 간에 상관관계가 높으면 신뢰도는 높다고 할 수 있다.

두 측정 간의 시간 간격은 다양할 수 있다. 두 측정 사이의 시간 간격에 따라 신뢰도 값은 달라질 수 있다. 일반적으로 두 측정 간의 시간 간격이 짧으면 신뢰도계수는 높아지고, 시간 간격이 길면 신뢰도계수는 감소하게 된다. 연구대상자에 따라 자신의 이전 대답을 기억하거나 측정을 받는 기술을 습득하게 된다. 이러한 기억이나 연습의 효과 등이 두 번째 측정에 영향을 주게 된다. 모든 대상자가 첫 번째 측정의 영향을 받는다면 신뢰도의 상관관계는 과장될 수 있다.

두 측정 간에 시간 간격이 길면 연습의 효과가 소멸된다. 그러나 두 측정 간의 시간 간격이 너무 길어지면, 측정하고자 하는 심리적 속성이 이 기간 동안에 역사, 성숙으로 인해 변화될 가능성이 있다. 그렇게 되면 신뢰도는 낮아진다. 시간 간격에 따라 검사-재검사 신뢰도는 다르게 나올 수 있게 된다. 이러한 이유로 검사-재검사 신뢰도는 기본가정을 갖고 있다. 측정도구에 의해 측정되는 심리적 속성은 일정 기간 동안은 안정되어 있다는 가정이다. 대략 2~5주를 적절한 시간 간격으로 본다.

그럼에도 검사-재검사 신뢰도는 문제점이 있다. 측정도구는 측정하고자 하는 심리적 속성에 관계되는 문항들의 대표적 표본문항으로 구성된다. 대표적 표본문항이라도 어떤 문항들이 측정도구에 포함되었는가에 따라 측정결과가 달라질 수 있다. 실제로 같은 능력을 가진 개인도 문항에 따라 다른 점수가 나올 가능성이 있다. 이것은 문항의 표본선정에서 오는 오차이다.

또 다른 문제는 측정 전과 후의 측정조건이 동일하도록 통제하기가 어렵다는 것이다. 측정점수의 변동요인이 될 수 있는 대상자의 내적심리상태(정서, 태도), 측정방법(검사지시, 검사시간) 등이 측정 전과 후에 같도록 하는 것이 어려워 오차가 발생될 가능성이 있다. 이와 같은 제한점은 검사-재검사 신뢰도가 본래의 신뢰도보다 과장되게 추정될 가능성을 제공한다. 기억과 연습의 효과가 비교적 적은 측정도구의 신뢰도 검증 외에는 자주 사용되지 않는다.

(2) 동형검사 신뢰도

동형검사 신뢰도는 한 개인이 동형의 검사에서 일관성 있게 대답하는가의 동등성을 의미한다. 동일한 내용의 두 측정도구를 만들어 시간 간격을 거의 두지 않고 동일 대상자를 측정한다. 그리고 두 측정점수 간의 상관관계를 산출하는 방법이다. A 측정도구의 내용, 형식, 길이, 난이도 등은 같으나, 문항이 다른 B 측정도구, 즉 동형검사를 제작하고 동일대상자에게 검사를 실시한다. 두 측정도구의 점수 간의 상관으로 신뢰도계수를 얻는 방법이므로 이때의 상관을 동등성계수(coefficient of equivalence)라고 한다. 이 방법은 측정의 문항은 다르나, 이론적으로는 동일한 문항으로 구성된 두 측정도구를 통해 신뢰도가 산출되는 것이다.

표준화검사의 제작에서 측정하고자 하는 심리적 속성은 동일하나, 문항이 서로 다른 두 측정도구 A형과 B형이 만들어진다. 이 측정도구들을 동시에 또는 최소시간의 경과 후에 동일 집단에 실시하여, A형과 B형의 측정점수 간의 상관관계를 구한다. 이 방법은 검사-재검사 신뢰도의 문제점인 두 번 실시에 의한 기억 효과, 연습 효과를 최소화한다는 장점이 있다. 그리고 문항의 표본이 두 배로 선정되므로 문항표본의 선정에서 발생되는 오차도 줄어드는 효과가 있다. 그러나 실제적으로 동일한 두 측정도구를 제작한다는 것이 쉽지 않다.

동형검사 신뢰도는 문항의 동질성 여부가 신뢰도계수의 주요 요인이다. 그리고 짧은 시간 내에 재실시되나, 이 시간 간격도 신뢰도에 영향을 줄 수 있다. 따라서 순수한 의미의 동등성계수는 산출될 수 없다. A형과 B형 실시의 순서가 신뢰도에 영향을 줄 수 있다. 이러한 순서에 의한 영향력을 상쇄하기 위해 대상자 1/2은 A형 측정도구로 먼저 측정하고, 1/2은 B형 측정도구로 먼저 측정한다.

검사–재검사 신뢰도와 동형검사 신뢰도를 병합하는 방법이 바람직한 신뢰도 측정 방법으로 거론된다. 이 방법은 A형 검사를 먼저 실시하고 일정 기간이 지난 다음에 B형 검사를 실시하여 두 측정도구 간의 상관관계를 산출하는 방법이다. 이때의 신뢰도 계수는 안정성과 동등성 계수(coefficient of stability and equivalence)라고 한다.

(3) 반분신뢰도

반분신뢰도(split-half reliability)는 여러 문항으로 구성된 한 측정도구를 어떤 방법으로 이분한다. 이렇게 이분된 측정도구를 각각의 독립된 측정도구로 취급한다. 이분된 각 부분을 동형검사로 보고 신뢰도계수를 산출하는 방법이다. 각각의 점수를 비교하여 이들 간의 일치도 혹은 동질성의 정도를 보는 것이다.

두 개의 동형측정도구를 만드는 것이 어렵기 때문에 하나의 측정도구를 이분하여 두 개의 독립된 측정도구로 보고, 두 측정도구에 의한 점수의 상관관계를 계산하여 신뢰도를 측정하는 것이다. 한 검사를 두 개의 동등한 부분으로 나누는 과정은 문항의 곤란도, 문항의 변별도 등의 문항분석에 의해 동등한 문항들을 선정한다. 그리고 문항들을 동등하게 나누는 것이다. 그러나 문항의 통계치를 구하는 것이 복잡하여, 간편한 방법인 전후반분법, 기우반분법, 난수표 활용, 의식적인 비교가 실제로 사용되기도 한다.

전후반분법은 전체 문항을 전반부의 문항과 후반부의 문항으로 이분한다. 50개의 문항이면 1~25번까지를 한 부분, 26~50번까지를 또 한 부분으로 이분하여 이들 간의 상관관계를 산출하는 방법이다. 측정도구의 문항배열이 쉬운 문항부터 어려운 문항으로 구성되어 있거나 대답에 속도가 요구되는 문항이 포함되어 있으면, 후반부는 대상자가 제대로 대답하기가 힘들 수 있다. 이러한 측정도구는 동형측정도구로 보기 어렵다.

기우반분법은 문항을 이분하는 보편적인 방법이다. 문항번호를 기준으로 홀수와 짝수로 이분하여 문항들을 동등하게 나누는 것이다. 그리고 이들 간의 상관관계를 산출하는 방법이다. 기우반분법은 문항들이 동질적이며, 문항이 곤란정도 순으로 배열된 경우에는 동형으로 이분되었다고 할 수 있다. 그러나 문항이 이질적이거나 곤란도 순으로 배열되지 않았으면 동형으로 이분될 수 없다.

반분신뢰도의 상관관계는 스피어만-브라운(Spearman-Brown) 공식에 의해 산출한다. 그런데 신뢰도계수는 검사의 길이에 의해 영향을 받는다. 반분신뢰도는 측정도구를 이분했으므로 원래 길이의 1/2에 의해 얻어진 신뢰도계수이다. 따라서 스피어만-브라운 예측공식에 의해 구해진 신뢰도는 본래 길이의 측정도구 신뢰도로 교정하게 된다. 반분된 상태의 신뢰도계수인 r_{bb}가 .90이면 $r_{xx}=2(.90)/(1+.90)=.9474$가 된다.

$r_{xx}=2r_{bb}/(1+r_{bb})$이다.
r_{xx}: 교정된 후의 신뢰도계수(본래 길이의 신뢰도)
r_{bb}: 반분된 상태의 신뢰도계수

반분검사 신뢰도는 검사-재검사 신뢰도처럼 두 번 측정을 하지 않는다. 동형검사처럼 동일한 내용의 두 측정도구를 만들고, 두 번 검사를 실시하지 않는 장점이 있다. 시간 간격에 의한 문제나 동형검사 제작의 어려움이 반분신뢰도에는 해당되지 않는다. 반분검사 신뢰도는 동형검사 신뢰도의 특수한 경우로 보는 견해도 있고, 내적합치도의 한 형태로 보는 견해도 있다.

(4) 내적합치도

내적합치도는 측정도구의 모든 문항이 같은 속성을 측정하는가의 내적 일관성을 보는 신뢰도이다. 각 문항 간의 상관관계를 종합하여 문항의 동질성을 검토하는 신뢰도이다. 즉, 각 문항을 각각의 검사로 보고, 각 문항 간의 상관을 내어, 문항들 간의 상호관련 정도를 보게 된다. 문항 간의 상관관계가 높을수록 측정도구의 동질성, 다시 말하면 내적합치도가 높다는 의미이다. 내적합치도는 Cronbach의 α(알파)계수나 Kuder-Richardson 공식에 의해 산출된다. Cronbach의 α계수는 동질성을 측정하는 데 가장 많이 알려진 방법이다.

내적합치도인 Cronbach α계수는 K개의 문항들 간에 예상되는 상관관계의 평균으로 해석될 수 있다. 내적합치도의 계수가 높기 위해서는 문항의 상관관계들이 높아야 한다. 그리고 문항의 상관관계가 높다는 것은 측정도구가 동일한 속성만을 측정하는 동질적인 측정도구라는 것을 의미한다. Cronbach의 α계수는 SAS 통계프로그램에서 쉽게 산출된다.

Kuder-Richardson 공식은 Kuder와 Richardson(1937)이 개발했다. 개발된 공식에서 널리 쓰이는 것이 공식이 K-R 20이다. 이 공식은 α계수의 특수한 경우로 이분된 대답범주, 예를 들면 '예' 또는 '아니요'의 경우에 사용한다.

(5) 채점자 신뢰도

측정점수는 측정을 점수화하는 채점자(평가자, 관찰자)가 필요하다. 채점자는 측정도구의 정확한 측정절차를 따라서 점수를 부여하게 된다. 채점자가 제대로 점수를 부여하지 못하면 측정오차가 발생하게 된다. 채점자 신뢰도에는 채점자 내 신뢰도와 채점자 간 신뢰도가 있다.

미술치료 연구는 그림분석, 그림평가, 미술치료 진행과정의 관찰 등에 측정이 필요하며, 점수부여의 객관성에 문제가 야기된다. 채점의 객관성을 알아보는 방법의 하나가 채점자 신뢰도이며, 그림평가나 관찰과 같은 형태의 채점에서 매우 중요하다. 반면에 질문지법에 의한 측정도구의 대부분은 채점지침과 채점절차가 신뢰할 만하고, 객관적인 점수부여가 가능하다. 그리하여 채점자 내 신뢰도와 채점자 간 신뢰도가 거의 언급되지 않는다.

그림이나 관찰의 평가는 객관적 채점에 의문이 있어 둘 이상의 채점자가 채점을 하게 된다. 둘 이상의 채점자가 채점을 할 때, 한 채점자가 다른 채점자와 얼마나 유사하게 평가하였는가를 알아보는 것이 채점자 간 신뢰도(inter-rater reliability)이다. 채점결과가 채점자들 간에 얼마나 유사한가를 의미한다.

한 채점자가 그림이나 행동관찰의 결과에 점수를 부여할 때 얼마나 일관성 있게 채점을 하였는가도 중요한 문제이다. 이것을 알아보는 것이 채점자 내 신뢰도(intra-rater reliability)이다. 채점자 내 신뢰도는 한 채점자가 모든 평가대상을 얼마나 일관성 있게 채점하였는가를 의미한다.

〈표 7-2〉 채점자 신뢰도

종류	내용
채점자 간 신뢰도	채점자들 간에 평가가 얼마나 유사한가의 의미
채점자 내 신뢰도	한 채점자가 모든 대상을 일관성 있게 평가하는가의 의미

　　채점자 신뢰도 산출방법은 측정변인의 수준에 따라 다르다. 측정변인이 명목척도이면 코헨의 카파(Cohen's kappa) 계수가 신뢰도계수로 추정된다. 모든 채점자가 일치되면 kappa 값은 1이다. 채점자의 일치정도가 낮아지면 kappa 값이 낮아지게 된다. 일반적으로 kappa 값이 .70 이상이면 채점자 간의 신뢰도는 받아들여진다. 등간척도이면 피어슨의 단순적률 상관관계가 신뢰도계수이다. 서열척도는 켄달의 일치도계수(Kendall's coefficient of concordance)가 신뢰도계수로 산출된다.

　　채점자 간 신뢰도는 채점에서 일치된 정도를 백분율(%)로 평가하기도 한다. 신뢰도＝(일치된 수/전체 문항 수)×100으로 한다.

　　신뢰도는 산출방법, 측정오차, 측정도구 문항의 길이와 동질성, 그리고 집단의 동질성, 측정시간에 영향을 받는다. 영향요인에 대한 이해는 신뢰도계수를 적절히 활용하는 데 도움이 된다. 신뢰도의 산출이 어떤 방법으로 이루어지느냐에 따라 신뢰도계수의 크기가 달라진다. 측정오차는 반복측정의 경우에 신뢰도 측정의 시간 간격, 문항의 표본선정에 영향을 받는다. 문항의 길이와 동질성도 영향을 준다. 문항의 수가 많으면 신뢰도계수는 높아진다. 문항이 많을수록 진점수는 더 정확하고 오차는 작아지기 때문이다. 측정하고자 하는 집단의 특성이 동질한가도 영향을 준다. 특성이 다양한 집단의 신뢰도계수가 동질한 집단보다 낮게 나온다. 측정시간도 영향을 준다. 대부분의 측정도구는 대상자의 약 75~90% 정도가 끝낼 수 있는 시간을 측정시간으로 하고 있다. 거의 모든 측정도구가 어느 정도의 속도요인을 포함하고 있으며, 측정시간에 맞게 대답한 것을 측정하기 때문이다. 따라서 속도요인의 포함정도가 신뢰도계수에 영향을 주게 된다.

〈표 7-3〉 신뢰도 영향요인

종류	내용
산출방법	어떤 신뢰도 산출방법을 사용하는가에 따라 다름
측정오차	반복측정의 경우 측정의 시간 간격, 검사문항의 표본선정
문항의 길이와 동질성	문항이 많고, 동질적 문항이면 신뢰도계수가 높아짐
집단의 동질성	집단 특성의 동질정도가 높으면 신뢰도가 높음
측정시간	문항에 속도요인의 포함정도에 따라 다름

3) 신뢰도의 보고

하위변인이 있는 측정도구의 신뢰도는 일반적으로 전체 신뢰도를 보고하면서, 각 하위변인 별로도 신뢰도를 제시한다. 예를 들면, 심리적 소진은 하위변인이 3으로 구성되어 있다. 이 경우에 신뢰도는 3 하위척도와 총점인 전체로 계산된 신뢰도가 제시될 수 있다. 신뢰도는 검사의 길이에 영향을 받으므로 하위척도는 전체 척도에 비해 문항의 수가 적다. 하위척도의 신뢰도가 전체 척도보다 신뢰성이 높다고 할 수 없다. 그러나 너무 신뢰도가 낮은 하위척도로 구성된 측정도구나, 하위척도의 신뢰도가 보고되지 않은 척도는 사용에 신중을 기해야 한다.

다양한 신뢰도가 산출된 측정도구는 측정도구의 신뢰성을 여러 각도에서 보게 해준다. 안정성계수가 높다고 내적합치도 계수가 높아지지 않으며, 반분신뢰도의 계수가 높다고 내적합치도 계수가 높은 것은 아니다. 따라서 다른 종류의 신뢰도가 제시되는 것은 바람직하다. 또한 신뢰도계수는 대상이 다르면 달라질 수 있다. 신뢰도는 측정도구를 실시하여 얻은 점수에서 계산되는 것이기 때문이다. 따라서 연구에 신뢰도계수는 반드시 보고되어야 한다.

3. 타당도

타당도는 검증하는 방법에 따라 여러 종류가 있다. 본 절에서는 타당도의 개념, 타당도의 종류에 대해 살펴보고자 한다.

1) 타당도의 개념

타당도는 측정도구가 재고자 하는 심리적 속성을 제대로 측정하는가를 의미한다. 척도의 개발에서 변인을 측정하려고 문항을 구성할 때 측정하려고 했던 요인들이 제대로 측정되고 있는가를 검증하는 것이다. 예를 들면, 미술치료사의 심리적 소진에 대한 측정도구가 정말로 미술치료사의 심리적 소진을 측정하고 있는가를 말한다. 타당도는 측정도구의 목적에 합당한 실제변량의 비율로 정의될 수 있다.

$$S_{x^2} = S_{r^2} + S_{e^2} \text{에서 } S_{r^2} = S_{v^2} + S_{1^2},$$

$$S_{x^2} = S_{v^2} + S_{1^2} + S_{e^2}$$

　　　S_{v^2}: 검사의 목적에 합당한 변량

　　　S_{1^2}: 검사의 목적에 합당하지는 않으나 신뢰할 수 있는 변량

　$Y_{XY^2} = S_{v^2}/S_{x^2}$: Y_{XY^2}(타당도)는 합당한 변량의 비율

오차변량이 감소하면 타당성있는 변량의 비율이 증가하게 된다. 그러나 그대로 남아 있는 체계적인 변량은 측정도구의 목적에 합당할 수도 있고 그렇지 않을 수도 있다. 이 점으로 인해 오차변량이 적다고 하여 자동적으로 타당도가 높음이 보장되지 못한다. 오차변량이 낮음은 높은 타당도의 필요조건이지 충분조건은 아니다.

2) 타당도의 종류

타당도에는 안면타당도, 내용타당도, 예언타당도, 공인타당도, 구인타당도가 있다.

(1) 안면타당도

안면타당도(face validity)는 측정도구의 검사문항이 일반인이 보기에 적절한 것으로 보이는가를 평가하는 것이다. 다소 피상적인 검증이라고 할 수 있다. 평가의 내용으로는 연구대상자들이 측정도구의 문항내용을 제대로 잘 이해할 수 있도록 단어, 어휘, 문장이 기술되었는가를 평가한다. 특히 대상자의 연령, 교육정도, 문화정도, 그 외의 문항내용의 이해에 지장을 줄 수 있는 대상자 특성을 고려하여 검증하여야 한다.

대답하는 데 어려움이나 곤란한 문항은 없는가도 살펴본다. 문항의 배열순서가 적절한가, 배열순서가 대답에 지장을 가져올 가능성이 있는가도 점검한다. 전체 측정도구의 길이도 중요한 검증내용이다. 예상하지 못한 측정도구의 문제점도 파악하기 위한 것이다. 문제점이 나타나면 이를 수정하거나 보완하고자 하는 목적이 있다.

안면타당도 검증의 대상자는 실제의 연구대상자와 유사하되, 실제 연구에는 포함시키지 않는다. 또는 연구대상자의 특성을 잘 알고 있는 교사나 사회복지사들이 안면타당도 검증자가 될 수 있다. 안면타당도 검증자의 표집은 대개 유의표집으로, 30명 내외로 하면 된다. 안면타당도는 계량화되지 않기 때문에 타당도계수가 산출되지 않는다.

(2) 내용타당도

내용타당도(content validity)는 측정도구가 측정하고자 하는 내용을 어느 정도로 잘 측정하고 있는지를 논리적으로 분석하는 타당도이다. 측정도구의 문항과 그 문항들이 측정할 것으로 가정되는 심리학적 속성을 체계적으로 비교하는 것이다.

내용타당도는 전문가들에게 의뢰해서 검증받게 된다. 전문가 그룹이 동의할 때 내용타당도는 확보되는 것으로 본다. 전문가들이 검사문항을 보고, 검사문항들이 그 내용영역을 적절하게 대표하고 있다고 판단하면 측정도구는 내용타당도를 갖는다. 즉, 내용타당도는 측정도구가 측정하고자 하는 구성개념과 구성요인과의 관계가 적절한가를 전반적으로 평가한다. 그리고 구체적으로 측정도구를 구성하는 구성요인과 문항들이 일치되고 있는가를 논리적이고 합리적으로 판단한다. 문항들이 실제 측정하고자 하는 개념과 일치하며, 실제 측정에 필요한 모든 가능한 문항의 대표적 표집이라고 할 수 있는가를 평가한다.

측정도구의 문항들은 측정하고자 하는 내용이나 행동의 대표적 표본이어야 한다. 무선표집이 아니라 대표적 표집이다. 대표적 표집은 내용의 중요성을 보아 문항을 선정하는 것이다. 예를 들면, 미술치료의 치료적 요인이나 미술치료사의 심리적 소진의 문항에서 어떤 내용은 별로 의미가 없는 내용이거나, 또 어떤 내용은 측정도구 문항으로는 부적합할 수 있다. 이러한 내용들은 측정도구에 포함되지 않아야 하는 것을 의미한다. 측정내용의 전 내용을 대표하는 것이 아니라, 중요하고 적합하다고 판단한다는 의미에서의 대표문항이다. 또한 대답이 곤란하거나 어려운 문항, 채점이 객관적이지 않은 문항이 있는가도 평가한다.

내용타당도

- 측정하고자 하는 구성개념과 구성요인과의 관계 적절성
- 측정도구의 문항과 실제 측정하고자 하는 개념과의 일치성
- 실제 측정하고자 하는 개념의 전체 문항에서 대표적 문항의 표집
- 구성요인과 문항과의 일치성
- 측정도구의 실용성

그런데 내용타당도는 전문가에 따라 다르게 판단될 수 있다. 논리적이고 합리적으로 평가한다고 하더라도 관점과 시각에 차이가 있을 수 있기 때문이다. 전문가의 주관성이 개입될 가능성이 높다. 이러한 객관성의 결여는 내용타당도에 관한 객관적이고 합리적인 의사소통의 방해요인이 될 수 있다. 전문가들마다 자신의 평가기준을 주장하고 다른 전공자의 준거를 받아들이지 않을 수 있다. 따라서 측정하고자 하는 변인에 대한 개념적 정의와 구성요인의 관계, 구성요인과 조작적 정의, 구성요인과 문항들의 관계에 명확성과 논리성이 부족하면 내용타당도에 대한 검증이 어렵다.

한편 내용타당도 검증의 객관성을 위해 검증자들 간의 문항에 대한 평가일치도가 산출되기도 한다. 또 동일 영역의 동형측정도구의 점수들 간의 상관관계(Cronbach, 1990)를 산출하기도 하고, 내용타당도를 측정하기 위한 평정척도가 만들어지는 경우도 있다. 그러나 내용타당도는 검증자의 학문적 논리적인 판단에 근거한다. 측정하려는 개념이나 속성을 논리적으로 분석하고, 측정하는 측정문항의 내용을 평가하는 것이다. 그러므로 일치도나 상관관계로 내용타당도를 검증하는 데 한계가 있으며, 어디까지나 보완이라는 관점에서 접근함이 필요하다.

(3) 예언타당도

예언타당도(predictive validity)는 측정도구의 측정결과가 대상자의 미래 속성이나 행동을 어느 정도 예측하는가를 분석하는 타당도이다. 실증적인 접근으로 측정의 결과가 미래의 속성이나 행동을 어느 정도 예언하는가를 통계적으로 밝히는 것이다.

측정도구에 의한 측정이 그 검사를 받은 대상자의 미래 행동에 의해서 확인되고 평가된다. 미래의 속성이나 행동이 준거가 되므로 준거관련 타당도라고도 한다. 타당도의 검증을 위해 측정의 결과를 보관한다. 일정 시간이 경과된 후에 실제의 행동이 어떻게 나타났는가를 다른 측정도구로 측정한다. 그리고 이 두 측정결과의 일치정도가 타당도로 평가된다. 예를 들면, KFD 그림진단 검사에서 자신과 어머니와의 거리를 멀게 그린 아동이 어느 정도의 시일이 경과된 후에 어머니와의 관계가 부정적으로 측정되었다면 KFD 그림진단 검사는 예언타당도가 높다고 할 수 있다. 그러면 이 측정도구의 예측력은 높은 것이고, 행동이나 심리적 속성을 타당하게 측정한다고 할 수 있다.

또 두 검사 간의 상관관계가 높으면 타당도가 높은 것으로 판단한다. 예를 들면, KFD 그림진단 검사에서 자신을 구석에 그린 아동이 시일이 지난 후에 실시한 자아개념 측정도구에서 자기평가가 낮게 나타났다. KFD 그림진단 검사와 자아개념 측정도구의 측정결과가 유사한 결과를 보여 주면, KFD 그림진단 검사는 예언타당도가 높다고 할 수 있다.

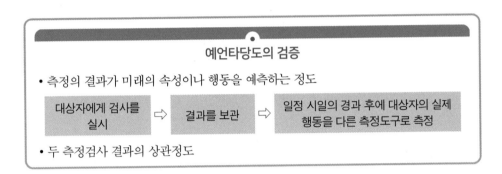

예언타당도의 효용성은 측정도구가 미래의 행동이나 심리적 속성을 예측해 주기 때문에 잠재적 능력이나 문제행동의 예측, 인력 선발이나 배치 등의 목적에 활용될 수 있다는 점이다. 그러나 준거점수를 얻기 위해서는 오랜 기간이 필요하다는 단점이 있다. 또한 예언타당도는 선행 측정도구의 점수와 준거가 되는 행동이나 속성 간의 상관관계로 나타나는데, 복잡한 인간행동이 한 측정도구만으로는 예언할 수 없는 예언의 오차가 존재한다.

(4) 공인타당도

공인타당도(criterion-related validity)는 개발된 측정도구의 점수를 이미 공인되고 있는 기존에 다른 측정도구의 점수 또는 현재의 어떤 준거점수와 비교하여 검증하는 타당도이다. 두 측정도구 간의 상관관계로 측정도구의 타당도를 검증하는 것이다. 예를 들어, 정신병리 정도를 판단하는 데 HTP그림검사가 유용한가를 보고자 할 수 있다. 준거척도로 성격검사를 설정한다. 그리고 HTP그림검사와 성격검사 간에 높은 상관이 있다면 HTP그림검사의 공인타당도가 있다고 할 수 있다.

공인타당도는 한 측정도구의 측정점수와 어떤 준거 측정도구의 측정점수 간의 상관관계로 타당도를 검증한다는 면에서는 예언타당도와 동일하다. 그러나 시간이라는 준거에서 예언타당도와 공인타당도는 차이가 있다. 공인타당도는 한 측정도구와 준거 측정도구의 측정이 동시에 이루어진다. 현재의 행동이나 심리적 속성이 어느 정도

일치하는가로 측정도구의 타당성을 검증한다. 두 측정도구 간에 상관이 높다면 두 측정된 점수 간에는 동일한 요인이 공유되고 있다는 증거가 된다.

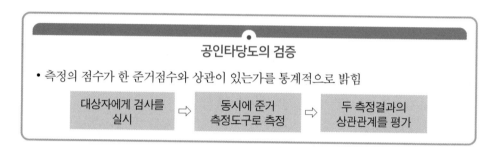

(5) 구인타당도

구인타당도는 심리적 구성개념이나 이론적 구성요인을 측정도구가 얼마나 잘 측정하고 있는가를 알아보는 것이다. 측정도구의 측정에서 나온 점수의 의미를 심리학적 개념으로 검토하는 것이다. 심리적 개념을 측정하는 측정도구가 개발되었고, 이 측정도구가 이론적으로 측정하고자 하는 개념과 실제적으로 하는 측정 사이에 적절한 관련성이 있다는 것을 검증해 주는 타당성이다. 예를 들면, 자기개념은 가족자아, 신체자아, 학문자아, 가치감의 구인(구성요인)으로 구성되어 있다. 그리고 자아개념 측정도구가 이러한 구성개념에 잘 부합하고, 실제로 이러한 자아개념을 잘 측정하고 있는가를 검증하는 것이다.

구인타당도는 심리적 구인이 무엇인가와 측정도구가 이 구인을 제대로 측정해 주는가에 관한 타당도이다. 이러한 의미로 인해 일반적으로 타당도는 측정도구의 최종 단계에 논의되나, 구인타당도는 측정도구의 개발과정에서 검증된다. 구인타당도는 측정하고자 하는 구인에 초점을 맞추고 있으며, 측정도구의 측정점수가 의미 있기 위해서는 측정도구를 구성하고 있는 구인들이 밝혀져야 한다. 구인타당도는 측정으로 수집된 자료를 통계방법에 의해 구인들을 탐색하는 객관적인 타당도이다.

구인타당도는 통계적 방법으로 구인을 탐색하여 측정도구에 타당성을 부여하는 과정이라고 볼 수 있다. 이 과정을 간단히 설명하면 다음과 같다. 측정하고자 하는 심리적 속성을 구성하는 구인들에는 어떤 구인이 있는가를 선행연구와 이론, 경험을 근거로 고찰한다. 그리고 심리적 속성에 대해 조작적 정의를 내린다. 조작적 정의 다음에 구인과 관련된 선행연구와 이론, 경험에 근거하여 구인을 측정할 수 있는 문항을 개발한다. 측정대상으로부터 문항에 대한 대답 자료를 수집하고, 측정하고자 하는 구인들이 제대로 측정되었는가를 통계적으로 분석한다. 통계분석과 이론적 근거에 의해 구인과 관련 없는 문항은 제거된다. 그리고 문항의 내용과 조작적으로 정의된 구인의 개념을 고려하여 구인에 대한 명명이 이루어진다. 그러면 구인타당도는 검증되는 것이다.

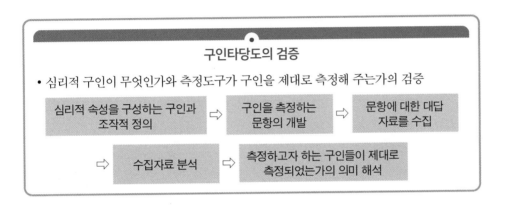

구인타당도의 검증방법에는 여러 가지 종류가 있다. 측정도구의 내부구조 연구, 다른 측정도구와의 상관, 요인분석 등이 있다. 측정도구의 내부구조 연구는 측정도구의 구인들 간의 내적관계에 대한 검증이다. 이 검증은 문항 간 상관관계나 구인 간의 상관관계를 본다. 문항의 동질성이 검증되는 것이다.

구인타당도를 검증하는 다른 방법은 다른 측정도구들과의 상관이다. 이 방법은 준거관련 측정도구와 비교하여 본 측정도구가 측정하려는 속성을 서로 공유하는지, 또는 동일한 구성개념을 측정하는지를 검증하는 것이다. 동일한 구성개념을 측정하는 것으로 잘 알려진 다른 측정도구와 본 측정도구와의 상관관계가 높아야 한다. 그리고 다른 구성개념을 측정하는 것으로 알려진 다른 측정도구와는 상관이 낮아야 한다. 예를 들면, 여러 우울 측정도구들은 서로 정적 상관이 높아야 하나, 불안 같은 다른 특성을 측정하는 측정도구들과는 상관이 낮아야 한다.

요인분석(factor analysis)은 통계적으로 문항들 간의 상관관계나 공변량을 기초로, 공통적 특성을 보이는 문항들로 요인들을 구성한다. 요인에 속하지 않은 문항들은 제거된다. 이 요인들이 이론적으로도 타당한가를 본다. 요인분석은 몇 단계를 걸쳐 하게 된다(제13장, 제14장 참조). 최종단계의 요인들이 이론적 근거와 구성개념, 구성개념의 하위요인과 잘 부합하는가를 평가한다.

〈표 7-4〉 구인타당도의 종류

영역	내용
내부구조의 연구	측정도구의 구성요인(하위요인)들 간의 상관
다른 측정도구들과의 상관	동일한 구성개념을 측정하는 잘 알려진 측정도구들과의 상관
요인분석	문항들 간의 상호관계로 요인 결정하고 이론적 타당성 해석

제8장

조사연구

조사연구는 현재의 실태를 알아보기 위해, 조사를 기본으로 하는 연구방법이다. 어떤 변인에 조작이나 통제를 가하지 않고 자연적인 상황에서 그 변인을 조사하여 정확하게 기술하는 것과 어떤 현상에 관련된 여러 변인들 간의 관계를 파악하는 것이다. 이 장에서는 조사연구의 의미, 조사연구의 유형, 조사연구의 절차, 그리고 질문지법과 면접법에 관해 살펴보고자 한다.

1. 조사연구의 의미

조사연구(survey research)는 모집단으로부터 표본을 추출한다. 표본을 대상으로 질문지나 면접 등의 체계적인 수단을 사용하여 자료를 수집하여, 이 자료의 분석결과를 모집단에 일반화하는 연구방법이다. 모집단의 사회적 · 심리적 변인들의 상태, 특성, 분포 및 변인들의 상호작용을 발견하고자 하는 연구이다(Kerlinger & Lee, 2000). 사회적 변인은 주로 성별, 연령분포, 교육정도, 가족유형, 직업 등이며, 심리적 변인은 개인과 집단의 신념, 의견, 태도, 동기, 행동 등이다. 조사연구는 연구대상자에게 질문을 하거나 면접을 하여 자료를 수집하는 연구방법이다.

조사연구의 의미

- 모집단을 대표하는 표본을 선정함
- 표본을 대상으로 질문지나 면접을 통해 자료를 수집
- 표본의 자료수집 결과로 모집단을 추론하는 과학적인 연구방법

조사연구의 목적은 탐색의 목적, 기술의 목적, 인과관계의 설명을 들 수 있다. 탐색의 목적은 연구자가 관심을 가지고 있거나 사회적으로 관심을 요하는 연구주제가 있으나, 선행연구가 미흡하여 어떤 변인을 설정하여 연구를 할지 막연한 경우가 있다. 이 경우에 연구문제로 규명하기 위해 조사연구가 필요하게 된다. 연구문제 형성을 위한 조사의 성격을 가지며, 조사는 경험적인 근거를 제공한다. 탐색이 의미 있게 되기 위해서는 그 분야 전문가와의 토론이나 현장답사도 필요하다. 이를 통해 막연한 문제가 좀 더 분명히 될 수 있기 때문이다. 또한 탐색조사는 추후의 체계적 연구를 위한 예비연구나 기초조사의 성격도 있다. 실시될 조사에 앞서 문제점들을 명백히 파악하기 위해서도 실시된다.

기술의 목적은 개인이나 집단의 신념, 의견, 태도, 동기, 행동 등을 정확히 측정하는 것이 목적이다. 예를 들면, 장애아동 어머니의 양육스트레스가 어떠한가의 조사이다. 이러한 사실 발견의 연구는 탐색의 목적과 더불어 추후 변인들 간의 관계 분석이나 가설검증을 위한 목적에 기여하게 된다.

인과관계의 설명은 현상이나 사건의 원인을 설명하는 것으로 현상을 이해하는 것이다. 예를 들면, 미술치료사의 자아탄력성과 심리적 소진 간의 인과관계나 폭력물 시청과 공격행동 간의 인과관계를 설명하려는 연구이다. 연구결과가 가설검증과 이론에 대한 경험적 증거를 제공할 수 있다.

〈표 8-1〉 조사연구의 목적		
분류	성격	내용
탐색의 목적	문제형성 위한 예비연구나 기초조사	경험적인 근거를 제공
기술의 목적	개인이나 집단의 특성 기술	사실, 신념, 태도, 동기, 행동의 기술
인과관계 설명	현상이나 사건의 이해	현상이나 사건의 원인을 설명

한 현상에 대한 기술은 인간 행동에 대한 이해를 하게 한다. 개인 및 집단에 관한 새로운 가설, 이론을 제공하고 깊은 통찰을 가능케 한다. 계속적인 조사연구를 통해 가설은 검증되고, 새로운 가설이 대두된다. 이 과정에서 이론이 재구성되고 더욱 정밀하게 된다. 그러면서 실제적 문제해결에 기여하게 된다. 연구결과에서 얻은 인간 행동에 대한 이해는 개인 혹은 집단의 문제를 해결하는 데 도움을 준다. 수집된 자료

가 의미 있는 이론적 통합으로 종합되기 위해서는 연구자의 통찰력과 창의력 같은 능력이 필요하다.

2. 조사연구의 유형

　조사연구의 유형은 기술적 조사와 분석적 조사가 있다. 기술적 조사(descriptive survey)는 단순히 모집단이 어떤 특성을 보이는가에 대한 조사이다. 어떤 개인이나 현상(사건이나 집단)에 현존하는 조건이나 사실을 정확하게 기술하기 위한 것이 목적이다. 주어진 그대로의 자연적인 상태에서 사회적 · 심리적 변인들의 상태를 기술하는 것이다. 탐색을 목적으로 하는 조사연구는 기술적 조사에 포함된다. 한 집단의 특성이나 현상의 성질에 대하여 있는 그대로의 사실을 알아보기 위하여 하는 연구이다. 나아가 어떤 현상 간의 관계를 파악한다. 예를 들어, 장애아동 어머니를 대상으로, 미술치료에 대한 의견과 태도를 조사하는 연구이다.

　분석적 조사는 어떠한 사실 간의 관계를 파악하여 인과관계를 규명하는 조사이다. 실제의 상태에서 사회적 · 심리적 변인들 간의 관계나 상호작용의 관계를 발견하는 것을 목적으로 하는 연구이다. 관련된 변인이 무엇이고 이들 변인이 서로 어떻게 관련되는가를 알아내고자 하는 연구이다. 특정 변인 간의 관계에 대한 가설을 세우고 이를 검증하기 위한 목적도 있다. 어떤 종속변인이 이미 일어난 경우에 어떤 독립변인이 종속변인에 영향을 주었는가를 발견하기 위한 연구이다. 예를 들면, 불안애착을 가진 아동의 어머니 양육행동을 조사해서, 어머니 양육행동이 불안애착의 원인이 되었을 것이라고 추정하는 연구이다.

　조사연구는 동일대상을 오랜 기간 동안 일정기간의 간격으로 여러 차례 조사하여 어떠한 경향성을 조사할 수 있다. 이러한 조사는 일정기간 동안의 어떤 행동 변화를 파악할 수 있게 한다. 변화가 생겼다면 어떻게 변하였으며, 그 원인은 무엇인가를 검토해 볼 수 있다.

〈표 8-2〉 조사연구의 유형	
유형	내용
기술적 조사	모집단의 특성 기술, 자연상태에서 사회적·심리적 변인 기술
분석적 조사	사회적 심리적 변인들 간의 상호작용, 인과관계, 가설검증

조사연구는 모집단에서 표본을 선정하고, 표본을 연구하여 모집단의 특성을 추론하는 연구이다. 이러한 조사연구는 장점과 단점을 모두 지니고 있다. 조사연구의 장점은 풍부한 자료가 수집될 수 있다는 점이다. 모집단이 크고, 모집단을 대표하는 표본이 클 때 풍부한 자료를 얻을 수 있다. 조사연구의 수집된 자료는 정확성이 높고, 일반화의 가능성이 높다. 또 조사방법은 표본이 크면 비용이 많이 드는 경향이 있지만, 얻어지는 자료의 양과 질을 보면 경제적이라 할 수 있다.

조사연구의 단점은 문제에 대해 광범위한 자료를 수집할 수 있으나 깊이 있는 내면이나 구조의 특성을 파악하는 데 제약이 있다는 점이다. 표본의 크기에 따라 시간과 비용이 많이 든다. 그리고 표본선정에서 표본오차를 피할 수 없다. 즉, 조사연구의 결과는 어느 정도 오차가 있다. 조사연구를 위해서는 표본의 선정과 방법, 질문지에 의한 자료수집 방법, 자료의 분석 등에 대한 지식이 필요하다.

〈표 8-3〉 조사연구의 장점과 단점	
장점	단점
대규모의 표본 집단 가능	깊이 있는 질적 특성을 얻지 못함
풍부한 자료와 수집 자료의 정확성	표본선정에서 표본오차
일반화 가능성	조사방법(표본선정, 자료수집, 자료분석)의 지식 필요

3. 조사연구의 절차

조사연구는 제5장에서 설명한 연구의 일반적 절차가 적용된다. 따라서 본 절에서는 간략하게 정리하고자 한다. 제5장의 연구문제의 설정(연구가설의 설정), 연구대상,

측정도구, 자료수집 및 자료분석, 결과제시, 논의의 단계가 적용된다. 연구문제에서 개념이나 변인들이 구체적으로 정의되고, 측정이 가능하게 되어야 한다. 그리고 어떤 현상에 대한 기술인가 또는 변인 간의 관계 분석인가를 결정하고, 연구대상이 선정된다.

　　연구대상에는 연구하고자 하는 모집단이 결정되어 있어야 한다. 표본을 대상으로 연구가 되나, 연구결과는 모집단에 일반화시키기 때문이다. 모집단이 결정되면 표집방법, 표본의 크기 등을 정하고 연구대상자가 결정된다. 조사연구에서 자료수집 방법은 연구문제나 연구의 성격에 의해 결정된다.

　　자료수집의 방법에는 질문지법과 면접법이 많이 사용된다. 자료수집 방법은 의도적인 조작이 없는 상태에서 있는 사실대로 자료를 수집하는 것이다. 수집방법이 결정되면 누가, 어디서, 언제, 어떻게 자료를 수집할 것인가를 결정한다. 학생의 경우에는 수업시간, 방과 후, 쉬는 시간의 어느 시간을 활용할 것인가, 장소는 교실, 치료실, 놀이터 등 어디에서 하는가, 어떤 방법으로 질문지법, 면접, 그림검사법을 이용할 것인가 등을 정한다. 집단으로 하는가, 일대일로 하는가, 2~3명으로 할 것인가도 정한다. 또한 조사연구에서는 조사를 시행할 때 조사인원과 비용, 시간 등을 고려하여야 한다.

조사연구의 자료수집

- 연구문제에서 개념이나 변인들의 구성개념 정의와 측정의 가능성
- 전집의 결정과 표집방법, 표본의 크기 결정
- 자료수집 방법으로 질문지법과 면접법
- 누가, 어디서, 언제, 어떻게 수집할 것인가를 결정
- 자료수집의 조사인원과 비용, 시간 등을 고려

---

4. 질문지법

　　본 절에서는 조사연구 자료의 수집방법으로 많이 활용되는 질문지법에 대해 살펴보겠다. 질문지법의 의미, 질문지법의 유형, 질문의 유형으로 나누어 살펴보겠다.

1) 질문지법의 의미

질문지법(questionnaires)은 질문용지에 인쇄된 일련의 질문을 연구대상자가 읽고 대답을 하는 방법이다. 컴퓨터 모니터에서 답을 하는 경우도 있다. 질문지법은 개인이나 집단의 성격, 지각, 생각, 느낌, 행동, 태도, 신념, 가치 등에 대한 자료를 수집하기 위해 사용한다(정옥분, 2008). 연구자는 질문지법을 사용하기 전에 질문지를 통해 필요한 자료를 수집할 수 있는가를 고려해야 한다. 질문지법 이외에 자료를 수집할 수 있는 더 타당성 있고 신뢰적인 자료수집 방법이 있는가, 연구대상자가 성실하게 대답할 수 있는가 등을 고려하여 질문지법을 선택하여야 한다.

질문지법은 대개 수량화할 수 있는데, 통계적인 의미를 갖기 위해서는 질문지의 타당도과 신뢰도, 그리고 질문지 배부와 회수, 자료처리 등의 절차 등에 세밀한 검토와 절차가 요구된다. 질문지법의 문장이나 어휘가 연구대상자의 연령에 적절한가, 그리고 질문 전체의 길이가 적절한가를 보아야 한다. 연구대상자가 성의 있는 대답을 할 수 있도록 실시시기, 주위 환경 및 분위기, 대상자의 협조 부탁 등의 사항도 점검하는 것이 중요하다. 질문지법은 실험이나 관찰 등의 방법과 함께 병행해서 사용되기도 한다.

질문지법

- 질문지를 통해 개인이나 집단의 특성에 대한 자료수집
- 통계적인 의미를 위해 질문지의 타당도와 신뢰도 중요
- 질문지 배부와 회수, 자료처리 등에 합리적이고 체계적인 절차
- 질문지 실시시기, 주위 환경 및 분위기, 연구대상자의 협조 점검
- 조사인원과 비용, 시간 등을 고려

---

2) 질문지법의 유형

질문지법은 전달방법에 따라 직접배부, 우편조사, 전화조사, 온라인조사가 있다. 직접배부는 연구자가 연구대상자에게 직접 질문지를 배부하고, 그 자리에서 회수하는 방법이다. 회수율도 높고, 질문지에 답하는 대상자가 질문지의 내용을 이해하지

못하는 경우에는 연구자에게 직접 물어볼 수도 있다. 이때 연구자는 질문에 어느 정도로, 어떻게 대답하는지 실시요령에 근거하여 답하여야 한다. 직접배부는 학교, 사회복지관처럼 조직화된 집단에서 실시하는 경우가 많다. 직접배부 전에 집단의 대표에게 질문지 조사의 목적, 질문지 내용, 실시방법 등에 관하여 미리 설명하고 협조를 구하는 절차가 필요하다.

우편조사는 질문지를 우편으로 보낸 후 연구대상자가 우편으로 다시 보내는 방법이다. 질문지뿐만 아니라 조사의 목적과 필요성, 연구자의 특성 등을 설명하고 협조를 구하는 서신이 동봉되어야 한다. 그리고 회신용 봉투도 반드시 동봉한다(성태제, 시기자, 2006).

우편조사는 자료를 수집하는 데 드는 비용이 다른 자료수집 방법에 비해 경제적이다. 연구대상자가 질문지를 읽고 스스로 기재하므로, 관찰자나 면접자의 훈련 같은 절차와 관찰자나 면접자에 대한 인건비가 필요하지 않다. 우편요금 외의 별도 비용이 들지 않는다.

연구대상자들에게 모두 동일한 질문지가 사용되고, 연구자와 연구대상자가 직접 접촉하지 않고 자료가 수집된다. 연구자의 태도에 따라 대답이 달라지는 연구자에 의한 오차가 발생하지 않는다. 연구대상자의 신분이 노출되지 않고 비밀이 보장되며, 개인적인 내용이나 대답을 꺼리게 되는 질문에도 연구대상자들이 솔직하게 대답할 수 있다.

연구대상자는 자신이 편리한 시간에 질문지에 대답할 수 있다. 우편조사에서는 대답에 주어지는 시간이 비교적 길어, 연구대상자들이 신중하게 질문지에 답할 수 있다. 동시에 다수의 연구대상자에게 질문지를 보낼 수 있다. 조사지역에 제약이 없고 광범위한 지역을 모두 포괄하여 자료를 수집할 수 있다. 따라서 대규모의 연구나 연구대상자들이 지리적으로 널리 분포되어 있는 조사연구에 적합하다.

우편조사의 대답률이 높을 경우에 우편조사는 적절한 자료수집 방법이 된다. 그러나 질문지의 회수에 많은 시간이 걸리고, 회수율이 낮다는 단점이 있다. 대답률이 낮으면 통계처리와 연구의 일반화에 심각한 문제가 발생된다(Dillman, Christensen, Carperten, & Brooks, 1974). 대답률의 어느 정도를 높다고 할 수 있는지에 대한 분명한 기준은 없다. 일반적으로 50%가 분석에 적절하며, 60%는 양호하고, 70% 이상인 경우에는 매우 좋다고 한다(Babbie, 2001). 회수를 요청하는 협조 요청문이 질문지 회수율에 중요하다.

연구대상자가 실제로 질문지에 대답했는지 확신할 수 없다. 예를 들면, 어머니를 대상으로 한 질문지를 아동이 대신 대답하는 경우가 나타날 수 있다. 연구자가 대리대답을 통제할 수 없을 뿐만 아니라, 대리대답의 유무도 확인할 수 없다. 불성실한 대답이나 중도에 포기하는 경우도 많다.

우편조사에서는 연구대상자가 질문이 있어도 연구자에게 질문을 할 수 없다. 이해가 어려운 문항은 연구대상자가 부적절하거나 모호한 대답을 할 수 있다. 미대답의 문항에 재조사도 할 수 없다. 질문을 쉽고 단순하게 하여 연구대상자가 이해하는 데 어려움이 없어야 한다. 질문의 양이 많거나 질문이 복잡하면 대답을 하지 않는다. 우편조사는 일반적으로 30분 이내에 작성할 수 있는 분량이 적절하다. 연구대상자가 직접 읽고 대답을 하는 질문지의 특성으로 연구대상자 편중이 나타날 수 있다.

〈표 8-4〉 우편조사의 장점과 단점

장점	단점
경비의 절약	낮은 회수율
연구자에 의한 오차 감소	대답률 고려에 의한 질문의 단순화
연구대상자의 익명성과 비밀 보장	연구대상자와 대답상황의 통제 부재
대답 시 충분한 소요시간을 확보	질문과 대답의 기회 부재
조사에 광범위한 지역 포괄	직접 읽고 써야 하므로 연구대상자 편중

전화조사는 전화를 통해 미리 준비한 질문지에 연구대상자의 반응을 기록하여 자료를 수집하는 것이다. 대답률이 높고 빠른 시간 내에 자료를 수집할 수 있다. 전화조사는 질문의 내용이 간단하고, 신속하게 조사해야 할 필요성이 있는 연구에 적합하다. 질문내용이 길거나 어려우면 연구대상자가 중간에 전화를 끊어 버리는 경우가 있어, 질문내용이 짧고 간단해야 한다. 전화조사는 보통 10분 이내가 효율적이다(성태제, 시기자, 2006). 면대면 면접의 특징을 지니고 있어, 대답이 모호하거나 사후연구가 필요할 때, 재조사가 가능하다.

전화를 매개로 자료가 수집되므로 시간과 비용이 절약된다. 전화번호부를 사용하여 연구대상자를 무선표집할 수 있다. 전화는 지역에 제한없이 사용될 수 있어 대규모 연구나 전국적 조사에 적합하다.

개인적인 내용이나 민감한 주제에 대한 질문은 대답이 어렵다. 직업이나 상황에 의해 전화통화 자체가 어려울 수 있어 연구대상자 편중이 나타날 수 있다. 또 전화번호부에 명단이 없는 사람도 제외된다.

〈표 8-5〉 전화조사의 장점과 단점

장점	단점
질문과 재조사 가능	연구대상자의 편중
시간과 비용이 경제적	길거나 어려운 질문의 한계
조사지역에 제약이 없음	사적인 내용이나 민감한 주제의 제한

온라인조사는 연구자가 이메일(e-mail)로 질문지를 전송하여 자료를 수집하는 방법이다. 휴대폰을 통한 문자메시지 조사와 무작위 웹 사이트 조사도 함께 실시되고 있다. 이메일에 질문지를 첨부하여 연구대상자가 질문지를 완성하거나 질문프로그램으로 접속하도록 하여 답하게 하는 방법이다. 온라인조사는 경제적이고, 자료수집 기간을 짧게 할 수 있다.

장점은 연구지역과 연구대상자의 광범위성이다. 즉, 컴퓨터와 인터넷만 설치되어 있으면 어떤 지역도 가능하다. 또한 어느 정도의 긴 질문지도 가능하며, 개인적이거나 민감한 주제에 대해서도 가능하다. 그러나 컴퓨터와 인터넷을 이용해야 하므로, 인터넷을 잘 사용하지 않는 계층은 제외되어 표집의 편중 현상이 크다. 온라인 조사는 컴퓨터와 인터넷이 보급된 지역이어야 하므로 무선표본 선정에 어려움이 있다. 또한 스팸메일 처리로 인해 대답률이 낮은 경향이 있다.

〈표 8-6〉 온라인조사의 장점과 단점

장점	단점
비용과 시간의 경제성	무선표본 선정의 어려움
연구지역과 대상의 광범위성	표본의 편중성
질문지의 길이에 제한이 적음	대답률이 낮음

3) 질문의 유형

질문의 유형은 어떻게 질문하는가에 따라 개방형 질문(open-ended question)과 폐쇄형 질문(close-ended question)이 있다. 개방형 질문은 주관식 질문, 비구조적 질문이라고도 한다. 개방형 질문은 연구대상자들이 자신이 원하는 대로 자신에 대한 정보나 질문에 자신의 의견이나 태도를 대답하는 것이다. 예를 들면, '학교에서 미술치료를 시행하는 데 가장 큰 어려움은 무엇이라고 생각하십니까?'의 질문에 대답을 하는 것이다. 이 유형은 선행연구가 많지 않은 경우에 탐색적 목적으로 사용되기도 한다. 또한 연구대상자의 내면이나 독특한 개별성을 파악할 수 있는 자료를 수집할 수 있다.

그러나 대답이 다양하게 나오기 때문에 점수화하기가 매우 어렵다. 채점의 객관성이 문제가 된다. 연구대상자가 대답하는 데 부담을 느껴 대답을 하지 않는 경우도 발생한다. 연구대상자가 질문에 대해 생각한 후 대답을 해야 하므로 대답에 오랜 시간이 걸리거나 대답을 기피하는 경향이 있어 대답률이 저조할 수 있다.

개방형 질문의 예

• 개방형 질문

 – 귀하가 미술치료 교육을 받은 기관을 적어 주세요.

 (   )

 – 미술치료에서 어려운 점은 무엇이라고 생각하십니까?

 (   )

폐쇄형 질문은 연구자가 제시하는 몇 개의 제한된 대답의 범주에서 연구대상자들이 대답을 선택하는 형식이다. 객관식 질문, 구조적 질문이라고도 한다. 연구자가 연구가설을 검증하고자 하는 연구에서 많이 사용한다. 넓은 지역의 연구대상자를 표본화하여, 자료수집하는 데 시간과 비용이 적게 든다. 질문과 대답의 내용이 이미 정해져 있어 연구대상자들이 대답하기 쉽고, 연구자가 연구대상자에게 미치는 영향을 줄일 수 있다. 채점과정이 간단하고, 객관적이라는 장점이 있다. 수량화된 자료를 얻을 수 있어 통계분석이 용이하다.

단점으로는 연구대상자의 개별적인 반응을 얻을 수 없다. 질문지는 언어능력이나 문장이해력에 의존하여 연구대상자의 제한을 가져온다. 대답의 진위를 확인하기 어렵다. 연구대상자들이 자신의 생각이나 느낌을 정확하게 알고 있어도 솔직하게 대답하지 않을 수 있다. 사회적 바람직성(social desirability)으로 인해 연구대상자가 사회적으로 바람직하다고 생각하는 쪽으로 반응할 경향성이 있기 때문이다. 예를 들면, 자녀의 부모에 대한 태도를 알아보고자 하는 질문에서 실제로 자신의 태도를 보고하는 것이 아니라 사회적으로 좋게 여기는 쪽으로 대답할 수 있다.

〈표 8-7〉 폐쇄형 질문지와 개방형 질문지의 비교

유형	폐쇄형 질문지	개방형 질문지
장점	넓은 지역의 표본화 가능	자유롭게 반응
	시간과 비용 감소	내면의 정보 파악
	채점의 객관성	개별적 반응
단점	언어능력에 의존	대답에 많은 시간과 비용
	사회적 바람직성	채점의 객관성 문제
	개별적 반응 어려움	무응답 가능성

대답의 형태는 체크리스트형 질문, 순위형 질문, 척도형 질문이 있다. 체크리스트형 질문(checklist questions)은 질문지에서 보편적으로 사용되고 있는 방법이다. 질문에 대해 가능한 답이 질문지에 제시되어 있고 연구대상자는 해당되는 곳에 체크하면 되는 방법이다. '예, 아니요'의 양자택일식과 몇 개의 항목에서 하나를 정해 답하는 다지선택식이 있다. 통계처리가 용이하나, 선택 가능한 대답의 종류가 이미 정해져 있어 연구대상자의 다양한 의견을 알기가 어렵다.

체크리스트형 질문의 예

• 양자택일식: HTP의 집그림에 창문이 있다. (　　)
　① 예　② 아니요
• 다지선택식: 나의 고민에 대해 가장 이야기하고 싶은 사람은 누구입니까? (　　)
　① 아버지　② 어머니　③ 형 또는 언니　④ 친구　⑤ 교사

순위형 질문(ranking questions)은 서열형 질문이라고도 한다. 제시된 질문에 연구대상자로 하여금 순서를 정하게 하는 방법이다. 순위는 단일 차원으로 구성되어야 연구대상자가 순위를 정하는 데 혼란이 없다.

척도형은 리커드척도(likert scale)가 보편적으로 사용되는 질문형태이다. 리커드척도는 통계분석에서 등간척도로 간주한다. 연구자의 필요에 따라 3점, 4점, 5점의 척도가 만들어지며, 10점, 20점도 가능하다. 일반적으로 5점 척도가 사용하고 있다. 그러나 홀수 점수의 척도는 연구대상자들이 대답하기가 모호하거나 정확하게 답하기 어려운 질문에는 중립점에 대답하는 경향이 있다. 이 때문에 중립점이 없는 4점이나 6점 척도가 사용되기도 한다. 3점 이하는 연구대상자의 대답내용을 정확히 분류하기가 힘들고, 7점 척도 이상은 대답의 수준이 너무 세분화되는 경향이 있다.

질문의 형태

• 순위형 질문

대인문제 파악에 중요하다고 생각되는 순서대로 번호를 매겨 주십시오.

① 대인관계 갈등( )   ② 마음표현 정도( )   ③ 공감 정도( )

④ 긍정감정 경험( )   ⑤ 부정감정 경험( )

• 리커트형 질문

진로탐색프로그램에 사회적응기술의 포함이 필요하다고 생각하십니까? ( )

① 아주 그렇다   ② 그렇다   ③ 그렇지 않다   ④ 아주 그렇지 않다

질문지법을 실시하기 위해서는 예비조사가 필요하다. 본 조사에 앞서 질문지를 실제로 실시해 보아, 질문지가 의도한 변인의 측정에 적합한지, 연구대상자들이 제대로 질문을 이해하고 답하는지 등을 점검해야 한다. 예비조사 대상자들이 질문지를 끝낸 후에, 질문지의 내용이나 형식에 대해 질문을 하여 피드백을 얻는 것도 좋다. 이를 통해 질문지의 문제점이 수정되고 보완될 수 있다. 예비조사 대상자의 수는 25~75명 정도가 바람직하다(Converse & Presser, 1986).

5. 면접법

조사연구의 자료수집 방법으로 많이 활용되는 면접법에 대해 살펴보겠다. 면접법의 의미, 면접법의 유형, 면접법의 절차로 나누어 보고자 한다.

1) 면접법의 의미

면접법은 연구자(면접자)가 연구대상자(피면접자)에게 알고자 하는 내용이나 주제에 대하여 질문을 하고 그 대답을 자료로 수집하는 방법이다. 연구자와 연구대상자가 언어를 매개로 질문과 대답을 하는 방법이다. 면접법은 연구자가 연구대상자를 직접 만나 자료를 수집하기 때문에, 질문지법에 비해 훨씬 더 개인적이고, 심층적인 자료수집이 가능하다. 연구변인들을 찾아내는 예비연구나, 변인들 간의 관계를 탐색하는 데에도 도움을 준다(Kerlinger & Lee, 2000).

면접법은 본래 임상에서 사용되었으나, 제1차 세계대전 당시 미국에서 군인들의 심리측정을 하기 위해 질문지와 함께 사용되면서 점차 발달하였다. 사회과학 연구에서 많이 사용되고 있다. 면접법은 제대로 수행된다면 연구대상자로부터 많은 자료를 수집할 수 있다.

연구자가 연구대상자의 상황에 적절하게 질문을 할 수 있다. 연구대상자의 행동에서 질문을 제대로 이해했는지 그렇지 못한지를 알 수 있어 재질문할 수 있다. 연구대상자의 대답과 더불어 비언어적 행동도 부수적으로 관찰할 수 있어 풍부한 자료를 수집할 수 있다. 연구대상자의 대답에 대한 동기나 근거도 심층적으로 살펴보게 해 줄 수 있다.

그러나 개인의 내면이나, 개인의 사적 문제와 관련된 질문에 대해서는 연구대상자가 대답하기를 주저할 수 있다. 그리고 질문지법에 비해 비용과 시간의 소모가 많다. 연구자의 개인적 특성이나 면접의 시간, 장소, 면접상황 등이 연구대상자의 대답에 영향을 미칠 가능성도 제기된다. 연구자가 직접면접을 하지 못하는 경우에는 면접자의 훈련이 필요하다.

2) 면접법의 유형

면접법의 유형은 분류기준이 무엇이냐에 따라 다양한 유형이 있을 수 있다. 면접내용(질문)의 구조화 여부에 따라 구조적 면접과 비구조적 면접이 있다. 표준화 정도에 따라 표준화 면접과 비표준화 면접으로 분류하며, 사용되는 지시정도에 따라 지시적 면접과 비지시적 면접이 있다. 그리고 연구대상자를 만나는 방법에 따라 직접면접과 전화면접, 연구대상자의 수에 따라 개인면접과 집단면접이 있다. 이 외에도 초점면접과 초점집단면접이 있다. 어떤 유형의 면접법을 사용하는가는 연구목적이나 연구의 여건에 따라 선택된다.

〈표 8-8〉 면접법의 유형

기준	유형
면접내용의 구조화	구조적 면접과 비구조적 면접
표준화 정도	표준화 면접과 비표준화 면접
사용되는 지시정도	지시적 면접과 비지시적 면접
연구대상자를 만나는 방법	직접면접과 전화면접
연구대상자의 수	개인면접과 집단면접

(1) 구조적 면접과 비구조적 면접

구조화 여부에 따라 구조적 면접과 비구조적 면접이 있다. 구조적 면접(structured interview)은 사전에 작성한 면접조사표(interview protocol, 면접용 질문지)에 따라 면접을 진행한다. 면접조사표에 질문의 내용, 질문의 순서, 질문방식이 체계적으로 기록되어 있다. 이에 따라 모든 연구대상자에게 동일한 순서의 동일한 질문이 이루어진다. 또한 질문에 대한 연구대상자의 대답은 이미 범주화되어 있고, 항목에 표시하게된다. 정해진 대로 면접을 진행하기 때문에 구조적 면접은 어려움이 별로 없고, 초보자도 할 수 있다. 구조적 면접에서 수집되는 자료는 주로 양적인 자료로 통계분석이 가능하다.

비구조적 면접(unstructured interview)은 연구주제에 관한 전반적인 면접내용은 사전에 정해져 있으나, 세부적 면접내용은 정해지지 않는다. 질문의 방법이나 순서, 표현 등은 연구대상자의 대답에 따라 달라질 수 있다. 비구조적 면접은 연구자가 제시한 질문에 대한 연구대상자의 대답이 다음 질문의 기반이 된다. 즉, 융통성 있고 개방적인 방법이라고 할 수 있다.

연구대상자의 대답에 따라 질문을 하므로 연구자는 숙달된 면접기술이 필요하다. 주로 질적 자료를 수집하는 데 사용된다. 비구조적 면접의 내용은 연구대상자의 사고, 신념, 태도, 느낌 등에 대하여 깊이 있는 내면의 자료를 수집하는 데 활용되기 때문에 심층면접이라고도 한다. 따라서 연구대상자가 연구자를 신뢰한다는 것이 중요하다. 질문의 방법은 정해지지 않았으나 보통 일반적이고 광범위한 질문에서 시작하여, 점차 구체적이고 깊은 질문으로 가게 된다. 수집된 자료는 대개 질적분석을 하게 된다.

〈표 8-9〉 구조적 면접과 비구조적 면접

구조적 면접	비구조적 면접
사전 작성된 면접조사표	큰 틀의 전반적인 면접 주제나 내용
질문의 내용, 순서, 방식의 체계화	연구대상자에 따른 질문, 순서, 표현의 변화
모든 연구대상자에게 동일한 질문	질문의 연구대상자 대답이 다음 질문의 기반
양적 자료, 통계분석 가능	질적 자료, 질적분석 가능

(2) 표준화 면접과 비표준화 면접

표준화 정도에 따라 표준화 면접과 비표준화 면접이 있다. 표준화 면접(standardized interview)은 질문의 내용과 질문의 순서가 사전에 결정되어 있다는 면에서는 구조적 면접과 비슷하지만, 표준화 면접은 주의 깊게 준비된 면접 계획에 따라 실시된다. 모든 연구대상자는 동일한 조건에서 면접이 실시된다. 구조적 면접은 질문내용의 구조성을 강조하는데, 표준화 면접은 모든 대상자에게 동일한 일관된 질문을 제시한다. 그리하여 연구자의 언어사용이나 질문으로 인한 오류를 최소화하고자 한다. 연구자의 면접행동에 일관성이 높다. 면접자 훈련이 비교적 용이하고, 자료의 신뢰성과 객관성이 높다. 그러나 면접에 융통성이 없으므로, 연구대상자에게 부자연스럽고 형식적인 느낌을 주어 자기방어적 자료를 제공받을 수 있다. 또 새로운 사실의 발견이 어려울 수 있다.

비표준화 면접(unstandardized interview)은 면접에 대한 지시와 방향은 정해져 있지만 면접 상황에 따라 질문의 내용이나 순서가 비교적 자유롭게 변경될 수 있다. 면접을 진행하는 동안 연구대상자의 대답에 따라서 질문의 내용이나 순서가 변경될 수 있도록 약술된 주제를 설정해 놓는다. 연구자의 관심 분야나 연구대상자의 개인적 상황에 따라 질문이 자유롭게 조절될 수 있어 자료의 타당성이 높다. 연구대상자에 대한 정확한 정보를 얻을 수 있고, 새로운 정보도 얻을 수 있다. 그러나 면접자의 특성과 훈련에 따라 자료의 신뢰도가 문제가 될 수 있다.

〈표 8-10〉 표준화 면접과 비표준화 면접

표준화 면접	비표준화 면접
더 주의 깊게 준비된 면접 계획	면접에 대한 지시와 방향은 정함
동일한 조건	면접 상황에 따라 비교적 자유롭게 변경
동일한 일관된 질문	면접자 반응에 따라서 질문내용, 순서 변경
면접자 훈련이 비교적 용이	면접자 훈련이 필요
자료의 신뢰성과 객관성	자료의 타당성
면접에 융통성이 없음	연구대상자에 대한 정확한 정보를 얻음
자기방어적 정보 가능	새로운 정보를 얻음
새로운 사실의 발견 어려움	면접자 특성과 훈련에 따른 신뢰도 문제

(3) 지시적 면접과 비지시적 면접

연구자의 지시정도에 따라 지시적 면접과 비지시적 면접이 있다. 지시적 면접(directive interview)은 연구자가 면접의 내용과 순서를 완전히 통제하며, 연구대상자의 대답도 미리 정해진 구조 내에서 이루어진다. 미리 준비한 질문지에 근거하여 면접을 하게 되므로 질문지 면접조사(questionnaire interview)라고도 한다.

비지시적 면접(non-directive interview)은 질문의 내용과 순서가 사전에 결정되지 않는다. 비지시적 면접은 대상자가 면접의 주제나 내용을 이끌어 나가는 면접이다. 정신분석에서 유래되었으며, 연구자는 연구대상자에게 지시나 암시를 주지 않는다. 연구대상자가 자유롭게 자신의 감정이나 사고, 내면을 표현하도록 한다. 연구자가 면접의 내용을 특정한 방향으로 이끌어 가지 않고, 대상자가 자유롭게 이야기할 수 있도록 도움을 준다(홍두승, 2000). 따라서 연구자의 면접기술과 훈련이 요구되는 면접이다.

〈표 8-11〉 지시적 면접과 비지시적 면접	
지시적 면접	비지시적 면접
면접의 내용과 순서의 완전 통제	질문내용과 순서의 사전 준비 없음
연구대상자 대답의 사전 설정	정해진 주제를 연구대상자가 이끎
준비한 질문지를 근거로 면접	연구자는 연구대상자가 이야기하도록 도움

(4) 직접면접과 전화면접

　연구대상자를 만나는 방법에 따라 직접면접과 전화면접이 있다. 직접면접은 연구자가 연구대상자를 직접 만나서 면접을 하는 방법이다. 일반적으로 면접법이라고 할 때는 직접 만나서 하는 면접법을 의미한다. 직접면접은 비용이 많이 들고, 면접 진행에 연구자의 편견 개입 가능성이 있다. 직접 만나서 면접을 하므로 지역을 광범위하게 하기가 어렵다. 그러나 직접 대면하므로 심층의 문제를 다룰 수 있다. 이 경우에 대상자의 신분이나 대답내용은 비밀보장이 되도록 하여야 한다.

　전화면접은 선정된 연구대상자에게 전화를 통해 질문을 하고 대답을 받는 방법이다. 전화를 매개로 하므로 지역을 광범위하게 할 수 있다. 전화는 익명성이 가능하며, 신속하게 자료를 수집할 수 있다. 컴퓨터가 자동으로 전화를 걸고 컴퓨터 화면에 제시된 질문을 면접원이 질문하고 대답을 입력하는 CATI(computer assisted telephone interview)도 있다. 자동응답전화(ARS)도 있다. 전화면접은 급하거나 질문이 간단할 때 유용하며 비용이 적게 든다. 연구자에 대한 연구대상자의 편견도 줄일 수 있다. 그러나 연구대상자 편중이 발생한다. 복잡하거나 민감한 내용에는 대답을 하지 않을 수 있다. 질문의 길이는 직접면접은 30~60분, 전화면접은 5~10분 이내여야 한다(성태제, 시기자, 2006).

〈표 8-12〉 직접면접과 전화면접	
직접면접	전화면접
직접 만나서 면접	선정된 연구대상자에게 전화로 면접
비용이 많이 듦	지역의 광범위
면접진행에 면접자 편견의 개입 가능	익명성
지역의 제한	비용이 적게 듦
심층 내용 가능	연구대상자 편중
비밀보장의 약속	복잡하거나 민감한 내용 어려움

(5) 개인면접과 집단면접

연구대상자의 수에 따라 개인면접과 집단면접이 있다. 개인면접은 연구대상자에게 직접 질문을 하는 면대면 방법이다. 개인면접은 수집자료가 정확하며, 대답의 진위를 확인할 수 있다. 그러나 시간과 비용이 많이 들며 연구자의 편견이 개입될 가능성이 있다. 연구자가 연구대상자의 가정을 방문하는 가정방문 개인면접과 백화점이나 쇼핑몰처럼 연구자가 관심을 갖는 대상자가 몰려 있는 장소에서 하는 몰인터셉터 개인면접, 그리고 대상자가 컴퓨터 화면으로 질문을 읽고 대답하며 진행자가 옆에서 일대일로 도와주는 CAPI(computer assisted personal interview)가 있다.

집단면접은 한 장소에서 여러 연구대상자로부터 자료를 얻는 방법이다. 비교적 많은 자료를 한 번에 수집할 수 있다. 그러나 자료의 정확성이 개인면접에 비해 떨어질 수 있다. 그리고 개인면접보다 더 높은 면접기술과 면접태도를 필요로 한다.

〈표 8-13〉 개인면접과 집단면접	
개인면접	집단면접
연구대상자에게 직접 질문	한 장소에서 여러 연구대상자에게 질문
자료의 정확성	개인면접에 비해 덜 정확
시간, 비용이 많이 듦	많은 자료를 한 번에 수집
연구자 편견의 개입 가능	높은 면접기술과 면접태도

이 외에 초점면접(focus interview)과 초점집단면접(focus group interview)이 있다.

초점면접은 특정한 경험과 경험이 주는 효과에 초점을 두고 이 주제에 대해 자료를 제공할 수 있는 대상자를 의도적으로 선정하여 면접을 하는 방법이다. 특정한 경험이 주는 영향력을 파악하려는 것이다(Merton, Fiske, & Kendall, 1990). 질문의 주제는 사전에 정해지지만, 구체적 내용이나 문항은 미리 구성되지 않는다.

초점면접은 연구자가 짧은 시간에 연구대상자를 선정할 수 있다. 그리고 심층적인 자료를 수집할 수 있다. 비용도 적게 든다. 그러나 연구대상자가 모집단에서의 표집이 아니라 의도적 표집이다. 그리고 연구대상자의 수도 적어, 연구결과의 일반화에는 한계가 있다(Clausen, 2012).

초점집단면접은 특정 연구주제에 대해 소수의 연구대상자들이 토론하는 집단면접 방법이다(Marshall & Gretchen, 1999). 주제에 대해 자료를 제공해 줄 수 있는 연구대상자들을 의도적으로 선정하여 초점집단을 구성한다. 보통 집단은 7~10명의 대상자로 구성되고, 대략 2~4개의 초점집단을 구성한다. 초점집단면접은 진행하는 사회자가 있고, 사회자는 집단 내 토론을 촉진하는 역할을 한다. 10개 정도의 주관식 질문에 대해 토론하게 된다. 모든 질문이 골고루 논의될 수 있도록 사회자가 적절하게 잘 진행해야 한다. 동질적 성향의 연구대상자로 구성하는 것이 토론을 개방적이고 협력적으로 진행하는 데 수월하다. 면접시간은 1시간에서 3시간 정도이며, 집단면접 과정은 동영상이나 오디오 장치로 촬영 또는 녹화된다.

〈표 8-14〉 초점면접

- 특정 경험과 효과에 초점
- 주제에 정보를 제공할 수 있는 연구대상자를 의도적으로 선정
- 질문주제는 사전에 정해지지만, 구체적 내용이나 문항은 미리 구성되지 않음
- 심층적인 자료수집 가능
- 의도적 표집, 연구대상자 수의 적음으로써 연구결과 일반화에 한계

3) 면접법의 절차

면접법은 연구자와 연구대상자 간의 대화에 의해 자료가 수집되는 방법이다. 면접을 실시하기 전의 사전준비와 진행과정에서 세심한 고려가 필요하다. 면접법의 절차는 사전준비, 진행과정, 면접 결과의 기록, 면접법의 장점과 단점으로 나누어 설명하

고자 한다.

(1) 사전준비

면접은 연구자와 연구대상자 간의 대화를 통한 자료수집 방법이다. 사전준비로는 연구대상자 선정, 면접지침서 작성과 면접표, 면접자의 선정과 훈련으로 나누어 볼 수 있다.

면접을 위한 연구대상자가 선정된다. 면접법은 많은 인원을 대상자로 하기가 어렵다. 표본선정 시에 모집단을 대표할 표본의 대표성을 특별히 고려하여 표본을 구성해야 한다. 그리고 선정된 대상자의 구체적인 특성이 파악되어야 한다. 성별, 연령, 교육, 직업과 같은 사회인구학적 배경과 연구문제나 연구결과에 영향을 줄 수 있는 사회적, 심리적 특성도 파악되어야 한다. 이러한 특성은 연구결과의 일반화뿐만 아니라 직접 자료를 수집하는 면접의 전략에도 영향을 주기 때문이다.

연구자는 면접지침서와 면접표를 작성한다. 면접지침서에는 연구대상자와 의사소통을 잘할 수 있는 방법과 면접의 진행과정에서 오류가 나타나지 않도록 준비해야 할 내용, 면접의 진행과정에서의 태도, 면접 시의 주의사항 등이 기술된다. 연구대상자의 사회인구학적 배경이나 사회적, 심리적 특성에 따라 면접의 전략이나 태도가 일부 달라질 수 있다. 이 부분도 면접지침서에 제시되어야 한다. 면접표에는 면접의 목적, 질문내용, 질문순서 등이 기재된다.

면접자의 선정과 면접자의 훈련이 필요하다. 면접을 연구자 혼자 진행하는 것은 무리가 있기 때문이다. 면접자의 선정은 연구목적에 대한 이해와 대상자에 대한 접근의 용이성을 고려한다. 연구에서의 면접자는 연구에 대한 이해를 위해 전공자가 필요하며, 일반적으로 모든 사람과 자연스럽게 이야기할 수 있고, 외모가 신뢰감을 주어야 한다. 면접의 목적과 내용 등에 따라 면접자의 연령, 성별, 복장과 외모 등의 고려도 필요하다.

면접자 선정을 하면 면접자에 대한 체계적이며 지속적인 훈련이 필요하다. 훈련에서 면접의 목적, 질문내용, 질문순서, 면접 시의 주의사항 등에 관해 알려 준다. 면접에 관한 일반적인 자세도 숙지시킨다.

면접자의 일반적 자세

- 면접자는 많이 듣고 적게 말한다.
- 연구대상자의 내적 소리에 귀 기울인다.
- 연구대상자의 대답에 추후 질문을 하여 좀 더 자세한 자료를 이끌어 낸다.
- 연구대상자의 말을 잘 이해하지 못한 경우에는 재질문한다.
- 대답을 유도할 수 있는 방법으로 질문하지 않는다.
- 면접자의 억양, 어휘가 대답을 특정한 방식으로 유도할 수 있음을 인식한다.
- 연구대상자가 대답하고 있을 때 말을 중단시키지 않는다.
- 연구대상자의 대답이 질문과 관계가 없으면 추후에 다시 질문하는 것이 좋다.
- 연구대상자의 대답에 중립적 태도를 지닌다.

출처: Seidman(2013).

면접자 훈련은 실제로 면접하는 과정을 시연하게 하거나, 면접 과정이 녹화된 동영상에서 면접의 전체적인 윤곽과 내용을 보여 준다. 그리고 구체적으로 면접의 지식과 기술을 훈련시킨다. 훈련 후에는 사전에 정한 면접표에 따라 예비면접을 실시하게 하여, 면접의 현장 경험을 부여한다. 예비면접은 실제 연구대상자와 유사한 대상자에게 실시하여, 면접 진행과정에서의 문제점과 보완점을 점검하는 것이다. 질문이 대상자에게 불안이나 긴장을 야기하는지, 질문이 불분명하여 대답하기가 모호한지, 질문이 대답을 수월하게 할 수 있도록 되어 있는지 등을 점검할 수 있다. 그리고 본 연구의 면접장소와 시간도 점검한다.

(2) 진행과정

면접은 면접장소와 시간을 미리 약속하면서 진행된다. 연구대상자가 면접장소를 방문하거나, 면접자가 연구대상자가 있는 곳을 방문하여 면접이 이루어진다. 면접시간은 식사시간과 너무 이르거나 너무 늦은 시간은 피하는 것이 좋다. 면접 1~2일 전에 전화로 약속을 재확인한다.

면접을 시작하기 전에 연구대상자는 면접장소에 익숙해지는 시간이 필요하다. 면접장소의 상황과 분위기가 면접의 대답에 영향을 줄 수 있기 때문이다. 아동이나 개인의 성격 특성에 따라 면접이 시작되기 전에 장소뿐만 아니라 연구자에게 친숙해질 수 있도록 시간이 필요한 연구대상자가 있음도 연구자는 고려하여야 한다.

면접의 진행에서 연구자와 연구대상자 간의 친밀한 관계가 중요하다. 자연스럽고 편한 분위기에서 연구대상자는 연구자를 믿고 자신의 사고, 신념, 태도, 가치 등을 솔직하게 이야기할 수 있고, 연구자는 원하는 자료를 수집할 수 있다.

면접에서 연구자는 연구대상자에게 연구의 목적이나 필요성을 간단히 설명하고, 연구대상자의 면접내용은 비밀보장이 된다는 것을 알려 준다. 연구자의 신분과 연구의 공적기관을 밝히는 것도 관계형성에 도움이 된다. 면접장소의 물리적 환경과 좌석배치를 고려한다. 상담실이나 미술치료실의 물리적 환경을 참조할 수 있다.

면접의 진행

- 사전에 장소와 시간이 약속되고, 면접 1~2일 전에 전화로 재확인
- 면접 시작 전에 연구대상자가 면접장소에 익숙해지는 시간이 필요
- 우호적 분위기의 형성
- 연구의 목적이나 필요성을 간단히 설명
- 연구대상자의 면접내용에 대한 비밀보장
- 면접장소의 물리적 환경과 좌석배치 고려

연구자는 면접표와 면접지침에 따라 면접을 실시한다. 연구자의 태도는 연구대상자에 따라 달라져야 한다. 아동이 연구대상자인 면접에서는 융통성과 다소 재미있는 분위기가 필요할 수 있고, 성인의 면접은 진지한 분위기가 좋을 수 있다.

면접에서 연구대상자의 대답에 연구자가 깊은 관심을 가지고 있다는 것을 보여 주는 것은 매우 중요하다. 질문에 대한 연구대상자의 '모른다'는 대답에 대해서는 연구대상자가 무성의하게 답한 것인지, 정말 모르는 것인지 또는 다른 이유가 있는 것인지를 잘 파악한다. 이러한 경우를 포함하여 연구대상자의 대답을 이끌어 내거나, 연구대상자가 질문을 오해하였거나, 잘못 이해하였을 때, 또는 연구대상자의 대답을 명확히 이해하기 위해, 추가적인 질문이 필요할 수 있다. 이 경우에 재확인 기법이 유용하다. 예를 들면, 질문을 되풀이하거나 연구대상자의 대답에 이어 '그 외에 또 무엇이 있을 수 있습니까?' '왜 그렇게 생각하십니까?' '좀 더 자세히 말씀해 주시겠습니까?' 등의 질문을 하는 것이다. 잠시 기다리는 것도 한 방법이다.

재확인의 예

• 연구대상자의 대답에 관심을 표명: 예 '네' '그렇군요'

• 추가적 질문의 필요: 예 '그 외에 또 무엇이 있을 수 있습니까?'

• 연구대상자 대답을 명확히 이해하기 위해: 예 '좀 더 자세히 말씀해 주시겠습니까?'

• 연구대상자의 좀 더 긴 대답 유도: 예 '그래서요', 연구자가 말하지 않고 기다리기

---

(3) 면접 결과의 기록

연구자는 연구대상자의 대답에 자신의 편견이 개입되지 않도록 있는 그대로 객관적으로 기록해야 한다. 기록하는 방법에는 연구대상자가 대답하면 즉시 기록하는 방법과, 면접장소에서 요약한 후 이후에 다시 정리하는 법, 그리고 녹음기나 동영상 등의 기기를 활용하여 녹음이나 촬영을 한 후에 다시 기록하는 방법이 있다. 이러한 기록에 대해 연구대상자의 양해를 구해야 한다. 정확한 기록을 위해서는 연구대상자의 말을 요약하기보다는 전부 그대로 기록하는 것이 좋다. 그러나 연구자가 기록에 너무 몰두하면 연구대상자가 이야기하는 것에 흥미를 잃을 수 있다. 때문에 보통 면접의 기록에서는 축약어를 사용한다. 연구대상자가 성의 없이 아무렇게나 대답할 경우에는 연구대상자의 대답을 있는 그대로 기록하면서 면접의 상황을 함께 기록한다.

직접 기록에서의 오류를 줄이기 위해서는 직접 기록과 병행하여 녹음기나 동영상을 활용할 수 있다. 연구대상자의 내용을 받아 기록하는 과정에서 기록의 오류가 나타날 가능성이 있기 때문이다. 연구대상자의 대답이 빠르거나, 너무 길어 요약하거나, 면접 이후 연구대상자의 기억에 의해 기록하는 과정에서 오류가 나타난다. 녹음기나 동영상을 통해 다시 정리함으로써 기록 과정의 오류를 줄일 수 있다.

〈표 8-15〉 면접 결과의 기록

• 객관적으로 기록
• 면접의 기록에 대한 연구대상자의 양해
• 면접내용의 요약보다는 전부를 그대로 기록
• 직접 기록과 병행한 기기(예 녹음기, 동영상 촬영)의 비교를 통한 재정리
• 경우에 따라 면접 상황 기록

면접이 완료되면 연구자는 연구대상자와 좋은 기분으로 헤어지도록 한다. 특히 재검사나 추후면접이 필요한 경우에는 면접 종료 시의 관계나 그 이후의 관계유지가 연구의 중요한 변수가 될 수 있기 때문이다. 연구대상자의 신분과 대답내용에 대한 비밀보장을 재차 언급하는 것도 연구대상자의 불안을 낮추고 편안한 기분으로 종결을 하는 데 도움이 된다.

(4) 면접법의 장점과 단점

면접법은 장점과 단점을 가지고 있다. 장점으로는 자료수집 과정에 융통성이 있다. 연구대상자가 질문을 이해하지 못하면 반복하여 질문할 수 있고, 재설명과 보충설명도 가능하다. 그리고 연구대상자에 따라 다른 질문도 가능하며, 필요하면 추가적 질문이나 탐색질문도 할 수 있다. 또한 추후에 추가적인 정보수집이 가능하다.

면접법은 연구대상자의 폭이 넓다. 직접 대면하여 정보를 얻기 때문에 질문지로 자료를 수집할 수 없는 유아, 노인, 문맹자에게서도 자료를 수집할 수 있다. 그리고 면접에 응하면 중간에 그만두지 않을 확률이 높고, 연구대상자들이 성실하게 대답한다. 연구자가 융통성 있게 잘 진행함으로써 불완전한 대답에 대해 정확한 대답을 요구할 수 있다.

면접법의 단점으로는 시간, 비용, 인력의 부담이 크다. 면접자의 선정과 훈련, 면접의 장소와 시간, 그리고 면접 진행에 시간, 비용, 인력이 소모된다. 면접자와 연구대상자가 직접 대면하여 자료를 수집하므로 연구대상자는 면접내용의 비밀 보장에 대해 불안해할 수 있고, 내적이거나 사적인 정보는 대답을 하지 않을 가능성이 있다. 또한 면접자가 직접 기록하므로 자료의 객관성 확보가 어렵다. 연구자의 영향, 면접자와 연구대상자 간의 상호작용, 연구대상자의 피로나 성격요인, 상황조건 등이 대답에 영향을 줄 수 있다. 비표준화 면접이나 비지시적 면접은 질문의 순서와 내용이 바뀔 수 있고, 추가질문이나 탐색질문은 연구대상자에 따라 다를 가능성이 있어, 결과의 객관화가 어렵다.

〈표 8-16〉 면접법의 장점과 단점

장점	단점
자료수집 과정에 융통성	인력, 시간, 비용의 부담
연구대상자의 폭이 넓음	내적이거나 사적인 정보수집의 어려움
성실한 대답과 누락률 낮음	자료의 객관성 어려움

제**9**장

문헌연구

연구는 연구자가 직접 자료를 수집할 수도 있고, 기존의 문서나 자료(archival material)를 이용하는 경우도 있다. 문헌연구는 기존의 기록된 자료를 이용하는 연구방법이다. 이 장에서는 문헌연구의 의미, 도서관 서베이, 내용분석법에 대해 알아보고자 한다.

1. 문헌연구의 의미

문헌은 기록물로 이미 발표된 연구논문, 인구, 경제, 보건 등의 통계학적 자료, 공공기관의 공적자료, 기사, 잡지 등의 대중매체 자료, 일기, 서신 등의 사적자료를 의미한다. 그림, 사진, 도안물도 문헌이다. 특정 사건이나 행동을 직접 경험한 개인이 작성한 기록이나 기존의 자료를 분석한 기록도 포함된다. 즉, 문헌은 인간의 행동에 대해 자료로 사용될 수 있는 기록물이다.

문헌의 종류

- 사회과학 관련 선행 연구자료: 논문, 서적
- 인구, 경제, 보건 등의 통계자료: 인구, 고용, 유병률 등
- 공적자료: 법률관련 자료, 복지관련 자료, 아동학대, 가족폭력 현황 등
- 사적자료: 일기, 편지, 수필, 소설, 메모, 그림, 사진 등
- 대중매체의 자료: 신문, 잡지, TV, 영화 등

문헌연구는 문헌에 의존하여 자료를 수집하고 분석하는 연구이다. 문헌자료를 이용하는 방법은 이차적 관찰이라고 하는데, 이미 누군가가 조사하여 기록하고, 그 후

에 다시 수집되어 연구되기 때문이다. 문헌연구는 연구대상이 문헌이므로 연구대상
에게 영향을 주지 않고, 자료수집이 가능하다.

문헌연구는 자료원에 대한 접근이 시간적으로나 공간적으로 어려움이 많고, 주어
진 자료가 문헌자료일 때 연구되는 방법이다. 또한 자료원에 대한 접근이 가능해도
대상자의 솔직한 반응을 얻기 어려운 경우에 사용할 수 있다. 개인의 행동이나 사회
적 현상의 연구는 반복연구가 곤란한 경우가 많다. 문헌의 영구적인 성격은 같은 자
료에 의한 반복연구도 가능하게 한다. 일정한 기간에서의 개인행동이나 어떤 현상의
경향이나 변화과정을 알아볼 수 있다. 또한 과거의 특정한 시기에 대한 실태연구나
과거에 발생한 사건에 대한 회상연구도 가능하다.

문헌연구는 연구자가 현장에서 직접 자료를 수집하는 연구방법들에 비해 연구자의
시간과 경비가 적게 든다. 그러나 기록된 자료에 의해서만 연구가 가능하며, 접근이
가능한 자료에만 의존할 수밖에 없다. 일반화가 어렵다는 제한점을 갖게 된다. 문헌
은 기록자의 편견으로 자료가 왜곡될 수 있어, 연구의 신뢰도와 타당도의 문제가 발
생한다. 그리고 연구자가 자료를 수집하고 분석하는 과정에서 연구자의 주관이 개입
될 가능성이 있다.

〈표 9-1〉 문헌연구의 장점과 단점

장점	단점
연구대상에게 영향을 주지 않음	기록된 자료, 접근가능한 자료에 의존
같은 자료에 대한 반복연구가 가능	일반화의 어려움
과거 특정 시기의 실태연구, 회상연구	기록자의 편견으로 자료가 왜곡
시간과 비용의 절약	자료수집과 분석에서 연구자의 주관 개입

문헌연구에는 도서관 서베이, 내용분석법, 역사적 연구가 있다. 문헌을 통해 자료
를 수집하는 방법도 서베이지만, 직접적이고 실증적인 서베이와 문헌연구의 서베이
를 구별하기 위해 도서관 서베이라고 한다(차배근, 1984). 미술치료 연구에서 활용될
수 있는 도서관 서베이와 내용분석법에 대해서는 절을 달리하여 알아보겠다.

2. 도서관 서베이

도서관 서베이는 문헌자료로 어떤 주제에 대한 현황을 알아보는 연구방법이다. 원리나 경향, 연구방법, 개인이나 집단의 태도, 행동의 현황과 변화과정, 연구자들 간의 일치점과 차이점을 연구하는 것으로 현재까지의 지식을 정리해서 해석을 하는 것이다.

그럼으로써 현상개선의 근거와 방향을 제공하고, 추후연구를 위한 과제를 제공한다. 따라서 새로운 가설의 검증에는 제한이 있다. 또한 대부분 질적 분석으로 이뤄지므로 연구자의 주관이 개입될 여지가 있다. 과학적이고 체계적인 연구자의 태도와 능력으로 이러한 제한점을 극복하는 것이 필요하다.

도서관 서베이는 연구문제와 연구범위가 정해지면 자료를 수집하게 된다. 자료는 다른 연구자에 의해 해석되지 않은 1차 자료, 그리고 해석되거나 분석된 2차 자료가 있다. 자료를 찾으면 예비독서에 들어간다. 예비독서는 자료를 대충 읽는 것으로 추후 본 독서의 정독과 통독을 위해 목록을 정리하는 것이다. 각 자료의 참고문헌을 보며 빠진 자료도 점검하고 보충해야 한다.

본 독서는 명백한 목적을 갖고 읽어야 한다. 목적은 연구문제에 대한 인식 및 필요성이다. 읽는 순서는 기본 개념이나 이론에 관련된 문헌을 먼저 읽고, 다음에 구체적이고 세부적인 문헌을 읽는다. 연구문제와 관련된 문헌을 체계적으로 잘 선별하여 읽음으로써 시간과 노력을 절약할 수 있다.

도서관 서베이

- 의미: 문헌 자료에서 어떤 주제에 대한 현황과 변화과정의 이해
  - 연구자들 간의 일치점과 차이점 이해
  - 현상의 개선을 위한 근거 제공과 방향 제시
  - 추후연구를 위한 과제
- 절차: 연구문제와 연구범위 선정
  - 1차 자료와 2차 자료의 수집
  - 예비독서(본 독서에서 읽을 목록과 읽을 순서결정)
  - 본 독서(정독과 통독, 체계적이고 선별적으로 읽기)

③. 내용분석법

내용분석법(content analysis)은 개인의 행동을 직접 관찰하거나 질문지 또는 면접에 의해서가 아니라, 개인들의 의사소통 내용을 분석해서 연구문제를 해결하는 방법이다(Kerlinger, 1986). 의사소통 내용은 서적, 시, 노래, 영상, 그림, 편지 등 모든 의사소통 내용이다. 내용분석법은 비수량적인 내용을 수량적인 자료로 변형시키는 작업이다. 내용분석의 과정을 분석의 단위와 범주 설정, 자료 수집과 분석으로 나누어 살펴보겠다.

1) 분석의 단위와 범주 설정

내용분석의 과정은 체계적이고 객관적인 절차를 따른다. 먼저 분석의 단위와 범주가 구체적으로 정의된다. 단위는 단어, 주제, 인물, 문장이나 문단이다. 단어는 발견하기 쉬우며, 출현 빈도로 수량화된다. 주제는 목적이나 목표를 나타내는 진술이다. 주제는 한 단어에서 발견될 수도 있고, 문장, 문단, 글 전체에서 발견되기도 하므로 분석단위 간의 경계가 불분명하다. 주제를 분석단위로 할 때는 주제를 몇 개의 요소로 재구성하는 것이 좋다. 인물은 등장인물이 있는 내용의 분석에서 활용된다. 문장이나 문단은 그 안에 한 개 이상의 주제가 있을 수 있으니 주의해야 한다.

연구문제를 고려하여 분석단위를 단어나 인물, 주제로 할 것인지 문장이나 문단으로 할 것인지 등을 정해야 한다. 예를 들면, 게임의 공격행동을 분석할 수 있다. 먼저 공격행동에 대한 조작적 정의를 내리고 더불어 분석단위를 결정한다. 예를 들어, 공격행동의 분석단위는 인물 또는 단어일 수 있다.

범주는 분류하는 기준 또는 항목이다. 범주에는 방향, 가치, 방법, 특성, 강도 등이 있다. 방향은 주제의 방향 또는 지향을 보는 것으로 목적이라고도 한다. 승부, 권력, 과시, 명예, 자존감 등이 될 수 있다. 가치는 가치관으로 무엇을 추구하는가이다. 찬성과 반대, 선과 악을 의미한다. 방법은 목표에 이르는 수단이며, 구체적 행동이 된다. 도와주기, 공격하기, 양보하기 등이다. 특성은 성별, 성격, 태도, 연령, 직업 등을 의미한다. 강도는 수준의 정도를 의미한다. 인물이 분석단위이면 범주는 특성인 성별, 성격, 직업 등으로 분류할 수 있다. 앞의 예에서 게임의 공격행동의 분석단위는 인물이었다. 이에 맞추어 범주의 방향은 공격목적, 방법은 공격행동이 되었다. 공격목적의 범주는 세분화하여 승부욕, 과시, 열등감 해소이고, 공격행동의 범주는 다시 세분화하여 경쟁하기, 욕하기, 때리기, 치기, 부수기가 되었다.

범주의 설정에는 몇 가지 유의점이 있다. 첫째, 범주는 연구문제나 연구가설과 밀접한 관련을 가져야 한다. 그러기 위해서는 연구에서 다루는 변인이 명확하게 개념적으로 정의되어야 한다. 그리고 변인의 속성에 대한 구체적인 조작적 정의가 내려져 내용분석의 자료들이 범주항목에 모두 포함되도록 해야 한다. 둘째, 범주는 포괄적이어야 한다. 모든 분석의 자료는 특정 범주의 하위범주 어느 하나에 반드시 들어가야 한다. 예를 들어, 성별의 범주에서 남과 여를 하위범주로 하면 속하지 않는 자료는 없게 된다. 간혹 연구에서 설정 범주의 하위범주에 해당되지 않는 항목이 나타나 '기타'로 표시되는 경우가 있다. 이는 제대로 범주를 설정하지 못했음을 나타내게 된다. 셋째, 범주는 상호배타성을 지녀야 한다. 어떤 내용이든 한 범주에만 포함되도록 범주가 설정되어야 한다. 이는 범주들이 유사하거나 중복요인이 없어야 함을 의미한다. 넷째, 범주는 단일차원의 분류이어야 한다. 분류기준이 개념적으로 하나의 내용이어야 한다. 예를 들면, 아동의 게임에 대한 내용분석에 목적과 흥미는 서로 다른 개념이다. 분리되어 유목이 설정되어야 함을 의미한다.

범주 설정의 유의점

- 범주가 연구문제나 연구가설과 밀집한 관련을 가져야 한다.
- 범주는 포괄적이어야 한다: 하위범주에 반드시 포함되어야 한다.
- 범주는 상호배타성을 지녀야 한다: 범주들이 유사하거나 중복요인이 없어야 한다.
- 범주는 단일차원이어야 한다: 분류기준이 개념적으로 하나의 내용이어야 한다.

---

2) 자료 수집과 분석

자료의 표본을 수집한다. 내용분석은 많은 시간이 소요되므로 분석에 사용되는 자료가 대표성을 띠는 적절한 자료여야 한다. 대표적 표집을 위한 자료수집은 무작위표집하기, 하위집단으로 나누어 층화표집하기, 몇 번째 자료를 선택하는 체계적 표집하기가 있다.

자료가 표집되면 분석을 한다. 자료들의 개괄적인 내용은 앞서 살펴본 바와 같이 단어, 문장, 주제 등의 단위로 분류되고, 목적, 방법, 가치 등으로 범주화된다. 이 과정을 부호화라고 한다.

부호화는 평가자(채점자)가 하는데 두 명 이상의 평가자가 필요하다. 평가자들은 자료분석을 하기 전에 훈련을 통해 어느 수준의 일치도를 보이도록 하여야 한다. 부호화된 후에 수량적인 자료로 전환되어 통계적으로 처리한다. 제15장 질적 연구에서 살펴볼 자료분석과는 차이가 있는 부분이다.

수량화 방식으로는 존재의 유무, 빈도, 시간, 지면의 비율, 강도가 있다. 존재의 유무는 해당 범주에 속하는가 또는 출현의 유무를 의미한다. 빈도는 각 범주에 나타나는 빈도이다. 시간은 제시되는 시간이며, 지면의 비율은 제시되는 길이를 뜻한다. 강도는 '많다'부터 '적다'까지의 몇 단계, '높다'부터 '낮다'까지의 몇 단계, '긍정'부터 '부정'까지의 몇 단계 등으로 단계에 따라 1점, 2점, 3점, 4점 등의 수량으로 처리된다. 이와 같은 수량적 분석 외에 연구자에 따라 질적인 분석도 병행되고 있다. 예를 들면, 게임의 공격행동 분석에서 인물이 분석단위이며, 공격의 목적과 행동으로 범주화하였다. 그리고 세분된 범주에 따라 빈도를 측정하였다. 행동범주는 경쟁하기, 욕하기, 때리기, 치기, 부수기 등으로 나타났다. 이들 공격행동에서 경쟁하기(24.5%)와 욕하기(20.5%)의 빈도가 높았다. 또한 게임에 나타난 공격목적은 승부욕이 가장 높았고(34.5%), 과시, 열등감 해소 순으로 빈도가 높았다.

내용분석

- 의미: 의사소통 내용을 분석해서 이에 관한 연구문제를 해결하는 방법
    비수량적인 내용을 수량적인 자료로 변형
- 절차: 분석의 단위와 범주를 구체적으로 정의
    자료의 표본 수집
    평가자 일치도
    분석단위와 범주의 부호화
    수량적인 자료로 전환하여 통계적 처리

제10장

관찰연구

관찰연구는 인간의 행동을 객관적으로 관찰하고, 객관적인 방법으로 기록한다. 그런데 관찰은 일상적 사건이나 행동에 대해서도 계속 이루어진다. 과학연구로서의 관찰은 일상생활에서의 관찰과 차이가 있다. 차이점은 제2장을 참고하면 된다. 관찰이 과학적으로 이루어지지 않으면 현상을 제대로 이해하기 어렵다.

관찰연구는 양적연구와 질적연구 모두에서 활용될 수 있다. 양적연구에서의 관찰은 누가, 언제, 어디서, 무엇을, 어떻게 관찰할 것인가, 관찰내용을 어떻게 기록할 것인가, 수집된 자료는 어떻게 분석할 것인가에 대한 과정이 계획적이고 체계적인 절차를 통해 이루어진다. 관찰자는 대부분의 경우에 관찰집단이나 관찰상황을 제3자의 입장에서 관찰하며 기록한다. 연구자가 관찰자를 겸할 수 있고, 관찰자를 선정할 수도 있다.

관찰의 객관성을 위해 관찰자는 다수가 되는 것이 일반적이다. 예를 들면, 3명의 관찰자가 미술치료 회기진행과정을 관찰하였다. 타인의도조망의 관찰내용은 '또래가 매체를 사용하고 있으면 기다리기' '공공과제 수행에서 의견타협'이었다. 제1의 관찰자는 'A 아동은 B 아동의 그림을 쳐다보고 있다. B가 빨간 크레용을 책상 위에 내려놓자, A는 얼른 집어서 색칠을 하였다.'를 관찰했으나, 제2의 관찰자는 이 부분을 관찰하지 못 했다. 그러면 제3의 관찰자 내용에서 이 부분을 확인해 본다. 관찰자는 동일한 절차에 따라 관찰을 하였고, 관찰이 객관적이었음을 제시하여야 관찰결과를 신뢰할 수 있다.

질적연구에서도 관찰은 중요한 자료수집의 방법이다. 질적연구에서는 사전에 관찰의 세부내용을 정하지 않는다. 연구주제와 관련하여 대략 관찰내용을 정하고, 연구자가 현장에 참여하여 관찰한다. 관찰과정에서 무엇을 관찰하고 기록해야 하는지를 순간순간 결정하기도 한다. 방대한 관찰자료가 수집되며, 이 자료를 조직하고 해석하여 연구주제와 관련 있는 현상을 이해하고자 한다.

〈표 10-1〉 질적연구와 양적연구에서 관찰의 비교	
질적연구	양적연구
사전에 관찰의 내용이 대략만 정해짐	누가, 언제, 어디서, 무엇을, 어떻게 정함
관찰과정에서 순간순간 결정	관찰의 세부내용을 사전에 결정
자료를 보며 자료를 조직하고 해석	분석의 사전 계획과 체계
참여관찰	제3자의 입장에서 관찰하며 기록

이 장에서는 양적연구를 중심으로 관찰연구의 의미, 관찰연구의 유형, 관찰연구의 절차, 관찰연구의 평가, 관찰의 신뢰도에 대해 살펴보겠다. 질적연구에서의 관찰은 제15장 질적연구에서 살펴본다.

1. 관찰연구의 의미

과학적 연구로서의 관찰은 제한된 의미에서 사용한다. 연구자가 관심을 갖고 있는 특정 상황에서 나타나는 인간의 행동양상에 대해 관찰을 통해 자료를 얻는 것이다 (Johnson & Christensen, 2004). 특정한 현상에서 인간의 행동양상을 정확하게 이해하려면, 연구대상자(관찰대상자)의 행동이나 태도를 체계적이며 객관적으로, 반복적인 관찰이 필요하다. 인간은 일상적으로 많은 것을 우연히 관찰한다. 우연한 관찰은 현상의 맥락에 대한 정확한 이해가 어렵다. 관찰연구는 언어로 의사소통이 힘든 대상자, 언어 이외의 행동이 중요한 연구, 실험조작이 어려운 연구, 심리적 과정의 변화에 관한 연구 등에 사용될 수 있다. 따라서 미술치료학의 중요한 연구방법이다.

관찰연구는 환경적 목적, 규준발견 목적, 이론체계화 목적, 개체기술 목적이 있다 (이은해, 1987). 환경적 목적은 인간행동과 환경조건과의 관계를 기술하기 위해 관찰을 사용하는 연구이다. 예를 들면, 미술치료사가 피드백 주기에 적절한 집단의 크기를 알아보고자 한다. 다양한 크기의 집단을 구성하고 관찰할 수 있다. 규준발견 목적은 규준을 기술하는 데 관찰이 유용하다. 예를 들면, 매체에 대한 2세 유아의 반응, 또는 70 정도의 IQ를 가진 10세 아동의 사건배열 특성, 사회인지 특성을 기술하고자 하는 경우가 될 수 있다. 이론체계화 목적은 보편적인 변인들 간의 관계를 조사해, 이를

기준으로 분류하는 유형에 관해 살펴보고자 한다. 관찰환경의 통제를 기준으로 하는 유형에는 자연관찰과 통제관찰, 대상집단에의 참여를 기준으로 분류하는 유형에는 참여관찰과 비참여관찰이 있다.

〈표 10-4〉 관찰연구의 유형	
분류기준	유형
관찰환경의 통제	자연관찰, 통제관찰
대상집단에의 참여	참여관찰, 비참여관찰

1) 자연관찰과 통제관찰

관찰연구는 관찰환경의 통제 여부에 따라 자연관찰과 통제관찰로 분류할 수 있다. 자연관찰은 있는 그대로의 자연스러운 상태에서 연구대상자의 행동을 관찰하는 것이다. 유아의 성장과 발달을 기록하는 유아일기나 피아제가 인지발달이론을 형성한 그의 세 자녀 관찰이 대표적인 예이다.

자연관찰은 사건이나 현상의 전체를 볼 수 있다. 관심 있는 연구대상자의 행동뿐만 아니라, 그 행동과 관계되는 변인들도 파악할 수 있다. 자연상황에서의 관찰은 실제 상황의 관찰이므로 인간의 본래 행동이 잘 파악될 수 있다. 따라서 생태학적 타당도가 높다. 그러나 관찰자가 현장에 있어 대상자들이 부자연스럽게 행동할 수 있다.

통제관찰은 관찰환경에 통제가 가해지는 관찰이다. 실험실실험관찰과 현장실험관찰로 분류된다. 실험실실험관찰은 연구자가 통제를 하기 위해 설정해 놓은 특정 장소, 대개는 실험실에서 대상자의 행동을 관찰하는 것이다. 원인이 되는 상황을 인위적으로 조작하고 그 결과로 나타나는 대상자의 행동을 관찰하여 인과관계를 파악하고자 하는 것이다. 예를 들면, 분노상황을 설정하고 분노가 공격행동에 영향을 주는가를 관찰하여 분노와 공격행동 간의 인과관계를 추론하는 것이다.

그런데 실험실의 행동으로 인과관계에 대한 결론을 내릴 때는, 실험실 상황을 실제 상황에 일반화할 수 있는가의 문제가 대두된다. 실험실 상황은 실제 상황과 다르며, 실험실에서는 대상자가 자신이 관찰되고 있음을 의식하여 자연스러운 행동이 나타나지 않을 수 있다. 또한 인간의 어떤 행동은 실험실의 연구가 불가능한 경우도 있다.

현장실험관찰은 실제 환경에서 관찰이 이루어진다. 그런데 실제의 그대로가 아니다. 연구자가 관심을 갖고 있는 변인을 실험실이 아니라, 일상상황에서 조작하고 대상자의 행동을 관찰하는 것이다. 따라서 대상자는 자신들이 관찰되고 있음을 알지 못한다. 예를 들면, 실제 상황인 학교에서 아동들의 협동행동을 관찰할 수 있다. 사전에 교사를 훈련시켜 한 테이블에 여러 명을 앉게 하고, 개별 작품을 만들게 한다. 미술매체를 아동 모두 하나씩 가져가기에는 부족하게 준비하여 인위적 환경을 조작한다. 그리고 이 상황에서 아동들의 행동을 관찰하는 것이다.

현장실험관찰은 실제 현장에 실험적 요소를 인위적으로 도입하여 관찰하는 것이다. 실험실실험관찰에 비해 연구대상자의 행동을 인위적으로 야기하지 않아 생태학적 타당도가 높다. 그러나 대상자들이 자신의 행동이 관찰된다는 것을 알지 못하므로 윤리적 문제가 발생할 수 있다.

〈표 10-5〉 통제관찰

구분	실험실실험관찰	현장실험관찰
장소	실험실	실제 일상의 환경
조작내용	원인변인의 조작	원인변인의 조작
관찰의 인지	대상자가 인지	대상자가 인지 못함
문제점	실험실과 실제의 차이	윤리적 문제

2) 참여관찰과 비참여관찰

관찰자가 관찰되는 집단의 구성원이 되는가의 여부에 따라 참여관찰과 비참여관찰로 분류된다. 참여관찰(participant observation)은 연구자가 관찰대상의 집단구성원이 되어 구성원의 역할을 하면서 관찰하는 방법이다. 연구자가 특정 집단에 대한 자료를 수집하기 위해 관찰하는 것이다. 예를 들면, 인류학자가 한 문화집단의 양육행동을 알아보기 위해, 일정 기간 동안 그 집단에서 생활한다. 집단의 구성원이 되어 집단원들을 관찰하는 것이다.

관찰자는 집단의 구성원들에게 자신이 연구자이고 집단구성원들을 관찰한다는 점을 알린다. 연구자는 자신이 수집하려는 자료나 기록에 대해 대상자들의 동의를 받음으로써 보다 윤리적이 될 수 있다. 그러나 연구대상자들은 자신들이 관찰되고 있다는 점을 의식하여 자연스럽게 행동하지 않을 수 있다. 이 점은 시간경과로 집단구성원들이 관찰에 신경을 안 쓰게 되거나, 연구자의 신뢰가 중요한 요인이 된다.

참여관찰에서 집단의 모든 사회적 상황을 관찰하고 기록하는 것은 쉽지 않다. 그러나 현장에서의 오랜 참여경험은 어떤 자료를 포함해야 하고, 어떤 자료는 포함하지 않아도 되는가의 기술을 터득하게 된다. 참여관찰의 주요 내용은 집단의 특성, 집단의 환경, 발생행동, 집단의 구조, 대화의 내용 및 주제, 구성원들의 상호작용, 집단의 체계 등이다(McMillan & Schumacher, 2001).

참여관찰의 주요 내용

- 집단의 특성: 집단구성원의 수, 집단구성원의 자격, 집단구성원의 자원
- 집단의 환경: 집단의 맥락적 특징, 물리적 맥락, 물리적 공간이나 재료의 분배
- 발생행동: 집단의 정례적 행사나 활동, 집단의 정당화, 집단의 상징, 전통, 세계관
- 집단의 구조: 활동의 조직, 명명, 리더, 상호관계, 역할, 만남의 시간, 빈도
- 대화의 내용 및 주제: 일상 대화와 드문 주제, 대화의 형식과 과정, 유형, 신념, 가치
- 구성원들의 상호작용: 언어적, 비언어적 의사소통 방법, 개인행동의 근거, 상호반응
- 집단의 체계: 안정성과 변화, 규칙, 규범, 도덕, 다른 집단이나 조직과의 관련성

비참여관찰(nonparticipant observation)은 관찰자가 현장에는 있으나 현장에서 발생하는 활동에는 개입하지 않고 관찰만을 하는 것이다. 참여를 유발하는 상황이 발생해도 관찰자가 개입하지 않아야 한다. 연구대상자의 언어나 행동에 반응하지 않아야 한다. 관찰이 조직적이고 계획적으로 될 수 있다. 또한 관찰자가 직접 상황에 참여하지 않기 때문에 객관성을 유지할 수 있다.

비참여관찰은 연구대상자가 자신이 관찰되고 있다는 사실을 인지하지 못하거나, 인지하더라도 의식하지 않고 행동할 수 있어야 제대로 관찰이 된다. 따라서 일방경이 있는 관찰실을 이용하거나, 대상자가 의식하지 않도록 동영상으로 촬영하기도 한다. 그러나 현실적으로 이러한 시설을 갖추고 있는 현장이 드물기 때문에, 연구대상자의 눈에 띄지 않도록 하는 노력이 필요하다. 몇 차례의 관찰이 진행되면 관찰대상자는 관찰자를 의식하지 않을 수 있다.

3. 관찰연구의 절차

관찰연구는 자료수집이 관찰에 의한 것이다. 관찰연구의 일반적 절차는 제5장을 참조하면 된다. 본 절에서는 관찰과 관련된 관찰의 계획, 관찰행동의 표집, 관찰의 기록과 분석, 관찰결과의 제시, 관찰결과의 평가 및 해석에 대해 살펴보고자 한다.

1) 관찰의 계획

관찰이 이루어지기 위해서는 연구목적에 근거하여 관찰계획이 이루어진다. 관찰계획에는 관찰행동의 선택, 관찰행동의 선정, 관찰자 선정과 훈련이 포함된다.

(1) 관찰행동의 선택

어떤 행동을 관찰할 것인지를 결정해야 한다. 연구문제가 어떤 행동을 관찰해야 하는가의 중요한 기준이다. 관찰행동에는 비언어적 행동과 언어적 행동이 있다. 비언어적 행동에는 제스처, 얼굴표정, 시선 등이 있고, 언어적 행동에는 억양, 언어 속도, 언어의 강약이 있다. 집단의 경우에는 연구대상자 간의 거리, 역동관계 등이 있다. 미술치료의 경우에는 매체의 선택과 활용, 미술활동의 태도, 미술작품과의 관계 등의 언어적, 비언어적 행동이 더 추가적인 관찰행동이 된다.

관찰의 내용

- 비언어적 행동: 제스처, 얼굴표정, 시선, 손과 발의 움직임
- 언어적 행동: 어휘, 긍정언어, 부정언어, 억양, 언어 속도, 언어의 강약
- 집단의 경우: 연구대상자들 간의 거리, 상호작용, 역동관계
- 미술치료 연구의 관찰: 매체의 선택과 활용, 미술활동의 태도, 작품과의 관계 등을 더 추가 관찰함

---

(2) 관찰행동의 선정

관찰행동의 선정은 연구문제에 관련되는 대표적인 행동을 결정하는 것이다. 먼저 행동목록이 이루어져야 한다. 행동목록은 두드러진 한 가지 행동을 정하는 방법과 서

로 관련이 있는 행동들의 집합(혼합행동)을 정하는 방법이 있다(Suen & Ary, 1989). 두 드러진 한 가지 행동은 단일행동을 관찰하는 방법이다. 예를 들면, 머리 흔드는(틱행 동) 행동에 대한 미술치료의 효과를 측정하고자 한다면, 미술치료를 하기 전과 후에 머리 흔드는 행동을 관찰하면 된다. 단일행동의 관찰은 관찰하고자 하는 행동에만 집 중할 수 있고, 혼합행동보다 관찰과 자료분석이 덜 복잡하다는 장점이 있다.

서로 관련이 있는 행동들의 집합은 혼합행동을 관찰하는 방법이다. 혼합행동은 단 일행동이 아니라, 여러 행동들이 한 변인을 설명한다. 예를 들면, 미술활동에서 타인 의도조망이 관찰변인이며, 타인의도조망으로 미술치료사의 설명에 집중하기, 지시에 따르기, 또래의 의견 묻기를 관찰하는 것이다.

관찰의 계획

- 연구목적: 연구목적에 따라 관찰목적, 관찰계획, 관찰방법의 수립
- 연구문제: 어떤 행동을 관찰해야 하는가의 중요한 기준
- 관찰계획: 연구대상자 및 관찰자와 인원수 결정, 관찰상황 선택, 행동의 표집, 기록방법
- 관찰행동의 결정: 대표적 행동의 표집(단일행동, 혼합행동)

---

(3) 관찰자 선정과 훈련

관찰의 행동목록이 결정되면 관찰자를 선정해야 한다. 적합한 관찰자의 선정이 매 우 중요하다. 관찰은 연구결과의 타당성과 직결되는 자료수집 방법(Sommer & Sommer, 2002)이기 때문이다. 관찰자는 관찰에 대한 지식과 관찰하고자 하는 동기가 있어야 한다. 세밀한 관찰력이 있고, 객관적으로 관찰할 수 있는 자질도 갖춰야 한다. 관찰은 시각, 청각 같은 감각기관의 작용과 행동에 대한 지각적 이해, 그리고 무엇보다도 연 구내용을 이해하는 능력과 풍부한 연구경험이 필수적이다(이해영, 2005). 관찰자 기술 도 필요하다. 예를 들면, '관찰자는 미술치료전공 대학원생으로 관찰과목을 수강하 였고, 1년 이상 미술치료의 임상경험을 가진 학생들이다.'로 기술한다.

관찰자를 선정하고 나면 관찰자의 훈련이 필요하다. 훈련내용(Billman & Sherman, 2002)에는 무엇을 관찰하고, 관찰자료를 어떻게 수량화하는가의 방법이 구체적으로 명료화되어야 한다. 예를 들면, 충동행동과 결과예측행동을 관찰한다. 충동행동은 상

대방의 미술매체를 빼앗는 행동, 몰래 가져오는 행동, 공동과제 수행에서 상대방을 비난하는 행동, 자신의 주장이 옳다고 고집부리는 행동이다. 결과예측행동은 공동과제에 공평한 대안을 제시하는 행동, 의견을 타협하는 행동, 미술활동 중에 기다리는 행동이다.

수량화 방법의 예를 들면, 대인문제 해결능력의 수량화이다. 0점은 충동적 수준으로 상대방의 미술매체를 빼앗는 행동, 몰래 가져오는 행동, 공동과제 수행이나 의견교환에서 상대방을 비난하는 행동, 자신의 주장이 옳다고 고집부리는 행동이다. 3점은 공동제휴 수준으로 공평한 대안을 제시하는 행동, 다른 대안을 검토하는 행동, 의견타협을 하는 행동이다(노영운, 정현희, 2015).

관찰의 일관성과 관찰자 간의 의견 조율은 어떻게 할 것인가도 검토해야 한다. 예를 들면, 관찰방법은 훈련받은 관찰자 2명이 미술치료가 진행되는 동안의 모든 행동과 상황을 관찰하고, 전 과정을 동영상으로 촬영하였다. 두 명의 의견이 불일치하는 경우 동영상으로 확인하였다.

관찰자 간의 일치도를 높이기 위한 훈련으로 관찰자들이 실제 관찰에 관한 영상을 보며 관찰행동을 기록한다. 그리고 서로의 관찰에서 불일치한 부분을 논의하며, 피드백을 주고받는다. 이러한 과정은 관찰자 간의 신뢰도를 증가시킨다(Kidder & Judd, 1986). 그리고 동영상의 같은 행동에 대해서도 시간 간격을 두고 반복관찰을 한다. 불일치에 대해 관찰자들이 서로 피드백을 주고받고, 각자 자신의 불일치에 대해 자기평가를 한다. 이 과정에서 관찰자 내의 신뢰도는 증가한다. 그 외에 성별, 인종, 문화적 편견을 버리도록 교육을 한다. 이를 통해 관찰자는 연구대상자와 관찰내용을 명확하게 이해할 수 있고, 체계적이고 객관적으로 관찰하는 것이 가능해진다.

관찰자의 선정과 훈련

- 관찰에 대한 지식: 관찰의 기본 지식, 관찰의 방법, 세밀한 관찰력, 관찰의 객관성
- 연구에 대한 이해: 연구목적과 연구내용의 이해, 연구문제나 연구가설의 이해, 연구경험
- 관찰자의 훈련 내용: 관찰내용, 관찰의 기록방법, 관찰행동의 수량화
- 관찰 연습: 관찰의 일관성(관찰자 내 일치도)
      관찰자 간 의견 조율(관찰자 간 일치도)

2) 관찰행동의 표집

관찰행동이 선정되고 나면 관찰행동을 언제, 어떻게 표집할 것인지를 결정한다. 표집에는 시간에 따른 시간표집법과 장면이나 사건에 따른 사건표집법이 있다.

(1) 시간표집법

시간표집법(time sampling)은 관찰대상이 되는 대표행동을 잘 표집하기 위해서 특정행동을 주기적으로 관찰하는 것이다. 관찰을 하기 전에 일정한 시간 간격을 미리 정해 놓고, 그 시간에 특정행동이 발생하는가를 관찰하게 된다. 즉, 정해진 짧은 시간 동안에 대상자를 관찰하고, 그 시간에 나타나는 행동을 기록하는 방법이다. 관찰하는 시간을 통제할 수 있기 때문에 관찰의 시간 간격, 관찰횟수 등은 연구목적과 관찰하려는 행동의 특성에 따라 변화가 가능하다. 일반적으로 관찰자가 관찰하는 시간은 1분, 기록하는 시간은 2~3분을 제공한다(Billman & Sherman, 2002). 시간표집법은 특정행동의 관찰에서 관찰시간과 관찰행동이 분명하므로 객관성과 대표성이 높다.

관찰시간은 행동의 빈도나 유형에 따라 달라진다. 비교적 자주 일어나는 행동(적어도 15분에 한 번 이상)이나 눈에 쉽게 띄는 행동(예 외현적 행동: 산만행동, 공격행동 등)이 관찰행동이 된다. 드물게 발생하거나 우울, 불안 같은 내면행동의 관찰에는 한계가 있다.

시간표집법은 관찰의 행동목록과 기록양식을 정해야 한다. 동일한 대상자가 여러 번 관찰될 수 있고, 매번 다른 대상자가 관찰될 수도 있다. 동일 대상의 관찰은 특정행동이 얼마나 자주 나타나는가를 파악하는 것이며, 다른 대상자의 관찰은 특정행동이 얼마나 일반적인가를 알아보고자 하는 것이다. 시간표집법은 특정행동의 원인이나 질적인 측면을 분석하기에는 한계가 있다.

〈표 10-6〉 시간표집법의 예(공격행동)

공격행동	관찰시간			
	10:00~ 10:01	10:04~ 10:05	10:08~ 10:09	10:12~ 10:13
1. 가만히 있는 사람을 치거나 밀친다.		///		
2. 물건을 다른 사람에게 던진다.	/			
3. 다른 사람을 발로 차거나 때린다.				/
4. 다른 사람이 하는 일을 건드리거나 망친다.	//		//	
5. 다른 사람의 물건을 빼앗는다.		//		

/는 행동 발생빈도

시간표집법은 관찰자가 짧은 시간에 관찰과 동시에 자료를 부호화하는 것이 가능하고, 통계적 분석이 가능한 양적자료를 제공해 준다. 행동목록에 의해 관찰을 하므로 대표적인 행동표본을 얻을 확률이 높다. 행동목록이 있어 신뢰성과 객관성도 있다고 볼 수 있다. 그리고 다양한 상황에서 다양한 자료를 수집할 수 있다.

반면에 특정행동에 초점을 두고 관찰을 하므로 행동 간의 상호관계나 인과관계를 파악하기가 힘들다. 관찰자는 관찰목록에 따라 관찰을 하므로 현상을 있는 그대로 기술하기보다는 행동목록에 있는 행동만을 찾으려고 할 수 있다. 이로써 편향된 관찰의 가능성을 배제하기 어렵다. 그리고 행동의 지속성과 자연성이 결여되어 있다. 특히 시간의 단위가 작을 때 더 심하게 된다.

〈표 10-7〉 시간표집법의 장점과 단점

장점	단점
관찰행동의 신뢰성, 객관성, 대표성	드문행동, 내현적 행동관찰의 어려움
짧은 시간에 자료수집	상호관계나 인과관계 파악의 어려움
통계적 분석 가능	행동목록의 행동만 관찰
대표적인 행동의 표집 확률 높음	행동의 지속성과 자연성 결여

(2) 사건표집법

사건표집법(event sampling)은 특정행동이 나타났을 때, 그 행동을 관찰하는 방법이다. 예를 들면, 아동들의 협동행동을 관찰하고자 하였다. 아동이 미술매체를 나누어 사용하는 행동이 나타날 때까지 기다렸다가, 나누어 사용하는 행동이 나타나면, 이 상황에서 아동의 언어, 행동, 그리고 이 행동의 결과를 기록하는 것이다. 관찰의 단위가 시간 간격이 아니라 특정행동이나 사건이다.

사건표집법은 관찰자가 관찰하려는 사건이나 행동이 나타나기를 기다렸다가, 그 행동이나 사건이 발생하면 발생하는 순서대로 기록해야 한다. 관찰단위가 시간 간격이 아니라 행동이나 사건이다. 관찰하기 위해 사건이나 행동이 언제, 어디서 발생할지를 알아야 한다. 따라서 사전에 관찰하려는 행동이나 사건에 대한 분명한 이해가 필요하고, 특정행동에 대한 구체적인 조작적 정의가 내려져야 한다.

사건표집법은 특정 행동이나 사건이 발생할 때까지 기다려서 관찰해야 하는 어려움이 있다. 빈번하게 나타나는 행동뿐만 아니라, 드물게 나타나는 행동에도 적용이 가능한 관찰방법이다. 드물게 발생하는 사건이나 행동이 시간표집으로 관찰될 경우에는 간과되기 쉬우나, 사건표집에서는 관찰할 수 있다(Kerlinger, 1986).

기록방법에는 서술식과 행동범주표가 있다. 서술식은 일화기록법으로 특정행동이나 사건이 발생하는 전후 맥락의 기술이 되므로 특정행동이나 사건의 원인을 밝힐 수 있다. 이 자료는 코드화하는 능력이 필요하다. 수량화되기 어려워 일반화에 문제가 될 수 있다. 관찰과 기록, 분석에 훈련이 요구된다. 행동범주표는 특정행동이나 사건의 내용을 사전에 세부 항목으로 분류한 표로, 해당 항목에 관찰내용을 기입한다.

사건표집법은 사건이나 행동이 발생되는 자연적 상황에서 행동을 관찰할 수 있기 때문에 생태학적 타당성을 갖게 된다. 단절된 행동이나 사건만의 관찰이 아니므로 행동이나 사건이 지속성을 지닌다. 그리하여 사건이나 행동의 전체를 보게 된다.

〈표 10-8〉 사건표집법의 장점과 단점

장점	단점
자연상황의 관찰	사건 발생 시간의 예측 어려움
사건의 전후 맥락 이해	수량화의 어려움
행동의 지속성	일반화의 어려움
드문 행동의 특성 이해	기록과 분석 위한 시간과 기술이 요구됨

사건표집법은 시간표집법과 비교하여 관찰의 목적, 관찰의 표집단위, 관찰을 통해 얻고자 하는 정보 등에서 차이가 있다. 시간표집법과 사건표집법을 비교하면 〈표 10-9〉와 같다.

〈표 10-9〉 시간표집법과 사건표집법의 비교		
영역	시간표집법	사건표집법
목적	행동이나 사건의 빈도	행동이나 사건의 원인
표집단위	시간	특정행동이나 사건
정보	행동이나 사건의 존재 유무	행동이나 사건의 전후 관계

3) 관찰의 기록과 분석

연구문제와 관찰행동이 선정되고 관찰행동의 표집이 결정되면, 어떻게 기록할 것인가가 결정되어야 한다. 기록방법에는 사용도구에 의한 방법으로 지필에 의한 방법과 시청각 기기를 활용하는 방법이 있다. 기록양식에 따른 방법으로는 일화기록법, 평정척도법 그리고 행동목록표가 있다. 기록내용에 따른 방법으로는 행동지속시간, 행동빈도, 행동발생간격, 행동양상이 있다.

(1) 사용도구에 의한 방법

지필에 의한 방법은 필기도구로 종이에 기록하는 방법이다. 지필방법은 관찰자의 주관적 판단이 개입될 소지가 있어 지필기록과 더불어 시청각 기기가 사용되는 경우가 많다. 시청각 기기의 사용은 관찰자의 주관적 판단이 개입될 소지가 거의 없기 때문에 정확하게 자료를 수집할 수 있다. 수집된 자료를 분석하는 데 반복해서 사용할 수 있다는 장점이 있다. 또 관찰자가 놓친 상황 내의 다른 측면을 볼 수 있다. 반면에 어떤 대상자는 기기가 있는 상태에서 행동하는 것을 꺼리는 경우가 있고, 연구자는 기기 사용에 어려움이 있을 수 있다. 관찰자료를 분석하기 위해 기기의 기록내용을 전사하는 데 시간이 많이 소비된다.

(2) 기록양식에 따른 방법

기록양식에 따른 방법에는 일화기록법, 평정척도법, 행동목록표가 있다. 일화기록법(anecdotal records)은 구체적 절차나 양식이 없다. 몇 초에서 몇 분 동안의 발생 사건이나 행동을 이야기식으로 서술하는 방식이다. 개인의 구체적인 행동이나 사건과 관련된 상황들이 관찰되고 기록된다. 일화기록법은 예기치 않은 행동이나 사건을 기록하고자 할 때 사용되며, 사례연구에 많이 이용된다. 미술치료 회기진행과정의 관찰에 많이 활용되는 방법이다.

　일화기록에서 주의할 사항은 사건이 일어나는 즉시 객관적이고 정확하게 기록하여야 한다. 언제, 어떤 상황에서 어떤 행동이 발생되었는가를 사실적으로 기록한다. 구체적인 특수한 사건을 기록하고 일반적이거나 평가적인 서술은 피함이 좋다(성태제, 시기자, 2006).

미술치료 회기 관찰기록의 예

　도화지에 테두리를 그려 주고, 우리 집을 그려 보자고 하였다. 아동은 지붕과 벽의 윤곽을 검정 크레파스로 천천히 그렸다. 그리고 색칠이 윤곽선 밖으로 나가지 않도록 조심하며 칠했다. 지난 시간의 감정피자를 보여 주며, '언제 기쁘고, 언제 화가 나는지, 언제 행복을 느끼고, 언제 슬픈지, 우리 집을 보면서 이야기해 보자.'고 하였다. 아동은 몸을 흔들더니, '엄마랑 잡기놀이를 할 때 기쁘고, 엄마가 혼낼 때 화가 나요, 혼나서 울 때가 있어요.'라고 하였다.

　연구대상자의 행동과 언어를 구체적으로 기록하되 설명이나 느낌, 추론은 피해야 한다. 읽는 사람들이 그 상황에 있는 것 같은 느낌과 스스로의 결론을 내릴 수 있도록 자세히 기술하는 것이다. 객관적 사실과 관찰자의 해석을 명확히 구분하여 기록한다. 그리고 다수의 대상자가 있는 경우에는 그들 간의 상호작용이 기록되어야 한다.

집단의 관찰기록의 예

한 가지 색깔의 크레파스를 선택하게 한 후에, 도화지에 그리고 싶은 그림을 그리라고 하였다. 그리고 치료사가 '그만'이라고 하면, 옆 친구에게 자신의 그림을 돌리라고 지시하였다. 재민이는 분홍색, 창민이는 노랑색, 영은이는 파랑색, 영석이는 빨강색, 예은이는 연두색을 선택하였다. 아동들이 자신의 그림을 그린 후 치료사가 '옆 친구에게 자기 그림을 돌리세요.'라고 하였더니 재민이는 '내 그림 망치면 가만히 안 둔다.' 영은이는 '싫어요.' 영석이는 '크레파스 바꾸자.'라고 이야기하였다. 첫 번째 그림을 돌리고 두 번째 그림을 그렸다. 서로 쳐다보며 친구의 그림에 대충대충 색칠을 하였다. 예은이는 '재수 없어.' '친구가 그림을 망치네.' 창민이는 '너나 잘해라.'의 반응이 나왔다.

집단미술치료 과정의 관찰은 구성원들 간의 역동이 기술되어야 한다. 여러 시기의 서로 다른 일화는 총괄적으로 서술하지 않고, 각각의 일화를 독립적으로 기록한다. 일어난 순서대로 기술되어야 한다.

일화기록법의 장점은 기술상의 특별한 형식이 요구되지 않는다는 점이다. 그리고 종이와 연필만 있으면 언제 어디서든 기록이 가능하다. 또한 특정 영역이 아니라 모든 영역에 대한 기록으로 풍부한 자료가 제공된다. 단점은 기록에서 관찰자의 주관이 개입될 가능성이 높다는 점과 관찰대상자의 말과 행동의 모든 세부사항을 기록하지 못한다는 점이다. 그리고 자료가 많아 발췌내용의 선정을 사전에 잘 계획하고, 기록 후에 연구결과를 위한 내용발췌도 사전계획에 따라 신중하게 하여야 한다. 관찰대상이 소수여야 하는 한계점이 있다.

<표 10-10> 일화기록법의 장점과 단점

장점	단점
기술상의 특별한 형식이 요구되지 않음	관찰자의 주관이 개입될 가능성
종이와 연필로 가능	연구대상자의 모든 세부사항을 기록하지는 못함
언제 어디서든 가능	연구대상자가 소수여야 함
모든 영역의 기록으로 풍부한 자료	발췌내용 선정의 어려움

평정척도법(rating scale)은 관찰자가 연구대상자의 행동을 보고 평가하는 것이다.

관찰행동을 연속성이 있는 행동으로 보고, 연속선상에 있는 점수에 체크하는 것이다. 특정행동의 유무뿐만 아니라 행동의 정도가 측정된다. 사용하기가 간편하고, 시간소모가 적어 자주 사용된다. 연구대상자의 태도, 느낌 등의 정의적 행동의 평가에도 사용된다. 관찰자가 정도를 판단하여 점수를 부여하므로 관찰자의 주관이 개입될 수 있다.

평정척도법은 자료처리와 수량화가 용이하다. 수량화된 점수를 부과하므로 수량화하는 방법이 고안되어야 한다. 행동의 정도가 확인되므로 개인의 행동유형 차이를 기술할 때 유용하다. 그러나 상황을 고려한 평가를 하지 못하며, 예측하지 못한 행동은 평가하지 못한다.

〈표 10-11〉 평점척도법의 장점과 단점

장점	단점
사용의 간편	상황을 고려하지 못함
정의적 특성 평가 가능	관찰자의 주관적 판단 가능
수량화	예측 못한 행동의 평가 어려움

평정척도의 종류에는 기술평정척도, 수평평정척도, 도식평정척도, 표준평정척도가 있다. 기술평정척도는 관찰자가 연구대상자의 행동을 잘 나타내는 진술문을 택하는 것이다. 수평평정척도는 행동의 차원이 연속적인 범주로 나누어져 있다. 행동의 특성을 숫자에 의해 정도를 표시하는 방법이다. 아주 잘함은 5점, 잘함은 4점, 보통은 3점, 못함은 2점, 아주 못함은 1점을 부여하는 것이다. 기술평정척도가 각 범주에 숫자를 부여하면 수평평정척도로 전환될 수 있다. 도식평정척도는 어떤 행동특성을 선으로 그린 다음에 공간을 분할하여 각 위치에 의미를 첨부하는 방법이다. 결과분석에서는 수평평정척도로 전환되어야 한다. 표준평정척도는 구체적인 준거를 제시하고 평정하는 방법이다. 이 방법의 유의점(이정환, 박은혜, 2009)은 평정대상의 행동특성이 객관적이고 명확하며 간결하게 제시되어야 한다. 단어나 단서가 평정하는 특성과 일치한다는 확신이 있어야 하며, 여러 척도에 의미가 중복되지 않아야 한다. 너무 극단적 수준의 특성은 제시하지 않음이 좋다. 가치판단적 용어는 사용하지 않는다.

평정척도의 예

- **기술평정척도**

  집단미술치료 후의 미술매체 정돈에 아동의 행동은 어떠한가? (   )

  ① 미술치료사의 도움 없이 미술매체를 정돈한다.

  ② 또래와 협력하여 미술매체를 정돈한다.

  ③ 미술치료사의 지시에 따라 미술매체를 정돈한다.

  ④ 미술매체를 정돈하지 않는다.

  ⑤ 미술치료사가 지시를 해도 미술매체를 정돈하지 않는다.

- **수평평정척도**

  협동과제활동에서 행동의 정도를 숫자에 표시하세요.

	아주 잘함	잘함	보통	못함	아주 못함
의사표현	⑤	④	③	②	①
빌려주기	⑤	④	③	②	①

- **도식평정척도**

  협동과제활동에서 행동의 정도를 ○표 하세요.

  아주 못함   아주 잘함

	1	2	3	4	5	6	7
의사표현	+—+—+—+—+—+—+
빌려주기	+—+—+—+—+—+—+

- **표준평정척도**

	하위 10%	하위 20%	보통	상위 20%	상위 10%
의사표현	+———+———+———+———+
언어이해	+———+———+———+———+

  행동목록표(checklists)는 사전에 준비된 일련의 행동목록에 있는 행동이 실제로 나타나는가를 관찰하여 유무를 표시(check)하는 방법이다. 이는 발생될 행동을 예견할 수 있고, 단순히 그 행동이 나타나는지를 알아보고 싶을 때 쓰이는 관찰방법이다. 자세한 행동의 기록은 하지 않는다. 행동의 빈도나 질이 필요하지 않을 때 사용한다.

행동목록표의 예

• 친구가 자신의 작품을 설명하는데 잘 듣는다.　　　　① 예 (　) ② 아니요 (　)
• 협동작품의 제목 정하기에서 자신의 의견을 이야기한다. ① 예 (　) ② 아니요 (　)
• 지시내용에 집중을 한다.　　　　　　　　　　　　　① 예 (　) ② 아니요 (　)
• 얼굴을 그릴 수 있다.　　　　　　　　　　　　　　① 예 (　) ② 아니요 (　)

행동목록표는 행동을 자세하게 구체적으로 작성하여야 한다. 행동목록표의 행동목록이 사전에 치밀하게 잘 구성된다면 시간과 노력에서 효율성이 있게 된다. 그리고 특별한 훈련 없이도 관찰이 가능하다. 행동목록표의 행동은 명백하게 관찰할 수 있는 행동이면서, 행동을 분류하는 기준이 하나여야 한다. 분류가 중복되지 않고, 관찰하려는 행동은 모두 포함되어야 한다. 그러나 체크해야 할 행동목록이 너무 많으면 관찰자에 의한 왜곡의 가능성이 있다. 관찰자가 각 행동목록들을 어느 정도 정확히 알고 평가하느냐에 따라 관찰의 객관성과 정확성이 결정되기 때문이다.

행동목록표는 여러 행동을 포함하므로 여러 영역의 특성을 동시에 볼 수 있고, 종합적인 정보를 얻을 수 있다. 그리고 주기적으로 사용하여 연속적인 변화과정을 측정할 수 있다. 반면에 행동의 존재 여부는 파악할 수 있으나, 행동이 왜 일어났는지에 대한 정보는 얻을 수 없다. 사전에 치밀하게 관찰목록이 작성되었다고 하더라도 예측하지 못한 행동이 발생할 경우에는 적절히 기록하기가 힘들다.

〈표 10-12〉 행동목록표의 장점과 단점

장점	단점
시간과 노력의 효율성	행동의 원인에 대한 정보 없음
특별한 훈련이 요구되지 않음	예측하지 못한 행동을 기록 못함
여러 행동에 대한 종합적 자료	관찰자에 의한 왜곡의 가능성
주기적 사용에서 변화과정을 이해	많은 행동의 관찰은 어려움

(3) 기록내용에 따른 방법

기록내용에 따른 방법에는 행동지속시간, 행동빈도, 행동발생간격, 행동양상이 있다. 행동지속시간(duration)은 특정 행동이 발생한 시간의 양이다. 시간의 양은 초시계를 사용하여 측정한다. 행동빈도(frequency)는 특정행동이 발생한 횟수를 말한다. 이 방법은 행동목록표에 행동의 빈도를 기록하게 된다. 행동발생간격은 주어진 시간 내에 특정행동이 어느 정도의 시간 간격을 두고 발생하는지 기록한다. 행동양상은 시간의 경과에 따른 행동의 발생과 발생하지 않음의 경향이다.

행동지속시간이나 행동빈도의 양은 관찰회기의 길이에 따라 달라진다. 따라서 집단 간의 비교에서는 반드시 관찰회기의 시간 단위가 동일해야 한다. 행동지속시간을 관찰회기시간으로 나누면, 행동이 지속된 시간의 비율을 알 수 있다. 이를 상대적 지속시간(relative duration)이라고 한다. 시간의 단위(초, 분, 시간)를 통일한 후 빈도를 관찰회기로 나누면 상대적 빈도(relative frequency)를 구할 수 있다(Suen & Ary, 1989). 관찰목표가 되는 행동특성에 따라 기록하는 방법을 적절히 선택하여야 한다. 예를 들어, 미술치료 개입 후에 아동의 주의집중력을 관찰한다면 행동빈도보다는 행동지속시간이 더 의미가 있다고 볼 수 있다.

4) 관찰결과의 제시

관찰자료가 분석되면 관찰결과를 제시하게 된다. 관찰의 종류와 수집방법에 따라 결과의 제시는 차이가 있다. 수량화된 자료의 경우에는 제13장, 제14장을 참조하면 된다. 일화기록의 경우에는 연구자의 전문적 지식에 따라 서술식으로 요약된다. 이때 연구문제와 연구방법에 제시된 결과처리 방법에 의해 기술한다. 연구문제에 따라 관찰한 모든 내용이 제시되거나 목적행동을 발췌하여 제시하기도 한다.

미술치료 회기진행과정의 관찰은 일반적으로 일화기록이 아니라, 전 과정을 기록하게 된다. 치료의 목표행동에 대한 일화기록으로는 치료과정을 정확하게 파악하기 어려운 상황이 다수 있기 때문이다. 치료사의 태도, 매체특성, 미술활동, 집단원들 간의 구조와 역동이 상호관계되어 목표행동이 서서히 나타나기 때문이다. 결과의 제시에서는 전 과정의 기록에서 목적행동을 발췌한다. 집단치료의 경우에는 먼저 전체적인 경향을 종합적으로 제시한 다음에 각 개인에 대해 제시한다.

회기진행과정 결과제시의 예(전체적 경향)

- 회기진행과정의 관찰에서 타인사고조망을 발췌하였다. 발췌내용은 또래의 이야기에 집중하기, 협동과제에서 또래의 의견을 언어로 질문하기, 또래의 표현에 이유 묻기, 자기의견 말하기이다.

- 4회기는 자신과 타인의 사고가 다르다는 것을 이해하는 것이 목표였다. 치료사가 상자 그림이 그려진 종이를 보여 주고, 아동들은 상자 안에 무엇이 들어있는지 종이에 그려 보는 활동이었다. 장난감, 맛있는 것, 로봇, 돈, 예쁜 인형 등 서로 다른 그림을 그렸다. 같은 것을 보았지만 서로 다른 사고를 가지고 있다는 것이 구체적인 작품에 의해 확인되었다.

- 9회기는 대화를 통해 타인의 사고를 파악하는 것을 목표로 하였다. 2팀으로 나누어 색종이, 가위, 풀, 리본끈으로 전지에 꽃밭 꾸미기 활동이었다. A팀 아동들은 자신이 알고 있는 꽃 종류를 각자 말하였다. 그리고 이 꽃들을 꾸미자고 하였다. '색칠 도와줘. 마음에 들어?'로 또래의 의도에 대해 물어보며 활동을 했다. '다른 꽃 만들자. 빨간 색은 싫어.'에 '노란 색은? 도와줄래?'로 서로 마음에 들지 않는 부분은 말을 하였다. 타인 의도에 관심을 갖고, 자신의 욕구를 조절하면서 행동하는 방법을 배울 수 있는 회기였다.

연구문제에 따라 모든 관찰내용에서 목적행동을 발췌하여 초기와 후기로 나누어 제시되기도 한다. 제시내용은 사전에 제시된 분석방법에 의거하게 된다.

초기와 후기의 비교(전체적 경향)

- 초기: 매체를 나누어 사용하기에서, 서로 같은 매체를 사용하려고 짜증 섞인 말을 하거나 빼앗아 사용하였다. 팀원이 하기 싫다고 하면 혼자하는 것이 더 좋다고 이야기하였다. 자신이 필요한 곳에 사인펜을 사용한 후에 뚜껑을 닫아 또래의 매체 사용 여부에 대한 상황을 고려하지 않았다. 합동 작품임에도 자신이 그린 그림의 주위는 검정색 크레파스로 테두리하며 자신의 땅이라고 하였다.

- 후기: 작품의 활동으로 들어가기 전에 먼저 꾸미고 싶은 내용을 서로 이야기하였다. 그리고 작품활동을 시작하였다. '어떻게 하는게 좋아? 무슨 색을 칠할래?'로 또래의 의도를 파악하고자 하였다. 또는 '내가 먼저 빨간색 칠할까?'로 자신의 의견을 이야기하였다. '나는 하늘을 그리고 싶은데 …….'로 또래의 의도에 자신의 욕구를 조절하려는 모습도 보였다.

관찰결과는 연구자가 전문적 분석방법의 틀을 설정하고 이에 따라 정리하기도 한다. 관찰된 내용이 잘 드러나도록 객관적 기준을 설정하고, 이 기준에 의거하여 제시하는 것이다.

분석방법의 틀에 의한 예

• 미술치료 회기진행과정의 자기개방은 자기와 또래관계에 대한 느낌, 생각, 현실직면, 행동의 네 가지 관점에 따라 보았다. 자기개방은 이형득(1997)의 느낌, 생각, 현실직면, 행동의 관점을 참고하였다. 자신과 또래에 대한, 느낌, 생각, 현실직면, 행동이 나타나는가를 치료초기와 후기로 나누어 평가하였다.
• 분석방법의 타당도는 미술치료전문가 3인, 아동학 전공자 3인, 미술학 전공자 2인으로부터 내용타당도를 검증받았다. 그리고 분석의 신뢰를 위해 미술치료사 2인이 평가에서 일치된 내용만을 선정하였다.

---

5) 관찰결과의 평가 및 해석

관찰된 내용이 기록되고 분석되어 결과제시가 되면, 다음 단계는 관찰결과를 평가하고 해석해 보는 단계이다. 평가는 분석결과에 대하여 판단을 하는 것이다. 결과제시가 객관적인가, 합리적인가, 정밀한가, 검증가능성이 있는가 등의 과학적 요인에 대해 판단하는 것이다. 해석은 결과가 제시된 관찰행동의 의미에 대해 추론하는 것이다. 관찰한 것을 넘어서서 인간행동의 맥락을 보는 것이다. 행동의 원인, 감정, 사고, 환경과 상황과의 관계 등을 추론해 보는 것이다. 그리고 이 추론은 주관적인 것이 아니라, 다른 연구자와도 공유하고 일치할 수 있는 인간행동에 대한 이해와 일반화에 대해 검증해 보는 것이다.

4. 관찰연구의 평가

관찰연구는 관찰이 어떻게 이루어지는가가 중요한 과제이다. 관찰연구 평가의 내용은 관찰자가 연구대상자에게 미치는 요인, 관찰자 자신의 요인, 연구대상자 요인으로 나누어 볼 수 있다.

1) 연구대상자에게 미치는 요인

연구대상자에게 미치는 요인은 관찰자가 현장에 있다는 사실이 연구대상자에게 영향을 준다는 것이다. 관찰자의 존재를 숨기지 않으면, 관찰자는 연구대상자에게 영향을 줄 수 있다. 예를 들어, 미술치료실에 처음 들어간 관찰자는 미술치료사나 치료대상자들의 행동을 부자연스럽게 할 수 있다. 행동을 더 긍정적으로 또는 더 부정적으로 유도할 수 있다. 이를 최소화하기 위해 일방경을 통한 관찰하기, 카메라를 숨겨 촬영하기, 관찰자의 존재가 연구대상자들에게 익숙할 수 있도록 실제로 관찰 전에 관찰자를 관찰상황에 미리 노출하기가 있다. 사전에 관찰자가 있음을 공지하여 관찰자의 존재를 의식하지 않도록 하기도 한다.

2) 관찰자 자신의 요인

관찰자 자신의 요인은 관찰자가 갖고 있는 개인적인 편견이나 오류이다. 인간은 자신의 경험이나 신념에 영향을 받기 때문에, 어떤 관찰도 어느 정도 관찰자의 개인적 편견이 개입된다. 이를 관찰자가 인식하고 편견을 최소화하도록 최선을 다해야 한다. 관찰자가 관찰결과에 대한 기대가 있으면 편견이 생길 수 있다. 특히 미술치료는 긍정적인 행동으로의 변화가 목표이다. 따라서 행동을 과대평가하거나 과소평가할 수 있다. 관찰자는 이 점을 특히 조심하여야 한다. 미술치료과정을 관찰하는 경우에 역전이, 투사 등의 문제가 발생할 수 있고 이것이 객관적 관찰을 방해할 수 있다.

관용의 오류(error of leniency)와 엄격성의 오류(error of severity)도 있다. 관용의 오류는 관찰대상자의 행동을 지나치게 후하게 평가하는 것이다. 엄격성의 오류는 지나치게 낮게 평가하는 것이다. 관찰자에게 익숙한 행동은 당연한 것으로 받아들여 관찰에서 상세한 변별을 어렵게 할 수도 있다(이은해, 1987). 전달의 오류도 있다. 관찰행동을 기록할 때 순서를 틀리게 기록하는 것이다. 기록할 때에 시간을 기재하여 전달의 오류를 감소시킬 수 있다.

후광효과(halo effect)가 있다. 후광효과는 연구대상자에 대한 관찰자의 첫 인상이나 개인적 감정, 선입견 또는 예비지식이 관찰에 영향을 주는 것이다. 관찰자가 연구대상자에 대한 편견을 가지고 있을 수 있다. 연구대상자의 연령, 성별, 행동특성, 성격, 인구학적 배경으로 연구대상자를 과대평가하거나 과소평가하게 될 수 있다. 평정의 오류(rating errors)도 있다. 이는 대답경향성에 의한 것으로(정옥분, 2008), 평정척도법을 사용하는 경우에 관찰자가 연구대상자의 실제 행동을 평정하는 것이 아니라, 일반화된 경향에 근거하여 평정하는 것이다. 집중경향의 오류(error of central tendency)도 있다. 집중경향의 오류는 연구대상자의 행동을 평정척도의 가운데에 있는 점수를 주는 것이다. 관찰자가 판단이 어렵거나 애매한 항목에서 이러한 오류를 범한다. 집중경향성이 나타나면 연구자는 평정척도를 재구성하거나 관찰자를 더 훈련시켜야 한다.

　누락의 오류도 있다. 연구대상자에게 부정적인 편견, 시각, 신념을 가지고 있는 경우에 연구대상자의 바람직한 행동을 간과하게 된다. 관찰행동들이 동시에 나타나거나 너무 빨리 지나가는 경우에는 모두 기록할 수 없다. 실수로 기록하지 않음도 발생한다. 관찰행동이 아주 드물거나 천천히 나타나 알아채지 못하는 경우도 있다. 이와 같은 누락의 오류를 최소화하기 위해서는 관찰 일정을 단순화하거나 다수의 관찰자를 선정하는 것이 좋다. 드물게 발생하는 행동에 주의를 기울일 수 있도록 지침도 제공하여야 한다.

관찰자 자신의 요인

- 관찰자의 개인적인 편견, 시각, 신념
- 관찰결과에 대한 기대
- 관용의 오류: 연구대상자 모두에게 지나친 후한 평가
- 엄격성의 오류: 연구대상자 모두에게 지나치게 낮은 평가
- 전달의 오류: 발생 순서를 틀리게 기록
- 후광효과: 연구대상자에 대한 인상, 선입견, 예비지식
- 평정의 오류: 일반화된 경향에 근거하여 평정
- 집중경향의 오류: 평정척도의 중간점수를 주는 경향
- 누락의 오류: 발생행동을 기록하지 못 함

---

3) 연구대상자 요인

연구대상자가 연구목적을 알았을 때도 문제가 발생할 수 있다. 예를 들어, 연구목

적이 친사회적 행동을 관찰하는 것이라는 것을 알고 있다면, 연구대상자는 평소보다 더 많은 긍정적인 행동을 보일 수 있다. 이와 같은 효과를 최소화하기 위해 연구에 따라서는 연구가 완성될 때까지 연구의 목적을 밝히지 않는다. 그리고 밝힐 수 없음을 연구대상자들에게 알리고, 어떤 불리한 영향도 주지 않을 것이라는 사실을 확신시켜 주는 것이 필요하다. 그러나 연구가 종료되면 연구의 목적을 알려 주고, 연구를 위한 부득이한 선택이었음을 이해시켜야 한다.

5. 관찰의 신뢰도

관찰의 신뢰도는 관찰이 일관성 있게 이루어지고 있는가를 의미한다. 관찰자 훈련에 의해 관찰의 정확성이나 관찰자 간의 일치정도가 일정 수준에 도달된 뒤에 관찰을 해야 한다. 그러나 시간이 경과됨에 따라 관찰자가 훈련받은 내용대로 행동관찰을 잘하지 못할 수 있다. 연구자는 신뢰할 수 있는 관찰을 위해 관찰기간 동안 관찰자들을 자주 점검함이 필요하다. 연구자는 관찰자들에게 관찰의 중요성을 일깨워 주고, 관찰자들이 피곤해하지 않도록 관찰일정을 계획하여야 한다. 연구자 자신이 관찰자인 경우에도 계획대로 잘 관찰하고 있는가의 자기점검이 필요하다.

관찰자 신뢰도는 관찰자 간의 신뢰도(interobserver reliability)와 관찰자 내 신뢰도(intraobserver reliability)가 있다. 관찰자 간의 신뢰도는 관찰의 기록이 관찰자 간에 일치되는 정도이다. 동일 장면을 2명 이상의 관찰자가 각각 관찰하여 이들 간의 일치정도를 나타내는 것이다. 관찰자 내 신뢰도는 한 관찰자가 많은 대상자들을 얼마나 일관성 있게 측정할 수 있는가를 나타내는 것이다. 관찰자 신뢰도를 추정하는 방법은 상관관계법, 관찰자 일치도, 카파계수가 있다.

1) 상관관계법

상관관계법은 관찰결과가 연속변인의 점수일 때 사용한다. 피어슨의 적률상관계수를 산출한다. 상관계수가 높으면 두 관찰자가 동일한 관찰기준에 의해 관찰한 것으로 보고, 상관계수가 낮으면 관찰자가 다른 관찰기준에 의해 관찰한 것으로 해석한다. 한 관찰자가 일관성 있게 관찰하면 상관계수가 높고, 관찰의 일관성이 없으면 상관계수가 낮다.

2) 관찰자 간 일치도

관찰자 간 일치도(interobserver agreement)는 두 명 이상의 관찰자가 행동이 발생했다고 보는가, 발생하지 않았다고 보는가에 대해 일치하는 정도이다. 관찰결과가 연속변수의 점수가 아니라 범주일 때 사용되는 방법이다. 관찰자 간 일치도에는 일치백분율(percentage agreement index)과 행동발생일치율(행동소멸일치율)이 있다(Suen & Art, 1989).

$$일치백분율 = \frac{두\ 관찰자가\ 일치한\ 경우의\ 수}{일치한\ 경우의\ 수 + 일치하지\ 않은\ 경우의\ 수} \times 100\%$$

예를 들어, 아동들의 공격행동을 관찰하였다. 두 관찰자가 공격행동의 발생에 일치한 경우는 9번이고, 공격행동이 발생한 것에 대해 일치하지 않는 경우는 6번이다. 따라서 2명의 관찰자 간 일치백분율의 계산은 일치백분율 = {9/(9+6)}×100% = 60%이다. 관찰자 간 일치백분율은 많이 사용되지만, 이 방법은 두 관찰자가 우연히 일치하는 경우를 감안하지 못하기 때문에, 일치도가 높게 산출되는 경향이 있다. 대상행동의 발생 빈도가 매우 높거나, 매우 낮은 경우에 일치백분율이 우연에 의해 과대추정되는 정도가 심해진다.

〈표 10-13〉 일치백분율의 예

관찰자 \ 관찰행동	때리기 a	때리기 b	때리기 c	던지기 a	던지기 b	던지기 c	치기 a	치기 b	치기 c	부수기 a	부수기 b	부수기 c	찢기 a	찢기 b	찢기 c
1	4	4	4	4	4	4	3	3	3	3	3	3	4	4	4
2	5	5	5	4	4	4	3	3	3	3	3	3	3	3	3

a, b, c는 관찰회기

행동발생일치율(행동소멸일치율)은 일치백분율이 우연에 의해 과대추정되는 경우에 사용한다. 행동이 발생한 것에는 상관없이 두 관찰자가 행동이 나타나지 않은 것에 일치하거나 일치하지 않은 빈도를 이용해 산출한다. 행동의 빈도가 매우 낮은 경우에 행동발생일치율을 계산하고, 행동의 빈도가 매우 높은 경우는 행동소멸일치율을 계산한다.

$$행동발생일치율 = \frac{행동발생에\ 일치한\ 경우의\ 수}{행동발생에\ 일치한\ 경우의\ 수 + 행동발생에\ 일치하지\ 않은\ 경우의\ 수} \times 100\%$$

3) 카파계수

카파계수(Kappa: K계수)는 관찰자 간의 신뢰도가 과대추정되는 일치도의 문제점을 해결하기 위하여 Cohen(1960)이 고안하였다. 카파계수는 우연에 의한 확률을 제거한다. 따라서 일치율보다는 수치가 낮게 나오나, 우연에 의해 발생하는 것을 교정할 수 있다. 일정 시간, 일정 사건에 대한 일치 정도를 체크할 수 있어 정확도가 높다. 카파계수는 이분변인뿐만 아니라 다범주 변인에도 사용할 수 있다.

$$K계수 = \frac{실제\ 두\ 관찰자\ 간\ 나타난\ 일치율 - 우연히\ 일치될\ 비율}{1 - 우연히\ 일치될\ 비율} \times 100\%$$

실제 두 관찰자 간 일치율
=관찰자 간 일치한 경우의 수/(일치한 경우의 수+일치하지 않은 경우의 수)
두 관찰자 간에 우연히 일치될 비율
=A의 행동발생 보고 비율×B의 행동발생 보고 비율

카파계수의 범위는 +1에서 -1까지 있다. 카파계수 1.0은 두 관찰자의 점수가 완전히 일치한다는 것이다. 양의 값은 두 관찰자가 우연에 의한 것보다 더 많이 일치한다는 것이며, 음의 값은 우연보다 더 많이 불일치한다는 것이다. 카파계수 0은 두 관찰자 간의 일치가 우연에 의해 일치한다는 것과 같다는 것이다. 카파계수 -1.0은 두 관찰자의 점수가 완전히 불일치함을 나타낸다. 두 관찰자 간 일치도가 우수하려면 카파계수가 .80 이상은 되어야 한다(Landis & Koch, 1977).

제11장

실험연구

실험연구는 현상들 간의 원인과 결과를 밝히는 연구이다. 독립변인을 조작하고 이 조작(처치, 개입)이 종속변인에 미치는 효과를 검증하는 연구이다. 이때 독립변인 이외의 변인들은 엄격히 통제를 하여 독립변인과 종속변인 간의 인과관계를 밝힌다. 본 장에서는 실험연구의 의미, 실험연구의 목적, 실험연구의 분류, 실험연구의 절차, 실험연구의 평가, 실험연구의 유형에 대해 살펴보고자 한다.

1. 실험연구의 의미

실험연구는 독립변인을 의도적으로 조작하여 종속변인에 어떤 영향을 미치는가를 분석함으로써 인과관계를 설명하는 연구이다. 독립변인은 연구자(실험자)의 조작에 의해서만 변화된다. 독립변인을 조작하는 방법은 처치의 유무, 처치의 정도나 양, 처치의 다른 형태(Johnson & Christensen, 2004)가 있다.

처치의 유무는 한 집단의 연구대상자(실험대상자)에게는 처치를 하고, 다른 집단에는 처치를 하지 않는 것이다. 예를 들면, 집단미술치료가 또래관계를 증진시킬 것이라고 가설을 설정하였다. 한 집단에게는 집단미술치료를 제공하고 다른 집단에는 집단미술치료 제공하지 않는다. 그런 후에 두 집단에게 동일한 또래관계 검사를 실시하여 두 집단의 또래관계를 비교할 수 있다.

처치의 정도나 양은 여러 집단의 연구대상자들에게 처치의 정도나 양을 다르게 하여 실시하는 것이다. 예를 들면, 처치인 집단미술치료의 회기를 어느 집단에는 25회기 제공하고, 다른 집단에는 16회기, 또 다른 집단에는 8회기를 제공하는 것이다.

처치의 다른 형태는 독립변인의 다양한 형태를 각 집단에게 제시하는 것이다. 또래 관계를 증진시키기 위한 조작으로 한 집단에는 집단미술치료를 하며, 다른 집단에는 놀이치료를 실시하는 것이다.

<표 11-1> 독립변인의 조작 방법

유형	내용
처치의 유무	처치받는 집단과 받지 않는 집단
처치의 정도나 양	집단마다 처치의 정도가 다름
처치의 다른 형태	집단마다 다른 처치를 함

　　종속변인은 독립변인에 따라 변화하는 변인이다. 종속변인은 실험의 결과가 되는 변인으로 결과변인(outcome variable) 혹은 반응변인(responding variable)이라고도 한다. 실험연구에서는 종속변인이 무엇이며, 어떻게 측정할 것인가를 결정해야 한다.

　　실험연구는 일반적으로 연구대상이 실험집단과 통제집단으로 나뉘게 된다. 실험집단(experimental group)은 독립변인이 조작되고 이에 대한 종속변인의 변화가 측정되는 집단이다. 통제집단(control group)은 조작이 가해지지 않는다. 실험집단의 조작이 종속변인에 어떤 차이를 가져오는가의 비교가 되는 집단이다.

　　예를 들면, 진로탐색 미술치료프로그램의 실시를 통하여 진로성숙도에 어떤 변화가 나타나는가를 알아보려는 실험연구를 하고자 한다. 무선배정에 의해 아동을 두 집단으로 나누어 한 집단은 미술치료프로그램을 실시하고, 다른 집단에게는 미술치료프로그램을 실시하지 않는다. 미술치료프로그램을 실시한 집단이 실험집단이고, 미술치료프로그램이 실시되지 않은 집단이 통제집단이다.

　　통제집단이 설정되는 것은 독립변인 이 외에 종속변인에 영향을 줄 수 있는 다른 요인의 영향을 확인하기 위해서이다. 실험집단만 있다고 가정을 하고, 미술치료 후에 진로성숙도의 점수가 증가하였다. 그러나 이 증가를 미술치료에 의한 것이라고 단언하기가 어렵다. 이유는 미술치료를 실시하지 않아도 진로성숙도점수가 증가할 수 있기 때문이다. 예를 들면, 아동들은 처음(사전검사) 진로성숙도검사를 받았을 때보다 2회(사후검사) 검사 때에 진로성숙도검사의 문항에 익숙해졌을 수 있다. 또한 학교교육이나 사회현장의 교육에서 진로성숙도의 증가를 가져올 수 있는 요인에 노출되었을 수 있다. 이러한 다른 요인의 영향을 확인하기 위하여 연구설계에 통제집단을 설정하는 것이다. 실험연구는 처치가 행해지는 실험집단과 처치하지 않는 통제집단을 두어 독립변인의 효과를 검증하는 방법이다.

2. 실험연구의 목적

실험연구는 보통 실험실 실험연구를 뜻한다. 실험실 실험을 하는 목적(Kerlinger, 1986)
은 실험실의 실험은 오염되지 않은 상황에서 변인 간의 관계를 연구할 수 있기 때문
이다. 연구자는 X는 Y와 관계가 있는가? X는 Y와 어떤 관계가 있는가? 관계의 정도는
어떠한가? 관계는 어떤 조건하에서 발생하는가? 등의 질문에 답을 할 수 있다. 또한
선행연구 고찰에서 연구가설을 설정하고 검증할 수 있다. 검증된 가설은 공론화되고
재검증되어 이론정립에 기여하게 된다. 실험실 실험은 가외변인에 의한 변량을 통제
하고 가설을 검증함으로써 이론체계에 기여하게 되는 것이다.

〈표 11-2〉 실험연구의 목적

목적	내용
오염되지 않은 상황	가외변인의 통제 가능
변인 간의 관계 연구	관계 여부, 어떤 관계, 관계 강도, 어떤 조건
이론체계를 정립	가외변인의 통제하에 선행연구 고찰에서 설정된 가설 검증

실험실 실험의 장점은 통제가 비교적 가능하다는 점이다. 연구상황을 일상생활과
분리시켜 종속변인에 영향을 줄 수 있는 가외변인을 제거할 수 있다. 조작하는 독립
변인은 2개 이상이 될 수도 있다. 실험을 위해서는 변인이 조작적으로 정의되고, 구체
적으로 정의된다. 이는 정확한 측정을 가능하게 하며 실험의 반복과 재검증을 가능하
게 한다.

이와 같은 장점은 단점이 되기도 한다. 실험상황은 특정 목적을 위해 인위적으로
통제된 상황이다. 따라서 실험실에서 측정된 독립변인의 효과가 실험실 밖의 상황에
똑같이 적용된다고 볼 수 없다. 더구나 실제의 상황은 여러 변인들이 복잡하게 혼재
되어 있다. 실험연구의 결과가 일반화되는 데 문제가 될 수 있다. 내적타당도가 높은
반면에 외적타당도는 약하다(이 장의 5절 '실험연구의 평가' 참조).

〈표 11-3〉 실험연구의 장점과 단점	
장점	단점
종속변인에의 여러 가외변인 영향 제거	독립변인 효과의 실험실 외에 적용 어려움
실험의 정확성과 반복 가능성	여러 변인 혼재한 일상상황에의 일반화 문제
정확한 측정	내적타당도가 높은 반면 외적타당도는 낮음

3. 실험연구의 분류

실험연구의 기본 조건은 가외변인이 통제된, 독립변인의 체계적 조작과 무선배정
이다. 그러나 이 조건이 실험연구에서 완전히 가능한 것은 아니다. 통제의 정도에 따
라 실험실 실험연구, 현장 실험연구, 자연 실험연구가 있다.

1) 실험실 실험연구

실험실 실험연구(laboratory experiment study)는 엄격하게 통제된 상태에서, 하나 이
상의 독립변인을 조작하여 어떤 결과가 나타나는가를 보는 연구이다. 실험실 실험연
구는 실험상황을 조작하고 연구대상자를 실험조건에 무선배정하는 것이 가능하다.
그리고 정확한 측정과 반복측정의 가능성이 높다.

실험실 실험연구의 목적은 오염되지 않은 상태에서 변인 간의 관계를 파악하는 것
이다. 그러나 실제 상황과 분리된 인위적 환경으로 일반화의 제약이 있다. 이론의 검
증에 적합하다고 할 수 있다.

2) 현장 실험연구

현장 실험연구(field experiment study)는 실제 상황에서 실험처치의 효과를 과학적
방법으로 연구하는 것이다. 연구대상자가 실험집단과 통제집단에 무선배정되지만,
실험실 실험과 같은 수준의 가외변인 통제는 어렵다. 가능한 정도에서 상황을 통제하
고 독립변인을 조작한다. 실험실 실험과의 구별은 통제의 정도에 달려 있다고 할 수
있다.

현장 실험은 무선배정이 엄격하게 적용할 수 없는 경우가 많다. 또한 가외변인이 독립변인의 효과에 미칠 가능성도 높으며, 종속변인의 측정도 현실적 제약으로 정확성이 낮아질 수 있다. 이 점들은 연구결과의 해석에서 고려되어야 한다. 그러나 실험실 실험에 비해 실험결과의 일반화 가능성이 높다. 실제상황에서의 실험이기 때문이다. 이론에서 도출된 가설검증이나 실질적 문제의 해답을 얻고자 할 때 유용하다.

3) 자연 실험연구

자연 실험연구(natural experiment study)는 자연적으로 발생하는 조작을 바탕으로 연구하는 것이다. 연구자는 통제를 할 수 없다. 따라서 연구대상자의 무선배정도 불가능하다. 자연 실험은 자연재해, 전쟁, 세월호사건 같은 경우에 해당된다. 이미 형성된 처치를 받은 사람들과 이들이 처치를 받기 전에 연구문제에 관해 매우 유사한 특성을 가지고 있는, 자연적으로 형성되어 있는 비교집단과 비교하는 것이다. 예를 들면, 사건을 경험한 사람들과 그렇지 않은 사람들의 외상후 스트레스 증후군, 공포, 우울, 불안 같은 심리적 증상을 비교하는 것이다.

자연 실험연구는 객관적이면서 중요한 변인을 다룬다. 이제까지 검증되지 않은 변인 간의 관계, 이론구성의 가능성, 기대하지 못했던 결과의 발견이 자연 실험의 장점이다. 그러나 자연상황에는 너무 많은 가외변인이 있다. 또 종속변인의 측정도 정확성이 부족하다. 현실적으로 실용성, 비용, 표집 등도 문제가 된다(Kerlinger, 1986).

4. 실험연구의 절차

실험연구의 일반적 절차는 제5장을 참조하면 된다. 본 절에서는 실험과 관련된 실험의 절차를 중심으로 보고자 한다. 실험의 절차는 실험의 진행과정이 자세히 기술되어 다른 연구자의 재검증을 받을 수 있도록 하는 것이다. 실험연구의 계획이 수립되어야 한다. 실험이 시작되기 전에 실험계획이 잘 수립되어야 연구문제에 대한 해결을 제대로 할 수 있게 된다.

1) 연구문제의 선정

연구문제를 선정한다. 연구자의 예민한 관찰력과 과학적 태도, 선행연구의 고찰, 최신 연구동향의 이해, 과학기술의 발달 및 사회변화에 대한 정보 및 이해는 연구문제 발견에 도움이 된다. 실험과 관련된 선행연구 고찰은 미해결된 분야 및 실험이 필요한 분야, 이제까지 실험이 수행된 정도에 대한 이해를 넓혀 주고 실험연구의 필요성 여부가 확인된다.

실험의 보완이 필요하거나 반복실험의 경우라면 왜 보완이 필요하고, 반복실험을 해야 하는 이유가 논리적으로 타당성 있게 설명되어야 한다. 그리고 연구자의 실험수행 능력이 고려되어야 한다. 선행연구를 고찰하면서 연구자는 연구자의 전공지식에 대한 능력, 실험연구방법에 대한 이해, 실험연구의 능력, 실험을 위한 시간, 경비, 인력의 가능성 등을 가늠해 보아야 한다. 더불어 실험연구도 독창성이 중요하다.

선행연구 고찰의 의미

- 미해결된 분야 및 실험이 필요한 분야, 이제까지 실험의 수행정도 파악
- 연구하고자 하는 분야의 실험 필요성 여부 파악
- 실험의 보완 필요성, 반복실험의 타당성, 연구의 독창성
- 선행연구에 대비하여 연구자의 실험연구 능력 평가

연구문제는 간결하고 명확하게 진술되어야 한다. 연구문제의 변인들은 조작이 가해지는 독립변인과 변화를 보게 되는 종속변인으로 진술되며, 질문형식으로 서술한다. 변인들은 분명하게 조작적 정의가 내려져야 한다. 변인이 조작적으로 정의되지 않으면 측정될 수 없기 때문이다. 구체적인 가설은 연구문제의 잠정적인 해답으로 선행연구와 이론에 바탕을 둔 논리적 근거가 필요하다(Cone & Foster, 1997).

2) 실험상황 및 실험도구의 선정

연구문제가 선정되고 나면 실험상황 및 실험도구를 선정한다. 선행연구 고찰 및 실

험연구의 설계에 따라 실험에 필요한 도구를 고안해야 하는 경우가 있다. 실험도구나 실험상황 고안에 근거가 된 연구를 밝히고, 실험도구나 실험상황의 체계성과 타당화 과정이 밝혀져야 한다(제6장 참조). 연구자가 수정하였다면 수정 부분과 수정의 근거를 밝혀야 한다. 이것은 실험연구에 대한 타당성과 신뢰성뿐만 아니라 이후에 다른 연구자가 실험을 반복하고자 할 때 중요하다.

가외변인이 통제되어야 한다. 실험하고자 하는 독립변인을 오염시키는 가외변인은 무엇이고, 어떻게 통제하려는가를 정해야 한다. 자세한 내용은 본 장 5절의 '4) 가외변인의 통제'에서 설명하고자 한다. 종속변인에 거의 영향력이 없는 가외변인은 무시할 수 있다. 또한 모든 가외변인을 다 통제하기는 어렵다. 만약 중요한 가외변인의 통제가 어렵다면 실험을 포기하는 방법도 택하여야 한다.

3) 실험대상자 선정과 집단배정

실험대상자(연구대상자)를 선정하고, 대상자들을 실험집단과 통제집단에 배정한다. 연구문제에 적합한 연구대상자를 선정하는 것이 중요하다. 연구대상자의 선정은 실험결과의 일반화에 중요한 문제이다. 연구대상자는 모집단의 표본이다. 연구자는 모집단을 대상으로 실험을 할 수 없기 때문에 표본을 통해 실험을 하는 것이다. 연구대상자의 선정절차와 표본의 특성, 집단배정에 대해 명확하게 제시하여야 한다.

표본을 선정하는 데는 무선화가 중요하다. 그런데 실제의 실험에서는 연구대상자가 임의선정되는 경우가 있다. 이러한 경우에 공지에 의해 자발적으로 참여하게 되었는지, 아니면 다른 사람에 의해 의뢰되었는지를 밝혀야 한다(천성문, 2005). 몇 명이 신청을 하였고, 그중 몇 명이 선정되었는가의 제시는 표본이 전집을 잘 대표하고 있는지 평가해 볼 수 있게 한다. 표본의 특성 제시에는 성별, 연령, 문제의 증상 및 정도, 문제의 지속기간, 사회정서적 특성, 가족배경 같은 특성들이 포함된다. 연구대상자를 선정할 때 포함의 준거나 제외의 준거가 있으면 밝혀야 한다.

표본이 선정되면 표본은 무선배정으로 실험집단과 통제집단에 배정되어야 한다. 무선배정은 연구대상자들이 실험집단이나 통제집단으로 배정될 수 있는 동등한 기회를 갖게 하는 방법이다. 그럼으로써 실험의 오차를 제거할 수 있다.

4) 실험진행절차 및 자료분석

다음 단계는 실험진행절차 및 자료분석이다. 실험의 진행절차, 자료수집 과정 및 자료분석에 대해 정확하고 자세히 제시되어야 한다. 실험자가 연구대상자에게 어떻게 실험을 소개하고 어떻게 진행해 나가는가, 실험은 어떻게 마무리하는가 등을 제시하여야 한다. 다른 연구자가 실험을 그대로 반복할 수 있도록 정확히 기술하는 것이다. 연구는 검증가능성이 중요하기 때문이다. 또한 실험일정도 기술되어야 한다.

실험결과는 종속변인으로 관찰되고 기록된다. 측정에 대한 구체적인 조작적 정의가 필요하다. 질문지법으로 측정되면 큰 어려움이 없으나, 관찰법이나 면접법의 측정과 기록에는 어떻게, 무엇을, 누가 관찰(면접)하고, 관찰자(면접자) 선정과 훈련은 어떻게 이루어지는가가 결정되고 제시되어야 한다. 측정의 기록은 누가, 어떻게 하는가도 정해져야 한다(제8장, 제10장 참조). 측정에 기기, 예를 들면 동영상카메라나 녹음기가 필요한지도 미리 계획하여야 한다.

자료분석으로 실험의 자료들은 주로 통계분석을 하게 된다. 통계분석인 경우에는 통계의 기본가정을 충족시켜야 한다. 미술치료 처치에 따른 실험연구에서는 연구대상자의 행동관찰, 작품분석, 회기진행과정의 분석이 이루어진다. 분석은 통계분석의 보완으로 관찰연구의 분석방법과 질적연구 방법(제15장 참조)의 일부를 활용하게 된다.

5) 실험결과의 제시

실험자료가 수집되고 분석되면 실험결과를 제시하게 된다. 실험결과가 연구문제에 맞도록 제시되어야 한다. 실험결과는 연구문제에 대한 해답이다. 대부분 결과에는 표가 제시된다. 표는 결과를 설명하는 본문의 보충자료이다. 표에 대한 설명이 본문에 있어야 한다. 실험결과가 실험된 자료에 국한한다면, 연구의 의미는 감소된다. 연구의 가치는 결과의 일반화에 있기 때문이다. 모집단에 대한 기술, 모집단으로부터 표본의 무선선정방법과 실험집단에의 무선배정, 표본집단의 특성 등에 대한 기술을 다시 점검하여 일반화에의 제한점이 없는가를 검토한다.

실험연구의 절차

- 연구문제의 선정
  - 사건과 현상에 대한 예민한 관찰과 과학적 태도(미해결 분야)
  - 해당분야의 연구에 대해 비판적으로 읽기(실험연구의 필요성)
  - 학문의 발전이나 최근 동향(실험의 가능성)
  - 과학기술 및 사회의 변화에 대한 정보 및 이해
- 실험상황 및 실험도구 선정
  - 선행 실험도구 및 실험상황의 채택이나 수정에 타당한 근거
  - 실험상황 및 실험도구의 개발 필요성과 개발과정의 타당성과 신뢰성 필요
  - 실험연구에 대한 연구자의 능력 고려
- 가외변인의 통제
- 실험연구 방법의 결정
  - 연구대상자 선정 절차(선정기준, 선정방법)와 집단에의 배정방법 결정
  - 연구대상자 포함 및 제외의 준거 제시
  - 연구대상자의 특성에 대한 명확한 제시
- 실험절차의 기술 및 자료분석 방법의 제시
  - 실험의 소개, 진행과정, 마무리, 실험일정, 자료수집 방법의 객관성, 타당성 제시
  - 자료분석 방법의 제시
- 결과 제시와 일반화 기능성
  - 결과와 일반화에의 제한점 검토

---

5. 실험연구의 평가

실험연구의 평가는 실험설계가 이상적으로 된 연구인가를 보는 것이다. 이상적인 실험연구는 내적타당도와 외적타당도를 갖춘 실험설계를 의미한다. 또한 가외변인의 통제도 필요하다. 본 절에서는 실험연구의 평가에 해당되는 내적타당도와 외적타당도의 의미, 내적타당도의 위협요인, 외적타당도의 위협요인, 그리고 가외변인의 통제에 대해 살펴보고자 한다.

1) 내적타당도와 외적타당도의 의미

실험연구의 평가는 내적타당도와 외적타당도에 의해 평가된다. 내적타당도(internal validity)는 실험결과가 실험처치에 의해 나타났는가를 본다. 즉, 실험처치가 실제의 차이를 초래하였는가를 보는 것이다. 독립변인이 원인이고 종속변인이 그 결과로 나타났는가의 인과관계를 의미한다.

외적타당도(external validity)는 실험결과의 일반화(generalizability)를 의미한다. 실험의 결과가 다른 개인이나 다른 상황에 적용될 수 있는가를 보는 것이다. 즉, 실험처치의 효과가 모집단에 일반화될 수 있는가를 의미한다. 일반적으로 연구의 목적은 연구결과가 본 연구의 실험대상과 실험상황을 벗어나 다른 개인과 다른 상황에도 적용되어야 하므로 외적타당도는 중요하다.

실험연구의 평가

- 내적타당도: 실험결과가 실험처치에 의해 나타났는가의 의미
- 외적타당도: 실험결과가 다른 개인이나 다른 상황에도 적용될 수 있는가의 일반화

내적타당도와 외적타당도가 모두 갖추어진 실험연구설계가 이상적이다. 그런데 실제의 실험연구에서는 내적타당도와 외적타당도를 모두 갖추기가 불가능하다. 이유는 내적타당도가 높아지는 실험설계는 외적타당도를 낮추게 하며, 외적타당도가 높아지는 실험설계는 내적타당도를 낮추게 하기 때문이다. 따라서 내적타당도와 외적타당도가 균형을 이루는 실험설계가 되어야 한다.

2) 내적타당도의 위협요인

내적타당도는 여러 요인에 의해 위협을 받는다. 이 요인들이 실험설계에서 모두 통제되기 어렵다. 그리고 실험처치의 효과와 혼합되어 실험결과에 영향을 미친다. 실험처치의 효과를 제대로 파악하기 위해서는 내적타당도의 위협요인을 알고, 이에 대한 적절한 통제에 관심을 가져야 한다. 위협요인은 역사, 성숙, 검사, 도구 사용, 통계적

회귀, 연구대상자 선정, 탈락 등이 있다(Johnson & Christensen, 2004).

역사(history)는 실험이 진행되는 기간에 독립변인 외에 종속변인에 영향을 줄 수 있는 어떤 사건이 발생하는 것을 의미한다. 처치변인 이외의 특별한 사건이 종속변인에 영향을 주는 것이다. 예를 들면, 스트레스감소 집단미술치료의 효과를 알아보기 위한 실험이다. 집단미술치료를 받는 과정에 학교에서 왕따사건이나 가족 내의 문제(질병, 실직, 이혼 등)가 일어날 수 있다. 이러한 사건은 종속변인에 영향을 줄 수 있다.

사전검사와 사후검사 간의 기간이 길수록 역사가 내적타당도를 위협할 가능성도 증가한다. 그런데 사전검사와 사후검사 간에 기간이 어느 정도이면 적당한지에 대해서 결정하기가 어렵다. 또한 발생한 사건 중의 어떤 사건이 종속변인에 유의한 변화를 초래했는지도 정확히 알기 어렵다. 역사의 완전한 배제는 힘들므로, 역사의 내적타당도 위협에 대해서 인지하고 있어야 한다.

성숙(maturation)은 실험이 진행되는 기간의 시간경과에 의해 일어나는 실험대상자의 생물학적 · 심리학적 변화이다. 이 변화가 종속변인에 영향을 주는 것을 의미한다. 예를 들면, 인지발달이 또래의 의도나 사고에 대한 이해를 하게 해 주어 또래관계가 좋아지는 것이다. 이 경우에 처치변인의 효과를 확신할 수 없게 해 준다. 사전검사와 사후검사 간의 기간이 길수록 성숙이 내적타당도를 위협할 가능성이 증가한다.

검사(testing)는 연구대상자가 받는 검사의 효과이다. 사전검사를 받은 경험이 사후검사에 영향을 미치는 것이다. 검사를 이미 받아 본 경험은 다음에 또 검사를 받을 때 그 검사에 익숙하게 한다. 또 검사내용의 일부를 기억하고 있어 이후의 검사에 영향을 준다. 그리하여 독립변인의 영향이 분명하게 되지 못하게 된다. 예를 들면, 성취에 관련된 검사는 두 번째 받는 검사에서 처음보다 더 높은 점수를 받게 되는 경향이 있다. 성격검사나 적응검사도 검사내용에 익숙해져 보다 나은 적응을 보여 줄 수 있다. 검사내용에 익숙하여 대충 대답함으로써 더 부정적인 결과를 보일 수도 있다.

도구 사용(instrumentation)은 사전검사와 사후검사의 측정도구가 바뀌거나 관찰자, 검사자, 면접자 요인에 의해 발생되는 문제이다. 예를 들면, 검사자가 사전검사보다 사후검사에 더 능숙해지거나 피곤해질 수 있다. 관찰자가 사전검사보다 사후검사에서 더 엄격해지거나 더 느슨해질 수 있다. 또한 사전검사와 사후검사에 다른 검사자가 배정될 수 있다. 이들이 종속변인에 변화를 가져오는 것을 의미한다.

통계적 회귀(statistical regression)는 같은 측정이 사전과 사후에 시행되는 경우에 발생한다. 통계적 회귀는 사전검사에서 극단점수는 사후검사에서는 평균을 향해 이동하는 통계적 현상이다. 이러한 통계적 회귀현상은 심리검사에서 일반적으로 발생한다. 이유는 심리에 관련된 측정도구 자체의 불완전성으로 인해 측정점수가 불안정하기 때문이다. 예를 들어, 사전검사에서 상위의 평균점수는 120점이고 하위의 평균점수는 80점이며 전체평균은 100점이다. 처치가 끝난 후 사후검사에서 하위의 평균은 80점에서 85점으로, 상위의 평균은 120점에서 115점으로 이동하는 것이다. 즉, 양극단의 점수는 전체평균인 100점을 향해 이동하는 것이다. 통계적 회귀현상이 통제되지 못하면 종속변인에 대한 독립변인의 효과를 해석하는 데 문제가 나타날 수 있다.

연구대상자 선정(selection of subjects)은 2 집단 이상을 구성하는 연구대상자 선정에서 나타날 수 있는 집단 간의 비동질성이다. 실험집단과 통제집단에 연구대상자가 무선배정되지 않으면 두 집단은 동일하다고 할 수 없다. 실험연구는 독립변인의 처치를 받은 연구대상자와 처치를 받지 않은 연구대상자를 비교하는 것이므로 연구대상자 선정이 문제가 될 수 있다. 종속변인의 차이가 독립변인의 효과가 아니라 처음부터 집단의 비동질성에 기인하는 것일 수 있기 때문이다.

탈락(mortality 또는 attrition)은 연구대상자가 사전검사와 사후검사 사이에 탈락하는 것을 의미한다. 실험 도중에 탈락한 연구대상자가 실험에 남아 있는 연구대상자들과 다르다면 사전검사와 사후검사의 차이는 사후검사에서 탈락한 연구대상자가 측정되지 않았기 때문에 나타난 것일 수 있다. 연구대상자 탈락의 위협요인을 최소화하기 위해 연구대상자가 실험 도중에 탈락하지 않도록 연구자는 유의를 해야 한다.

내적타당도의 위협요인

- 역사: 실험이 진행되는 기간에 종속변인에 영향을 줄 수 있는 어떤 사건의 발생
- 성숙: 실험기간의 생물학적·심리학적 변화가 종속변인에 영향을 주는 것
- 검사: 사전검사가 사후검사에 영향을 주어 연구결과가 타당하지 못한 것
- 도구 사용: 측정도구, 평가자, 관찰의 변화 등이 종속변인에 변화를 가져오는 것
- 통계적 회귀: 사전검사에서 극단점수를 받았을 때 사후검사는 전체 평균 쪽으로 이동
- 연구대상자 선정: 2 집단 이상이 구성되는 연구대상자 선정의 집단 간 비동질성
- 탈락: 연구대상자가 실험 도중에 탈락되는 것

3) 외적타당도의 위협요인

외적타당도는 실험결과의 일반화에 대한 가능성 정도를 의미한다. 실험결과가 다른 개인이나 다른 상황에도 일반화될 수 있는가이다. 외적타당도는 두 유형이 있다. 모집단타당도와 생태학적타당도이다. 모집단타당도는 실험결과가 다른 개인에게 일반화될 수 있는 것이며, 생태학적타당도는 다른 환경에도 일반화될 수 있는 것을 뜻한다. 이와 같은 외적타당도의 위협요인은 모집단과 표본의 차이, 대상자 선정과 처치의 상호작용 효과, 독립변인 설명의 부족, 종속변인과 측정의 설명 부족, 중다처치의 간섭효과, 역사와 처치의 상호작용 효과, 측정시기와 처치의 상호작용 효과, 처치와 사전검사의 상호작용 효과, 호손효과, 신기함과 방해효과, 실험자 효과, 실험배치의 반동효과가 있다. 이에 대한 내용은 다음과 같다.

모집단과 표본의 차이이다. 일반화를 위해 무선화가 중요하다. 무선화는 대상자 선정을 무선적으로 하는 방법과 실험집단과 통제집단에 무선적으로 배정하는 방법이 있다. 대상자의 무선적 선정은 모집단을 대표할 수 있는 대상자를 선정하는 것이다. 그런데 모집단으로부터 표본을 무선선정하는 것이 매우 힘들다. 모집단의 구성원을 모두 식별하는 것이 가능하지 않은 경우가 많기 때문이다.

대상자 선정과 처치의 상호작용 효과이다. 대상자의 특성에 따라 처치의 영향이 서로 다르게 나타나는 경우를 의미한다. 대상자와 처치가 상호작용하여 처치의 효과를 확증하기 어려운 것이다. 대상자 선정과 처치의 상호작용 효과를 최소화하기 위한 예를 들면, 주의집중 미술치료프로그램에 대상자의 지능, 사회적 성숙도를 고려하여 동일 특성의 대상자를 선정하는 것이다. 주의집중 미술치료프로그램은 지능이 평균 수준이거나 낮은 아동에게 보다 효과적일 수 있다. 또는 매우 산만한 아동에게 효과적일 수 있기 때문이다.

독립변인 설명의 부족이다. 실험도구, 실험상황, 실험절차, 실험기간 등을 자세하게 기술하지 않는다면, 실험결과의 일반화는 제약을 받을 수 있다. 실험방법과 실험절차가 정확하고 자세하게 기술되어야 일반화 가능성과 재검증이 가능해진다.

종속변인과 측정의 설명 부족이다. 종속변인에 대한 구체적인 조작적 정의와 어떻게 측정되고 분석되는지에 대해 명확하게 구체적으로 기술하여야 한다. 종속변인의 측정이 측정도구나 검사도구에 의한 것이라면 측정도구나 검사도구의 신뢰도와 타당도가 제시되어야 한다. 종속변인이 관찰되고 평가된다면 관찰자와 평가자의 신뢰도가 제시되어야 한다. 이러한 내용이 제시되지 않으면 종속변인의 효과가 처치에 의한 것인지 아니면 관찰자나 평가자의 차이에 의한 것인지를 판단할 수가 없다.

중다처치의 간섭효과는 여러 처치가 동일한 대상자에게 실행되었을 때 발생되는 외적타당도 위협요인이다. 처치변인들 간의 상호작용이 발생하며, 이는 독립변인의 효과를 모호하게 한다. 이전의 처치효과가 확실하게 없어지는 것이 아니기 때문이다. 첫 번째 처치의 효과가 두 번째 처치와 혼합되는 식으로, 각 처치가 뒤섞여 종속변인에 영향을 준다. 그리하여 개별적인 처치의 효과를 제대로 파악할 수 없게 된다.

역사와 처치의 상호작용 효과는 실험기간에 발생하는 역사적 사건이 처치효과와 상호작용하는 것이다. 예를 들면, 친사회적행동 증진 미술치료프로그램 처치 중에 천안함 사건, 세월호 사건, IMF 같은 사건의 발생은 프로그램 효과에 영향을 줄 수 있다. 미술치료프로그램이 다른 시기에 실시된다면 다른 결과를 가져올 가능성이 있다.

측정시기와 처치의 상호작용 효과가 있다. 일반적으로 처치효과는 처치 후에 바로 측정한다. 그러나 어떤 처치효과는 어느 정도의 시간이 경과되기 전에는 나타나지 않을 수 있다. 반면에 어떤 처치효과는 처치 후의 짧은 기간만 지속될 수 있다. 따라서 종속변인의 측정이 처치가 종료되고 나서 일정 기간의 간격을 두고 여러 번 시행된다면 처치효과의 외적타당도는 높아지는 것이다.

처치와 사전검사의 상호작용 효과이다. 사전검사가 처치에 대한 대상자의 반응에 영향을 줄 수 있음을 의미한다. 그러면 처치의 효과를 정확하게 파악하기 어려워진다. 이것은 사전검사를 받은 표본으로부터의 결과가 사전검사를 받지 않는 모집단에게 그대로 적용될 수 있는가의 문제를 야기한다.

호손(Hawthorne)효과가 있다. 대상자가 자신이 실험에 참여하고 있다는 것을 안다는 사실이 주는 효과이다. 실험에 참여하고 있다는 인식이 대상자의 종속변인 측정에 중요한 영향을 줄 수 있다. 또한 평가받고 있다는 불안감, 사회적 바람직성, 플라시보 효과 등이 있다. 사회적 바람직성(social desirability)은 대상자가 평가에서 잘하려고 하거나 옳게 하려고 하는 대상자의 내적동기이다. 플라시보(placebo effect) 효과는 자신이 과학적 환경에서 처치를 받고 있다는 사실만으로도 대상자에게 처치효과가 나타날 수 있다는 것을 뜻한다. 즉, 실제의 처치효과와는 관계없이 대상자가 종속변인에 영향을 줄 수 있다.

신기함(novelty)과 방해(disruption)효과가 있다. 실험실 환경은 일상적 환경과 차이가 있다. 처치도 대상자에게 새로운 경험이다. 이것이 실제의 처치에 영향을 줄 수 있다. 예를 들면, 혁신적인 새로운 프로그램이 시행되는 것이다. 프로그램의 혁신성이 대상자에게 긍정효과를 주거나 방해효과를 줄 수 있다.

실험자 효과가 있다. 이 효과는 로젠탈(rosenthal)효과라고도 한다. 연구자와 실험자가 동일인일 수도 있고 다를 수 있다. 실험자가 한 명이거나 여러 명일 수도 있다. 실험자 효과는 실험자의 언어적 · 비언어적 행동, 성별, 외모, 복장, 인종 등이 대상자의 행동에 영향을 미치는 것을 의미한다. 연구자와 실험자가 동일인인 경우에 연구자의 역할과 실험자의 역할이 다르다. 연구자는 실험계획, 실험자 훈련, 결과분석과 해석을 하고, 실험자는 실험절차를 수행하고 대상자로부터 자료를 수집한다. 다른 역할의 수행을 동시에 하는 데서 오는 문제가 발생할 수 있다. 실험자가 여러 명인 경우에는 실험자의 서로 다른 특성이 대상자에게 영향을 줄 수 있다.

실험배치의 반동효과가 있다. 대상자가 실험상황에서 평소의 행동과 다르게 행동하여 처치효과가 왜곡되는 것이다. 실험상황의 실험결과를 비실험상황의 대상자에게 적용하는 것에 대한 일반화의 축소를 의미한다.

외적타당도의 위협요인

- 모집단과 표본의 차이: 대상자 무선적 선정의 어려움
- 대상자 선정과 처치의 상호작용 효과: 대상자 특성에 따른 처치의 다른 영향
- 독립변인 설명의 부족: 정확하고 자세한 실험방법과 절차의 일반화 가능성과 재검증성
- 종속변인과 측정의 설명 부족: 종속변인의 구체적 · 조작적 정의와 측정방법의 구체성
- 중다처치의 간섭효과: 여러 처치의 동일 대상자 적용에서 처치변인들 간의 상호작용
- 역사와 처치의 상호작용 효과: 역사적 사건이 처치효과와 상호작용
- 측정시기와 처치의 상호작용 효과: 처치의 효과 시점과 측정시기에 따른 효과
- 처치와 사전검사의 상호작용 효과: 사전검사가 처치에 대한 반응에 주는 영향
- 호손효과: 실험참여에 대한 인식, 평가받는 불안감, 사회적 바람직성, 플라시보 효과
- 신기함과 방해효과: 실험실 환경 및 처치가 일상적인 생활과 다른 데서 오는 효과
- 실험자 효과: 실험자의 언어적 · 비언어적 행동, 성별, 외모, 복장, 인종 등의 영향
- 실험배치의 반동효과: 실험적 상황에서 대상자의 평상과 다른 행동

4) 가외변인의 통제

실험연구는 처치의 효과를 보는 것이다. 그런데 종속변인의 모든 변화가 처치(독립변인)에 의한 것만은 아니다. 가외변인(extraneous variable)은 연구자가 사전에 통제하지 못한 변인으로, 종속변인에 영향을 주는 변인이다. 실험연구에 가외변인의 통제가 필요하다. 가외변인의 통제에는 가외변인의 제거, 무선화, 가외변인의 실험설계 포함, 짝짓기, 균형화, 처치순서의 통제, 오차변량의 극소화가 있다.

가외변인의 제거는 연구자가 의도하지 않는 변인을 아예 실험에서 제거하는 방법이다. 연구자가 선행연구고찰이나 예비실험에서 고려되어야 할 가외변인을 파악했다면 어느 가외변인이 통제되어야 하는가를 결정할 수 있다. 예를 들면, 선행연구 고찰로 사회인지 미술치료에서 지능이 가외변인으로 작용할 수 있는 요인이었다. 그리하여 지능점수를 경계선에 있는 아동 또는 90~110 범위의 아동을 선정하는 것이다.

종속변인에 영향을 줄 수 있는 가외변인의 효과를 제거하기 위해서는 동질적인 연구대상자를 선정하는 것이다. 그런데 이 경우에는 일반화를 고려해야 한다. 특정 점수 내의 대상자를 대상으로 한 실험결과는 이보다 점수가 높거나 낮은 점수의 대상자에게 일반화하는 데 무리가 있다.

제거될 수 없는 독립변인들은 실험기간 동안 항상성이 유지되어야 한다. 이것은 실험의 일정, 실험실의 조건, 대상자 변인, 실험절차 등이다. 실험의 일정은 똑같은 시간에 실험이 이루어져야 한다. 실험실의 조건은 같은 방에서 실험을 시행한다. 이것은 대상자에게 영향을 줄 수 있는 분위기, 조명, 온도 등의 물리적 환경을 동일하게 유지하는 것이다. 대상자 변인은 교육수준, 성별, 연령 등을 동일하게 하는 것이다. 실험절차가 동일하게 유지되어야 한다. 예를 들면, 진행방법, 지시사항의 단어, 실험자의 표현 등이다. 녹음기를 활용해 표준화된 지시가 수행되기도 한다.

제거될 수 없는 독립변인 통제

- 실험의 일정: 처치 실시에 똑같은 일정한 시간
- 실험실의 조건: 동일한 방에서, 동일한 조건하의 실험
- 연구대상자 변인: 교육수준, 연령, 성별 등을 동일하게 함
- 실험절차: 실험절차와 실험 진행방법을 동일하게 유지함

무선화(randomization)는 모집단의 구성원이 동등한 확률로 집단에 배정될 수 있는 절차이다. 즉, 모집단의 구성원이 실험에 참가하게 될 확률이 같다는 것이다. 그리고 연구대상자는 각 집단에 무선배정(random assignment)되는 것이다. 대상자가 각 집단에 배정될 확률이 동일하다. 이렇게 하는 것은 다양한 특성을 지닌 개인들을 무선적으로 배정하면 대략 특성이 동일하게 각 집단에 배치되기 때문이다.

무선배정은 개인적 특성이 종속변인에 줄 영향의 정도가 집단마다 유사하게 되는 것이다. 연구대상자의 조건이 똑같이 배분되었기 때문에 처치에 영향을 주는 통제되지 않은 연구대상자의 특성이 각 집단마다 균일하게 된다. 개인차가 동질화되어 각 집단의 연구대상자 변인이 같아지게 된다(Rosnow & Rosenthal, 2002). 무선화가 되면 이론적으로는 실험집단과 통제집단이 동일하다고 볼 수 있다.

〈표 11-4〉 무선화의 가치

- 각 집단의 처치에 대한 연구대상자 특성의 영향력 배제
- 실험처치에 미치는 통제되지 않은 연구대상자 특성이 각 집단마다 균일
- 연구대상자 조건이 같게 배정되어, 알지 못하는 독립변인의 영향이 무선적임
- 개인차의 동질화와 각 집단의 연구대상자 변인이 동일해짐

가외변인의 실험설계 포함은 종속변인에 영향을 줄 것으로 보이는 가외변인을 하나의 독립변인으로 하여 실험설계에 포함시키는 방법이다. 이 방법은 전체 종속변인의 변량에서 이 가외변인이 야기하는 변량을 추출하는 것이다. 예를 들면, 주의집중력이 또래관계에 영향을 미치는가에 대한 실험연구가 있다. 독립변인은 주의집중력이고 종속변인은 또래관계이다. 그런데 사회인지가 주의집중력에 영향을 줄 수 있다. 사회인지가 주의집중력과 혼재되어 종속변인에 영향을 줄 수 있기 때문에 독립변인으로 연구에 포함시킨다. 자료분석에서 사회인지의 또래관계에 대한 변량을 추출해 내는 것이다. 그럼으로써 주의집중력의 또래관계에 대한 영향력을 밝힐 수 있다.

가외변인을 실험설계에 포함시키는 연구는 부차적으로 독립변인과 가외변인의 상호작용도 알려 준다. 예를 들면, 사회인지와 주의집중력의 상호작용을 알 수 있게 된다. 그러나 사회인지가 종속변인에 미치는 영향력에 관심이 없거나, 주의집중력과 사회인지 간의 상호작용을 연구하고 싶지 않다면 이 방법은 사용하지 않아도 된다.

짝짓기(matching)는 종속변인과 관련되는 가외변인 하나 또는 둘로 연구대상자를

짝지어 짝의 각자를 다른 집단에 무선배정하는 것이다. 이는 연구대상자가 종속변인과 관련된 변인에서 각 집단에 균등하게 분포되게 하는 방법이다. 그런데 짝짓기의 유의점이 있다. 대상자를 짝짓는 변인이 종속변인과 높은 상관관계가 있어야 한다. 짝짓는 변인과 종속변인 간의 상관관계가 높을 때 짝짓기는 오차를 감소시켜 준다. 그러나 상관관계가 낮으면 짝짓기는 시간의 낭비가 될 수 있다. 그리고 짝짓는 변인에 의해 연구대상자를 구한다는 것이 실제로 어렵다. 예를 들면, 성별, 부부, 교육정도, 연령으로 짝을 짓는다면 처음 한두 변인은 가능하나, 그 이상에서 동일한 짝을 찾는다는 것이 실제로 굉장히 어렵다. 따라서 짝짓기가 무선화를 대신할 수 없다.

〈표 11-5〉 짝짓기의 유의점

- 짝짓기 변인과 종속변인 간의 상관관계가 높아야 함
- 실제로 다양한 변인에 의한 동일한 짝 찾기의 어려움
- 짝짓기로 된 짝의 각자는 집단배정에서 무선배정되어야 함

균형화(balancing)는 모든 집단에 제3변인을 고르게 하여 각 집단을 균등하게 만드는 방법이다. 모든 집단이 제3변인에는 동일하게 노출되도록 하는 방법이다. 예를 들어, 새로 개발된 미술치료프로그램의 효과를 알아보기 위해서 두 집단을 비교하는 실험이다. 실험집단에는 새로운 미술치료 기법을 실시하고, 통제집단에는 기존의 미술치료 기법을 그대로 실시한다. 이때 각 집단에서 미술치료를 실시하는 미술치료사의 경력이 각각 5년과 10년이다. 그리고 이 경력의 차이가 종속변인에 영향을 준다고 판단된다면 미술치료사의 경력을 동일하게 하는 것이다. 실험집단의 아동들을 두 그룹으로 나누어 1/2은 5년 경력의 미술치료사, 1/2은 10년 경력의 미술치료사가 새로 개발된 미술치료 기법을 실시한다. 통제집단 아동도 두 그룹으로 나누어 1/2은 5년 경력의 미술치료사, 1/2은 10년 경력의 미술치료사가 기존의 미술치료 기법을 실시하는 것이다. 균형화로 미술치료사의 경력이 연구결과에 미칠 수 있는 영향력을 통제하는 것이다.

처치순서의 통제를 살펴보면 다음과 같다. 한 연구대상자가 둘 이상의 다른 처치를 받아야 하는 실험에서 처치의 순서가 어떻게 되는가가 종속변인에 영향을 미칠 수 있다. 먼저 실시된 처치의 영향이 남아 있어, 그다음에 실시되는 처치에 영향을 줄 수 있기 때문이다. 이 효과를 잔여효과(carryover effect)라고 한다. 처치순서에 따른 영향력

이 통제되어야 한다. 예를 들면, 우울상황에서의 또래갈등 해결능력과 분노상황에서의 또래갈등 해결능력을 비교하는 실험이 있다. 연구대상자들은 두 상황에서 또래갈등 해결을 측정하게 되는데, 우울상황이 먼저인가 아니면 나중인가가 영향을 미칠 수 있다. 이러한 경우에 연구대상자를 무선적으로 배정하여 1/2은 우울상황을 먼저 실험하고, 1/2은 분노상황을 먼저 실험하는 것이다.

오차변량(error variance)의 극소화를 살펴보면 다음과 같다. 오차변량은 측정오차와 관련이 있다. 측정할 때마다 연구대상자의 다른 반응, 부주의, 일시적 피로, 기억, 정서상태 등이 종속변인에 영향을 준다. 오차변량의 극소화는 통제되는 실험조건에 의해 측정의 오차를 줄이는 것과 측정의 신뢰도를 높이는 것이다. 실험조건은 처치에서 연구대상자에 대한 실험진행과 실험지시의 구체적이고 명확함, 실험실 상황의 동일 등이고, 측정의 신뢰도는 신뢰할 수 있는 측정도구 및 객관적이고 정확한 측정이다.

가외변인의 통제

- 가외변인 제거: 연구자가 의도하지 않는 변인은 실험에서 제거하는 방법
- 무선화: 연구대상자의 집단 배정확률 동일로 개인특성의 종속변인 영향을 유사하게 함
- 가외변인의 실험설계 포함: 가외변인을 하나의 독립변인으로 실험설계에 포함시킴
- 짝짓기: 종속변인과 관련된 변인으로 연구대상자를 짝져 각자를 다른 집단에 무선배정
- 균형화: 모든 집단에 제3변인을 고르게 하여 각 집단을 균등하게 만듦
- 처치순서의 통제: 대상자들을 무선배정하여 처치의 순서를 다르게 실시
- 오차변량의 극소화: 통제되는 실험조건과 측정의 신뢰도

---

6. 실험연구의 유형

실험연구의 목적은 연구문제에 대한 해답을 얻기 위하여 가외변인을 통제하고 독립변인과 종속변인 간의 인과관계를 밝히는 것이다. 실험연구의 이상적인 조건은 내적타당도와 외적타당도의 보증이다. 실험에서 이상적인 조건을 충족하지 못한 설계는 준실험 설계라고 하며, 비교적 이상적인 조건을 갖춘 실험을 진실험 설계라고 한다.

1) 준실험 설계

준실험 설계(quasi-experimental designs)는 실험설계가 불충분하여 연구문제에 대한 해답을 얻기 어려운 유형이다. 이 유형을 제시하는 것은 불충분한 실험의 문제점을 이해하여 적절한 실험설계를 할 수 있게 하기 위해서다. 준실험 설계에는 전실험 설계, 단일집단 전후검사 설계, 이질집단 사후검사 설계, 시간계열 설계가 있는데 이에 대해 살펴보겠다.

(1) 전실험 설계

전실험 설계(pre-experiment design)는 가장 간단한 설계이다. 하나의 집단에 어떤 처치(X: 독립변인)를 하고 종속변인에의 효과를 보고자 하는 설계이다.

$$X \qquad\qquad O$$

X: 처치(독립변인: 실험변인)

O: 종속변인 측정치

X(독립변인)는 집단에 어떤 실험변인이 작용한다는 표시이다. O는 관찰치나 측정치이다. 하나의 집단을 대상으로 처치를 가하고 그 결과를 측정하는 것이다. 이 실험은 통제된 상황에서의 독립변인과 종속변인의 관계를 볼 수 없다. 독립변인이 아니라 가외변인의 영향으로 연구결과가 나타날 수 있다. 연구대상자 선정과 처치 간의 상호작용으로 외적타당도도 문제가 된다.

(2) 단일집단 전후검사 설계

단일집단 전후검사 설계(one-group pretest-posttest design)는 다른 설계를 택할 수 없을 때 사용하는 설계이다. 한 집단을 선정하여 사전검사를 통해 종속변인을 측정한다. 그리고 실험처치를 하고 난 후에 종속변인을 측정한다. 사전점수와 사후점수의 차이로 실험효과를 보는 설계이다. 이 설계는 연구대상자들이 모두 동일한 처치를 받는다. 통제집단이나 비교집단이 없다.

O_1	X	O_2

O_1: 처치 전의 종속변인 측정치(사전검사)
O_2: 처치 후의 종속변인 측정치(사후검사)

단일집단 전후검사 설계는 내적타당도를 위협하는 요인들을 통제하기 어렵다. 역사, 성숙, 재검사, 측정도구의 내적타당도 위협이 있다. 즉, O_1과 O_2 사이에 종속변인에 영향을 줄 수 있는 어떤 사건이 발생할 수 있다. O_1과 O_2의 시간경과에 의해 생물학적 또는 심리학적 변화가 발생하여 종속변인에 영향을 줄 수 있다. 이 경우 처치변인의 효과로 오인될 수 있다. 사전검사가 사후검사에 영향을 줄 수도 있고, 측정도구에서 오는 통계적 회귀도 독립변인의 종속변인에 대한 효과를 제대로 파악하게 하지 못한다. 이 설계를 보완하는 방법이 통제집단을 구성하는 것이다.

(3) 이질집단 사후검사 설계

이질집단 사후검사 설계(nonequivalent group posttest design)는 단일집단 전후검사 설계를 일부 보완하였으나, 바람직한 설계는 아니다. 이 설계는 처치변인의 효과를 좀 더 명확히 하기 위해 처치를 받은 집단과 처치를 받지 못한 집단을 비교하는 설계이다. 한 집단의 연구대상자에게는 처치를 하여, 처치를 받지 못한 집단의 연구대상자와 종속변인을 비교하는 설계이다.

X	O_1
	O_2

O_1: 처치받은 집단의 종속변인 측정치
O_2: 처치받지 않은 집단의 종속변인 측정치

이질집단 사후검사 설계의 문제점은 처치(X: 독립변인)를 받은 집단과 처치를 받지 않은 집단이 동질적 집단인가의 문제이다. 두 집단이 무선화에 의해 실험집단과 통제집단으로 나뉘지 않았다. O_1과 O_2 간의 차이가 발생했다면 이 차이가 독립변인에 의한 것인지 확신하기 어렵다. 두 집단을 구성하는 대상자들 간의 차이가 있었기 때문에 나타난 결과일 수도 있다. 가외변인의 통제도 어렵다.

(4) 시간계열 설계

시간계열 설계(time series design)는 한 집단의 연구대상자에게 일정 시간의 간격을 두고 처치 전에 여러 번, 처치 후에 여러 번 측정을 반복하여 시간의 변화를 알아보는 설계이다. 통제집단을 구할 수 없고, 장기간에 걸쳐 처치의 효과를 보고자 할 때 활용한다.

$O_1\ O_2\ O_3\ O_4$	X	$O_5\ O_6\ O_7\ O_8$

X: 처치
$O_1\ O_2\ O_3\ O_4$: 사전측정
$O_5\ O_6\ O_7\ O_8$: 사후측정

시간계열 설계는 역사나 도구사용의 내적타당도 위협이 문제가 된다. 분석방법은 패턴분석으로 반복측정된 측정치를 도식화하여 변화를 시각적으로 보는 것이다. 이 방법은 처치가 유의미한 효과인가를 명확히 검증해 주지 못한다.

2) 진실험 설계

진실험 설계(true experimental design)는 내적타당도와 외적타당도가 덜 문제가 되는 실험설계이다. 이 설계는 처치의 영향을 받는 실험집단과 처치의 영향을 받지 않는 통제집단을 비교하는 설계이다. 실험결과가 우연이 아니라는 과학적 증거를 제시하고자 하는 것이다. 과학적 증거는 실험집단과 비교집단의 비교가 있어야 된다. 또한 집단의 무선배정이다. 무선배정은 집단을 동질화하는 데 목적이 있다. 진실험 설계에는 전후검사 통제집단 설계, 솔로몬 4집단 설계, 사후검사 통제집단 설계, 배합집단 설계, 다집단 설계, 요인 설계가 있다. 이에 대해 살펴보겠다.

(1) 전후검사 통제집단 설계

전후검사 통제집단 설계(pretest-posttest control group design)는 단일집단 전후검사 설계의 보완으로 볼 수 있다. 이 설계는 통제집단이 있고, 집단의 배정이 무선배정이다. 무선배정으로 실험집단과 통제집단이 동질화가 되었다는 것이다. 연구대상자의 수가 증가함에 따라 동질성의 가능성은 높아진다. 동질화는 종속변인의 사전점수(두 집단의 평균값)가 실험이 시작되기 전에 유의미한 차이가 없다는 것이다. 처치 후에 두 집단의 평균값이 유의미한 차이가 있다는 것이 통계적 검증을 통해 나타난다면, 이 차이는 독립변인에 기인한다고 결론을 내릴 수 있다.

　실험에서 무선배정이 되었어도, 간과한 가외변인이 실험결과에 영향을 줄 수 있다. 두 집단의 동질성에 대한 의문은 사전점수에 대한 집단 평균값을 비교하는 통계분석을 할 수 있다. 통계분석 결과에서 차이가 없다고 나타났다면 최소한의 무선배정은 되었다고 본다. 이 검증은 실제로 연구에서 행해지고 있다.

| R | O_1 | X | O_2 |
| R | O_3 | | O_4 |

R: 집단의 무선배정

　전후검사 통제집단 설계는 내적타당도의 위협요인들이 대부분 통제될 수 있다. 대상자의 무선배정은 실험집단의 $O_1 \sim O_2$ 기간에 발생한 사건이 통제집단의 $O_3 \sim O_4$ 기간에도 나타날 수 있다. $O_1 \sim O_2$와 $O_3 \sim O_4$의 기간이 동일하면 역사는 통제된다. 성숙과 측정도구의 문제도 통제집단과 실험집단의 기간이 동등하므로 통제될 수 있다. 통계적 회귀도 통제된다.

　그러나 전후검사 통제집단 설계도 내적타당도 위협요인에서 통제가 어려운 문제도 있다. 측정도구와 처치변인 간의 상호작용 효과는 통제가 어렵다. 연구자(실험자, 관찰자, 검사자) 요인이 연구대상자의 태도에 영향을 줄 수 있다. 또한 실험에 참여하게 된 연구대상자가 갖게 되는 인식, 연구대상자의 탈락, 결석, 일부 자료의 누락도 실험결과에 영향을 주며, 내적타당도를 저해할 수 있다.

(2) 솔로몬 4집단 설계

　솔로몬 4집단 설계(Solomon 4-group design)는 외적타당도를 높이기 위한 설계이다. 전후검사 통제집단 설계를 보완한 설계이다. 사전검사가 실험결과의 일반화를 저해하는 요인으로 작용할 수 있는데, 이러한 문제를 해결하기 위한 설계로서, 전후검사 통제집단 설계에 사전검사가 실시되지 않는 실험집단과 통제집단을 추가한 설계이다.

R	O_1	X	O_2
R	O_3		O_4
R		X	O_5
R			O_6

R: 집단의 무선배정

솔로몬 4집단 설계는 사전검사가 실시되는 실험집단과 통제집단, 사전검사가 실시되지 않는 실험집단과 통제집단이 있어, 사전검사의 영향을 알 수 있게 된다. $O_2 > O_1$, $O_2 > O_4$, $O_5 > O_6$, $O_5 > O_3$의 검증으로 독립변인(X)의 영향을 판단하도록 되어 있다. 더불어 사전검사와 처치인 독립변인(X)과의 상호작용도 알 수 있게 된다. 두 실험을 하는 것과 같은 효과도 있어, 반복연구의 효과가 있고, 일반화 가능성도 높혀 준다.

그럼에도 솔로몬 4집단 설계는 문제점을 지니고 있다. $O_1 \sim O_6$을 한 번에 할 수 있는 통계검증이 없다. 그리하여 사전검사(O_1, O_3)는 무시하고, 사후검사만으로 2×2 변량분석을 한다. 즉, 〈표 11-6〉과 같은 변량분석이 된다(송인섭, 강갑원, 이경화, 2008).

〈표 11-6〉 사후검사의 변량분석

구분	비처치	처치
사전검사 있음	O_4	O_2
사전검사 없음	O_6	O_5

X(독립변인: 처치유무)의 주효과, 사전검사 유무의 주효과를 측정한다. 사전검사가 실시되지 않은 두 집단이 포함되어 있어, 사전검사의 영향과 사전검사와 처치 간의 상호작용 효과도 알 수 있다. 사후검사를 비교하여 실험처치(X: 독립변인) 외의 가외변인 영향도 알 수 있다. 그러나 실제로 솔로몬 4집단 설계를 실시하기 위해서는 연구대상자와 측정시간의 증가가 필요하다. 그리고 연구대상자 통제와 실험조작의 통제는 더 어려워진다.

(3) 사후검사 통제집단 설계

사후검사 통제집단 설계(posttest control group design)는 사전검사가 실시되지 않는

2집단으로 설계된다. 무선배정으로 실험집단과 통제집단을 구성하고, 이것으로 집단의 동질화가 되었다고 보고, 사전검사를 실시하지 않는 것이다. 사전검사가 실제로 수행될 수 없는 경우도 있고, 무선배정이 제대로 잘 이루어지면 두 집단은 동질한 집단으로 간주되어 사전검사가 반드시 필요하지 않기 때문이다.

R	X	O_1
R		O_2

R: 집단의 무선배정

사후검사 통제집단 설계는 두 집단이 동등하게 무선배정되었다고 하더라도 처치의 기간, 처치와 측정의 기간 경과에 의해 두 집단이 다른 변화의 과정을 겪을 가능성이 있다.

(4) 배합집단 설계

배합집단 설계(matching group design)는 연구대상자를 한 배합변인 또는 두 배합변인으로 짝을 지어, 두 집단에 각각 무선배정하는 방법이다. 배합변인(matching variable)은 연구대상자를 동질의 집단으로 나눌 수 있는 객관적이고 수량화된 측정방법의 변인이다. 동질의 두 집단을 구성하기 위해 같은 점수의 연구대상자를 짝을 지어 각각 다른 집단에 배정하는 것이다.

배합변인은 상관이 있다고 나타난 선행연구에서 합리적 근거를 찾을 수 있다. 배합변인이 종속변인과 높은 상관이 있다면 배합은 성공이다. 상관이 없으면 배합은 성공적이지 못하다. 지능검사 점수나 사회성숙도 점수가 배합변인으로 활용될 수 있다.

(5) 다집단 설계

다집단 설계(multi group design)는 일원변량분석 설계라고도 한다. 3개 이상의 집단이 있는 설계이다.

R	O_1	X 없음	O_2
R	O_3	X_1	O_4
R	O_5	X_2	O_6
R	O_7	X_3	O_8

예를 들어, 세 가지 치료방법 중에 어느 치료방법이 ADHD 아동의 주의집중력에 효율적인 치료방법인가를 알고자 할 때 사용할 수 있는 설계이다. ADHD 아동 80명이 선정되고, ADHD 아동 60명이 A, B, C 세 집단에 무선배정된다. A집단은 a방법으로, B집단은 b방법, C집단은 c방법으로 치료를 받는다. 그리고 4집단의 결과를 비교하여 어떤 방법이 우수한가를 보는 것이다. 이때 실험자 변량이 일정하게 유지되려면 한 실험자가 세 집단을 모두 치료해야 한다. 측정결과는 변량분석을 사용한다.

이 설계는 외적타당도인 처치와 사전검사 간의 상호작용 효과 배제에 어려움이 있다. 또한 실험자가 한 방법을 더 선호할 수 있고, 세 집단을 모두 치료한다면 흥미를 잃거나 지루함, 피로가 생길 수 있다. 많은 연구에서는 실험자 훈련을 통해 세 집단을 동시에 실험한다.

(6) 요인 설계

요인 설계(factorial design)는 독립변인이 두 개 이상인 연구의 설계이다. 처치변인 X만으로 종속변인에 대한 효과를 보기가 어려울 경우가 있다. 다른 처치변인이 실험에 첨가되어 종속변인에의 효과를 동시에 보고자 할 때 사용되는 설계이다. 예를 들면, 사회성훈련 미술치료프로그램의 또래관계에 대한 효과 실험이다. 프로그램의 효과는 모자녀 친밀도에 따라 다를 것이라는 독립변인을 추가할 수 있다.

〈표 11-7〉 요인구분 설계

구분		미술치료	
		받음	안 받음
모자녀 친밀도 정도	높음	①	②
	낮음	③	④

4개의 조합이 독립변인에 의해 나타난다. ①, ②, ③, ④ 집단은 사전검사로 또래관계의 검사를 받는다. 미술치료 처치 후에 사후검사로 또래관계 검사를 받는다. 모자녀 친밀도와 미술치료프로그램의 주효과, 그리고 모자녀 친밀도와 미술치료프로그램의 상호작용 효과를 볼 수 있다.

제**12**장

단일사례연구

이 장에서 다루고자 하는 단일사례연구는 단일한 사례를 대상으로 개입(처치, 중재)의 효과를 검증하는 실험연구의 한 방법이다. 미술치료 연구에서는 단일사례연구 방법을 그대로 사용하거나 일부를 수정하여 연구가 이루어지고 있다. 단일사례연구와 유사한 명칭인 사례연구는 질적연구의 한 분야이다. 이 장의 단일사례연구와는 연구접근, 연구방법에서 차이가 있다. 단일사례연구에 대한 이해를 돕기 위해 사례연구와 간단한 비교하고, 사례연구는 제15장 질적연구에서 다루고자 한다.

〈표 12-1〉 단일사례연구와 사례연구

단일사례연구	사례연구
양적 접근	질적 접근
실험연구	비실험연구
구체적인 행동의 측정	심층적이며 상세한 정보의 수집

1. 단일사례연구의 의미

단일사례연구(single case experimental design)는 특정 개인이나 집단의 특정 행동에 대한 독립변인(처치)의 효과를 검증하고자 하는 연구이다. 개인이나 집단의 어떤 표적행동에 대한 처치(개입, 중재)의 효과를 측정하는 데 사용될 수 있는 연구방법이다(강영걸, 2014). 즉, 연구의 목표가 어떤 표적행동에 대한 처치의 효과를 분석하는 것이다. 처치의 효과에 대한 결과를 관찰을 통해 지속적으로 측정하여 표적행동에 대한 처치의 효과가 분석되기 때문에 연구과정과 실천과정이 분리되지 않는다(조용태,

2016). 또 연구계획의 수정이나 변화가 가능하다.

단일사례연구는 계속적인 관찰을 통해 처치의 효과를 연구하는 연구방법이다. 따라서 처치에 따른 표적행동이 관찰 가능하여야 측정할 수 있다. 표적행동은 처치의 효과를 적절하게 나타낼 수 있는 행동이어야 하며, 구체적인 조작적 정의가 중요하다. 표적행동은 처치를 통해서 변화(개선)시키고자 하는 행동이다. 처치는 기존의 행동에 변화를 일으킬 수 있는 실험자극, 교육 및 프로그램, 환경의 변화 등(송인섭, 강갑원, 이경화, 2008)으로 독립변인 또는 실험변인과 유사한 개념이다. 표적행동의 변화를 유발하는 요인이다. 예를 들면, ADHD 아동에게 주의집중(표적행동)을 잘하도록 약(처치)을 복용하게 하고, 주의집중 정도를 관찰하는 것이다. 또는 미술활동 후에 미술매체의 정리정돈(표적행동)을 안 하는 아동에게, 정리정돈을 하면 칭찬(처치)을 하면서 칭찬의 효과가 있는가를 보는 것이다.

단일사례연구는 개인과 일대일의 관계에서 표적행동을 독립변인의 조작 전에 며칠, 몇 주와 같은 간격과 몇 회의 기간을 정하여 반복적으로 행동을 관찰하고 기록한다. 그리고 독립변인을 조작하여 개인의 표적행동을 일정기간 관찰하면서 비교한다. 예를 들면, 공격행동을 하는 아동이 있다. 공격행동의 원인이라고 생각되는 여러 요인을 검토하고, 이 아동의 문제와 원인이 무엇인지 진단하여 적절한 처치를 선정하였다. 처치를 실시하기 전에 아동의 공격행동을 관찰하고 기록한다. 그리고 처치를 실시하면서 아동의 공격행동을 계속 관찰하고 기록한다. 공격행동이 감소를 보이면 처치는 종결된다. 처치가 종결되고 난 후에도 일정기간 관찰하여, 공격행동이 처치 전의 수준으로 되돌아가는가를 본다. 되돌아간다면 처치는 임상적으로 효과가 있다고 보는 것이다. 즉, 단일사례연구는 독립변인(처치)이 조작되지 않고 종속변인이 측정되는 기초선단계, 독립변인이 조작되고 종속변인이 측정되는 처치단계, 그리고 기초선으로 되돌아가는 것을 보기 위해 독립변인의 조작이 중단되고 종속변인을 측정하는 반전단계로 이루어진다(조용태, 2016).

그런데 미술치료프로그램의 처치효과는 처치가 종료되고 나서 일정기간이 지난 후에도 치료효과가 유지되어야 치료프로그램으로써의 처치효과가 있는 것으로 본다. 감소가 아니라 유지되고 있어야 미술치료프로그램이 임상적으로 효과가 있다고 보는 것이다. 처치가 종료되고 난 이후의 관찰에서 처치 전 수준으로의 회귀를 처치효과로 보는 관점과 다른 관점이다.

단일사례연구는 처치에 따른 지속적인 관찰에 의해 처치가 어떻게 진행되어 가는가의 한 개인의 변화과정에 대한 상세한 정보를 얻을 수 있다. 반면에 일반화에는 제약이 된다. 이에 대한 보완으로 유사한 연구를 반복하거나 단일사례를 여러 경우 연구함으로써 일반화의 가능성을 추구할 수 있다. 사례수가 많을수록 일반화 가능성의 여지가 있다고 본다.

단일사례연구의 의미

- 특정개인이나 집단의 표적행동에 대한 처치(개입)의 효과를 분석
- 개인과 일대일의 관계에서 처치 전, 처치 동안 일정기간 반복 관찰
- 처치하며 표적행동의 지속적 관찰(연구과정과 실천과정이 분리되지 않음)
- 표적행동의 관찰 가능성(처치효과를 잘 나타내는 구체적 · 조작적 정의의 필요)
- 한 개인의 변화(개선)과정에 대한 상세한 정보
- 유사한 사례의 반복, 단일사례의 여러 사례 연구로 일반화 가능성 추구

실험집단과 통제집단을 활용하는 실험연구는 처치과정이 모두 끝난 후에 결과에 대한 검증이 가능하다. 실험집단과 통제집단 간에 통계적으로 차이가 유의미한가를 검증하게 된다. 일반적인 실험연구는 모집단을 대표하는 표본집단에서 처치효과를 검증한다. 검증하기 위해 집단은 실험집단과 통제집단으로 나누고, 실험집단은 처치를 받으며, 통제집단은 처치를 받지 않는다. 행동의 측정은 처치 전과 처치 후에 이루어진다. 두 집단의 비교는 행동의 평균치의 차이를 검증하는 것이다.

단일사례연구의 목표는 연구대상자의 표적행동을 처치 전과 처치 동안 여러 회기에 걸쳐 반복 관찰한다. 단일사례연구는 한 사례를 반복하여 관찰함으로써 통제집단이나 실험집단과 같은 집단 비교의 효과를 구하는 것이 특징이다(강영걸, 2014). 깊이 있는 연구가 가능할 수 있으나 일반화와 관련하여 다른 사례에도 적용될 수 있는가의 외적타당도의 문제가 있다. 또한 단일사례연구는 표적행동에 대해 처치 이전과 처치 이후를 여러 번 반복적으로 관찰하여 비교한다. 처치 이전의 측정은 실험설계의 통제집단, 처치과정 동안의 측정은 실험집단의 역할로 볼 수 있다. 측정의 결과에서 표적행동이 긍정적인 변화를 보였다면 처치는 임상적으로 유의하다고 본다. 개인에 대한 임상적인 유의미성에 초점을 둔다. 측정결과 실제 개인에 대한 처치가 실제로 효과가 있는가를 체계적이며 과학적으로 검증하는 방법이다. 개인에 대한 즉각적인 연구가

필요하거나 통제집단을 구하기 어려울 때 효과적으로 사용할 수 있다.

연구가 집단의 평균점수를 기준으로 한다면 한 개인의 변화과정에 대한 정보는 상실하게 된다. 그러나 집단을 단위로 하는 연구는 일반화의 가능성을 높일 수 있다는 이점이 있다.

〈표 12-2〉 단일사례연구와 집단실험연구	
단일사례연구	집단실험연구
각 개인	실험집단과 통제집단의 대상들
특정대상의 특정행동에 대한 처치효과	모집단의 표본에 대한 처치효과
기간을 단위로 나눠 종속변인의 반복 관찰	처치 전과 처치 후의 종속변인 측정
개인에 대한 임상적 유의미성	집단의 평균행동 비교
개인의 변화과정	통계적 의미

단일사례연구는 개인이나 집단인 연구대상자들이 실험집단과 통제집단으로 나뉠 수 없거나 처치의 효과가 일시적이거나 시간의 경과에 따라 변화할 가능성이 높을 때 사용된다. 여러 번의 반복 관찰로 표적행동이 어떻게 진행되고, 언제 해결되었는가를 보여 주어 처치의 효과에 대한 풍부한 자료를 받을 수 있다. 그러나 단일사례연구는 표적행동에 대해 반복적인 측정을 하므로 반복에 의한 측정의 신뢰도가 문제가 될 수 있다. 표적행동은 처치의 목표가 성취되었는가의 여부를 가장 적절하게 나타낼 수 있는 행동이어야 한다. 또한 연구대상자가 자신이 반복 관찰되는 데에 따른 반응성이 문제가 될 수 있다.

2. 단일사례연구의 자료수집과정

단일사례연구의 연구절차는 간단히 언급하고, 단일사례연구의 특성이 나타나는 자료수집과정(관찰과정, 측정과정)에 대해 살펴보겠다. 연구절차의 자세한 내용은 제5장을 참고하면 도움이 된다. 단일사례연구의 연구절차는 가설설정이나 가설검증 과정이 생략되고 연구문제의 설정과 처치목표, 측정대상의 선정, 측정, 자료분석으로 진행된다.

　연구문제가 먼저 설정된다. 그리고 변인(표적행동)은 측정이 가능하도록 구체적으로 조작적 정의가 내려져야 한다. 관찰을 통해 볼 수 있는 구체적인 행동으로 정의되어야 하며, 그렇지 않으면 처치의 목표가 명확하지 못하고, 측정이 모호하게 된다.

　처치의 목표는 어떤 처치를 할 것이고 처치의 효과가 무엇인지를 밝히는 것이다. 처치의 목표는 객관적인 관찰이 가능한 행동들로 한다. 처치의 목표가 개인의 내면인 경우에도 관찰이 가능하게 겉으로 드러나는 구체적인 행동으로 조작적인 정의를 하여 측정을 하여야 한다. 처치가 필요한 소수의 표적행동이어야 하며, 표적행동은 처치 전과 후의 차이를 쉽게 파악할 수 있는 행동이어야 한다. 또한 표적행동은 반복측정이 가능하도록 자주 발생하는 행동이어야 한다.

〈표 12-3〉 표적행동의 선정

- 구체적으로 측정이 가능한 조작적 정의가 필요함
- 처치의 효과를 밝힐 수 있는 행동이어야 함
- 처치 전과 후의 차이가 쉽게 파악되도록 처치의 목표를 잘 나타내야 함
- 반복측정이 가능한 자주 발생하는 행동이어야 함

　단일사례연구에서의 자료수집 방법은 빈도, 지속시간, 크기, 간격이다. 빈도는 대상자를 특정 기간 동안에 직접 그리고 지속적으로 관찰하여, 표적행동이 발생한 수를 측정하고 기록하는 것이다. 지속시간은 관찰기간 동안에 구체적인 표적행동이 얼마나 지속되었는가의 시간 길이를 측정하고 기록하는 것이다. 크기는 표적행동이 얼마나 강한가를 관찰하고 기록하는 것이다. 각 행동이 발생하는 동안에 나타나는 표적행동의 양이나 수준 혹은 정도를 관찰하고 기록한다. 간격은 빈도와 기간을 결합한 것으로 동일한 간격으로 나누어진 구체적인 관찰기간 동안에 발생한 행동의 발생 여부를 기록하는 것이다. 기록방법의 스팟체크(spot check)는 시간 간격을 구성하고 각 시간 간격에 표적행동을 관찰한다. 지속적으로 관찰하는 것이 아니라 간헐적으로 관찰하고 기록한다.

자료수집 방법

- 빈도: 특정기간 동안 표적행동이 발생한 수를 관찰하고 기록
- 지속시간: 관찰기간 동안 표적행동의 지속된 시간을 관찰하고 기록
- 크기: 표적행동이 얼마나 강한가를 관찰하고 기록
- 간격: 동일한 간격으로 나누어진 관찰기간 동안의 표적행동 발생 여부를 기록

표적행동과 자료수집 방법이 선정되면 관찰자 훈련이 필요하다. 관찰자 훈련은 제10장 관찰연구를 참조하면 된다. 단일사례연구의 처치에 대한 자료수집과정은 처치를 시작하기 전의 사전 자료수집과정인 기초선단계(기초선자료수집단계), 처치하는 동안의 자료수집과정인 처치단계가 있다. 처치의 효과는 기초선단계와 처치단계의 비교에서 이루어진다. 기초선단계는 기초선 구간, 처치단계는 처치구간으로 표시하게 된다.

1) 기초선단계

기초선단계(기초선자료수집단계)는 처치를 하기 전에 연구대상자의 행동수준을 관찰(측정)하는 것이다. 연구대상자의 현재 행동의 수준을 관찰하는 것으로, 처치가 제공되지 않는다면, 연구대상자의 행동수준이 어떠할 것인가를 예측해볼 수 있는 근거자료가 된다. 더불어 처치를 한 후에 어떠한 행동변화(행동개선)가 나타났는가를 판단하는 기준이 된다. 기초선단계는 보통 A로 표시한다.

기초선단계의 의미

- 처치를 하기 전에 연구대상자의 행동수준 파악
- 연구대상자의 현재 행동수준을 관찰하고 기록
- 처치가 제공되지 않는다면, 연구대상자의 행동수준이 어떠할 것인가를 예측
- 처치를 한 후에 기초선단계와 비교하여 변화를 판단

기초선단계의 자료는 몇 회에 걸쳐 관찰된다. 관찰이 몇 회 실시되어야 하는가는

표적행동과 상황에 따라 달라지나, 보통 5회 정도의 관찰이 이루어진다. 기초선단계의 관찰주기는 기간은 짧게 하되 자주 관찰하는 것이 유리하다. 이는 역사, 성숙 등으로 인해 내적타당도가 낮아지지 않도록 하기 위해서이다. 또는 자료수집을 하기 위해 심각한 문제가 있는 연구대상자에게 처치를 지연하는 것이 윤리적으로 문제가 되기 때문이라고 할 수 있다.

자료가 수집되면 자료를 평가한다. 기초선단계의 자료는 처치의 효과를 판단하는 자료가 된다. 표적행동 수준이 안정적으로 발생되는가를 평가한다. 기초선단계에서 표적행동이 안정성을 보여야 처치가 변화를 가져왔는가를 쉽게 파악할 수 있다. 자료의 안정성은 표적행동의 관찰점수인 자료점의 변동성(variability of data)과 경향성(trend of data)으로 평가한다(Johnson & Ottenbacher, 1991).

자료점의 변동성은 자료점의 높고 낮음이다. 변동성이 크다면 미래 행동을 예측하기 어렵다. 처치 후에 표적행동의 변화가 처치효과에 의한 것인지, 연구대상자 행동 자체가 일관적이지 않기 때문에 나타난 것인지를 판단하기 어렵다. 변동성의 기준은 연구의 경우에는 5% 이내의 자료점, 치료의 준거는 20% 이내의 자료점, 행동을 급히 변화시켜야 하는 일반적인 상황에서는 50% 이내의 자료점이 제안된다(조용태, 2016). 안정성의 부족은 표적행동의 조작적 정의가 모호하거나, 관찰이 일관적이지 못할 때 발생한다. 변동성의 계산은 자료점의 평균을 구한다. 그리고 5%(20%, 50%)의 점수를 구한다. 기초선단계의 모든 자료점이 ±5%(20%, 50%)의 이내에 들어 있는가를 평가한다.

회기	1	2	3	4	5
자료점	16	13	20	18	13

자료점 평균＝(16＋13＋20＋18＋13)/5＝16
평균의 50% 점수＝16×50%＝8
자료점 50% 수용 가능 범위＝(16±8)＝8-24
모든 자료점이 수용 가능 범위이므로 기초선의 안정

자료점의 경향성은 표적행동 자료점들의 방향을 의미한다. 자료점들의 방향은 일정하지 않음, 감소, 증가의 형태를 갖는다. 자료점들의 경향이 일정하지 않으면 처치의 효과를 평가하기가 어렵다. 처치 후의 관찰결과가 처치효과인지, 아니면 다른 요인이 영향을 준 것인지 모호해진다. 경향성이 안정을 보일 때까지 관찰을 계속한다. 그런데 관찰을 계속한다고 경향성이 안정되게 나타난다는 보장이 없으며, 관찰기간이 길어지면 처치시작이 연기되므로 윤리적 문제가 발생한다. 어느 정도의 불안정성은 시계열분석을 통해 평균적인 경향을 발견할 수 있다(Kazdin, 1982).

감소는 자료점 방향이 하향경향을 보이는 것이다. 처치목표가 표적행동의 감소라면 처치효과를 평가하기 어렵다. 표적행동이 하향경향이므로 처치를 안 해도 감소가 계속 될 가능성이 있기 때문이다. 처치 후의 표적행동 감소가 하향경향의 계속인지, 처치효과인지가 명확하지 않다. 만약 기초선단계의 하향경향보다 처치단계의 감소가 훨씬 더 크다면 처치효과로 추론해 볼 수는 있다.

증가는 자료점 방향이 상향경향으로 표적행동이 더 나빠지는 것이다. 처치 후에 표적행동의 증가경향이 중지되거나 표적행동이 감소하면 처치효과로 평가할 수 있다.

기초선단계 자료의 평가

- 표적행동 수준으로 안정성 평가
- 안정성
  - 변동성: 표적행동 자료점들의 높고 낮음
  - 경향성: 표적행동 자료점들의 방향(불안정, 감소, 증가, 불변)
    - 감소: 처치 후 표적행동 감소가 처치효과인지 불분명
    - 증가: 처치 후 표적행동 중지나 감소되면 처치효과

---

2) 처치단계

처치단계는 기초선단계의 자료점이 안정성을 보인 후에 처치가 이루어지고 있는 단계이다. 처치가 실시되면 관찰을 하면서 기록을 하게 된다. 표적행동의 변화가 나타나 처치단계의 자료점들이 원하는 목표를 보일 때까지 처치가 계속된다. 처치단계는 보통 B로 표시한다.

처치단계의 관찰은 기초선단계와 동일한 관찰자가 동일한 관찰장소에서 동일한 관찰방법으로 관찰하여야 한다. 처치 이외의 다른 조건을 동일하게 하는 것이다. 단일사례연구는 처치 후의 표적행동을 처치 전과 비교하여 처치효과를 파악하는 것으로

처치단계에서 자료점에 긍정적인 변화가 있는가를 보는 것이다(Parsonson & Baer, 1978). 그래프를 이용하면 처치 전과 후의 표적행동이 시각적으로 명확하게 보인다.

미술치료 연구는 단일사례연구 방법의 기초선단계와 처치단계에 실험연구 방법인 추후검사의 의미를 도입하여 유지단계를 설정한 연구를 하고 있다. 실험연구에서는 처치 종료 후 사후검사를 실시하고, 일정기간이 지난 후 추후검사를 실시하며, 추후검사는 1회의 검사이다. 유지단계는 처치를 종료하고 일정기간 지속적으로 표적행동을 관찰하여 처치의 효과가 유지되는 있는가를 보는 단계이다. 유지되면 처치의 효과가 있다고 판단하게 된다.

다음 절에서 살펴볼 A-B-A 설계의 반전단계는 유지단계와 다른 개념이다. 표적행동과 처치 간의 관계를 확인하기 위해 처치단계 다음에 처치를 중단하고, 표적행동이 다시 기초선 수준으로 되돌아가는지를 확인하는 단계이다. 처치의 중단 후에 표적행동이 다시 기초선 수준으로 되돌아가면 처치가 효과적이라고 보는 것이다(Kazdin, 1982).

3. 단일사례연구의 유형

단일사례연구에는 여러 유형들이 있다. 기본적인 유형은 A-B 설계이다. 이 외에 A-B 설계를 변형한 A-B-A 설계, A-B-A-B 설계, A-B-C-D 설계, 다중기초선 설계, 다중간헐 설계, 기준변경 설계 등이 있다.

1) A-B 설계

A-B 설계는 기본적인 단일사례연구 설계이다. A-B 설계는 기초선단계(A)와 처치단계(B)로 이루어져 있다. 기초선단계에서 정해진 회기에 반복적으로 관찰하여 자료점이 안정되면 표적행동에 대한 처치가 이루어진다. 처치단계(B)에서도 표적행동이 정해진 회기마다 관찰된다. 자료점이 구체적인 목표나 원하는 방향으로 안정되면 처치는 중단되고 관찰도 종료된다.

기초선단계와 처치단계의 자료점들을 비교하여 처치효과를 알아본다. 기초선단계와 처치단계의 명확한 차이가 처치효과로 평가된다.

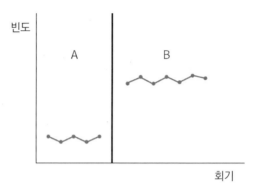

[그림 12-1] A-B 설계

A-B 설계는 단순하고 간편하다. 그러나 기초선단계와 처치단계만을 비교하기 때문에 처치(독립변인)와 표적행동(종속변인) 간의 인과관계를 확신할 수 없다. 처치하는 동안에 발생할 수 있는 역사, 성숙 같은 요인이 표적행동에 영향을 주었을 가능성이 있기 때문이다. 다수의 사례를 대상으로 하는 다중기초선 설계가 이 문제를 해결하는데 어느 정도 도움이 될 수 있다. 다수의 사례가 몇 사례인가와 처치 외의 조건을 어떻게 동질화하는가와 연구대상자를 어떻게 선정하느냐가 중요한 문제이다.

A-B 설계의 의미

• 표적행동의 기초선단계(A)와 처치단계(B)의 정해진 회기에 반복 관찰
• 기초선단계의 자료점 안정 후 처치
• 처치단계 자료점이 구체적 목표나 원하는 방향으로 안정되면 처치와 관찰 종료
• 표적행동의 변화요인은 처치효과 외의 다른 요인(역사, 성숙 등)도 가능
• 다수의 단일사례연구로 어느 정도 도움

---

2) A-B-A 설계

A-B-A 설계는 처치효과를 확인하기 위하여 A-B 설계의 뒤에 기초선단계(A)를 추가한 설계이다. 처치와 표적행동 간의 인과관계를 평가하기 위하여 가외변인을 통제하는 것이다. 처치단계 다음에 처치를 중단하고, 표적행동이 다시 기초선단계 자료점 수준으로 돌아가면 처치가 효과적이라고 본다.

A-B-A 설계는 안정적인 자료점의 기초선단계(A), 목표에 도달하여 안정적인 행동을 보일 때까지 관찰되는 처치단계(B), 처치가 중단되고 관찰되는 기초선단계(A)로 구성된다. 처치가 중단된 상태의 이 단계는 반전단계로도 불린다. 처치효과는 추가된 기초선단계의 표적행동이 기초선단계 수준으로 되돌아가는가를 통해 평가한다. 되돌아가면 처치가 표적행동에 영향을 주었다고 보는 것이다.

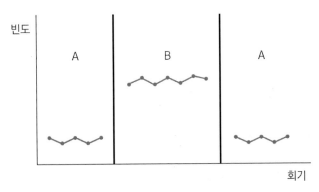

[그림 12-2] A-B-A 설계

A-B-A 설계는 A-B 설계의 단점인 가외변인의 영향을 추가된 기초선단계의 도입으로 배제할 수 있다. 그러나 어떤 경우에는 처치를 중단해도 처치의 효과가 남아 있어 반전단계의 표적행동에 영향을 주는 잔여효과가 있을 수 있다. 잔여효과를 막기 위해 관찰기간을 길게 하여 처치의 영향력을 줄일 수 있다. 다수의 단일사례연구가 이 문제에 어느 정도 도움이 될 수 있다.

A-B-A 설계의 의미

- 안정적인 자료점까지 자료점을 관찰하는 기초선단계(A)
- 처치가 목표나 원하는 방향으로 안정되면 처치와 관찰 종료(B)
- 처치를 중단하고 자료를 수집하는 기초선단계(A)
- 표적행동이 기초선 수준으로 되돌아가면 처치의 효과로 봄
- 표적행동과 처치 간의 인과관계 확인을 위한 다른 기초선단계(A)의 추가
- 인위적 처치를 중단하고 기초선단계를 관찰하는 데 따른 윤리적 문제
- 처치의 잔여효과로 인한 처치효과 오인 가능성

그러나 실제에서 처치 중단 후에 연구대상자를 계속 관찰할 수 있는가의 문제가 있다. 또한 처치효과를 관찰하기 위해 표적행동이 변화를 보인 후에 인위적으로 처치를 중단하고 기초선단계로 되돌아가는가를 관찰하는 데 따른 윤리적 문제가 대두된다. 처치를 계속하여야 하는데 중단하기 때문이다.

3) A-B-A-B 설계

A-B-A-B 설계는 처치 전의 표적행동에 대한 자료를 수집하는 기초선단계(A1), 처치에 따른 표적행동의 자료를 수집하는 처치단계(B1), 처치중단과 표적행동의 기초선 수준 회귀를 확인하기 위한 자료수집의 기초선단계(A2), 처치가 표적행동에 영향을 주는가를 보기 위한 자료수집의 처치단계(B2)로 이루어진다. A-B-A-B 설계는 A-B-A 설계에 처치를 재개하는 제2의 처치단계(B)를 추가한 설계로 중지반전 설계(withdrawal reversal design)라고도 한다.

동일대상에 대해 A-B 설계의 과정을 한 번 더 반복하는 기초선(A)-처치(B)-처치중단(A)-재처치(B)의 과정이다. A-B의 반복으로 처치가 수행될 때마다 표적행동이 변화되면 처치가 효과적이라는 것이 확실히 평가된다고 보는 것이다.

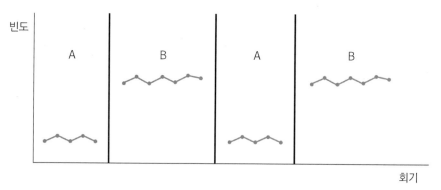

[그림 12-3] A-B-A-B 설계(처치 때마다 표적행동 변화로 처치효과)

A-B-A-B 설계는 처치의 중단이 윤리적으로 문제가 되지 않을 때 사용할 수 있다. 처치중단이 표적행동을 반전시킬 수 있을 때 사용할 수 있다. 기초선단계와 처치단계가 두 번에 걸쳐 이루어지므로 A-B-A 설계보다 시간이 오래 걸린다. 그리고 두 번의 기초선단계와 처치단계가 비교될 수 있는 동일한 상태의 유지가 쉽지 않다.

A-B-A-B 설계

- 표적행동 관찰의 기초선단계(A1), 처치에 따른 표적행동 관찰의 처치단계(B1), 처치 중단과 표적행동의 기초선 수준 회귀를 확인하기 위한 기초선단계(A2), 처치가 표적행동에 영향을 주는가를 보기 위한 처치단계(B2)
- 기초선(A)-처치(B)-처치중단(A)-재처치(B)의 과정
- 처치가 시행될 때마다 표적행동이 변화되면 처치의 효과
- 처치가 중단되고 처치 전으로 반전되면 처치가 효과적이라고 봄
- 독립변인과 종속변인 간의 분명한 인과관계 확인
- 처치의 중단이 윤리적으로 문제가 되지 않을 때 사용
- 처치가 중단되면 표적행동이 반전될 수 있을 때 사용

---

4) A-B-C-D 설계

A-B-C-D 설계는 처치를 해도 처치의 효과가 나타나지 않을 때 처치를 중지하기보다는 다른 새로운 처치(C와 D)를 시행하는 설계이다. 기초선 자료수집의 기초선단계(A), 처치1단계(B), 처치2단계(C), 처치3단계(D)로 서로 다른 여러 처치를 시행하여 처치의 효과를 보는 방법이다. 조건변경설계(changing conditions design) 또는 다중처치설계(multiple treatment designs)라고 한다.

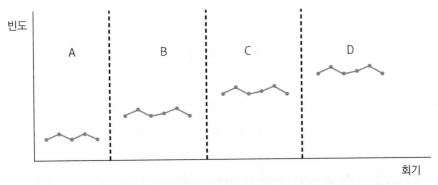

[그림 12-4] A-B-C-D 설계(B, C, D 모두 표적행동 변화로 처치효과)

A-B-C-D 설계는 하나의 기초선단계로 여러 처치단계를 비교하는 설계이다. 표

적행동의 변화는 시행되는 처치의 5회기 이내에 나타나야 한다(조용태, 2016). 그런데 한 처치가 중단된 후에 다른 처치(C)가 시행되므로 이전 단계의 처치효과가 다음 단계에 지속적으로 효과를 미칠 수 있다. 앞 단계 처치의 잔여효과와 잔여효과들 간의 상호작용 효과를 통제하기 어렵다. 또한 B, C, D 처치순서가 어떻게 되는가의 순서효과도 표적행동에 영향을 줄 수 있다. 따라서 독립변인과 종속변인 간의 인과관계를 분명히 확인할 수 없다. 각 처치효과는 각 처치별로 보는 것이 더 과학적이다. 그런데 한 처치가 시행되고 효과가 없으면 다른 처치가 시행되는 일은 일상생활에서 활용되고 있다. 우연과 과학적 방법의 차이를 연구자는 유의하여야 한다.

A-B-C-D 설계

- 기초선단계(A), 처치1단계(B), 처치2단계(C), 처치3단계(D)
- 처치효과가 나타나지 않을 때 처치중단보다 다른 새로운 처치(C와 D)를 시행
- 하나의 기초선단계로 다른 여러 처치단계를 비교
- 표적행동 변화는 여러 처치 잔여효과의 가능성
- 표적행동 변화는 처치순서에 따라 차이를 보일 수 있음(순서효과 가능성)
- 독립변인과 종속변인 간의 인과관계 확인이 어려움

---

5) 다중기초선 설계

다중기초선 설계(multiple-baseline designs)는 단일사례연구의 가장 적절한 설계이다. A-B 설계를 여러 대상에 적용하여 처치효과를 확인하는 설계이다(Gast & Ledford, 2010). 처치가 필요한 다수의 대상자, 행동, 장면이 있을 때 사용된다. 여러 연구대상자에 대한 기초선단계의 관찰이 동시에 이루어지고, 처치는 각각 다른 시점에 시행된다. 동일한 처치가 다른 시기에 적용되므로 가외변인이 통제되는 것이다.

처치 외의 가외변인이 한 연구대상자의 표적행동 변화에 영향을 주었다면 처치를 받지 않고 있는 다른 연구대상자에게도 영향을 준다는 것이다. 처치가 표적행동 변화의 원인이면 연구대상자들 모두 처치에서 표적행동의 변화를 보이게 된다. 이와 같은 표적행동에 대한 분석이 표적행동 변화가 처치효과인지 아니면 가외변인(예 성숙, 역사 등)에 의한 것인지 확인할 수 있다는 것이다.

다중기초선 설계는 다수의 연구대상자에 대한 처치효과를 한 번에 보게 해 주므로 일반화 가능성을 보여 준다. 다수의 대상에 대한 결과가 유사하다면 처치효과가 실험 대상자가 아닌 다른 대상자들에도 적용될 수 있음을 보여 주기 때문이다. 그러나 동일한 처치가 여러 사례에 시행되고 각 사례의 표적행동을 비교하므로 각 단일사례는 단일사례 내에서 연구대상자, 상황, 문제행동 간에 상호작용이 있을 수 있고, 이 상호작용은 단일사례 간에 차이가 있을 수 있다. 이 상호작용의 통제가 쉽지 않다. 각 단일사례 내에 상호작용이 발생한다면 처치효과가 처치에 의한 것인지 아니면 상호작용에 의한 것인지 확인하기 어렵게 되어, 연구결과의 일반화에 문제가 발생할 수 있다(Kazdin & Kopel, 1975).

다중기초선 설계

- A-B 설계를 여러 연구대상자에 적용하여 처치효과를 확인
- 여러 연구대상자의 기초선 관찰이 동시에 이뤄지고, 처치는 각각 다른 시점에 시작
- 처치가 표적행동 변화의 원인이면 연구대상자 모두 처치시행에서 표적행동 변화
- 가외변인이 표적행동 변화를 야기하면 처치를 받지 않은 다른 표적행동도 변화
- 다수 연구대상자에 대한 처치효과를 한 번에 알아보게 되므로 일반화의 가능성
- 단일사례 내의 대상자, 상황, 문제행동 간의 상호작용통제 어려움(일반화 문제)

다중기초선 설계는 동일한 처치를 여러 대상에서 실시하여 처치효과를 보는 설계로, 세 가지 유형으로 나뉜다. 대상자에 따른 다중기초선 설계, 동일한 처치를 여러 장면에서 실시하여 처치효과를 보는 장면에 따른 다중기초선 설계, 동일한 처치를 여러 행동에 실시하여 처치효과를 보는 행동에 따른 다중기초선 설계가 있다.

(1) 대상자에 따른 다중기초선 설계

대상자에 따른 다중기초선 설계는 같은 유형의 문제를 가진 개인들이 연구대상이다. 처치효과가 여러 대상자에서 공통적으로 나타나는가를 보기 위해, 여러 대상자에게 동일한 처치를 시행하고 처치효과는 각각의 A-B 설계로 검증하는 것이다. 대상자에 따른 다중기초선 설계는 여러 개인이 같은 장면에서, 같은 표적행동을 나타내는 개인들임이 확인되어야 한다. 각 대상자에게 시행하려는 처치가 각 대상자 모두에게 비슷

한 효과가 있을 것으로 기대되는 합리적 근거가 있어야 한다.

표적행동은 정확하게 같은 행동은 아니지만 기능적으로 비슷하면 된다. 예를 들면, 한 아동은 수업시간에 발표를 시키면 손가락 빨기를 하고, 다른 아동은 옷자락 만지작거리기를 한다. 또 다른 아동은 고개 숙이기를 한다. 그러면 이 세 가지 행동은 모두 불안을 나타내는 기능적으로 유사한 행동으로 볼 수 있다. 각각의 대상자에게 처치가 수행되고 표적행동의 개선이 있다면 이는 처치효과(독립변인)가 있음을 의미한다.

〈표 12-4〉 대상자에 따른 다중기초선 설계

* 여러 대상자에게 동일처치를 시행하고 처치의 효과 검증은 각각의 A-B 설계
* 각 대상자에게 처치가 시행되고 표적행동의 변화가 있다면 이는 처치효과
* 처치가 비슷한 효과를 나타낼 것으로 기대되는 합리적 근거
* 대상자는 같은 유형의 문제를 가진 개인들
* 대상자는 같은 장면에서 같은 표적행동을 나타냄
* 정확하게 같은 행동은 아니지만 기능적으로 유사한 표적행동

(2) 장면에 따른 다중기초선 설계

장면에 따른 다중기초선 설계는 한 명의 연구대상자가 다른 여러 장면에서 하는 행동이 연구대상이다. 다른 장면에 동일한 처치를 가함으로써 표적행동 변화에 효과가 있는가를 평가한다. 예를 들어, 놀이터, 학원, 학교에서 공격행동에 대해 동일한 처치를 받는다. 장면은 처치가 시행될 때까지는 표적행동이 변화되지 않을 정도의 다른 상황이다. 독립적이나 기능적으로 비슷한 상황이어야 한다. 다른 장면에 대해 동일한 처치가 효과를 보인다면 처치가 효과적이라고 할 수 있다.

〈표 12-5〉 장면에 따른 다중기초선 설계

* 여러 장면에 동일 처치가 시행되고 처치의 효과 검증은 각각 A-B 설계
* 각 장면에 처치가 시행되고 표적행동의 변화가 있다면 이는 처치효과
* 한 명의 연구대상자가 다른 장면에서 하는 표적행동
* 장면은 처치 시행 전에 표적행동의 변화가 기대되지 않을 정도의 다른 장면

(3) 행동에 따른 다중기초선 설계

행동에 따른 다중기초선 설계는 동일 상황에서 한 연구대상자의 다른 표적행동에 대한 처치효과가 있는지를 평가하는 설계이다. 셋 이상의 표적행동이 확인되어야 한다. 각 표적행동에 대한 처치의 효과 가능성이 비슷해야 한다. 표적행동 간에 상호작용이 있으면 처치효과가 정확하게 검증될 수 없으므로, 각 표적행동은 상호독립적이어야 한다.

〈표 12-6〉 행동에 따른 다중기초선 설계

- 동일 상황에서 한 연구대상자의 표적행동들에 대한 처치의 효과
- 셋 이상의 표적행동 확인
- 각 표적행동에 대한 처치효과의 가능성이 비슷
- 표적행동 간에 상호작용이 있으면 처치효과 확인이 어려움

---

6) 다중간헐 설계

다중간헐 설계(multiple probe design)는 다중기초선 설계의 응용이다. 다중기초선 설계의 자료수집을 줄이는 방법이다. 기초선단계의 관찰이 처치 전에 시작되나 연속적으로 하지 않는다. 표적행동의 의미있는 변화가 나타나지 않는다는 것을 보장할 수 있는 정도의 주기적인 관찰이다. 주기적 관찰은 간헐(probes)이라고 한다. 표적행동에 대해 연속적인 관찰을 할 수 없거나 기초선의 안정성에 대한 가정이 있을 때 사용한다. 처치단계의 관찰도 주기적 관찰에 의해 변화가 유지됨을 확인할 수 있다(Kazdin, 2003).

다중간헐 설계

- 다중기초선 설계의 기초선단계 자료수집을 줄임
- 표적행동 변화가 나타나지 않음을 보장하는 정도의 주기적인 관찰
- 처치단계도 주기적 측정에 의해 변화가 유지됨을 확인할 수 있음

7) 기준변경 설계

　기준변경 설계(changing criterion design)는 다중기초선 설계의 독특한 형식으로 A-B 설계의 변형으로 볼 수 있다. 표적행동이 단계적으로 증가 또는 감소될 수 있을 때 유용하다. 이 설계는 표적행동이 단계적으로 증가하거나 감소하는 것으로 처치효과를 평가한다. 기초선단계의 자료가 수집되고(A), 처치단계(B)는 하위단계로 나누어진다. 각 하위단계는 표적행동이 변화되는 단계이다. 예를 들어, 강화를 통해 말 더듬는 행동이 20, 15, 10, 5, 0으로 감소되는 것이다.

　각 하위단계는 기준이 설정된다. 1단계의 기준은 기초선단계 자료의 안정성 비율의 평균으로 설정하는 방법, 기초선단계 자료의 평균에 기초선단계 자료의 평균 50%를 더하는 방법, 가장 높은 자료점 또는 가장 낮은 자료점을 기준으로 정하는 방법이 있다. 객관적이지 않으나 연구자가 대상자에 관해 이용할 수 있는 정보에 근거하여 전문적인 판단으로 기준을 정하는 방법이 있다(조용태, 2016). 하위1단계의 기준으로 다음 하위2단계의 기준이 설정된다. 최종 목표에 도달할 때까지 각 하위단계는 계속된다. 이 설계는 최종 목표에 점진적으로 다다르므로 상대적으로 긴 시간이 소요되는 행동에 유용하다(Alberto & Troutman, 2003).

　기준변경 설계는 각 단계의 길이, 기준폭의 크기, 단계의 수가 고려되어야 한다(Hartmann & Hall, 1976). 각 단계의 길이는 각 단계가 안정적인 변화가 발생될 때까지 지속되는 것이 중요하다. 기준폭의 크기는 기초선단계의 자료점을 활용한다. 일반적으로 아주 작은 기준폭은 보다 행동변화가 적은 행동에 사용되고, 큰 기준폭은 행동변화가 큰 행동에 적용된다. 단계의 수는 단계의 길이와 기준폭에 따라 달라진다. 시간제한이 있다면 각 단계는 길어지고, 단계의 수는 적어질 것이다. 기준폭의 크기가 크면 단계의 수는 적어진다.

기준변경 설계

- 기초선단계의 자료가 수집되고(A), 처치단계(B)는 하위단계로 나뉨
- 표적행동이 단계형으로 증가 또는 감소될 수 있을 때 적용
- 각 하위단계의 기준이 설정되며, 최종 목표 도달까지 하위단계는 지속됨
- 각 단계의 길이, 기준폭의 크기, 단계의 수를 고려해야 함

4. 자료분석 방법

자료수집이 완료되면 자료분석을 하게 된다. 단일사례연구의 자료분석 방법은 시각적 분석법과 통계적 분석법을 주로 사용한다. 자세한 내용은 이 절에서 참고한 조용태(2016)를 참조하면 좋다.

1) 시각적 분석법

시각적 분석법은 기초선단계와 처치단계의 표적행동을 시각적으로 보아 처치효과를 평가하는 방법이다. 선그래프를 그리게 되는데, 먼저 기초선단계의 수준이 분석된다. 그리고 처치가 실시된 시점에서 시작하여 실시 동안의 표적행동이 분석된다. 그리고 자료점들의 변화에 대한 설명과 해석이 이루어진다(Parsonson & Baer, 1978).

시각적 분석을 위한 선그래프의 제시방법은 일반적인 선그래프의 제시방식을 따른다. 그래프의 구성에서 세로좌표(Y축)와 가로좌표(X축)의 비율은 2:3이 적절하다. 세로좌표의 비율이 크면, 자료도의 기울기가 가파라져 세로좌표에 따른 변화의 정도가 과장될 수 있다. 세로좌표의 비율에 비해 가로좌표의 비율이 더 크면 자료도의 기울기가 완만해져 처치효과가 축소될 수 있다.

기초선단계와 처치단계 사이에 구분선을 긋는다. 구분선은 굵은 수직선으로 표시하며, 처치조건 내에서 단계의 변화는 가는 수직선 또는 수직 점선으로 표시하여 구분한다. 세로좌표 영점의 눈금표시는 가로좌표의 약간 위에 표시한다. 표적행동의 측정치는 세로좌표를 따라 표시하며, 가로좌표는 자료가 수집된 회기, 일, 주 등을 표시한다. 세로좌표 또는 가로좌표에서 전체 눈금을 제시하지 않는 경우에는 눈금 단절점 (scale break)을 그린다. 자료선(data path)은 같은 조건이나 같은 단계에서는 자료점을 연결하고, 다른 조건 또는 다른 단계는 연결하지 않는다.

2) 통계적 분석법

시각적 분석법은 시각적으로 뚜렷한 경향이 보이지 않으면 처치효과가 잘 눈에 띄지 않아 판단이 모호하다. 이 경우에 통계분석이 도움이 된다.

통계분석에는 t-검증과 변량분석, 경향선 접근법, 시계열분석이 있다. t-검증과

변량분석에서 단계 간에 유의한 차이가 있다면 처치효과로 본다. 그런데 t-검증과 변량분석을 하기 위해서는 통계분석의 조건인 기본가정이 충족되어야 한다(제13장 참조). 또한 단일사례연구는 관찰이 연속적으로 이루어진다. 이러한 측정은 측정치들이 연속적으로 종속되는 상관관계를 갖는 경향이 있고(Kazdin, 2003), 이는 1종 오류의 위험을 초래한다. 즉, 처치효과가 없는데 있다고 결론을 내리게 된다. t-검증과 변량분석은 자동적 상관관계가 유의하지 않을 때 사용되어야 하며, lag 1분석은 자동적 상관관계가 유의한가를 확인하는 데 사용된다.

경향선 접근법은 기초선단계의 자료점과 처치단계의 자료점의 차이를 비교하는 방법이다. 평균에서 ±2 표준편차를 벗어난 값은 평균과 다른 값으로 볼 수 있다. 기초선단계에 있는 자료점들을 반으로 나누어 전반부와 후반부의 자료점으로 나눈다. 그러고 나서 전반부와 후반부에 있는 자료점들의 평균을 구한다. 다음에 이 두 점을 잇는 직선을 그어 처치단계까지 연장한다. 이 선을 경향선이라고 한다. 이 선은 기초선단계에서 발생하는 변화의 경향을 나타낸다. 처치가 없는 상태에서 기초선이 연장된다면 어떻게 진행될 것인지를 보여 주는 일종의 예측선과 같다. 처치 후 표적행동 감소가 처치효과인 경우에는 처치단계에 있는 자료점들이 모두 이 선보다 아래에 있거나, 처치 후 표적행동 증가가 처치효과인 경우에는 처치단계에 있는 자료점들이 모두 이 선보다 위에 있다면 처치로 인한 효과로 본다.

시계열분석도 사용된다. 이 분석을 위해서는 많은 자료점이 요구된다. 한 단계에 적어도 35개의 자료점이 필요하다(Busk & Marascuilo, 1992). 자료점이 적으면 변화과정을 확인할 수 없게 되며, 2종 오류가 발생된다(Kazdin, 1982). 독립변인의 효과가 있는데, 없다고 결론을 내리게 된다.

다양한 백분율이 있다. 비중복자료 백분율(percentage of non-overlapping data: PND)은 처치단계의 자료점이 기초선단계의 자료점과 중복되지 않으면 처치는 효과적이라고 보는 것이다. 그러나 기초선단계에 예외의 자료점이 있으면 효과의 크기를 방해한다. 기초선단계의 자료에 일정한 경향성, 예를 들면 상향의 경우에는 처치효과가 없어도 PND는 100이 된다.

이에 대해 Parker, Hagan-Burke와 Vannest(2007)는 모든 비중복자료의 백분율(percentage of all non-overlapping data: PAND)를 제안하였다. PAND는 기초선단계와 처치단계 간에 중복되지 않는 모든 자료점의 수를 확인하는 것이다. PAND가 PND와 다른 점은 PAND는 기초선단계와 처치단계의 모든 자료점을 사용한다는 것이다. 그럼에도 PND의 제한점이 PAND에도 해당된다. 인과관계를 확인하기 전에 기초선단계에 경향성이 있는가를 고려하여야 한다(Parker, Cryer, & Byrns, 2006).

백분율(PND, PAND)

- PND: 기초선단계와 처치단계의 자료점 중복 여부

$$\frac{\text{기초선단계 자료점초과 처치단계 자료점}}{\text{처치단계 자료점}} \times 100$$

- PAND: 기초선단계와 처치단계의 비중복 자료점

$$100 - \frac{\text{중복자료점}}{\text{전체자료점}}$$

중앙선초과자료 백분율(percentage of data exceeding the median: PEM)은 기초선단계의 중앙치와 처치단계의 중앙치까지 선을 그린다. 그리고 처치단계의 이 선 위의 자료점 수를 계산한다. 행동이 증가되는 것이 처치효과이면 선 위의 점을 계산하고, 행동이 감소되는 것이 처치효과이면 선 아래의 점을 계산한다(Ma, 2009; Wendt, 2009). 그리고 처치단계의 전체 자료점으로 나눈다. 중앙치 위의 자료점 크기에 민감하지 않고, 기초선단계의 변동성과 경향성을 고려하지 못한다는 단점이 있다. PND, PAND, PEM이 모두 보고된 연구(Bozkus-Genc & Yucesoy-Ozkan, 2016)도 있다.

중앙치경향초과자료 백분율(percentage of data exceeding a median trend: PEM-T)도 있다. PEM-T는 반분 중앙선 기법을 사용하여 기초선단계에서 경향선을 그리고, 이 선을 처치단계까지 연결한다. 그리고 경향선 위에 있는 처치단계의 자료점의 비중복 백분율을 계산한다(Wolery, Busick, Reichow, & Barton, 2010).

향상률 차이(improvement rate difference: IRD)를 계산하기도 한다(Parker, Vannest, & Brown, 2009). IRD는 기초선단계의 향상률과 처치단계의 향상률을 먼저 구한다. 향상률(IR)은 전체 자료점에 대한 향상된 자료점이다. 기초선단계의 향상된 자료점은 처치단계의 자료점과 같거나 초과하는 자료점이다. 처치단계의 향상된 자료점은 기초선단계의 모든 자료점을 초과하는 자료점이다. IRD는 처치단계의 향상률(IRT)에서 기초선단계의 향상률(IRB)을 뺀 것이다. .50~.70은 중간정도의 효과이며, .70 이상은 큰 효과이다.

백분율(PEM, PEM-T, IRD)

- PEM: 1) 기초선단계의 중앙치와 처치단계의 중앙치까지 선을 그림
  2) 처치단계의 전체 자료점에 대한 중앙치 선 위, 아래의 점 검토
  3) 중앙치 선 위의 자료점(표적행동 증가가 긍정일 때)
  4) 중앙치 선 아래의 자료점(표적행동 감소가 긍정일 때)

$$\frac{\text{처치단계중앙치 선 위(아래)의 자료점}}{\text{처치단계 전체 자료점}} \times 100$$

- PEM-T: 경향선 위에 있는 처치단계 자료점의 비중복 백분율

$$\frac{\text{처치단계중앙치 선 위(아래)의 비중복자료점}}{\text{처치단계 자료점}} \times 100$$

- IRD: 처치단계 향상률과 기초선단계 향상률 차이

IR = 향상된 자료점/전체 자료점

IRD = IRT - IRB

제13장

자료의 통계적 분석과 내용

　연구문제에 대한 해답을 위해서는 수집된 자료가 분석되어야 한다. 분석방법은 크게 양적분석과 질적분석으로 나누어 볼 수 있다(차배근, 1984). 질적분석은 제15장에서 다루고, 이 장에서는 양적분석에 대해 살펴보겠다. 양적분석은 대부분 통계를 사용하기 때문에 통계적 분석이라고도 한다. 이 장에서는 통계와 자료분석, 자료분석의 방법, 기술통계의 방법과 내용, 추리통계, 모수통계의 방법과 내용, 비모수통계의 방법과 내용을 보고, 통계분석의 실제와 해석은 제14장에서 설명하고자 한다.

1. 통계와 자료분석

　자료분석은 수집된 자료를 정리 또는 분류하여 연구문제의 변인관계를 해석하는 것이다. 자료분석에 통계가 활용된다. 통계는 수집된 자료를 가지고 연구문제를 확률적으로 해결하는 수리적 논리이다. 자료분석은 통계결과를 설명하고 분석하며 해석하는 것이다. 따라서 자료분석은 단순히 분석된 통계결과를 제시하는 것 이상을 의미한다. 연구문제의 변인관계를 추리하고 이 관계에 대해 결론을 도출해 내는 것이다.

　예를 들어, 일반학생과 임상학생을 대상으로 동적가족화(KFD)에 대한 반응을 조사했다. 자료분석으로 t-검증을 실시하였고, 분석결과 일반학생과 임상학생 간에 차이가 나타났다. 차이가 있음을 확률적으로 나타내는 것이 통계이다. 일반학생의 점수가 임상학생의 점수보다 더 높았다. 이는 분석된 통계결과이다. 자료분석은 '일반학생인가, 임상학생인가의 여부와 KFD반응은 관계가 있다.'는 것이다. 수집된 자료가 과학적 방법인 통계분석에 의해 검증되는 것이 합리적이라고 할 수 있고, 자료분석에 통계는 매우 중요한 부분이다.

통계와 자료분석

- 통계: 수집된 자료로 연구문제를 확률적으로 해결하는 수리적 논리
- 자료분석: 통계 결과를 설명, 분석, 해석

자료해석은 협의의 해석과 광의의 해석이 있다. 협의의 해석은 연구문제에 제시된 변인의 관계만을 해석하는 것이다. 분석과 더불어 해석이 동시에 내려진다. 앞의 예가 협의의 해석에 해당된다.

광의의 해석은 본 연구결과가 다른 연구결과나 기존의 이론 또는 학설과 비교하여 설명되는 것이다. 왜 이러한 결과가 나오게 되었는가를 선행연구나 이론에 비추어 설명하는 것이다. 연구는 광의의 해석을 요구한다.

한편 자료분석에서 유의해야 할 사항이 있다. 과학적인 연구가 되기 위해서는 수집된 자료의 신뢰성, 적절한 통계분석방법, 통계분석의 조건 충족이 지켜져야 한다. 그래야 과학적으로 인정받을 수 있다.

수집된 자료의 신뢰성을 확보하기 위해서는 자료입력에 오류가 없는가를 확인해야한다. 역점수화해야 하는 항목이 제대로 입력되었는가도 확인해야 한다. 역점수화되지 않고 입력되었으면 통계분석 전에 역점수화하는 프로그램으로 교정을 하여야 한다.

적절한 통계분석방법이 중요하다. 통계는 수집된 정리되지 않은 복잡한 데이터를 압축시켜 쉽게 파악할 수 있는 정보로 변환시키는 것으로(최병선, 1994), 적절한 통계프로그램을 사용하여야 한다. 수집자료의 통계분석 가능성과 통계프로그램의 명령어 선택이 있다. 수집자료의 통계분석 가능성은 이론적 근거와 자료의 특성에 맞는 통계분석의 결정이다. 어떤 이론적 구조로 구성된 자료인가를 먼저 고려하고 통계절차에 들어가야 한다. 통계프로그램은 자료를 입력하면 무엇이든 통계결과가 나타나기 때문이다. 통계분석에서 예상 외의 결과가 나타나면, 직접 몇 변인의 값을 계산하여 통계분석의 값과 비교해 보는 것도 좋은 방법이다. 그래도 문제가 발견되지 않으면 표본이 적절했는가, 자료수집에 문제가 없었는가도 점검해 보아야 한다. 자료의 특성은 측정수준이다. 예를 들면, 성별, 직업 같은 명목척도의 자료는 숫자로 입력된다. 남자는 1, 여자는 2로 입력했고, 40명의 남자와 40명의 여자가 있다. 평균을 내는 통계프로그램을 실행시키면 평균 1.5가 산출된다. 그러나 이 평균이 무슨 의미가 있는가를

생각해야 한다.

　통계프로그램의 명령어 확인도 필요하다. 종속변인과 독립변인이 바뀌어도 회귀분석의 결과는 제시된다. 이때 해석은 오류를 범하게 된다. 이론적 근거로 상관분석만 가능한 자료가 있다. 그런데도 원인과 결과를 제시하는 명령어를 입력하면 그대로 결과는 산출된다. 이러한 결과의 왜곡을 연구자는 항상 유의해야 된다.

　통계분석의 조건 충족은 각 통계분석이 요구하는 가정에 위배되지 않았는가에 대한 확인이다. 예를 들면, 모수통계를 사용하기 위해서는 정규분포의 가정이 필요하고, 회귀분석에서는 동질성 검증이 요구된다. 추가 분석을 해야 할 필요성이 나타나기도 한다. 자세한 내용은 이 장의 통계방법과 내용에서 다루고자 한다.

〈표 13-1〉 자료분석의 유의점

- 수집자료의 신뢰성: 자료입력의 오류 확인
- 적절한 통계분석: 학문적 근거에 의한 통계방법 결정
　　　　　　　　　입력된 자료특성에 적절한 통계분석
　　　　　　　　　통계프로그램의 적절한 명령어
- 통계분석의 조건 충족: 각 통계가 요구하는 가정의 충족

---

2. 자료분석의 방법

　수집된 자료는 자료분석을 위해 먼저 정리 또는 분류되어야 한다. 분석방법은 연구문제에 포함된 변인의 수나 변인들 간의 관계에 따라 일원적 분석, 이원적 분석으로 나누어 볼 수 있다. 여기서는 간단히 다루고, 3~6절에서 설명하고자 한다.

　일원적 분석은 하나의 변인만을 다루는 통계이다. 변인 하나하나를 각각 독립적으로 다루는 것으로, 주어진 변인을 기술하는 통계방법이다. 예를 들면, 성별에서 남자는 120명으로 60%, 여자는 80명으로 40%, 경력은 5년 이하가 50명으로 25%, 5~10년이 60명으로 30%, 10~20년이 40명으로 20%, 20년 이상이 50명으로 25%로 집단의 특성이 기술되는 것이다. 백분율, 비율, 중앙치, 산술평균, 표준편차 등도 있다.

　이원적 분석은 한 번에 두 변인 간의 관계나 두 변인 간의 차이에 대한 분석이다. 미술치료사의 자아탄력성과 심리적 소진의 관계, 또는 자아존중감이 높은 집단과 낮

은 집단 간의 동적 가족화 반응의 차이가 이원적 분석에 해당된다. 단순상관관계, t-검증, 일원변량분석 등이 있다.

　다원적 분석은 3개 이상의 변인 간의 관계에 대한 분석이다. 예를 들면, 미술치료사의 심리적 소진이라는 1개의 종속변인에 미술치료사의 자아탄력성과 사회적 지지라는 2개의 독립변인이 있는 분석이다. 또는 1개의 독립변인, 1개의 매개변인, 1개의 종속변인이거나 1개의 독립변인, 1개의 조절변인, 1개의 종속변인이 있는 분석이다. 다원적 분석에는 다중상관, 다원변량분석 등이 있다. 실제의 현상은 복잡하고, 여러 변인이 다양하게 얽혀진 관계이다. 통계분석의 발달과 더불어 다원적 분석을 가능하게 하는 통계방법이 개발됨으로서 현상에 대한 이해가 높아지고 있다.

〈표 13-2〉 변인 수에 따른 분석유형

종류	내용
일원적 분석	한 번에 한 변인, 변인들은 각각 독립적
이원적 분석	한 번에 두 변인 간의 관계나 두 변인 간의 차이
다원적 분석	세 개 이상의 변인 간의 관계

　분석방법은 자료의 측정수준에 따라서도 달라진다. 측정수준인 명목척도, 서열척도, 등간척도 및 비율척도에 따라 분석의 방법이 달라진다. 명목척도는 속성을 분류하기 위해 단순히 수를 부여한 것이다. 따라서 이때의 수는 단순한 구별을 의미하므로 가감승제 같은 산술적 계산이 불가능하다. 명목척도의 자료는 빈도, 최빈치가 계산되며, 추리통계에서는 카이제곱(χ^2) 검증이 적용된다. 서열척도는 사물을 비교하기 위해 크고 작음, 많고 적음 등의 순위에 의해 수치를 부여한 것이다. 이때의 수는 서열수로 순위들 간의 간격은 동등하지 않아 산술적 계산은 어렵다. 중앙치, 스피어만의 순위상관이 적용된다.

　등간척도는 수치들 간의 간격이 양적으로 똑같은 척도이다. 수치들 간의 간격이 동일하여 산술적 계산이 가능하다. 그러나 절대영점이 없어 수학적 계산에 한계가 있다. 이 척도는 산술평균, 표준편차, 피어슨의 상관관계, t-검증, F검증 등의 모수적 통계가 가능하다. 비율척도는 명목척도, 서열척도, 등간척도의 원리를 만족시키면서 절대영점을 가지고 있는 척도이다. 등간척도처럼 수치 간의 간격이 같다. 수학적 계산이 가능하며, 자연과학에서는 많이 사용되나, 사회과학에서는 거의 사용되지 않는다.

〈표 13-3〉 측정수준에 따른 분석유형	
종류	내용
명목척도	분류 위한 수의 부여, 빈도, 최빈치, 카이제곱검증
서열척도	순위 위한 수의 부여, 중앙치, 스피어만의 순위상관
등간척도	수치들 간의 간격이 양적으로 동일, 피어슨의 상관관계, t-검증, F검증
비율척도	수치들 간의 간격이 양적으로 동일, 절대 영점, 모든 수학적 분석

　　분석방법은 기능에 따라 기술통계(descriptive statistics)와 추리통계(inferential statistics)로 나누어진다. 기술통계는 수집한 자료를 요약하거나 수집한 자료의 특징을 나타나게 하는 분석이다. 원자료에서 전반적인 내용이나 특징을 적절하게 파악하기 위하여 일목요연하게 원자료를 정리하는 데 사용하는 방법이다. 평균, 표준편차, 최빈치, 분산도와 같은 대표값이나 빈도분포, 집중경향치, 분산도, 상관관계 등이 있다.

　　추리통계는 수집한 자료(표본)에서 나온 특성을 모집단에 일반화시키기 위해 사용하는 통계이다. 표본자료를 근거로 하여 모집단의 특성을 추론하는 데 사용되는 통계방법이다. 회귀분석, 판별분석, 변량분석 등이 있다. 기술통계와 추리통계의 차이는 결과의 일반화이다. 기술통계는 수집한 자료의 특성인 데 비해, 추리통계는 수집된 자료를 모집단에 일반화하는 것이다.

〈표 13-4〉 기능에 따른 분석유형	
유형	내용
기술통계	자료의 요약, 자료의 특징, 대표값, 빈도, 집중경향치, 분산도, 상관관계 등
추리통계	수집자료 특성을 모집단에 일반화, t-검증, 회귀분석, 판별분석, 변량분석 등

3. 기술통계의 방법과 내용

이 절에서는 기술통계에 사용되고 있는 통계의 방법과 내용에 대해 살펴보고자 한다. 내용으로는 기술통계의 의미, 집단 특성을 위한 기술통계, 상관관계에 관해 살펴보고자 한다. 실제로 논문의 연구결과에 사용되는 통계표를 제시하며 설명하고자 한다.

1) 기술통계의 의미

기술통계는 수집된 집단의 수량적 특성이나 양상을 기술하는 데 사용하는 통계방법이다. 즉, 수집된 자료의 특성을 기술하기 위해 사용된다. 수집된 자료를 의미 있는 형태로 조직하고 요약하는 것이다. 한 변인에 관련된 수량적 자료의 요약과 2개 이상의 변인 간의 상관관계를 나타내는 데 사용되는 통계를 말한다.

기술통계는 변인이나 집단의 수, 변인의 값이 어떤 측정척도로 되어 있느냐에 따라 통계방법이 다르다. 한 변인이나 한 집단에 관련된 수량적 자료의 요약을 다루는 통계인 일원적 기술통계(univariate descriptive statistics)와 2개 이상의 변인들 간의 관계를 다루는 상관관계 기술통계(descriptive statistics of association)가 있다.

〈표 13-5〉 기술통계 방법

구분	일원적 기술통계	상관관계 기술통계	
	단일변인	2 변인	다변인
명명척도	빈도분포, 비율, 백분위, 최빈치, 범위	유관상관관계	
서열척도	중앙치, 사분편차	스피어만의 상관관계	켄달의 부분순위상관관계
등간 및 비율척도	평균, 표준편차	피어슨의 상관관계	다중상관관계

2) 집단 특성을 위한 기술통계

집단의 특성을 통계적으로 기술하는 데는 대략 세 가지 방법이 있다. 주어진 자료에 대한 빈도분포, 분포들의 전반적 특징을 나타내는 집중경향치, 분포가 얼마나 분산되었나의 정도를 알아보는 분산도가 있다.

(1) 빈도분포

빈도분포(frequency distribution)는 전체 자료를 빈도로 기록하는 것으로 자료를 요약하는 기본적인 통계치이다. 빈도는 사상이나 대상의 수를 의미하며, 측정척도의 각 유목에 놓인 사례수이다. 일반적으로 많은지, 적은지, 그리고 한곳에 집중되어 있는지를 알려 주며, 자료를 급간으로 나눌 수도 있다.

빈도분포가 필요한 질문의 예

• 다음 해당 번호에 ✓ 표시해 주세요.
  1. 아동의 성별: ① 남성　② 여성
  2. 어머니의 연령: (　　)세

연령 같은 유목은, 예를 들면 연령이 가장 낮은 28세부터 가장 높은 60세까지 있다면, 이 점수는 33의 점수 범위(높은 점수-낮은 점수+1)를 포함하고 있다. 이런 자료는 빈도분포의 목적인 자료의 단순화에 위배된다. 이와 같은 문제를 해결하기 위해 점수의 범위를 급간으로 나누어 그 간격에 해당하는 사례수를 적어 해결하게 된다. 예를 들어, 30세 이하, 31~40세, 41~50세, 51세 이상으로 나눌 수 있다. 이를 급간이라 부른다. 급간으로 나누어 제시하면 한눈에 자료를 쉽게 파악할 수 있으나, 구체적 정보는 잃게 된다.

〈표 13-6〉 빈도분포 제시의 예

일반적 특성							
항목	구분	명	%	한목	구분	명	%
아동 성별	남	180	60	어머니 연령	30세 이하	30	10
					31~40세	60	20
	여	120	40		41세~50세	150	50
					51세 이상	60	20

빈도분포는 한 집단을 대상으로 수집한 자료를 정리하는 가장 간단한 방법이다. 가장 많이 나타나는 점수(사례수)를 알 수 있으며, 함께 제시되는 것으로 비율과 백분율이 있다. 비율은 총 빈도에 대한 빈도의 비를 말한다. 즉, 30명 중 남자가 18명이면 비율은 18/30=0.60이다. 비율은 소수로 나타내는 것이 일반적이며, 백분율로 나타내기도 한다. 연구자가 10문항의 질문지를 배부하여 200부를 회수하면 2,000개의 대답이 있다. 이를 통해 전반적 반응을 파악하는 것은 상당히 어렵다.

〈표 13-7〉 비율, 백분율 위한 문항의 예

영역	문항
진로탐색의 필요성	직업교육 시 직업탐색이 필요하다고 생각하십니까? ① 아주 그렇다 ② 그렇다 ③ 그렇지 않다 ④ 아주 그렇지 않다
대인관계훈련	직업교육에 사회성훈련이 포함되어야 한다고 생각하십니까? ① 아주 그렇다 ② 그렇다 ③ 그렇지 않다 ④ 아주 그렇지 않다
직업예의	직업교육 시 직업예의 습득이 필요하다고 생각하십니까? ① 아주 그렇다 ② 그렇다 ③ 그렇지 않다 ④ 아주 그렇지 않다

이와 같은 경우에도 문항별로 빈도와 백분율로 경향을 나타낼 수 있다.

〈표 13-8〉 비율, 백분율 제시의 예

영역	아주 그렇다 N(%)	그렇다 N(%)	그렇지 않다 N(%)	아주그렇지않다 N(%)
진로탐색필요	37(52.86)	33(47.14)	0(0.00)	0(.00)
대인관계훈련	37(52.86)	32(45.71)	1(1.43)	0(.00)
직업예의	47(67.14)	22(31.43)	1(1.43)	0(.00)

빈도분포의 일차 목적은 전체 자료가 한눈에 보이도록 하는 데 있으나, 개별 위치를 아는 데 활용될 수도 있다. 개별점수는 원점수라고 한다. 원점수로는 많은 정보를 제공하지 못하므로, 다른 점수들과 비교함으로써 해석이 가능해진다. 예를 들면, 자아탄력성 점수가 80점이라고 할 때, 그 점수 자체로는 의미가 없다. 높은 점수인지, 낮은 점수인지 알 수가 없는 것이다. 이 점수가 어떤 준거집단과 비교되었을 때 의미를

가질 수 있다. 이 80점의 점수는 유의한 형태로 변형시킬 필요가 있다. 가능한 방법의 하나가 원점수, 즉 80점을 백분위점수로 바꾸어 상대적 위치를 파악하는 것이다. 70%가 80점 이하이면 이 점수는 70%의 백분위를 가지고 있고, 이 점수를 70번째 백분위점수라고 한다. 백분위점수는 분포 내에서의 위치를 일컫는다. 백분위가 50%이면 중간 정도이며, 80%라면 중간보다 위에 있음을 즉시 알 수 있다. 백분위는 일반인도 쉽게 알 수 있어 성격검사나 학력검사 같은 표준화검사의 해석에 자주 활용된다.

대부분의 점수가 중앙에 집중되어 있고 양극단(높은 점수, 낮은 점수)에 매우 적게 분포되어 있다면 이것은 정규분포(normal distribution)를 이룬다고 한다. 반면에 점수의 분포가 어느 한 극단에 집중되어 있다면 그것은 편포(skewed distribution)되어 있다고 한다.

빈도의 제시에는 분할표가 필요한 경우도 있다. 예를 들면, 연구에 따라서는 성별과 학년에 따른 빈도를 보는 경우가 있다. 이때에는 두 변인(성별, 학년)의 분할표가 필요하다.

〈표 13-9〉 분할표에 의한 빈도(성별과 학년)

구분		학년		
		저학년(N, %)	고학년(N, %)	계((N, %)
성별	남	100(19.61)	140(27.45)	240(47.06)
	여	200(39.22)	70(13.73)	270(52.94)
	계	300(58.82)	210(41.18)	510(100.00)

(2) 집중경향치

집중경향치는 자료의 특징을 기술하기 위해 전체 분포를 한 점수로 나타내는 통계적 수치이다. 집중경향치는 최빈치, 중앙치, 그리고 평균이다. 수집한 자료가 하나의 수치로 설명이 가능하다는 장점을 갖는다.

최빈치는 가장 많이 관찰된 값이다. 명명척도, 서열척도, 등간척도, 비율척도 모두에 가능하나, 주로 명명척도에 사용한다. 집중경향을 가장 빨리 추정하게 해 준다. 예를 들어, 5세 아동들의 사회적기술훈련을 위한 집단미술치료의 시간으로 1회기당 몇 시간을 학부모들이 원하는가의 요구도 조사에 활용될 수 있다. 측정치가 명목척도에 해당되는 것으로 최빈치는 1시간이다.

〈표 13-10〉 최빈치의 예		
내용	시간	N
훈련시간은 1회에 몇 분이 적절하다고 보십니까?	30분	7
	40분	18
	50분	15
	1시간	42
	1시간 이상	5
	N=87	

중앙치는 분포의 중앙에 있는 점수이다. 명명척도, 서열척도, 등간척도, 비율척도 모두에 가능하나, 주로 서열척도에 사용한다. 산술평균을 계산할 시간적 여유가 없을 때 사용한다. 수집된 자료의 점수를 순서로 배열했을 때 1/2에 해당하는 값이다. 점수의 50%는 중앙치에 딱 맞거나 그 이하이므로, 이 값은 50번째 백분위점수와 동일한 것이다. 중앙치의 목표는 분포의 정확한 중앙점을 결정하는 것이다. 수집된 자료가 서열척도 또는 극단의 점수로 인해 평균이 의미가 없는 경우에 활용된다.

평균은 가장 많이 활용되는 집중경향치이다. 등간척도, 비율척도에서 가능하며, 안정적이고 신뢰적인 집중경향치이다. 분포가 좌우 대칭이거나 정상분포에 가까울 때 사용한다. 모든 점수의 총합을 전체 사례수로 나눈 값이다. 보통 모집단의 평균은 그리스 문자 μ로 나타내며, 표본의 평균치는 $\overline{X}$로 나타낸다.

$$\overline{X} = \frac{\Sigma X}{n} = \frac{128}{20} = 6.4$$

집중경향치는 두 개 이상의 변인이나 집단의 비교를 쉽게 해 준다. 임상집단의 자아존중감 평균점수가 35점이고 일반집단의 평균점수가 47점이면 쉽게 비교가 될 수 있다. 이와 같은 집중경향치는 한 집단의 평균점수를 앎으로써 집단에 속한 개인의 점수도 예측하게 하는 기능을 한다.

〈표 13-11〉 집중경향치	
유형	내용
최빈치	• 명명척도, 서열척도, 등간척도, 비율척도 가능하나, 주로 명명척도에 사용 • 집중경향을 빨리 추정
중앙치	• 명명척도, 서열척도, 등간척도, 비율척도 가능하나, 주로 서열척도에 사용 • 분포의 편포와 극단치 영향을 배제
평균	• 등간척도, 비율척도 가능 • 안정적이고 신뢰적인 집중경향치

최빈치, 중앙치, 평균의 집중경향치는 측정수준과 분포에 따라 적절하게 선택되어야 한다. 측정수준이 명목척도라면 최빈치만이 사용될 수 있다. 측정수준이 서열척도라면 최빈치, 중앙치의 사용이 가능하다. 측정수준이 등간척도, 비율척도라면 최빈치, 중앙치, 평균이 사용될 수 있다. 편포곡선을 이루면 평균보다 중앙치가 더 좋다.

(3) 분산도

분산도는 한 분포(한 집단)가 얼마나 분산되어 있는가를 나타내는 통계방법이다. 한 분포에 있는 점수들이 흩어져 있는지, 밀집되어 있는지의 정도를 양적으로 나타내는 것이다. 한 분포의 점수가 거의 동일하다면 그 분포는 분산치가 적고, 한 분포의 점수 차이가 많다면 분산치는 커지는 것이다.

분산도는 한 분포의 특징 또는 두 분포의 차이를 쉽게 알 수 있게 해 주는 통계이다. A분포(집단)와 B분포(집단)의 집중경향치가 같을 수 있다. 그러나 분산도에 있어서는 차이가 나타날 수 있다. 예를 들면, 위축아동 집단과 산만아동 집단의 또래수용 평균점수는 우연히 20점으로 같게 나올 수 있다. 이 평균점수를 보고 두 집단이 유사한 집단이라고 판단한다면 잘못된 판단이라고 볼 수 있다. 위축아동 집단의 또래수용점수는 10점부터 40까지 흩어져 있을 수 있고, 산만아동 집단은 거의 20점 주위에 또래수용점수기 몰려 있을 수 있기 때문이다. 따라서 한 분포(집단)의 특성을 제대로 이해하기 위해서는 분산도를 보는 것이 필요하다. 분산도에는 범위, 사분편차, 표준편차 등이 있다.

범위는 분포의 가장 높은 점수에서 가장 낮은 점수를 뺀 것이다. 범위는 점수가 얼마나 퍼져 있는지를 가장 빨리 추정하게 해 준다. 범위를 사용할 때의 문제는 범위는 가장 높은 점수에서 가장 낮은 점수의 차이를 구하기 때문에 양극단 값에 의해 결정된다. 양극단 외의 다른 점수는 무시하게 된다. 예를 들면, 불안아동 집단과 우울아동 집단의 산만행동에 대한 두 분포는 각각 똑같이 범위 8일 수 있다. 그러나 불안아동 집단의 점수는 한쪽에(2, 3점 주위) 몰려 있고, 우울아동 집단의 산만행동의 점수는 퍼져 있을 수 있다. 범위로 두 분포의 특징을 비교하는 데는 제한이 있다.

범위

- 불안아동 집단의 산만행동: 2, 3, 3, 3, 2, 3, 3, 2, 2, 3, 3, 3, 3, 9, 10
- 우울아동 집단의 산만행동: 2, 4, 6, 8, 10, 3, 7, 4, 6, 5, 2, 5, 7, 4, 6

범위는 분포에 있는 점수를 전부 고려하지 않으므로 분산도를 충분히 설명하지 못하는 경우가 있다. 또 사례수가 현저하게 다른 두 분포(집단)의 분산도를 비교할 때도 주의를 해야 한다. 범위는 사례수가 많을수록 커지는 경향이 있기 때문이다.

사분편차는 사분범위의 1/2이다. 사분범위는 1사분과 3사분 간의 거리이다. 사분범위 = $Q_3 - Q_1$ 이다. 중심부의 50% 사례가 차지하는 점수범위를 알고자 할 때 사용된다. 점수분포에 극단값이 있거나 분포가 심하게 편포되어 있는 경우에 사용된다.

$$사분편차(Q) = \frac{Q_3 - Q_1}{2}$$

사분편차는 점수의 분포가 중앙의 50%에 집중하기 때문에 범위보다 좀 더 정확하게 분산도를 측정한다. 그러나 개별점수 간의 실제 간격을 계산하지 못하므로 점수들이 얼마나 흩어졌는지, 혹은 밀집해 있는지를 보여 주지 못한다. 따라서 불완전한 측정방법이라고 할 수 있다.

표준편차(standard deviation)는 가장 많이 사용되며 분산도의 가장 신뢰할 수 있는 통계값이다. 표준편차는 분포의 평균과 각 개별점수의 차이이다. 예를 들어, 아동의 우울점수가 30점이라고 할 때 그 점수 자체로는 의미가 없다. 이 점수가 어떤 준거집단과 비교되었을 때 의미를 갖는다. 집단의 우울평균이 35점이라면 이 아동은 평균에서 5점이 적다. 이것을 편차값이라고 하며, $X - \mu$이다. 즉, 30-35 = -5이다. 다른 아동의 우울점수가 X＝38이면 편차값은 X−μ＝38−35＝3이다. ＋와 −의 부호가 있게된다. 이것은 평균보다 높은지(＋), 평균보다 낮은지(−)를 말해 준다.

편차값들을 모두 합한 다음 N(전체 사례)으로 나누면 편차값의 평균(평균편차)이 된다. 그런데 이렇게 계산하면 평균편차는 0이 된다. 평균편차는 항상 0이기 때문에 분산도로써 의미가 없어진다.

표준편차는 평균편차가 0이 되는 것을 해결하기 위해 ＋와 −의 부호를 없애는 것이다. 방법은 각 편차값을 제곱하는 것이다. 그리고 N(표본의 경우에는 N−1)으로 나누면, 변량(variance)이다. 즉, 변량은 각 점수의 편차를 제곱하여 사례수로 나눈 것이다. 표준편차는 변량을 제곱근(루트)한다. 변량을 구할 때 제곱을 했으므로, 제곱근을 하여 단위를 맞추는 것이다. 표준편차가 0에 가까우면 점수들이 평균 근처에 집중되어 있음을 의미한다. 표준편차가 클수록 점수들이 널리 퍼져 있음을 의미한다.

〈표 13-12〉 분산도의 비교

유형	내용
범위	• 분산을 빨리 추정 • 극단치를 알려 줌
사분편차	• 중앙치만을 알고 있을 때 • 중앙의 50%를 차지하는 점수범위를 알고 싶을 때
표준편차	• 신뢰적인 분산도 • 분포가 정상분포에 가까울 때

3) 상관관계

상관관계는 두 변인 간의 관계를 기술하는 데 사용되는 통계방법이다. 미술치료 연구는 한 변인을 다루기보다는 2개 이상의 변인 관계를 더 많이 다루게 된다. 예를 들면, 어머니의 양육행동은 아동의 문제행동과 관계가 있는가? 미술치료사의 사아난력성은 심리적 소진과 관계가 있는가?를 보게 된다. 본 절에서는 2개 이상의 변인들 간의 상관관계를 분석하는 방법에 대해 살펴보고자 한다.

상관관계는 두 변인의 각각의 점수를 요구한다. 이 점수들은 대개 X와 Y로 분류된다. 이 변인들 간의 상관관계 정도를 수리적으로 나타내는 것이 상관계수(coefficient of correlation)이다. 상관계수는 r로 표시되며, -1부터 +1까지의 값을 갖는다. +1은 완전 정적상관을 의미하고 -1은 완전 부적상관을 의미한다. 0은 두 상관관계가 완전히 없음을 의미한다. 상관계수가 실제로 변인 간의 관계가 있음을 말해 주는가는 유의수준의 추리통계를 사용하여 검증하여야 한다. 유의수준은 이 장의 4절 '추리통계'에서 설명하겠다.

상관관계

- 상관관계의 방향: 정적관계(값이 +)
  부적관계(값이 -)
- 상관관계의 해석: 상관계수가 높을수록 두 변인 간의 관계는 높다.

한 변인이 변할 때 다른 변인도 변한다면, 두 변인 간에 상관관계가 있다는 것을 의미한다. 한 변인이 변할 때 다른 변인이 변하지 않는다면, 두 변인 간에 상관관계가 없다는 것을 의미한다. 정적상관은 두 변인이 같은 방향으로 움직임을 나타낸다. X변인이 증가하면 Y변인도 증가하고, X변인이 감소하면 Y변인도 감소한다. 부적상관은 두 변인은 반대 방향으로 움직임을 나타낸다. X변인이 감소하면 Y변인은 증가하고, X변인이 증가하면 Y변인은 감소한다. 부호에 관계없이 상관계수가 높을수록 두 변인 간의 관계는 높다고 할 수 있다. 미술치료사의 자아탄력성이 변함에 따라 심리적 소진도 변한다면, 미술치료사의 자아탄력성과 심리적 소진은 상관관계가 있다.

두 변인의 상관관계는 이론연구, 검사척도 개발에 적용될 수 있다. 두 변인 간의 관계를 추론할 수 있는 이론이 있다면 두 변인 간의 관계가 검증될 수 있다. 두 변인의 관계가 밝혀지면 변인들 간의 법칙이나 이론이 형성된다. 그리고 두 변인의 관계가 밝혀지면 한 변인을 이용하여 다른 변인의 정도를 예측할 수 있다. 이 예측이 완전히 정확한 것은 아니나, 상관계수가 한 변인이 다른 변인의 예측 정도를 나타내는 지수로 이용될 수 있다. 예를 들면, KFD의 반응과 개인의 심리적 불안이 관계가 있다면 KFD의 반응을 보고 심리적 불안을 예측할 수 있다.

상관관계에서 유의할 점은 두 변인 간에 상관관계가 있다고 하여, 두 변인 간에 인과관계가 있다고 해석해서는 안 된다는 것이다. 예를 들면, 어머니의 우울이 아동의 정서조절능력과 부적관계가 높다고 가정할 수 있다. 그러나 어머니의 우울이 아동의 정서조절능력 저하의 원인이라고 말하기는 어렵다. 다른 요인을 예로 들면, 어머니와의 의사소통이라는 다른 변인이 우울과 정서조절능력의 상관관계에 영향을 주었을 수 있다. 즉, 상관관계의 높음이 인과관계를 추론하는 정보를 제공하기에는 부족하다고 볼 수 있다. 개발한 심리검사가 타당한가를 검증하는 데도 상관관계가 활용된다. 이미 기존에 인정되고 있는 심리검사와 개발한 검사의 상관이 높을 때, 개발한 심리검사의 타당성이 일부 검증되는 것으로 해석한다.

상관관계의 적용

- 이론연구: 두 변인 간의 상관관계를 밝힘으로써 검증함
  - 유의해야 될 사항으로 두 변인 간에 인과관계로 해석해서는 안 됨
- 예측: 한 변인이 다른 변인을 예측함
- 척도개발: 기존의 심리검사와 개발한 심리검사의 상관관계로 타당성 검증함

상관관계의 종류는 척도수준에 따라 다르며, 미술치료 연구에서 많이 쓰이는 상관관계는 피어슨의 적률상관이다. 피어슨(Pearson)의 적률상관은 등간척도를 갖는 변인 간의 관계에 사용되는 통계이다.

표본의 크기가 너무 작을 경우(예 30 미만)에는 피어슨의 적률상관 대신에 스피어만(Spearman)의 순위상관이 사용된다. 스피어만의 순위상관은 두 변인이 서열척도인 경우에 사용되는 비모수통계방법이다.

상관연구는 대개 독립변인을 체계적으로 조작하기 어려울 경우에 하게 된다. 예를 들면, 어머니의 우울과 아동의 또래관계에서 어머니의 우울은 이미 존재하는 변인으로 조작이 어렵다. 이러한 경우 어머니의 우울과 아동의 또래관계에 관한 상관연구를 한다.

다중상관(multiple correlation coefficient)은 둘 이상의 독립변인과 한 개의 종속변인 간의 관계를 알아보고자 할 때 사용하는 통계기법이다. 예를 들어, 어머니의 양육태도, 어머니의 기대수준, 아동의 기질과 아동의 문제행동의 상관을 보는 경우 다중상관이 사용된다. 세 변인 중 어느 한 변인만의 관계로 아동의 문제행동을 보는 것보다

세 변인과의 관계를 봄으로써 더 정확한 관계를 구할 수 있기 때문이다.

정준상관(canonical correlation)은 회귀분석과 상관관계분석의 확장된 개념이다(김충련, 1993). 정준상관분석은 둘 이상의 독립변인과 둘 이상의 종속변인 간의 관계를 알아보고자 할 때 사용된다. 여러 독립변인과 하나의 종속변인 간에 가장 적절한 식을 찾는다는 점에서는 다중회귀분석과 같은 의미이다. 그러나 다중회귀분석이 여러 독립변인과 하나의 종속변인 간의 관련성인 반면, 정준상관은 여러 독립변인(독립변인군)과 여러 종속변인(종속변인군)과의 관련성을 찾아내는 것이다. 독립변인군의 어떤 변인이 종속변인군의 어떤 변인과 상관이 높은가를 파악하게 해 준다.

〈표 13-13〉 상관관계의 방법

종류	상관계수	제1변인	제2변인	평가
피어슨의 적률상관	r	등간척도	등간척도	두 변인 모두 등간척도
스피어만의 순위상관	ρ	서열척도	서열척도	두 변인 모두 서열척도
다중상관	R	1개의 등간척도	2 이상의 등간척도	둘 이상 독립변인과 한 개의 종속변인과의 관계
정준상관	R	2 이상의 등간척도	2 이상의 등간척도	둘 이상의 독립변인과 둘 이상의 종속변인과의 관계

정준상관분석은 독립변인들 간에 상호관련이 있고, 종속변인들 간에 상호관련이 있을 때 사용된다. 특히 종속변인들이 상호관련되어 있을 때 사용한다. 분석의 결과는 정준변형계수, 정준부하량, 교차부하량을 보고하게 된다. 정준상관분석을 예로 들면, 남아의 기질군과 대처행동군의 관계를 파악하기 위하여 아동의 기질군의 하위변인인 활동성, 정서성, 사회성의 세 요인을 독립(예측)변인군으로 하고 대처행동군의 하위변인인 적극적 대처행동, 소극적 대처행동, 회피적 대처행동, 사회지지 대처행동을 종속(평가)변인군으로 하여 정준상관분석을 실시할 수 있다.

<표 13-14> 정준함수 제시의 예

정준함수	Canonical R	Canonical R^2	Eigenvalue	Likelihood Ratio	df
제1정준함수	.444	.196	.245	.754[***]	15
제2정준함수	.221	.065	.052	.949	8
제3정준함수	.111	.068	.013	.998	3

[***]$p<.001$

〈표 13-14〉를 보면 제1정준함수에서 통계적 유의성이 인정되었다. 다음 단계는 통계적으로 유의미한 정준함수에 대해서 정준상관관계의 정준변형계수와 정준부하량을 본다. 예측변인군의 형성에 가장 기여하는 평가변인, 평가변인군의 형성에 가장 기여하는 예측변인을 보기 위해 정준변형계수를 본다. 이렇게 형성된 정준변인의 특성을 가장 잘 보여 주는 것은 정준부하량이다.

〈표 13-15〉 정준변형계수 및 정준부하량

변인군		정준변형계수	정준부하량
기질군	활동성	.60	.91
	정서성	.21	.80
	사회성	.36	.79
대처 행동군	적극적	.77	.87
	소극적	-.19	-.37
	공격적	-.19	-.10
	회피적	-.26	-.50
	사회지지	.28	.38

〈표 13-15〉의 정준변형계수를 보면 기질군에서 활동성의 정준변형계수가 가장 높았고, 대처행동군에서는 적극적 대처행동이었다. 기질군에 대해 적극적 대처행동의 기여가 가장 많았고, 대처행동군에 대해서는 활동성의 기여가 가장 많았다. 정준함수에 대한 공헌도를 보는 정준부하량은 기질군에서 활동성이, 그리고 대처행동군에서는 적극적 대처행동이 정준함수에 대한 공헌도가 높았다.

교차부하량은 예측변인군의 각 하위변인에 대한 평가변인군의 개별적 상관정도,

평가변인군의 각 하위변인에 대한 예측변인의 개별적 상관정도를 보는 것이다.

〈표 13-16〉 변인간의 교차부하량			
예측변인군	w_1	평가변인군	v_1
기질군		**대처행동군**	
활동성	.41	적극적	.39
정서성	.35	소극적	-.16
사회성	.35	공격적	-.04
		회피적	-.22
		사회지지적	.17

교차부하량에서는 기질의 하위변인들은 대처행동군의 공격적대처행동을 제외하고 상관이 있는 것으로 나타났다. 정준변형계수, 정준부하량, 교차부하량을 종합해 볼 때 기질군에서의 활동성이, 대처행동군에서는 적극적 대처행동이 상대적 영향력이 큼을 알 수 있다. 기질군과 대처행동군의 구체적인 상대적 영향력을 정확히 살펴보기 위해 정준중복지수를 구한다. 기질군은 대처행동군을 14% 설명하는 것으로 나타났다.

〈표 13-17〉 독립변인군과 종속변인군의 설명력			
독립변인군	정준중복지수 1함수	종속변인군	정준중복지수 1함수
기질군	.14	대처행동군	.05

4. 추리통계

추리통계는 전집에서 추출한 표본자료의 특성으로 전집을 추리하는 통계적 방법이다. 추리통계는 일반화가 될 수 있느냐가 중요한 것으로, 표본을 대상으로 수집된 자료의 특성이 전집에도 해당되는가이다. 연구자의 연구목적은 자신이 수집한 자료에 대한 기술이 아니라, 수집한 자료의 특성을 모집단에 일반화하는 것이기 때문이다.

표본은 모집단의 하위집단으로, 연구자는 모집단에서 표본을 추출한 것이다. 표본집단에서 수집한 자료로 모집단의 특성을 추론하는 통계기법이 추리통계이다.

추리통계는 가정이나 조건에 따라 모수통계와 비모수통계가 있다. 모수통계는 정상분포를 이루는 전집에서 추출된 표본에서 얻은 자료에만 사용될 수 있다(정규분포 가정). 집단 내의 변량이 동일해야 한다(동변량성 가정). 또한 측정치(변인의 값)가 등간척도나 비율척도에서 얻은 자료에만 사용된다.

비모수통계는 모집단의 분포가 정규분포가 아닌 경우, 동변량의 가정이 위배되는 경우, 변인의 측정수준이 명목척도이거나 서열척도인 경우, 표본의 수가 너무 적은 경우에 사용된다. 연구는 검증력이 정밀한 모수통계를 선호하나, 모수통계의 가정이 위배되는 경우에는 비모수통계를 사용해야 한다.

표본에서 얻은 자료로 전집을 추리하는 데는 모치수의 추정과 가설검증이 있다. 모치수의 추정은 가설 없이 수집된 자료의 분석으로 모치수를 추리하는 것이다. 표집분포를 기초로 모치수를 추정하는 것이다. 단일수치나 급간으로 추정하는 데 오차가 항상 있기 때문에, 대부분은 급간으로 추정하게 된다. 예를 들면, 평균값이 20으로 산출되면 전집의 평균치의 추정은 (20−1SD)부터 (20+1SD)로 급간추정을 하는 것이다. 본 절에서는 가설검증의 과정과 가설검증과정의 오류를 설명하겠다.

1) 가설검증의 과정

가설검증의 의미를 먼저 살펴보겠다. 그리고 가설검증의 과정인 가설의 설정, 유의도 수준 정하기, 영가설의 기각과 채택에 대해 살펴보고자 한다.

(1) 가설검증의 의미

가설검증은 어떤 통계치의 차이가 표집오차로 인해 우연히 발생한 차이인지, 아니면 실제로 발생한 차이인지를 통계적으로 검증하는 것이다. 모집단은 연구자가 연구하고자 하는 집단이다. 연구자가 연구하고 싶은 집단의 모든 구성원이다. 모집단의 크기는 연구자의 연구계획에 따라 클 수도 있고 작을 수도 있다. '서울지역 대학생들의 장애수용의식은 어떠한가?'의 연구문제와 '우리나라 대학생들의 장애수용의식은 어떠한가?'의 전체 모집단은 크기에 차이가 있다. 두 경우 모두 실제의 연구에서는 대학생의 일부 사례를 대상으로 연구가 진행된다. 그러나 연구의 관심은 서울지역 또는 우리나라 대학생들의 장애수용의식이다. 이때 전체 집단이 모집단이고, 연구 대상이 된 집단이 표본이다. 따라서 표본은 모집단의 일부분이다.

　자료를 서술할 때, 그 자료가 모집단에서 추출된 것인지 표본에서 추출될 것인지를 구분해야 한다. 모집단의 특성은 모집단 모수치라고 하며, 표본에서 나온 특성은 통계치라고 한다. 가설검증은 집단 간의 평균차이를 알아보는 차이검증과 변인 간의 관계를 알아보는 상관검증이 있다.

〈표 13-18〉 가설검증의 방법

유형	내용
차이검증	집단 간의 평균차이를 검증
상관검증	변인 간의 관계를 검증

(2) 가설의 설정

　가설은 변인들 간의 관계에 대한 가설적 서술문으로, 연구문제에 대한 예측적인 해답이다. 가설이 수립되는 이유는 연구문제에 대한 답을 얻기 위해 가설을 세우고 가설을 긍정 또는 부정하는 것이 보다 강력한 증거가 되기 때문이다(Kerlinger, 1986).

　가설검증은 연구가설이 검증되는 것이 아니라 통계적 가설인 영가설을 세워 영가설을 반증함으로써 간접적으로 연구가설을 증명하는 것이다. 그러기 위해 영가설을 설정하고, 영가설을 기각하는 데 기준이 되는 유의도 수준을 정한다. 영가설(null hypothesis)은 잠정적으로 맞는 것으로 간주되는 가설로, 보통 $H_0 : \mu$로 표시한다. 이것은 비교되는 모집단 간에 아무런 차이가 없거나 변인 간에 관계가 없다고 가설을 세우는 것이다. 예를 들면, 임상집단과 일반집단에 따라 KSD반응점수에는 차이가 없다거나, 아동의 KSD반응점수와 학교스트레스 간에는 관계가 없다로 서술되는 것이다.

　다른 가설로 영가설과 반대되는 가설이 있다. 연구가설 혹은 대립가설(alternative hypothesis)이라고 한다. 이 가설은 비교되는 집단 간에 차이가 있다거나, 변인 간에 관계가 있다고 진술하는 것이다. 예를 들면, 임상집단과 일반집단에 따라 KSD반응점수에는 차이가 있다거나, 아동의 KSD반응점수과 학교스트레스 간에는 관계가 있다는 것으로 서술된다. 영가설과 대립가설은 상호배타적 관계이다. 영가설이 부정되었을 때 연구가설은 참이 된다. 가설의 검증은 어떤 통계치의 차이가 표집오차로 인해 우연히 발생한 차이인지, 아니면 실제로 발생한 차이인지 통계적으로 검증하는 것이다. 가설이 진술되고 난 후에 유의도 수준이 설정된다.

〈표 13-19〉 영가설과 대립가설	
유형	내용
영가설	집단 간에 차이가 없거나 변인 간에 관계가 없다.
대립가설	집단 간에 차이가 있다거나 변인 간에 관계가 있다. 영가설의 기각으로 참이 되는 대안가설

(3) 유의도 수준 정하기

유의도 수준(level of significance)은 영가설을 기각할 것인지 채택할 것인지를 결정하는 기준이다. 유의도 수준(α)의 결정은 통계치의 차이가 우연히 일어날 확률이 어느 정도이면 영가설을 기각할 수 있는가를 정하는 기준이다. 과학은 어떤 현상을 절대적 확신이 아닌 확률로 받아들일 것을 요구한다. 가설이 서술된 후에 유의도 수준이 설정된다. 유의도 수준은 α 또는 p라는 기호로 표시한다.

α는 자료를 수집하기 전에 정하는 것이고, p는 표본자료로부터 얻어지는 값이다. 통계에서 보편적으로 쓰이는 유의도 수준은 .05와 .01이다. 유의도 수준이 .05와 .01로 보편적으로 사용되는 것은 .05와 .01이 정상확률 분포의 평균에서 대략 2와 3의 표준편차에 해당되기 때문이다. $\alpha = .05$, $\alpha = .01$, 또는 $p < .05$, $p < .01$로 나타낸다. 그런데 실제의 통계처리 결과에서 얻어지는 p는 .05 또는 .01가 아니라 .025, .061, 또는 .008 등으로 다양한 수치를 보여 준다.

통계적으로 유의하다는 결론은 p값을 α값과 비교해서 p값이 α보다 작으면(예 $p < .05$) 영가설을 기각하고 통계적으로 유의하다는 결론을 내린다. 반면 p값이 α보다 크면 ($p > .05$) 영가설을 기각하지 못하고 통계적으로 유의하지 않다는 결론을 내린다(정옥분, 2008). 이 의미는 영가설을 기각할 확률이 5% 또는 1%라는 것으로, 표본의 결과가 우연히 일어날 확률이 5% 또는 1% 이하라는 것이다. 연구가설이 참일 확률이 95% 또는 99%라는 것이다. 추리가 맞을 확률이 95% 또는 99%이다. 틀릴 확률이 5% 또는 1%라는 것이다. 유의도 수준이 높을수록 영가설을 기각하는 확률이 낮아지기 때문에 그만큼 엄격한 검증이 된다.

유의도 검증에서 표본집단의 차이가 있다고 할 때 그 차이가 어느 방향으로 나타나야 하는가를 결정해야 한다. 이것은 일방검증(one-tailed test)으로 할 것인지 양방검증(two-tailed test)으로 할 것인지를 결정하는 것이다. 양방검증은 차이가 어느 방향으로 나도 관계가 없다는 것으로, 정규확률분포의 양쪽을 포함시켜 유의도를 결정한다. '남아와 여아의 KFD반응은 차이가 있다.' '남학생과 여학생의 차이가 없다.'처럼 '두 집단 간에 차이가 있다.' 또는 '차이가 없다.'는 방향성이 확실하지 않아 양쪽방향을 모두 고려할 때 하는 검증방법이다. 양방검증으로 두 집단의 KFD반응을 비교한다면 영가설은 다음과 같을 것이다. '남아와 여아의 KFD반응은 차이가 없다.'

〈표 13-20〉 유의도 검증의 방법

유형	내용
일방검증	한쪽 방향의 차이에 관심
양방검증	차이가 어느 방향이라도 관계가 없음

일방검증은 한 방향의 차이에만 관심이 있는 것이다. '남아가 여아보다 산만행동이 더 높다.'는 가설이 설정되었다면 정상분포곡선의 우측의 확률만을 고려하면 된다. 일방검증은 '~가 ~보다 높다.' 또는 '~가 ~보다 낮다.'처럼 방향이 뚜렷할 때의 검증방법이다.

일방검증과 양방검증 간에 뚜렷한 차이는 H_0를 기각할 때 이용하는 준거이다. 모집단 간의 차이에 대한 방향이 확실하지 못할 때 만약 반대 방향으로 일방검증을 하게 된다면 영가설을 기각할 수 없게 된다. 일방검증은 표본과 모집단 간에 차이가 비교적 작아도 그 차이에 구체적인 방향이 있으면, 영가설을 기각할 수 있다. 반면에 양방검증은 방향에 관계없이 큰 차이를 요구한다. 대부분의 연구는 매우 제한된 상황을 제외하고는 일방검증을 사용하지 않는다. 그럼에도 일방검증을 사용해야 될 경우도 생긴다. 그러므로 방향검증의 과정과 이론적 근거를 이해하고 있어야 한다. 일방검증이나 양방검증은 자료를 수집하기 전에 연구가설에서 결정되어야 한다.

(4) 영가설의 기각과 채택

자료가 수집되면 적절한 통계방법을 적용하여 통계치를 구한다. 통계치를 구한 다음에 임계치(critical value)를 구한다. 임계치는 통계프로그램의 t-검증이나 F검증에서 계산되어 나오게 된다. 통계치는 수집된 자료에 따른 적절한 통계방법(예 t-검증 또는 F검증)을 적용하여 통계치가 구해지면, 논문에 통계치(예 t값 또는 F값)를 제시한다.

통계치와 임계치의 비교로 영가설을 채택 또는 기각할 것인지를 결정한다. 임계치가 통계치보다 크면, 즉 p값이 α값보다 크면, 연구자는 영가설을 채택하게 되는 것이다. 이때 두 집단 간에는 유의한 차이가 없다고 진술한다. 통계치가 임계치보다 크면, 즉 p값이 α값보다 작으면 영가설을 기각하게 되며, 이때에는 두 집단 간에 유의한 차이가 있다고 진술한다.

예를 들면, 임상아동과 일반아동은 KFD반응에서 차이가 없다는 영가설이 기각되거나 KFD반응에서 차이가 없다는 영가설이 채택되는 결론에 이르게 된다. 이것이 통계적 결론이다. 통계적 결론이 내려지면 연구문제나 연구가설로 가서 결론을 내려야 한다. '임상아동과 일반아동은 KFD반응에서 차이가 있다.'거나 '임상아동과 일반아동은 KFD반응에서 차이가 없다.'로 서술되어야 한다. 〈표 13-21〉의 예에서 '임상아동과 일반아동은 KFD반응에서 차이가 있다.'로 서술하면 된다.

〈표 13-21〉 영가설 채택과 기각의 예

구분	임상집단		일반집단		t
	M	SD	M	SD	
정서적 거리	2.56	.62	2.27	.50	3.22[*]
상처받음	2.92	.58	2.51	.54	4.86[**]
역할전환	2.52	.66	2.41	.79	5.78[***]

[*]$p<.05$, [**]$p<.01$, [***]$p<.001$

2) 가설검증과정의 오류

가설검증의 과정은 표본집단의 통계치를 가지고 영가설을 채택하거나 기각하는 것이다. 이 과정에는 일반적으로 오류가 발생하게 된다. 설정한 유의도 수준을 기준으로 영가설을 채택해야 하는데 영가설을 기각하거나, 영가설을 기각해야 하는데 영가설을 채택하는 오류를 범할 수 있다. 이는 모집단이 아닌 표본집단의 자료에 근거를 두기 때문이다. 가설검증의 과정에는 이러한 두 오류를 범할 가능성이 존재하는데, 제1종 오류와 제2종 오류이다.

제1종 오류(Type I Error)는 α형 오류(Type α Error)라고도 한다. 영가설이 참일 때 이를 기각하는 것을 말한다. 제1종 오류의 확률은 유의도 수준(α)으로 표시한다. 유의도 수준이 .05는 영가설의 기각점을 .05로 정한 것이다. 100번 중 5번은 잘못 기각할 확률이 있다는 것이다. 그러므로 제1종 오류를 피하려면 유의도 수준은 .01이나 .001로 낮게 잡아야 한다. $\alpha = .001$은 제1종 오류를 할 가능성이 그만큼 작아지는 것이다. 그러나 제2종 오류의 가능성이 커진다.

제2종 오류(Type II Error)는 β형 오류(Type β Error)라고도 한다. 이것은 영가설이 거짓인데, 이를 기각하지 못하고 채택하는 것을 말한다. 제2종 오류를 범할 확률은 β로 표시한다. 영가설의 기각점을 .01로 정하고 자료결과가 우연히 나올 확률이 2%라고 해도 이때 영가설을 기각할 수 없게 된다. 제2종 오류는 검증력이 낮을수록 발생하는 가능성이 많다. 제2종 오류를 피하려고 유의도 수준을 높게 하면, 제1종 오류를 할 가능성이 그만큼 커진다.

〈표 13-22〉 검증과정의 오류

유형	내용
제1종 오류(α형 오류)	영가설이 긍정일 때 이를 기각하는 것
제2종 오류(β형 오류)	영가설이 거짓인데 이를 채택하는 것

검증력($1-\beta$)은 영가설이 거짓일 때 이를 기각하는 확률이다. 이 문제에 대한 해결은 아직 없으나 검증력에 영향을 미치는 요인들은 표본이 크거나 표본의 통계치의 차이가 크면 오류를 범할 가능성이 낮아진다. α수준이 낮을 때 양방검증보다 일방검증이 검증력이 높다. 그런데 제1종 오류와 제2종 오류가 동시에 발생하는 것은 불가능하다.

제1종 오류의 가능성이 낮아지면 제2종 오류의 가능성이 높아진다. 따라서 연구에서는 제1종 오류와 제2종 오류의 적정점이 필요하다. 제1종 오류가 제2종 오류보다 더 위험한 것으로 여기지기 때문에 연구에서는 유의도 수준을 우선적으로 정하는 경향이 있다. 영가설이 기각된다면 제1종 오류가 발생할 가능성이 있고, 영가설을 채택한다면 제2종 오류가 발생할 가능성이 있기 때문이다.

5. 모수통계의 방법과 내용

구체적인 모수통계방법과 내용에 대해 살펴보겠다. t-검증, 대응 t-검증, 변량분석, 반복측정 변량분석, 공변량분석, 다변량분석, 회귀분석(다중, 단계, 조절, 매개), 로지스틱회귀분석, 판별분석, 요인분석, 구조모형분석에 관해 알아보고자 한다.

1) t-검증과 대응 t-검증

집단에 따라 종속 변인에 차이가 있는가를 검증하는 t-검증에 대해 살펴보고자 한다. 두 집단이 독립적인 경우에 사용하는 t-검증과 두 집단이 독립적이지 않은 경우에 사용하는 대응 t-검증에 대해 살펴보겠다.

(1) t-검증

t-검증(t-test)은 두 집단에서 두 집단 간의 평균에 차이가 있는가를 통계적으로 검증하는 방법이다. t-검증을 사용하기 위해서는 기본가정이 충족되어야 한다. 첫째, 종속변인이 양적변인이어야 한다. 둘째, 모집단의 종속변인 분포가 정규분포(normality assumption)여야 한다. 그러나 각 집단의 사례수가 많으면 모집단의 정규분포 가정이 충족되지 않아도 추론에 큰 문제가 없다. 따라서 모집단의 정규분포 가정이 의심스러울 때 많은 표본이 사용되어야 한다.

셋째, 두 모집단의 변량이 같아야 한다. 이것은 동변량 가정(homegeneity of variance assumption)이다. 동변량의 가정이 어려운 경우에 집단의 사례수가 같으면 추론에 큰 문제를 주지 않는다. 그러나 사례수가 나르고, 이 가정을 충족시키지 않으면 추론에 문제를 야기할 수 있다. 두 집단의 사례수가 다르면 동변량을 검증해야 한다. 동변량의 가정에 위배되면 비모수통계를 사용함이 적절하다. 동변량의 검증방법은 Bartlett의 χ^2, Hartley의 F-max검사, Cochren의 C검사, Levene의 동변량성 검사 등이 있다.

넷째, 집단의 표집이 무선적이고 독립적이어야 한다. 실험연구라면 각 실험집단의 연구대상자 배정이 무선배정되면 이 가정이 충족된다. 반면에 같은 연구대상자의 반복측정은 독립성 가정에 위배되며, 이 경우에 대응 t-검증을 실시해야 한다.

---

t-검증의 기본가정

- 종속변인이 양적변인: 등간척도, 비율척도
- 종속변인의 정규분포: 각 집단의 사례수 많으면 추론결과의 영향은 크지 않음
- 동변량 가정: 두 모집단의 변량이 같아야 함
  집단의 사례수 같으면 추론에 큰 문제 없음
- 표집: 무선과 독립성

---

t-검증의 실제적인 예를 들면, ADHD 아동과 일반아동 간에 주의집중력에서 차이가 있는가를 보는 것이다. 이는 일반아동이 ADHD 아동보다 주의집중력이 더 높음을 보는 것이다. 모든 ADHD 아동과 전 아동을 대상으로 그들에게 주의집중력 검사를 실시하여, ADHD 아동과 일반아동 두 집단의 주의집중력을 비교하는 것이 이상적이다. 그러나 이 과정은 시간, 비용, 에너지가 많이 들기 때문에 ADHD 아동 100명과 일반아동 100명을 무선적으로 추출하여 주의집중력 검사를 실시했다. 모집단을 대상으로 한 것이 아니라 적은 수의 표본을 대상으로 한 것이기 때문에 어느 정도의 오류가 발생할 수 있다. ADHD 아동과 일반아동의 두 집단의 평균이 차이가 나는가에 대한 답을 얻기 위해 t-검증을 실시한다.

영가설과 대립가설

- 영가설: ADHD 아동과 일반아동의 주의집중력은 차이가 없다.
- 대립가설: ADHD 아동과 일반아동의 주의집중력은 차이가 있다.

ADHD 아동 100명의 주의집중력 평균은 96.30, 표준편차는 10.41이며, 일반아동 100명의 주의집중력 평균은 102.13, 표준편차는 11.43이다. 주의집중력은 일반아동이 ADHD 아동보다 높으므로 일방검증을 하게 된다. 두 집단이 통계적으로 유의미한

차이가 있는가를 알기 위한 t값은 16.25로 유의확률은 .01에서 차이가 있는 것으로 분석된다. 즉, ADHD 아동의 주의집중력 점수가 일반아동의 주의집중력 점수보다 더 낮은 것으로 나타났다.

〈표 13-23〉 t-검증의 예

집단	사례수	M	SD	t
ADHD 집단	100	96.30	10.41	16.25[**]
일반집단	100	102.13	11.43	

[**]$p < .01$

　미술치료 연구의 많은 t-검증은 심리학적 독립변인의 정도(높음, 낮음)에 따라 종속변인에 차이가 있는가에 관심이 있다. 예를 들면, 어머니의 자녀수용이 높은 집단과 낮은 집단 간에 어머니의 양육스트레스에 차이가 있는가를 알고자 한다. 또는 자아개념 수준의 정도(높음, 낮음)에 따라 미술치료사의 심리적 소진에 차이가 있는가를 보고자 한다.

　많은 연구에서 심리학적 변인에 따른 집단 분류는 상위 73% 이상이면 그 변인의 수준이 높은 집단이고, 하위 27% 이하이면 낮은 집단으로 분류한다. 이 경우의 t-검증은 4단계를 거친다. 1단계는 상위 73% 부분의 분위수 값과 하위 27% 부분의 분위수 값을 구하기, 2단계는 1단계의 점수로 집단을 분류하기, 3단계는 sort하고 평균 구하기, 4단계는 t-검증하기이다(제14장 참조).

〈표 13-24〉 자아개념 수준(높음 낮음)에 따른 또래관계 t-검증

집단		사례수	M	SD	t
자아개념	높은집단	70	4.01	.83	7.28[**]
	낮은집단	70	2.58	.90	

[**]$p < .01$

(2) 대응 t-검증

　t-검증은 두 가지의 형태가 있다. 독립표본(independent samples) 간의 t-검증과

대응 t-검증(paired t-test)이다. 독립표본 t-검증은 두 표본의 모집단이 서로 독립적일 때 두 집단의 평균을 비교하는 통계방법이다. 즉, 한 집단의 점수가 다른 집단의 점수와 전혀 관련이 없다.

대응 t-검증은 두 집단이 독립적이지 않은 경우의 두 집단 비교에 사용되는 통계분석이다. 첫 번째 집단의 점수가 두 번째 집단의 점수와 관련이 있을 때 사용한다. 예를 들면, 9세 아동 집단을 대상으로 하여 사회성 집단미술치료프로그램을 실시하였다. 프로그램의 효과를 보기 위해 사전과 사후의 사회성을 비교하는 연구이다. 사전검사로 사회성검사를 실시하고 난 후에 집단미술치료프로그램을 실시하였다. 프로그램의 처치효과를 검증하기 위하여 사회성검사를 사후에 실시하였다. 사후검사에서 사회성 향상이 나타났다면, 미술치료효과가 있음을 이야기해 준다고 본다.

그런데 사전검사점수와 사후검사점수는 동일한 연구대상자에게 동일검사를 2번 실시하여 얻은 결과이다. 따라서 사전검사와 사후검사는 서로 독립적이지 않다. 사전검사가 사후검사에 영향을 주기 때문에 사후검사가 조정되어야 하는 것이다. 이런 경우에 사용되는 통계이다. 사전검사와 사후검사처럼 동일한 연구대상자가 서로 다른 상황에서 두 번 측정되거나, 부부, 형제, 연령, 지능처럼 서로 짝을 이룬 집단의 평균을 비교하는 경우가 해당된다.

〈표 13-25〉 사전-사후 대응 t-검증

집단	사전점수		사후점수		교정된 사후검사		t
	M	SD	M	SD	M	SD	
치료집단	2.33	.26	3.74	.37	3.65	.31	6.27**
비교집단	2.09	.19	2.29	.22	2.43	.42	

**$p<.01$

사전검사가 통제된 사후검사의 교정된 평균값을 보면 치료집단이 3.65, 비교집단이 2.43이었다. 치료집단에 대해 대응 t-검증을 이용하여 미술치료 전과 후의 결과를 비교를 보면, 치료 후에 점수가 유의적으로 증가하였다($t=6.27$, $p<.01$). 이는 미술치료가 효과적이었음을 시사해 주고 있다.

---

t-검증과 대응 t-검증의 비교

• t-검증: 두 집단이 독립적이다.
  예 남아, 여아의 비교

• 대응 t-검증: 두 집단이 독립적이지 않다
  예 다른 상황에서 두 번 측정, 형제, 부부처럼 짝지은 집단

---

2) 변량분석

변량분석(analysis of variance: ANOVA)은 세 집단 이상의 집단 간에 차이가 있는가를 검증하는 추리통계 방법이다. t-검증은 두 집단 간의 차이를 검증하나, 변량분석은 세 집단 이상의 집단 간의 차이를 보기 위해 사용된다.

변량분석은 전 평균을 중심으로 각 집단의 평균(group mean)이 어느 정도 분산되어 있는지, 그리고 각 집단에서 개인의 점수가 그 집단의 평균을 중심으로 어느 정도 분산되어 있는지를 알아보는 것이다. 변량분석은 각 집단 간의 평균 비교가 아니라, 집단 간의 변량과 집단 내의 변량(오차변량)을 비교하는 것이다.

---

t-검증과 변량분석의 비교

• t-검증: 두 집단의 차이 비교, 평균 비교
• 변량분석: 세 집단 이상의 비교, 집단 간의 변량과 집단 내의 변량을 비교

독립변인의 수에 따라 일원변량분석(one-way ANOVA)과 다원변량분석으로 나눈다. 일원변량분석은 독립변인이 하나이며, 다원변량분석(factorial ANOVA)은 독립변인이 둘 이상이다. 독립변인이 둘이면 이원변량분서, 셋이면 심원변량분석이라고 한다.

(1) 일원변량분석

일원변량분석(one-way ANOVA)은 독립변인이 하나이며, 비교하고자 하는 집단이 셋 이상인 경우의 통계분석이다. 예를 들면, 경력(초보: 4년 이하, 중간: 5~9년, 고: 10년

이상)에 따라 미술치료사의 심리적 소진에 차이가 있는가를 보고자 한다. 영가설은 '경력에 따라 심리적 소진에는 차이가 없다.'이며, 대립가설은 '경력에 따라 심리적 소진에는 차이가 있다.'이다.

경력에 따라 심리적 소진에 차이가 있는지 알아보기 위해 경력은 초보, 중간, 고의 3집단으로 나눌 수 있다. 각 집단에 속하는 미술치료사 내의 심리적 소진에서의 변량(집단 내 변량)과 각 경력(초보, 중간, 고)집단 간의 심리적 소진에서의 변량(집단 간 변량)을 비교한다. 경력 내의 심리적 소진의 변량보다 경력 간 심리적 소진의 변량이 유의하게 더 크다면, 경력에 따라 미술치료사의 심리적 소진에는 차이가 있다고 할 수 있다. 집단 내 변량에 대한 집단 간의 변량의 비율이 F값인데 F값이 임계치보다 크면 집단 간에 차이가 있다는 결론을 내린다. 경력에 따른 심리적 소진의 변량분석의 결과는 〈표 13-26〉과 같다.

〈표 13-26〉 일원변량분석

집단	M	SD	F
4년 이하 집단	3.30	.41	
5~9년 집단	3.13	.39	.46
10년 이상 집단	3.08	.31	

세 집단의 차이에 대한 F값이 .46이다. .05보다 높기 때문에 유의확률에서 경력에 따라 미술치료사의 심리적 소진은 차이가 없다고 결론을 내린다.

변량분석을 하기 위한 기본가정은 t-검증을 하기 위한 기본 가정과 같다. 집단이 둘인 경우에는 t-검증과 일원변량분석이 동일한 결과를 보여준다. 그러나 비교하는 집단이 셋 이상인 경우에 t-검증이 적합하지 않다. 그 이유는 집단이 셋인 경우에는 한 번의 검증이 아니라 두 집단씩 3번의 검증을 해야 한다. 그리고 두 집단씩 검증했기 때문에 비교되는 두 집단의 정보만 제공되고, 세 집단을 함께 보는 전체에 대한 정보가 없다. 또한 여러 번의 검증으로 인해 제1종 오류군(familywise type 1 error)이 증가한다. 따라서 비교집단이 셋 이상인 경우에는 t-검증 대신 변량분석을 해야 한다.

F값이 유의하게 나오면 구체적으로 어느 집단 간에 차이가 있는지 알아보기 위한 사후검증(post hoc comparison)이 필요하다. 사후검증은 다중비교검증(multiple comparison tests)이라고 한다. 변량분석의 F값이 임계치보다 크다면 집단 간에는 유의한 차이가

있다고 결론을 내릴 수 있다. 그러나 F값이 유의하다는 것은 어떤 집단과 어떤 집단이 차이가 있는지 이야기해 줄 수 없다. 4년 이하, 5~9년, 10년 이상의 어느 집단에서 자아탄력성에 유의한 차이가 나타났는가를 밝혀 주는 통계기법이 다중비교검증이다.

다중비교검증에는 여러 방법이 있다. Fisher의 LSD(least significant difference), Duncan의 NMRT(new multiple range test), Newman-Keuls 검증, Tukey의 HSD(honestly significant difference), Scheffé 검증 등이 있다. 개발한 사람들의 이름으로 검사명을 사용한다.

다중비교검증은 F값이 유의하게 나온 후에 두 집단씩 짝을 이루어 평균 차이를 검증하게 된다. t-검증 대신 다중비교검증을 하는 이유는 유의도 수준 때문이다. 비교되는 집단의 수가 증가하면 t-검증의 수가 증가하고, 결과적으로 α수준이 증가하게 되어 영가설이 참일 때 영가설을 기각할 확률이 증가한다. 다중비교검증은 일반 t-검증에서 하지 못하는 유의도 수준을 조정해 준다.

조정의 정도(degree of the adjustment)가 다중비교검증의 여러 방법에 따라 차이가 있다. Scheffé 검증은 두 집단 간에 확실히 차이가 있을 때 유의한 결과가 나오는 가장 엄격한 검증이고, Fisher의 LSD는 가장 덜 엄격한 검증이다. 학위논문이나 학회지 논문에서 다중비교검증으로 Duncan 검증을 많이 볼 수 있다. Duncan 검증은 느슨한 경향이 있으므로, Scheffé 검증을 사용하는 것이 좋다.

〈표 13-27〉 일원변량분석 사후검증의 예

집단	M	SD	F값	scheffé
4년 이하 집단	2.69	.51		a
5~9년 집단	3.81	.60	4.17**	b
10년 이상 집단	4.02	.58		b

ab는 유의한 차이가 있는 집단을 다른 문자로 표현한 것임(a<b)

$^{**}p<.01$

세 집단의 차이에 대한 F값이 4.17이며 .01보다 낮다(〈표 13-27〉 참조). 유의확률에서 경력에 따라 미술치료사의 자아탄력성은 차이가 있다고 결론을 내린다. 그리고 어느 집단에서 차이가 있는가를 사후검증한 결과는 4년 이하의 미술치료사가 5~9년이나 10년 이상의 미술치료사보다 자아탄력성이 낮게 나타났다. 그리고 5~9년이나 10년 이상의 미술치료사 간에는 차이가 나타나지 않았다.

(2) 이원변량분석

이원변량분석(two-way ANOVA)은 독립변인이 2개일 때 사용한다. 예를 들어, 첫 번째 독립변인은 미술치료사의 경력이고 두 번째 독립변인은 사회적 지지가 높은 집단, 낮은 집단이며, 종속변인은 미술치료사의 심리적 소진인 경우이다. 미술치료사의 경력과 사회적 지지에 따라 미술치료사의 심리적 소진에 차이가 있는가를 보고자 하는 경우에 실시하는 통계분석방법이다.

이원변량분석에서 독립변인은 각각 요인(factor)이라고 하며, 각 요인의 범주(category)는 수준(level)이라고 한다. 예를 들면, 미술치료사의 경력은 세 수준(4년 이하, 5~9년, 10년 이상)이 있고, 사회적 지지(높은집단, 낮은집단)는 두 수준이 있다. 이원변량분석은 항상 두 개의 요인이 있지만 각 요인의 수준의 수는 둘 이상으로 일정하지가 않다. 각 요인의 수준의 수에 관계없이 요인이 둘이면 이원변량분석이라고 한다. 각 요인의 수준 수를 구체적으로 나타내기 위해 (첫 번째 독립변인의 수준 수)×(두 번째 독립변인의 수준 수)로 이원변량분석이라고 한다. 앞의 경우에는 3×2 이원변량분석이다. ( ) 속에 요인명을 밝혀 3(미술치료사의 경력)×2(사회적 지지) 이원변량분석이라 하기도 한다.

이원변량분석

• 연구문제
  첫째, 미술치료사의 심리적 소진은 경력에 따라 차이가 있는가?
  둘째, 미술치료사의 심리적 소진은 사회적 지지에 따라 차이가 있는가?
  셋째, 미술치료사의 심리적 소진에 경력과 사회적 지지의 상호작용 효과가 있는가?
• 영가설과 대립가설
  –주효과 영가설: 미술치료사의 심리적 소진은 경력에 따라 차이가 없다.
              미술치료사의 심리적 소진은 사회적 지지에 따라 차이가 없다.
  –주효과 대립가설: 미술치료사의 심리적 소진은 경력에 따라 차이가 있다.
              미술치료사의 심리적 소진은 사회적 지지에 따라 차이가 있다.
  –상호작용 효과 영가설: 미술치료사 심리적 소진에 경력과 사회적 지지 간의 상호작용
    효과가 없다.
  –상호작용 효과 대립가설: 미술치료사 심리적 소진에 경력과 사회적 지지 간의 상호작
    용 효과가 있다.

　이원변량분석은 미술치료사 경력의 효과가 있는지, 사회적 지지의 효과가 있는지의 각 독립변인의 효과를 알 수 있을 뿐만 아니라, 미술치료사의 경력과 사회적 지지의 상호작용 효과도 알 수 있게 분석해 준다. 즉, 이원변량분석은 두 개의 독립변인 효과와 독립변인 간의 상호작용 효과(interaction effect)도 알게 해 주어 이원변량분석의 연구문제에 답할 수 있다.

　이원변량분석에서 3 수준 이상인 독립변인이 주효과가 유의한 것으로 나타나면 일원변량분석처럼 사후검증으로 다중비교검증을 해야 한다. 앞의 예에서 사회적 지지는 2 수준이므로 다중비교검증이 필요 없으나, 경력은 3 수준이므로 다중비교검증이 필요하다. 통계 분석을 한 후에는 표를 이용하여 연구결과를 제시하게 된다.

〈표 13-28〉 이원변량분석 평균과 표준편차의 예

집단		4년 이하		5~9년		10년 이상	
		M	SD	M	SD	M	SD
사회적 지지	높은 집단	2.26	.66	1.56	.63	1.85	.49
	낮은 집단	3.06	.80	2.36	.86	2.57	.55

　평균과 표준편차를 제시(〈표 13-28〉 참조)한 후에 이원변량분석의 표를 제시한다. 이원변량분석 결과(〈표 13-29〉 참조), 주효과와 상호작용 효과 모두 유의한 것으로 나타났다. 이원변량분석 표를 먼저 제시하고 평균과 표준편차를 제시할 수도 있다.

〈표 13-29〉 이원변량분석표의 예

변량원	df	SS	MS	F
미술치료사 경력(a)	2	600	300	15^{***}
사회적 지지: 높다, 낮다(b)	1	200	200	10^{**}
a×b	2	300	150	7.5^{*}
오차	222	4440	20	
전체	227	5540		

$^{*}p<.05, ^{**}p<.01, ^{***}p<.001$

3) 반복측정 변량분석

반복측정은 동일한 대상을 2번 이상 측정하는 경우의 분석방법이다. 동일한 연구 대상을 다른 반복처치를 해서 2번 이상의 측정을 하는 경우에 해당된다. 예를 들어, 미술치료의 효과를 검증하기 위해 사전, 사후, 추후 검사를 실시하는 경우이다. 이 분석은 시간에 따른 효과와 반복측정에 따른 효과를 줄이는 것으로 다변량분석과 다른 의미를 지니게 된다. 반복측정 변량분석에는 반복측정 일원변량분석, 반복측정 이원변량분석이 많이 활용된다.

(1) 반복측정 일원변량분석

반복측정 일원변량분석(one way repeated measure ANOVA)은 독립변인이 하나이며, 독립변인의 처치효과를 분석하는 것이다. 반복측정 요인은 두 가지 형태를 취한다. 한 형태는 반복측정이 측정시기(time)이다. 독립변인 처치 전의 사전검사, 처치 후의 사후검사, 일정시간 경과 후의 추후검사의 비교이다.

예를 들면, 10명의 연구대상자로부터 미술치료프로그램을 실시하기 전에 사전검사로 사회인지검사를 실시하였다. 집단미술치료프로그램을 실시하고 처치효과를 검증하기 위하여 사후검사로 사회인지검사를 실시하였다. 그리고 한 달 후에 집단미술치료프로그램의 효과가 유지되는가를 검증하기 위해 추후검사로 사회인지검사를 실시하는 경우의 통계분석이다. 모두 3차례에 걸쳐 사회인지를 측정하므로 자료의 합은 30이 된다.

반복측정 일원변량분석의 예

- 연구문제
  사회인지 미술치료프로그램 실시 전, 실시 후 및 추후의 사회인지는 차이가 있는가?
- 영가설과 대립가설
  - 영가설: 미술치료프로그램 실시 전, 실시 후 및 추후의 사회인지는 차이가 없다.
  - 대립가설: 미술치료프로그램 실시 전, 실시 후 및 추후의 사회인지는 차이가 있다.

　두 번째 형태는 반복측정 요인이 다른 처치조건(treatments or conditions)이다. 모든 대상자가 각기 다른 모든 처치조건에서 사회인지검사를 반복측정받는다. 예를 들면, 모든 대상자가 평상정서, 분노상황, 우울상황의 다른 처치조건에서 반복측정되는 경우이다. 모두 3차례에 걸쳐 사회인지를 측정하므로 자료의 합은 30이 된다.

　반복측정 일원변량분석의 표는 2개의 변인과 오차항으로 구성되어 있다. 그리고 오차항의 자유도는 이원변량분석표의 상호작용 효과의 자유도와 같은 방법으로 산출된다. 이 점에서 이원변량분석의 표와 유사하다. F값은 일원변량분석과 같이 1개 산출된다. 통계분석을 한 후에는 〈표 13-30〉과 같이 연구결과에 제시하게 된다.

〈표 13-30〉 반복측정의 예

변량원	자유도	제곱합	평균제곱	F
처치조건	2	148	74	12.33[**]
대상자	35	350	10	
오차(처치조건×피험자)	70	420	6	
전체	107	918		

$$^{**}p < .01$$

(2) 반복측정 이원변량분석

　반복측정 이원변량분석(two way repeated measure ANONA)은 두 개의 요인을 포함한다. 그리고 한 요인이 반복측정되는 통계분석이다. 반복측정 이원변량분석은 2요인 반복측정 변량분석이라고도 한다. 예를 들면, 진로탐색 미술치료프로그램이 진로성숙도에 효과가 있는가를 보고자 한다. 20명의 대상자가 실험집단, 통제집단에 무선배정된다. 그리고 실험집단은 진로탐색 미술치료를 받았고, 통제집단은 진로탐색 미술치료를 받지 않았다. 그리고 사전, 사후, 추후에 진로성숙도 검사를 실시하였다. 이 연구는 두 개의 요인(집단과 검사시기)이 있고 이 중 검사시기가 반복측정되는 것이다. 모든 대상자들이 3번의 신로성숙도 검사를 받게 된다.

　반복측정 이원변량분석은 3개의 연구문제가 있다. 이 중의 연구문제 2개는 주효과에 관한 것으로, 반복측정되지 않은 요인(대상자 간 요인)의 주효과에 관한 것이다. 두 번째 연구문제는 반복측정되는 요인(대상자 내 요인)의 주효과에 관한 것으로, 20명의 대상자가 세 차례의 검사에서 동일한 점수를 얻었는가이다. 세 번째 연구문제는 두 요인, 즉 집단과 검사시기 간의 상호작용에 관한 것이다. 진로성숙도의 세 차례에 걸쳐 측정한 점수가 실험집단과 통제집단에서 동일한가를 보는 것이다.

반복측정 이원변량분석의 예

- 연구문제
  1. 반복측정되지 않은 요인의 주효과(대상자 간 요인): 집단에 따라 진로성숙도는 차이가 있는가?
  2. 반복측정되는 요인의 주효과(대상자 내 요인): 검사시기에 따라 진로성숙도는 차이가 있는가?
  3. 두 요인(집단과 측정시기) 간의 상호작용: 진로성숙도에 집단과 검사시기의 상호작용 효과가 있는가?
- 영가설
  - 주효과 영가설: 집단에 따라 진로성숙도는 차이가 없다.
    검사시기에 따라 진로성숙도는 차이가 없다
  - 상호작용 효과 영가설: 진로성숙도에 집단과 검사시기의 상호작용 효과는 없다.
- 대립가설
  - 주효과 대립가설: 집단에 따라 진로성숙도에 차이가 있다.
    검사시기에 따라 진로성숙도는 차이가 있다.
  - 상호작용 효과 대립가설: 집단과 검사시기의 상호작용 효과가 있다.

연구문제 1은 모든 검사시기의 개인점수를 평균했을 때 미술치료를 실시한 집단과 실시하지 않은 집단 간에 유의한 차이가 있는 것으로 나타난다면 미술치료가 개인의 진로성숙도에 영향을 미친다고 할 수 있다. 연구문제 2는 검사시기 간에 유의한 차이가 있는 것으로 나타난다면 이는 모든 대상을 한 집단으로 봤을 때 세 차례의 검사 간에 차이가 있는 것이다. 즉, 검사시기에 따라 각기 다른 점수를 받았다는 것을 의미한다. 연구문제 3의 상호작용 효과가 있다면 미술치료를 실시한 실험집단과 실시하지 않은 통제집단별로 진로성숙도 점수의 변화가 다르게 나타난 것이다.

〈표 13-31〉 반복측정 이원변량분석의 평균 예

집단	사전		사후		추후	
	M	SD	M	SD	M	SD
실험집단	12.75	3.88	15.75	4.16	15.62	4.74
통제집단	12.87	3.83	11.87	3.12	12.00	3.92

　먼저 치료집단과 통제집단의 사전, 사후, 추후점수(〈표 13-31〉 참조)를 제시하게 된다. 그리고 집단과 검사시기에 따라 차이가 있는가를 보기 위한 반복측정 변량분석의 결과(〈표 13-32〉 참조)를 제시한다.

〈표 13-32〉 반복측정 이원변량분석

변량원	자유도	제곱합	평균제곱	F
대상자 간 효과				
집단(실험/통제)	1	1587	1587	82.90***
오차	14	268	19.14	
대상자 내 효과				
검사시기	2	765.04	382.52	192.98***
검사시기×집단	2	846.13	423.06	213.44***
오차	28	55.50	1.98	

***$p < .001$

　집단에 따라 진로성숙도 점수에 유의미한 차이가 나타났다. 실험집단이 통제집단보다 진로성숙도가 향상되었다. 〈표 13-31〉의 평균을 보면 실험집단의 평균이 통제집단의 평균보다 높음을 알 수 있다. 검사시기에 따라서도 진로성숙도에 변화가 있었음을 알 수 있다. 사전검사의 평균보다 사후검사와 추후검사의 평균이 더 높게 나타났다. 또한 집단과 검사시기에 따라 상호작용 효과가 유의미한 것으로 나타났다. 실험집단이 측정시기, 즉 사전검사의 평균보다 사후검사, 추후검사의 평균이 높아졌고, 통제집단에서는 사전검사, 사후검사, 추후검사의 평균에 차이가 없는가를 보기 위해 〈표 13-33〉을 본다.

〈표 13-33〉 반복측정 이원변량분석 단순 주효과분석

변량원	df	SS	MS	F	scheffé
집단					
집단@사전	1	.56	.56	.06	
집단@사후	1	1225.00	1225.00	170.22***	
집단@추후	1	1207.56	1207.56	179.14***	
검사시기					
검사시기@실험	2	1610.08	805.04	97.58***	abb
검사시기@통제	2	1.08	.54	.08	

ab는 유의한 차이가 있는 집단을 다른 문자로 표현한 것임(a<b)

***p<.001

상호작용 효과를 구체적으로 보기 위해 단순 주효과 분석(〈표 13-33〉 참조)을 보는 것이다. 상호작용 효과는 그래프로도 그리는데, 이때 종속변인이 Y축에 오게 하고 반복측정되는 독립변인이 X축에 오게 한다. 반복측정되지 않는 또 다른 독립변인은 그래프 내에서 집단별로 그려 준다.

4) 공변량분석

공변량분석(analysis of covariance)은 이미 집단 간에 있을 수 있는 차이가 종속변인에 줄 수 있는 영향력을 조정하고, 집단 간의 차이를 비교하는 통계분석방법이다. 집단의 출발선을 동일하게 조정해 주는 것으로 두 집단의 사전검사 평균이 같다면 사후검사 평균의 조정이 필요 없다.

공변량분석은 종속변인에 영향을 주는 공변인의 영향력을 통계적으로 제거하는 것이다. 집단 간의 차이가 독립변인의 효과인지, 가외변인의 효과인지, 아니면 독립변인과 가외변인이 혼합된 효과인지 명확히 알 수 없을 때 공변량분석을 함으로써 어느 정도 가외변인을 통제할 수 있게 된다. 즉, 공변인을 기초로 사후검사의 평균을 조정하고, 조정된 사후검사의 평균을 비교하는 것이다. 예를 들어, 지적장애아동을 대상으로 미술치료를 받은 집단과 받지 않은 집단의 사회인지 차이를 비교하는 경우가 있다. 미술치료사가 사회인지 미술치료를 실시하기 전에 실험집단과 통제집단을 무선배정으로 나누었다. 그리고 두 집단을 대상으로 사회인지검사를 실시하였다. 그런데

실험집단의 사회인지 점수는 사전검사가 17점이고, 통제집단의 사회인지 점수는 사전검사가 8점이다. 사회인지 미술치료를 실시한 실험집단의 사회인지 사후검사는 38점이고, 사회인지 미술치료를 실시하지 않은 통제집단의 사회인지 사후검사는 28점이다. 두 집단의 사전검사의 점수에서 보듯이 두 집단은 출발점부터 동일하지 않다 (17점 : 8점). 따라서 사후검사의 비교로 미술치료의 효과를 보는 것은 적절하지 않다. 미술치료를 실시하기 전의 사회인지 차이를 통계적으로 조정하는 것이다.

공변인과 종속변인은 같은 척도로 측정될 수 있는데, 이때 사전검사를 공변인이라 하고, 사후검사를 종속변인이라 한다. 그러나 공변인과 종속변인이 반드시 동일한 척도일 필요는 없다. 예를 들면, 종속변인이 사회인지 점수이고 공변인은 또래관계 점수이다. 그러나 공변인이 집단 간에 있을지 모르는 모든 가외변인의 차이를 다 조정해 주지는 못한다. 실험집단과 통제집단에 무선배정을 하지 않고 본래의 집단을 그대로 사용한다면 이러한 연구설계의 오류를 공변량분석이 수정해 주지 못한다.

공변량분석이 실시되기 위해서는 기본적인 가정이 충족되어야 한다. 먼저 변량분석에서 필요한 정규분포 가정, 동변량 가정, 무선성과 독립성의 가정이 전제되어야 한다. 그리고 공변량분석에만 해당되는 기본가정이 더 있다. 독립변인이 공변인에 영향을 미쳐서는 안 된다는 가정, 비교집단은 동일한 회귀계수를 가진다는 가정 및 공변인과 종속변인 관계는 직선관계의 가정이다(Huck & Cormier, 1996).

독립변인이 공변인에 영향을 주어서는 안 된다는 가정은 공변인의 자료가 실험처치 전에 수집되면 이 가정은 충족된다. 그러나 실험처치 후에 공변인의 자료가 수집되면 이 가정의 충족에 대한 보장이 없다. 이때에는 실험처치가 공변인에 영향을 주지 않는다는 논리적 증거가 제시되어야 한다. 공변량분석이 집단 간에 있을 수 있는 차이를 조정해 주나, 모든 가외변인의 차이를 조정하지는 못하기 때문이다. 무선배정이 되지 않으면 공변량분석이 가외변인의 차이를 수정해 주지 못한다.

비교집단은 동일한 회귀계수를 가진다는 가정은 공변인과 종속변인 간의 상관계수가 모든 집단에서 동일하다는 것이다. 대부분의 연구에서 이 가정은 충족되지만, 이 가정이 의심스러우면 SAS 프로그램의 Jonson-Neyman 방법을 사용할 수 있다. 공변인과 종속변인의 직선관계는 대부분의 연구에서 충족되지만, 이 가정이 의심스러우면 산포도로 알아볼 수 있다. 공변량분석은 일원공변량분석과 다원공변량분석으로 나누어 살펴보겠다.

(1) 일원공변량분석

일원공변량분석(one-way analysis of covariance)은 독립변인이 하나이고 비교하고자 하는 집단이 둘 이상이다. 공변량분석의 전체 자유도는 N-2로, 변량분석의 전체 자유도는 N-1과 차이가 있다. 이것은 공변인의 존재로 인해 오차변량에서 자유도가 하나 사용되기 때문이다.

Source	DF	SS	MS	F Value
처리	$t-1$	SST	MST	
회귀	1	SSR	MSR	$F=$MSR/MSE
오차	$t(n-1)-1$	SSE	MSE	

일원공변량분석의 예를 들면, 집단미술치료프로그램이 사회성 증진에 효과가 있는가를 알아보기 위하여 미술치료프로그램을 실시하는 실험집단과 실시하지 않는 통제집단에 아동들을 무선배정하고, 사회성검사를 미술치료프로그램의 실시 전과 후에 실시하였다. 사회성검사의 사전점수를 공변인으로 하여, 두 집단의 사후 사회성점수를 일원공변량분석하였다.

〈표 13-34〉 일원공변량분석

변량원	자유도	제곱합	평균제곱	F
사전검사(공변인)	1	113.99	113.99	25.16***
주효과(집단 간)	1	31.46	31.46	6.94*
오차	17	76.95	4.53	

$^*p<.05, ^{***}p<.001$

분석결과(〈표 13-34〉 참조) 집단 간의 차이가 유의미한 차이($F=6.94, p<.05$)가 있는 것으로 나타났다. 프로그램 실시 전 사회성 점수의 평균과 표준편차 그리고 프로그램 실시 후에 조정된 사후점수의 평균과 표준편차를 표로 제시(〈표 13-35〉 참조)한다.

〈표 13-35〉 일원공변량분석의 평균과 표준편차

집단	사전		사후		조정된 사후 평균	
	M	SD	M	SD	M	SD
실험집단	13.03	3.56	14.22	3.61	14.06	3.81
통제집단	13.43	3.71	13.36	3.75	13.69	3.65

(2) 다원공변량분석

이원공변량분석은 2개의 요인이 있으며, 2개의 주효과와 1개의 상호작용 효과를 검증하는 것이다. 삼원공변량분석은 3개의 요인이 있으며, 3개의 주효과와 3개의 1차 상호작용 효과, 그리고 1개의 2차 상호작용 효과를 검증할 수 있다.

〈표 13-36〉 다원공변량분석

변량원	자유도	제곱합	평균제곱	F
사전검사(공변인)	1	10.05	10.05	20.10**
처치(집단A)	1	7.50	7.50	15.00**
성별(B)	1	1.00	1.00	2.00
상호작용 효과(A×B)	1	.50	.50	1.00
오차	19	9.50	.50	
전체	23	28.55		

$**p < .01$

〈표 13-36〉을 보면 처치효과가 있었다. 그러나 성별에 따라서는 차이가 나타나지 않았고, 처치와 성별의 상호작용 효과도 나타나지 않았다.

5) 다변량분석

다변량분석(multivariate analysis of variance: MANOVA)은 종속변인이 2개 이상의 변인으로 구성되어 있을 때, 독립변인에 따른 차이를 검증하는 변량분석의 한 방법이다. 대부분의 경우 종속변인들 간에는 어느 정도의 상관이 있으나, 두 종속변인 간에 명백한 상관관계가 존재하는 경우도 있다. 이때 종속변인 각각에 대해 단일변량분석을 하게 되면 제1종 오류가 증가한다. 또한 종속변인 간에 전혀 상관관계가 없다 하더라도 여러 번 단일변량분석을 반복하면, 종속변인의 수가 증가함에 따라 제1종 오류가 증가하게 된다. 이것은 F검증 실시 후 사후검증으로 여러 번의 t-검증을 하지 않고, 다중비교검증을 하는 이유와 같은 것이다.

예를 들어, 미술치료사 경력(4년 이하, 5~9년, 10년 이상)에 따라 직무스트레스의 차이를 검증하는 데 다변량분석을 사용할 수 있다. 직무스트레스가 정서적 소모, 성취감 감소, 무력감, 흥미감 감소로 구성되어 있고, 이 변인들 간에는 상관관계가 있으므로 다변량분석을 한다. 이 변인들 간에 상관관계가 낮다면 각 변인별로 변량분석을 하여도 다변량분석과 같은 결과를 얻는다. 종속변인들 간의 상관관계는 이론적 배경에 근거한다. 또는 사전연구에서 변인들 간에 관계가 있는지를 검증할 수 있다.

다변량분석은 독립변인의 수에 따라 일원다변량분석, 이원다변량분석, 삼원다변량분석 등으로 나눌 수 있다. 일원다변량분석(one-way MANOVA)은 일원변량분석처럼 독립변인이 하나나 종속변인의 수가 둘 이상이다.

다변량분석을 검증하기 위한 방법으로 많이 사용되는 방법이 Wilks' Lambda(λ)이다. Wilks' Lambda 값이 적을수록 독립변인은 유의한 차이가 있는 것으로 해석된다. 이는 t-검증이나 F검증은 값이 클수록 유의한 차이가 있는 것과는 다른 점이다. 다변량분석의 검증에서는 평균벡터들 간의 차이가 크면 클수록, λ의 값이 적어진다.

Lambda 값에 대한 임계치 표가 없기 때문에 유의도 검증을 위해서 대부분의 경우 λ를 F값으로 전환하여 사용한다.

〈표 13-37〉 다변량분석

변인	남아		여아		Type3 SS	MS	Wilks' Lamda	F
	M	SD	M	SD				
정서적 소모	27.23	3.83	27.93	3.95	30.21	30.21	.15	12.95**
성취도 감소	18.27	4.18	17.55	4.01	8.81	8.81	.98	2.05
무력감	16.75	2.48	13.25	2.53	40.67	40.67	.53	6.25*
흥미감 감소	26.28	4.59	26.78	5.03	15.90	15.90	.34	8.64**

$^*p<.05, ^{**}p<.01$

〈표 13-37〉을 보면 정서적 소모의 Wilks' Lamda는 .15($F = 12.95$, $p < .01$)로 성별에 따라 유의한 차이를 보여 주고 있다. 성취도 감소의 Wilks' Lamda는 .98($F = 2.05$)로 성별에 따라 유의한 차이가 나타나지 않았다. 무력감의 Wilks' Lamda는 .53($F = 6.25$, $p < .05$), 흥미감 감소의 Wilks' Lamda는 .34($F = 8.64$, $p < .01$)로 성별에 따라 유의한 차이가 나타났다.

다변량분석의 사용을 위한 기본 가정은 다변량 정규분포가정과 동변량가정이다. 표본의 수가 동일하거나 표본이 큰 경우에는 문제가 되지 않는다. 그러나 이 가정을 반드시 검증해야 한다는 주장도 있다. 그리고 비교되는 집단의 수보다 종속변인의 수가 적어서는 안 된다.

6) 회귀분석

회귀분석(regression analysis)은 두 개 이상 변인들 간의 인과관계를 분석하는 통계방법이다. 종속변인에 영향을 미치는 변인은 무엇이고, 어느 정도 설명을 해 줄 수 있는가를 예측하기 위해 사용한다. 원인이 되는 독립변인과 결과가 되는 종속변인을 통해 회귀식이 만들어지며, 이를 통해 원인과 결과의 관계를 규명하고 예측력을 제시한다. 예를 들면, 미술치료 성과에 영향을 주는 변인을 밝히기 위해 선행연구를 통해 어머니 교육정도, 자녀의 문제행동 유형, 어머니의 자아존중감, 어머니와 자녀의 친밀도 등을 독립변인으로 설정한다. 그리고 회귀분석을 실시하여 예측변인을 찾고, 설명력을 밝힐 수 있다.

독립변인은 등간척도나 명목척도가 가능하며, 종속변인은 등간척도이다. 독립변인이 명목척도인 경우에 이 변인들은 가변수로 만들어 회귀분석에 사용한다. 회귀분석에서 자주 가변수화되는 명목척도의 변인은 성별(남성, 여성), 연령(24세 이하, 25~34세, 35세 이상), 학력(고졸, 고졸~대졸, 대졸 이상), 종교(불교, 천주교, 기독교, 기타) 등이다. 연령이 독립변인이면 24세 이하=1, 25~34세=2, 35세 이상=3의 가변수로 변환시켜 회귀분석에 포함시킨다.

회귀분석의 기본 가정은 다음과 같다. 첫째, 종속변인은 양적변인이어야 한다. 둘째, 종속변인은 정규분포가정을 충족시켜야 한다. 셋째, 독립변인 X와 종속변인 Y는 선형관계이다. 독립변인과 종속변인의 분포가 직선관계임을 전제로 한다. 넷째, 독립변인들은 서로 독립적이어야 한다. 이것은 독립변인들 간에 상관관계가 없어야 함을

전제로 한다. 독립변인들 간에 상관관계가 있음은 다중공선성(multicolinearity)이라고
한다. 다중공선성을 해결하는 방법은 상관관계가 높은 변인들은 가장 중요한 예측변
인만을 선택하거나, 상관관계를 보이는 변인들을 단일점수로 만드는 것이다. 다섯째,
한 예측변인이 다른 예측변인들의 조합이어서는 안 된다. 이것을 단일성(singularity)
이라고 한다. 예를 들면, 사회적 지지는 가족지지, 동료지지, 슈퍼바이저지지로 구성
되어 있다. 가족지지, 동료지지, 슈퍼바이저지지, 사회적 지지 4변인을 예측변인으로
사용하면 안 된다. 사회적 지지 점수는 가족지지, 동료지지, 슈퍼바이저지지 점수의
합이기 때문이다. 여섯째, 각 변인의 잔차(residual)는 서로 독립적이고 동변량을 갖는
다. 각 변인의 잔차가 독립적이라는 가정은 Durbin-Watson계수로 검증한다. Durbin-
Watson 계수는 0~4로, 0에 가까우면 정적상관으로, 2정도는 상관이 없는 것으로,
4에 가까우면 부적상관으로 해석한다.

회귀분석하기 위한 가정

- 종속변인은 양적변인이어야 함
- 종속변인은 정규분포임
- 독립변인(X)과 종속변인(Y)는 선형관계임
- 다중공선성이 없음
- 예측변인들은 단일성임
- 각 변인의 잔차는 서로 독립적이고 동변량임

회귀분석은 독립변인의 수에 따라 단순회귀분석(simple regression analysis), 다중회
귀분석(multiple regression analysis)으로 구분된다.

(1) 단순회귀분석

단순회귀분석은 독립변인이 하나이다. 예를 들면, 또래관계가 독립변인으로 학교
적응을 예측하는가를 보고자 한다. 또래관계의 점수와 학교적응 점수에 관한 자료를
가지고 예측방정식(prediction equation)을 만들 수 있다. 예측방정식의 목적은 또래관
계의 점수로 학교적응의 점수를 얻는 것이다.

변인	B	β	R^2	F
또래관계	.30	$.21^{***}$	.17	10.22^{**}

〈표 13-38〉 단순회귀분석

$^{***}p<.001$

예측방정식: $Y'=.20+.30X$
　　X: 또래관계 점수
　　.20: 상수
　　또래관계 점수가 20점이면 Y'(학교적응 점수)는 6.2

　X는 독립변인(예측변인)이며, Y'는 종속변인(준거변인)으로 예측되는 변인이다. 예측방정식이 성공적인가를 알기 위해서는 실제점수와 예측점수 간의 상관계수를 구한다. 실제점수와 예측점수의 상관계수는 예측변인과 종속변인 간의 상관계수와 동일하다. 예를 들면, X와 Y 간의 상관계수가 .40이라면 Y와 Y' 간의 상관계수도 .40이다. 정확한 예측을 위해 종속변인과 가장 상관이 높은 예측변인을 찾아야 한다.
　예측방정식에서 종속변인과 예측변인 간의 상관계수의 제곱(r^2)이 결정계수(coefficient of determination)이다. 예를 들어, 또래관계 점수와 학교적응 점수 간의 상관계수가 .40이라면 결정계수는 .16이 된다. 결정계수는 종속변인 점수에서 예측변인에 의해 설명될 수 있는 점수의 비율이다.

(2) 다중회귀분석

　다중회귀분석은 독립변인의 수가 둘 이상인 회귀분석이다. 독립변인이 둘 이상이면 독립변인이 하나일 때보다 예측오차가 감소될 수 있다. 회귀방정식은 독립변인이 첨가될 때마다 대개 설명력이 증가한다. 그러나 독립변인의 수가 증가할수록 독립변인을 측정하는 데 시간과 비용이 더 들게 된다. 따라서 설명력이 유의하게 증가하지 않는다면 또 다른 독립변인의 첨가는 의미가 없게 된다. 예를 들면, 학교적응과 또래관계 상관계수 $r=.70$, 교사와의 관계 상관계수 $r=.40$, 어머니와의 의사소통 상관계수 $r=.40$인 선행연구가 있다면 또래관계, 교사관계 및 어머니와의 의사소통 세 정보를 모두 사용함으로써 학교적응을 보다 더 잘 예측할 수 있다.
　다중회귀분석은 다중회귀 예측방정식, 다중상관계수(coefficient of multiple correlation)

및 회귀계수인 베타값(regression coefficients: beta weights: β)을 제공한다. 다중회귀 예측방정식은 예측변인의 수대로 예측방정식이 만들어진다.

예측방정식: $Y' = .20 + .30X_1 + .40X_2 + .50X_3$

　　.20: 상수

　　Y': 학교적응

　　X_1: 또래관계

　　X_2: 교사와의 관계

　　X_3: 어머니와의 의사소통

또래관계 점수 30, 교사와의 관계 점수 20, 어머니와의 의사소통 10이면 Y'(학교적응 점수)는 22.2

다중상관계수는 R로 표현되며 R^2은 결정계수이다. R은 예측방정식의 정확성을 나타내는 지표이다. R^2은 독립변수가 설명하는 총 변화량의 비율이다. 값이 높을수록 설명력이 높다. R이 .50이라면 실제 종속점수와 예측된 종속점수 간의 상관이 .50을 의미하고, 예측변인이 Y변량의 25%를 설명할 수 있음을 나타낸다.

회귀계수는 다중회귀 예측방정식의 각 독립변인 앞에 있는 수치이다. 각 독립변인이 종속변인에 주는 영향으로, 회귀식의 기울기에 해당한다. 그런데 실제 예측방정식에서는 각 예측변인들이 측정된 척도들이 동일하지 않다. 어떤 독립변인이 가장 좋은 예측변인인가를 알기 위해 이들을 직접 비교할 수 없다. 독립변인의 회귀계수를 비교하는 것은 마치 몸무게와 키를 비교하는 것과 같다. 따라서 이들을 비교하려면 동일한 단위로 전환시켜 주어야 한다.

전환된 값이 베타값(β)이며, 표준화된 회귀계수이다. 베타값은 다양한 독립변인들이 평균과 표준편차가 동일하다고 가정한 경우에 얻게 되는 회귀계수이다. 베타값은 부호와는 관계없이 값이 클수록 높은 예측변인이 된다. 베타값의 절대치가 크다는 것은 그 독립변인이 종속변인을 더 설명하는 것이다. 이처럼 베타값과 회귀계수는 다른 유형의 정보를 전달한다. β값이 정방향이면 독립변인과 종속변인은 같은 방향으로 영향을 준다. 예를 들면, 독립변인의 β값이 정적으로 커지면 종속변인에 대한 영향력이 정적으로 커지는 것이고, β값이 부적으로 커지면 종속변인에 대한 영향력이 정적으로 작아지는 것이다.

〈표 13-39〉 다중회귀분석의 예

변인	B	β	$Adj-R^2$	F
또래관계	.30	$.21^{***}$		
교사와의 관계	.13	$.16^{**}$	.37	14.82^{***}
의사소통	.18	$.24^{***}$		

$^{**}p<.01, ^{***}p<.001$

〈표 13-39〉를 보면 학교적응에 영향을 주는 변인은 의사소통($\beta=.24, p<.001$), 또래관계($\beta=.21, p<.001$), 교사와의 관계($\beta=.16, p<.01$) 순으로 나타났다. 그리고 설명력은 37%($F=14.82, p<.001$)로 나타났다.

한편 회귀분석을 실시하기 전에 먼저 독립변인들 간에 상관관계가 있는가의 다중공선성을 보아야 한다. 독립변인들 간에 상관관계가 너무 높으면 다중공선성을 의심해야 한다. 중다회귀분석을 실행할 때, 독립변인 A와 B 사이에 다중공선성이 존재한다면, 종속변인을 어느 하나의 독립변인이 설명하고 남은 설명 부분은 상관관계가 높은 다른 독립변인이 설명하게 된다. 즉, 다른 독립변인이 설명할 부분은 거의 남지 않는다. 그리고 그 결과로 다른 독립변인의 표준오차는 증가한다.

다중공선성 검증 결과 상관이 높은 변인들은 가장 중요한 예측변인만을 선택하거나, 상관을 보이는 변인들은 단일점수로 만든다. 다중공선성이 존재하는가는 허용도(tolerance)와 분산팽창요인(variance inflation factor: VIF)으로 살펴본다. VIF가 10 이상이면 다중공선성이 의심되고, 허용도는 0에 접근할수록 다중공선성이 높고, 1에 접근할수록 다중공선성이 낮아진다. 허용도가 .1 이하이면 다중공선성으로 판단한다.

〈표 13-40〉 허용도와 분산팽창요인의 예

변인	허용도	분산팽창요인
또래관계	.34	8.22
교사와의 관계	.22	7.59
의사소통	.15	6.45

〈표 13-40〉을 보면 모든 변인의 허용도 값이 .1 이상이고 분산팽창요인값이 10 이하이다. 따라서 독립변인들 간에는 다중공선성이 없는 것으로 나타났다.

회귀분석은 독립변인들이 회귀방정식에 투입하는 순서에 따라 동시 다중회귀분석 (simultaneous multiple regression), 위계다중회귀분석(hierarchical multiple regression), 단계다중회귀분석(단계적회귀분석: stepwise multiple regression)이 있다(Huck, 2011). 동시다중회귀분석은 독립변인들이 동시에 회귀방정식에 투입되는 것이고, 위계다중 회귀분석은 이론적 근거나 방법론적 근거에 의해 연구자가 투입되는 변인들의 순서 를 미리 정하고, 이 순서로 독립변인을 투입하는 것이다.

단계적회귀분석은 위계다중회귀분석의 대안이다. 통계프로그램이 어떤 변인이 종 속변인을 가장 잘 예측하는지, 그 다음으로 어떤 변인이 유의하게 추가될 수 있는지 를 계산하여, 종속변인을 잘 예측하는 순서로 독립변인을 투입하는 방법이다. 이 순서 에는 전진투입법(forward entry), 전진단계법(forward stepwise), 후진제거법(backward deletion)이 있고, 통계프로그램에서 옵션으로 어떤 절차를 사용할지 입력한다.

전진투입법은 변량을 가장 많이 설명하는 변인이 처음에 입력된다. 그리고 첫 번째 변인이 방정식에 투입되어 있는 상태에서 두 번째로 변량을 많이 설명하는 변인이 입 력되는 방식이다. 이 분석은 방정식에 먼저 투입된 독립변인들이 방정식에 있는 상태 에서 계산이 진행된다. 따라서 첫 번째 변인 때문에 방정식에 들어가지 못한 독립변 인들은 서로 조합하여 첫 번째 변인보다 더 높은 예측요인이 될 수도 있다. 전진단계 법은 새로운 변인들이 입력될 때마다 이미 투입되어 있는 독립변인들이 중복되지 않 고 새로운 정보를 제공하는지 검증한다. 후진제거법은 모든 변인이 한 번에 회귀방정 식에 입력된 후에 변량을 적게 설명하는 변인들이 제거되어 가는 방식이다.

위계다중회귀분석과 단계적회귀분석은 R^2 외에 독립변인이 투입됨에 따라 R^2의 증가분을 보여 주는 ΔR^2(R^2변화량)이 나타난다. 다중회귀분석이 결정계수(R^2)만 출력하는 것과 차이가 있다. 다중회귀분석은 동시에 변인들을 입력하기 때문이다. 단 계적회귀분석은 마지막 출력에 출력결과의 요약을 보여 준다.

〈표 13-41〉 단계적회귀분석

변인	B	β	R^2	ΔR^2	F
자아개념	.27	.36[***]	.16	.16	12.34[***]
또래관계	.10	.16[**]	.24	.08	9.51[**]
교사와의 관계	.18	.14[**]	.31	.07	7.89[**]

[**]$p < .01$, [***]$p < .001$

단계적회귀분석 결과(〈표 13-41〉 참조), 자아개념, 또래관계, 교사와의 관계가 학교 스트레스를 설명하는 변인으로 나타났고, 설명력은 31%이었다. 구체적으로 살펴보면, 자아개념($\beta=.36$, $p<.001$)이 16%, 또래관계($\beta=.16$, $p<.01$)가 8%, 교사와의 관계($\beta=.14$, $p<.01$)가 7% 설명하였다.

(3) 조절회귀분석

회귀분석은 독립변인과 종속변인의 단순한 인과관계를 분석한다. 그런데 사회현상과 개인들의 심리는 단순한 인과관계로 설명하기에는 너무 복잡하다. 조절회귀분석(moderated regression analysis: MRA)은 상황적 관계를 나타내는 상호작용항을 검증하는 분석이다. 그럼으로써 독립변인의 변화가 종속변인의 변화를 유발하나, 제3변인의 특정한 조건하에서만 종속변인의 변화를 유발하는 것을 보여 주는 분석방법이다 (Hayes, 2013). 독립변인들이 각각 회귀식에 포함된 후에 상호작용항을 입력하여 상호작용항의 설명력에 대한 유의성을 검증한다. 상호작용 효과를 판별하는 방법이다. 예를 들어, 아동미술치료성과에 대한 어머니 장애수용의 영향에 양육스트레스의 조절효과를 검증하기 위하여 조절회귀분석을 실시한다. 조절회귀분석의 일반적 형태는 다음과 같다.

$$Y=.20+.20X \qquad\qquad (\text{i})$$
$$Y=.30+.25X+.40Z \qquad\qquad (\text{ii})$$
$$Y=.15+.30X+.35Z+.40X*Z \qquad (\text{iii})$$

Y: 미술치료성과, X: 장애수용, Z: 양육스트레스, X*Z: 상호작용항

(iii)의 상호작용항(X*Z)이 Y에 유의적인 영향을 미치며, 회귀식의 설명력이 (i)과 (ii)에 비하여 유의적으로 증가한다면 Z는 조절변인(moderator)이 된다. 그런데 독립변인과 조절변인의 곱으로 형성된 상호작용항변인은 독립변인과 상당히 높은 상관관계를 가질 가능성이 있어 다중공성신(multicollinerity)이 발생할 소지가 높다.

다중공성선의 문제를 해결하기 위한 방법으로 Aiken과 West(1991)는 독립변인과 조절변인을 중심화(zero-centering)시켰다. 그리고 그 값에서 평균값을 빼서 새로운 편차점수(deviaton scores)로 변환된 독립변인과 조절변인을 만들었다. 이 둘을 곱해 상호작용항을 만드는 방법을 제시했다. 이 방법은 조절변인의 정확한 분석이 가능하며,

상호작용항의 유의미성을 해석할 때 R^2에 기초하여 해석해야 함을 강조한다(Kickul & Margaret, 2001). 이 절차는 다음과 같다.

첫째, 독립변인과 조절변인의 평균값을 구한다. 둘째, 독립변인과 조절변인에서 각각 평균을 빼서 새로운 편차점수를 만든다. 셋째, 이 둘을 곱해 상호작용항을 만든다. 예를 들어, sc1(장애수용의 하위변인인 죄책감)의 평균이 3.5809969, sc2(장애수용의 하위변인인 거부)의 평균이 3.5249221, sf1(양육스트레스의 하위변인인 심리적 스트레스)의 평균이 4.0062305, sf2(양육스트레스의 하위변인인 사회적 스트레스)의 평균이 3.9075805이다. 이 방법은 다음과 같다.

rsc1＝sc1(독립변인)－3.5809969(평균);

rsc2＝sc2(독립변인)－3.5249221;

rsf1＝sf1(조절변인)－4.0062305;

rsf2＝sf2(조절변인)－3.9075805;

rsc1f1(상호작용변인)＝rsc1 * rsf1;

rsc1f2(상호작용변인)＝rsc1 * rsf2;

rsc2f1(상호작용변인)＝rsc2 * rsf1;

rsc2f2(상호작용변인)＝rsc2 * rsf2;

장애수용의 하위변인이 2개, 양육스트레스의 하위변인이 2개이므로 상호작용항은 4개가 된다. 상호작용항인 상호작용변인을 만들고 난 후 조절회귀분석을 한다. 조절회귀분석은 3단계의 과정을 거친다.

1단계는 인구학적 변인은 가변수화하여 다중공선성 검증을 한다. 다중공선성이 없는 것으로 검증이 되면 회귀분석을 한다. 2단계에서는 독립변인과 조절변인의 다중공선성 검증을 한다. 다중공선성이 없는 것으로 검증이 되면 독립변인과 조절변인으로 회귀분석을 실시한다. 3단계에서는 독립변인, 조절변인, 상호작용변인의 다중공선성 검증을 한다. 다중공선성이 없는 것으로 검증이 되면 독립변인, 조절변인, 상호작용변인으로 회귀분석을 실시한다(제14장 참조).

예를 들어, 먼저 인구학적 변인(연령, 교육, 직업 유무)의 다중공선성 검증을 한다. 다중공선성이 없는 것으로 검증이 되면 아동미술치료성과에 대한 회귀분석을 한다. 2단계로 장애수용과 양육스트레스의 다중공선성 검증을 한다. 다중공선성이 없는 것으로 검증이 되면 미술치료성과에 대한 회귀분석을 한다. 3단계는 장애수용, 양육스트레스, 상호작용항의 다중공선성 검증을 한다. 다중공선성이 없는 것으로 검증이 되면 아동미술치료성과에 대한 회귀분석을 한다.

〈표 13-42〉 조절효과

변인		1단계 B	1단계 β	2단계 B	2단계 β	3단계 B	3단계 β
어머니 연령		.12	.10				
어머니 교육		.15	.08				
어머니 직업 유무		.04	.05				
장애수용	거부(A)			.38	.30***	.44	.34***
장애수용	죄책감(B)			.56	.68***	.67	.57***
스트레스	심리스트레스(c)			.30	.29***	.24	.20**
스트레스	사회스트레스(d)			.29	.30***	.25	.19**
상호작용항	A*c					.15	.18**
상호작용항	A*d					.34	.31***
상호작용항	B*c					.18**	.19**
상호작용항	B*d					.27	.23**
$Adj-R^2$		.04		.33		.39	
F		2.68		25.34***		32.72***	

$**p < .01, \ ***p < .001$

1단계 인구학적 변인은 설명력이 없는 것으로 나타났다. 2단계에서는 장애수용의 거부($\beta = .30$, $p < .001$), 죄책감($\beta = .68$, $p < .001$), 스트레스의 심리스트레스($\beta = .29$, $p < .01$), 사회스트레스($\beta = .30$, $p < .001$) 모두 영향력 있는 변인으로 나타났다. 그리고 미술치료효과를 33% 설명하고 있다($F = 25.34$, $p < .001$). 3단계에서 장애수용과 스트레스 상호작용의 상호작용변인에서 유의미한 효과가 나타났다. 장애수용과 스트레스의 상호작용항이 추가되었을 때 설명력은 6% 유의미하게 더 증가하여 상호작용 효과를 갖는 것으로 나타났다($F = 32.72$, $p < .001$).

조절변인과 독립변인의 관계에 따라서 조절변인의 유형은 순수조절변인, 유사조절변인, 상동조절변인의 세 유형으로 구분된다. 순수조절변인(pure moderator)은 상호작용 효과는 있으나 조절변인이 독립변인과 관계가 없는 경우이다. 유사조절변인(quasi moderator)은 상호작용 효과가 있으면서 조절변인이 독립변인과 관계가 있는 경우이다. 상동조절변인(homologizer)은 상호작용 효과가 없고, 조절변인이 독립변인과도 관계가 없는 경우이다.

조절회귀분석의 단계

- 상호작용항인 상호작용변인 만들기
  - 독립변인과 조절변인을 중심화시키기 위한 평균값 구하기
  - 독립변인과 조절변인에서 각각 평균을 뺀 편차점수 구하기
  - 편차점수 둘을 곱하여 상호작용변인 만들기
- 조절회귀분석
  - 인구학적 변인은 가변수화하여 다중공선성 검증, 다중공선성이 없으면 회귀분석
  - 독립변인과 조절변인의 다중공선성 검증
  - 다중공선성이 없으면 독립변인과 조절변인으로 회귀분석을 실시
  - 독립변인, 조절변인, 상호작용변인의 다중공선성 검증
  - 다중공선성이 없으면 독립변인, 조절변인, 상호작용변인으로 회귀분석을 실시
- 상호작용변인 포함 회귀식의 설명력과 앞 단계 회귀식의 설명력 비교
  - 상호작용변인 포함 회귀식의 설명력이 증가하면 조절변인 확인

조절효과는 그림을 통해 제시하기도 한다.

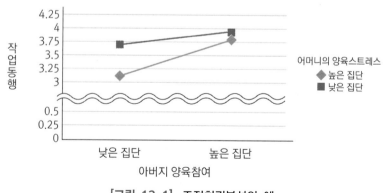

[그림 13-1] 조절회귀분석의 예

(4) 매개효과 회귀분석

매개변인은 두 변인 간(독립변인과 종속변인)을 연계하는 변인이다. A변인 → B변인 → C변인의 관계에서 B는 매개변인이다. A변인의 효과는 B변인을 거쳐 C변인에 전달되는 것이다. 물론 A변인의 효과가 C변인에 직접 관계되는 부분도 있을 수 있다. 그러나 A변인이 B변인에 영향을 주며, B변인이 C변인에 영향을 미칠 때 B변인은 A변인과 C변인 간의 매개변인인 것이다. 예를 들면, '가정환경과 아동의 또래유능성의 관계에서 아동의 정서조절 능력은 매개효과가 있는가?'의 연구문제는 가정환경이라는 독립변인과 종속변인인 또래유능성의 관계에서 정서조절 능력의 매개효과를 보기 위해 회귀분석을 하는 것이다. 매개효과를 보기 위한 다중회귀분석으로 Baron과 Kenny(1986)의 매개효과 검증절차가 많이 활용되고 있다.

이 방법은 3개의 회귀방정식을 사용하여 표준화된 회귀계수를 비교하여 매개효과를 보는 것이다. 먼저 매개변인이라고 가정한 변인에 독립변인을 투입하여 독립변인의 영향력을 살펴본다. 그다음 단계에서 독립변인을 종속변인에 회귀시켜 종속변인에 대한 독립변인의 영향력을 본다. 마지막 단계에서 매개변인과 독립변인을 투입하여 종속변인에 대한 상대적 영향력을 알아본다.

매개효과가 입증되기 위해서는 첫 번째 단계의 회귀방정식에서 독립변인이 매개변인에 유의미한 영향을 주어야 한다. 두 번째 단계의 회귀식에서는 독립변인이 종속변인에 유의미한 영향을 주어야 한다. 세 번째 단계의 회귀식에서 매개변인은 반드시 종속변인에 유의미한 영향을 주어야 한다. 그리고 독립변인이 종속변인에 미치는 영향력은 2단계보다 3단계에서 줄어야 한다. 종속변인에의 설명력은 독립변인이 단독으로 투입되었을 때보다 매개변인이 투입되었을 때 증가하여야 한다.

〈표 13-43〉 매개효과

단계	변인	β	R^2	F
1단계 (독립 → 매개)	정서조절 → 의사소통	$.15^*$	.04	16.02^{***}
2단계 (독립 → 종속)	정서조절 → 미술치료동맹	$.27^{***}$	.29	25.08^{***}
3단계 (독립, 매개 → 종속)	정서조절, 의사소통 → 미술치료동맹	$.19^{**}$ $.24^{***}$	.37	29.25^{***}

$^*p<.05, ^{**}p<.01, ^{***}p<.001$

1단계인 독립변인(정서조절)이 매개변인(의사소통)에 미치는 영향력은 통계적으로 유의하였고($\beta=.15$, $p<.05$), 2단계인 독립변인이 종속변인(미술치료동맹)에 미치는 영향력도 통계적으로 유의하였다($\beta=.27$, $p<.001$). 3단계에서 매개변인이 종속변인에 미치는 영향력 또한 통계적으로 유의하였다($\beta=.24$, $p<.001$). 독립변인이 종속변인에 미치는 영향력은 2단계($\beta=.27$, $p<.001$)에서보다 3단계에서 줄어들었다($\beta=.19$, $p<.01$). 또한 종속변인에의 설명력은 독립변인이 단독으로 투입되었을 때는 29%($F=25.08$, $p<.001$)였으나, 매개변인이 투입되었을 때는 37%($F=29.25$, $p<.001$)로 증가하였다. 그리고 독립변인이 종속변인에 미치는 영향력은 여전히 유의하게 나타났다($\beta=.19$, $p<.001$).

7) 로지스틱회귀분석

로지스틱회귀분석은 종속변인이 연속적이지 않은, 두 집단(범주분류)으로 나뉘는 이분변인(binary variable)일 때 사용한다. 범주(종속변인) 분류의 성공확률을 추정하고, 성공확률에 유의한 영향을 미치는 독립변인이 무엇인가를 알아보는 것이다. 이분변인은 남자집단과 여자집단, 일반집단과 임상집단, 합격집단과 불합격집단, 적응점수가 높은 집단과 낮은 집단처럼 두 집단으로 나뉘는 변인이다.

독립변인이 종속변인의 집단분류를 할 수 있는가를 보는 것으로, 두 집단 판별분석을 사용하기 위한 기본가정에 위배될 때 사용한다. 가정위배는 종속변인이 정규분포 가정을 이루지 못하며, 두 모집단이 동변량가정을 충족시키지 못하는 것이다. 로지스틱회귀분석은 비선형모형의 추정방법을 사용한다. 2개의 집단만 분류한다는 단점이 있다.

로지스틱회귀분석은 사건(예 A집단으로 분류)이 일어날 가능성(likelihood)을 최대화하는 모형을 찾는다. 가능도 함수(likelihood funtion)가 1일 때 최적합 모형이 되므로 log함수를 취하면 0이 된다. 로지스틱 회귀계수의 검정은 Wald값을 사용한다. 로직스틱회귀분석은 A집단에 속할 확률이 몇 %, B집단에 속할 확률이 몇 %로 분석된다.

예를 들면, HTP 평가항목에서 임상집단과 일반집단의 분류에 영향을 주는 HTP평가항목이 무엇이고, 이 평가항목들이 임상집단과 일반집단의 분류를 어느 정도 설명하고 있는가를 알고자 한다. 그리고 모집단이 정규분포의 가정에 위배되었으므로 로지스틱회귀분석을 사용한다.

〈표 13-44〉 로지스틱회귀분석

변인		일반과 임상 여부	
		Estimate	Odds Ratio
H9	희미하고 약한 선이다.	.70	.16
H13	집이나 창문 크기에 비해 문이 작다.	.98[*]	2.66
H14	창문이 작고, 창문 크기가 다르다.	1.86[**]	2.02
H16	집의 크기가 작다.	.30	.74

$^*p<.05,\ ^{**}p<.01$

일반아동과 정상아동의 예측에 영향을 미치는 유의미한 항목은 '집이나 창문 크기에 비해 문이 작다.' '창문이 작고, 창문 크기가 다르다.'로 나타났다. 구체적으로 보면 집이나 창문 크기에 비해 문이 작으면 2.66배, 창문이 작고 창문 크기가 다르면 2.02배 임상집단일 확률이 높은 것으로 나타났다.

8) 판별분석

판별분석(discriminant function analysis)은 종속변인이 명목척도이다. 종속변인이 두 개 이상의 집단으로 구성되어 있고, 여러 독립변인에 의해 어느 집단에 속하는가를 분류하거나 예측하기 위해 사용하는 통계방법이다. 예를 들면, 임상집단인가 아닌가를 개인의 특성 및 인구학적 변인, 그림표현 등의 어느 변인에 의해 구분할 수 있는가를 알고 싶은 경우, 또는 임상집단에 속한 사람과 그렇지 않은 사람을 기질, 심리적 특성, 그림표현 등의 어떤 변인이 분류할 수 있는가를 알고자 하는 경우 등에 사용한다.

종속변인이 연속변인인 경우에는 회귀분석을 사용하고, 명목변인인 경우에는 판별분석을 사용해야 한다. 그런데 연속변인인 종속변인이 연구목적에 의해 상과 하의 두 집단(또는 상, 중, 하의 세 집단)으로 분류된 후에, 이러한 집단의 분류에 어떤 독립변인이 영향을 주는가도 분석한다. 판별분석에서 독립변인의 수가 많은 경우에는 효과적인 변인선택을 위해 단계적판별분석이 사용된다.

판별분석은 집단을 잘 분류할 수 있는 2개 이상의 독립변인들로 구성된 판별함수를 도출하고, 어떤 독립변인이 집단분류를 잘 예측해 주는가를 밝히는 것이다. Wilks' Lambda 유의도 검증을 통해 집단의 평균벡터가 서로 다르다는 것을 검증한다. 영가설은 평균벡터가 동일하다는 것이다. Wilks' Lambda를 F값으로 전환하여 임계치와 비교해서 영가설을 기각하거나 수락하게 된다. Wilks' Lambda 검증으로 집단의 평균 벡터가 다르다는 것이 밝혀지면(〈표 13-45〉 참조) 판별함수 예측방정식을 본다.

〈표 13-45〉 판별함수 분석		
예측변인	Wilks' Lambda	F
기질	.55	60.51***
또래관계	.48	45.05***
자아개념	.37	58.12***

***$p < .001$

판별함수는 집단 간 변량과 집단 내 변량의 비율을 최대화할 수 있는 선형조합함수 이다. 판별분석은 각 독립변인과 이에 상응하는 가중치를 곱하고, 이를 모두 합하여 각 표본단위의 판별점수를 구한다. 이를 통하여 집단의 평균(중심값, 집단중심점, 집단 중심값)을 구한다. 판별분석은 이러한 집단의 평균값의 비교를 통하여 집단을 구분하 는 분석이다.

판별함수의 통계적 유의성은 집단 중심값들 간의 거리를 측정함으로써 검증할 수 있다. 판별함수가 성공적이지 못하다는 것은 집단중심점이 서로 가까운 위치에 있게 되어 집단들을 잘 구분해 내지 못함을 나타낸다.

〈표 13-46〉 집단 중심값	
집단	판별함수1
제1집단	2.40
제2집단	−2.40

각 집단의 집단 중심값은 제1집단이 2.40, 제2집단은 −2.40으로, 두 집단이 서로 대 칭으로 나타났다(〈표 13-46〉 참조). 따라서 이 판별함수는 두 집단을 효과적으로 분류 해 주고 있음을 알 수 있다. 예측방정식이 집단분류에 잘 적용되는지는 집단중심점의 그래프를 통해서도 알 수 있다. 예측방정식이 성공적이라면 집단중심점은 그래프에 고루 퍼져 있다. 그러나 예측방정식이 성공적이지 못하면 집단중심점은 서로 가까운

위치에 있게 되어 집단들을 잘 구분하지 못함을 나타낸다.

표준화되지 않은 정준판별함수계수는 각 사례에 대한 판별점수를 계산하는 데 사용된다. 원래 자료를 평균이 0, 표준편차가 1로 변형하였을 때의 판별함수계수가 표준화된 정준판별함수계수이다. 정준판별함수는 SAS통계프로그램의 proc discrim에서 옵션으로 canonical을 첨가하거나 proc candisc(제14장 참조)로 구할 수 있다. 표준화된 정준판별함수계수의 절대치가 크다는 것은 그 독립변인이 종속변인을 더 잘 설명한다는 의미이다. 정준구조의 구조행렬계수(정준적재량: 판별적재치)는 각 독립변인과 정준판별함수 간의 선형상관을 측정한 것으로, 각 독립변인이 정준판별함수와 공유하고 있는 변량을 나타낸다. ±0.3 이상이면 유의한 것으로 본다. 정준판별함수계수만으로는 다중공선성의 가능성 때문에 구조행렬계수를 함께 보는 것이 좋다.

〈표 13-47〉 정준판별분석 결과

판별변인	표준화된 정준판별함수계수	구조행렬계수
기질	.41	.58
또래관계	.34	.54
자아개념	.58	.73
고유값	1.99	
정준상관계수	.81	
χ^2	67.61	
설명력	.32	
Wilk's Lamda	.33	

〈표 13-47〉을 보면 정준상관계수가 .81로 나타났다. 정준판별함수의 고유값은 1.99이다. 그리고 Wilk's Lamda 값이 .33($p < .001$)으로 유의미하게 나타났다. 집단 간의 차이를 구분해 주는 각 변인의 기여도인 표준화된 정준판별계수는 자아개념, 기질, 또래관계의 순으로 나타났다. 정준판별분석의 목적은 목적함수를 최대화시키는 선형계수를 구하는 데 있다. 집단의 구별을 잘 이루는 선형결합함수가 목적이다. 이러한 목적에서 각 모집단의 평균과 분산을 모르는 경우에 이를 추정하여 각 집단의 표본평균과 표본분산을 이용한 목적함수가 Fisher의 선형판별함수이다. 선형판별함수를 통해 피셔판별식(Fisher Discrimnant Function) Z를 구한다.

〈표 13-48〉 선형판별함수	제1집단	제2집단
상수	−25.28	−13.07
기질	1.39	.37
또래관계	.12	.47
자아개념	2.32	1.50

Z(Fisher Discriminant Function)

$=(1.39-.37)a+(.12-.47)b+(2.32-1.50)c=1.02a-.35b+.82c.$

  a: 기질, b: 또래관계, c:자아개념

선형판별식에서 판별점수(cutting score: C)를 구한다. 이 점수는 집단들을 의미 있게 판별해 주는 기준점이다. 기준점은 각 대상을 어느 집단에 속한다는 결정할 수 있는 기준이 된다. 앞에서 구한 Z값은 개인의 점수이다. 판별점수와 비교하여 어느 집단에 속할 것인가를 예측할 수 있다. 각 대상의 판별점수가 최적기준점(=임계Z값)보다 작으면 제2집단에 속하고, 이 값보다 크면 제1집단에 속하는 것으로 판별하게 된다. 판별점수는 제2집단 상수−제1집단 상수이다. 앞에서 Z=<12.21면 제2집단으로 분류되고, Z>12.21면 제1집단으로 분류된다.

판별식이 우연에 의한 예측이 아님의 검증은 F검증을 사용한다. 종속변인이 이분변인(2범주)이면 우연에 의해서도 50%의 예측은 가능하다. 판별식의 유의도 검증은 50% 이상의 정확한 예측이 가능한가를 검증하는 것이다. 판별분석은 모집단의 공분산 행렬이 같아야 한다. proc discrim에서 옵션으로 pool=test는 공분산을 검증한다. 종속변인의 선정에서 각 집단들은 상호배타적이어야 하고, 한 대상은 한 집단에만 속해야 한다.

판별함수가 실제 집단의 분류에서 몇 %를 정확히 분류하는지를 보아야 한다. 제1집단이 68.57%, 제2집단이 65.71%가 정확하게 분류된 것으로 나타났고, 전체대상에서 정확하게 분류될 수 있는 분류정확도는 67.14%로 나타났다. 분류적중률이 최대우연기준치인 50%보다 높았다. 즉, 제1집단에 속한 사례를 제1집단으로 판별한 경우가 68.57%(틀리게 판명한 경우는 31.43%), 제2집단에 속한 사례를 제2집단으로 판별한 경우가 65.71%(틀리게 판명한 경우는 34.29%)로 나타났다.

〈표 13-49〉 제1집단과 제2집단 분류결과

집단	사례수	예측된 집단	
		제1집단	제2집단
제1집단	70	48(68.57%)	22(31.43%)
제2집단	70	24(34.29%)	46(65.71%)
분류정확도		94(67.14%)	
분류오류		46(32.86%)	

판별분석은 단순판별분석(simple discriminant function analysis)과 다중판별분석(multiple discriminant function analysis)이 있다. 단순판별분석은 종속변인이 이분변인 또는 두 집단인 경우의 판별분석이다. 종속변인이 세 집단 이상인 경우에는 다중판별분석을 사용한다. 단순판별분석과 다중판별분석은 독립변인(예측변인, 설명변인)이 모두 둘 이상이다. 다중이라는 뜻이 회귀분석의 다중과 차이가 있다. 회귀분석에서의 다중은 독립변인의 수가 여럿이라는 의미인 데 비해, 판별분석에서의 다중은 독립변인의 수가 아니라 종속변인의 범주가 셋 이상이라는 점이다.

다중판별분석은 종속변인의 범주가 셋 이상인 판별분석이다. 다중은 종속변인의 범주 수이다. 예를 들면, 학교적응의 정도에 따라 상, 중, 하의 집단으로 구분하고 KSD의 어떤 변인이 이 집단의 구분에 영향을 주는가의 분석에 다중판별분석이 사용된다. 세 개의 준거범주와 8개의 예측변인이 있기 때문에 두 개의 판별식이 산출된다.

$$Z_1 = 2.5X_1 + .27X_2 + 3.0X_3 + .03X_4 + 1.5X_5 + .77X_6 + 3.7X_7 + .83X_8$$

$$Z_2 = .16X_1 + 2.9X_2 + .11X_3 + 4.1X_4 + 2.8X_5 + 2.7X_6 + .50X_7 + 1.3X_8$$

다중판별분석은 두 개 이상의 예측방정식을 나오는데, 방정식의 최대 개수는 집단의 수에서 1을 뺀 것과 예측변인의 수를 비교하여 둘 중에서 더 작은 수이다. 예를 들면, 3개의 준거집단과 4개의 예측변인이 있다면 2개의 예측방정식이 산출된다. 다중판별분석은 둘 이상의 예측방정식이 산출되나, 이들이 집단분류를 동일하게 예측하지 못한다. 첫 번째의 예측방정식은 1차 함수, 두 번째의 방정식은 2차 함수, 세 번의 방정식은 3차 함수이며, 일반적으로 앞의 방정식(1차 함수)에 의해 설명되지 못한 집단 간 차이를 뒤에 오는 예측방정식(2차 함수)이 설명하게 된다. 따라서 뒤에 오는 예측방정식이 앞의 방정식들에 비해 많은 부분을 설명하지 못한다.

판별분석이 사용되기 위해서는 충족되어야 하는 가정이 있다. 종속변인의 집단 수가 2집단 이상이어야 하며, 각 집단은 상호배타적이다. 종속변인이 등간척도로 측정된 변인이고, 판별분석이 적용되려면 반드시 집단으로 나누어져야 한다. 예를 들면, 자아존중감 점수가 높은 집단, 중간인 집단, 낮은 집단의 범주형으로 전환된다. 다변량 정규분포여야 한다. 독립변인의 공변량(공분산) 행렬의 동질성이 확보되어야 한다. 또한 독립변인들은 선형관계를 가져야 한다. 독립변인들 간의 선형성은 산포도나 잔차플롯을 통해 미리 검증할 수 있다. 변인들 간에 다중공선성이 높지 않아야 한다.

판별분석하기 위한 가정

- 종속변인의 집단 수가 2 집단 이상이어야 함
- 각 집단은 상호배타적이어야 함
- 다변량 정규분포여야 함
- 독립변인의 공변량 행렬의 동질성이 확보되어야 함
- 독립변인들은 선형관계여야 함
- 변인들 간에 다중공선성이 높지 않아야 함

---

9) 요인분석

요인분석은 변인들 간의 내재된 요인을 찾는 것이다. 요인분석의 의미, 요인분석의 과정에 대해 살펴보고자 한다.

(1) 요인분석의 의미

요인분석(factor analysis)은 종속변인 없이 문항이나 변인들 간의 내재구조나 내재된 요인(차원, 하위요인)을 찾는 것이다. 문항이나 변인들 간의 상호관계를 분석하여 공통적인 특성을 보이는 문항이나 변인들을 묶어 몇 개의 요인으로 규명하고, 그 요인의 의미를 부여하는 통계방법이다. 이때 상관관계나 공변량이 기초가 된다.

기본적으로 X1, X2, X3 등의 문항이나 변인들이 상호관련이 있어 A라는 하나의 요인을 구성할 수 있는지를 살펴본다. 그리고 A에 속한 문항이나 변인들은 B요인이나

C요인에 속한 문항이나 변인들과의 관계보다 A요인에 속한 문항이나 변인들과 더 밀접하게 관련되어 있는지를 보는 것이다. 이를 통해 문항이나 변인들에 내재되어 있는 공통된 특성(요인)을 찾아낸다.

요인분석은 이론적으로 부합되는 적정 수의 요인이 산출되어야 한다. 예를 들면, 요인분석 결과 아버지 양육참여를 구성하는 하위요인들이 아버지 양육참여를 개념화하고 설명하는 데 무리가 없이 이론적으로 타당하게 구성되는가이다. 산출된 요인들은 신뢰할 수 있고 해석이 가능해야 한다.

요인분석을 통해 요인에 포함되지 않거나 포함되더라도 중요도가 낮은 문항이나 변인들은 제거된다. 예를 들면, 자아존중감 검사를 만들기 위해 먼저 문항을 구성하게 된다. 이 문항들에서 자아존중감에 덜 관련되는 문항을 찾아내거나, 자아존중감의 요인분석을 통해 자아존중감의 하위요인을 찾는다. 그리고 하위요인에 속하지 않는 문항이나 문항이 2개 이하인 요인은 제거한다. 이 방법은 심리검사의 구인타당도를 검증하는 데도 활용된다.

요인분석은 연구의 목적에 따라 탐색적 요인분석(exploratory factor analysis)과 확인적 요인분석(confirmatory factor analyses)이 있다. 탐색적 요인분석은 방대한 자료를 가능한 한 줄여 중요 요인들을 추출해 내는 것이 목적이다. 연구하고자 하는 요인의 이론이나 가설이 아직 체계적으로 정립되지 않은 경우에 사용되는 것으로, 잠재되어 있는 요인을 탐색해 보고자 하는 것으로 된다. 확인적 요인분석은 기존의 이론이나 연구결과에 대한 고찰에서 변인들 간의 관계를 미리 예측하고 가설을 설정한 후에 요인분석을 한다. 이것은 설정한 변인들 간의 관계들이 잘 성립되는지 아닌지를 검증하는 것이다. 이런 면에서 구조방정식모형의 특수한 형태로 볼 수 있다.

요인분석의 의미

- 종속변인 없이 변인들 간에 내재된 요인을 찾음(상관관계나 공변량이 기초)
- 공통적인 특성을 보이는 문항이나 변인으로 정보가 요약됨
- 산출된 요인이 이론적으로 타당하게 구성되어 신뢰와 해석이 가능해야 함
- 심리검사의 구인타당도를 검증하는 데 활용
- 연구목적에 따라 탐색적 요인분석과 확인적 요인분석이 있음

요인분석을 실시하기 위해서는 기본가정이 필요하다. 우선 표본의 수가 많아야 한다. 요인분석은 변인들 간의 상관행렬을 기초로 하기 때문에 변인들 간의 상관이 안정된 값을 갖기 위해서는 많은 수의 표본이 필요하다. 일반적으로 관찰변인(문항)당 최소 10개 이상의 측정치가 있어야 한다고 보기 때문에 보통 표본수가 200 정도는 필요하고, 300 이상이 좋다(Comrey & Lee, 1992). 변인(문항)의 수가 많으면 표본의 수도 많아야 한다. 그 외에 다른 분석과 마찬가지로 자료는 등간척도나 비율척도여야 한다. 다변량 정규분포 가정을 충족시켜야 하며, 변인들 간에 다중공선성이 높지 않아야 한다. 그리고 변인들의 모든 쌍이 선형관계를 가져야 한다.

요인분석하기 위한 가정

- 표본의 수가 많아야 함[관찰변인(문항)당 10개 이상]
- 자료가 등간척도나 비율척도여야 함
- 변인들의 모든 쌍이 선형관계를 가져야 함
- 변인들 간에 다중공선성이 높지 않아야 함
- 다변량 정규분포 가정을 충족시켜야 함

---

(2) 요인분석의 과정

요인분석은 분석 전에 자료의 적합성 절차를 거쳐야 한다. 자료의 적합성 여부의 판단은 변인 간 상관관계를 보아 변인 간의 상호관련성을 검토한다. 어떤 변인들은 비교적 높은 상관관계(보통 .3 이상)를 보이고, 어떤 변인들은 낮은 상관관계를 보여야 한다. 그러나 다중공선성이 매우 높은 변인들은 어느 하나를 제거하거나 합한다.

요인분석하기에 적절한 자료인가의 확인은 Kaiser-Meyer-Olkin(KMO)의 표본적절성 측정치, Bartlett 검증 등이 사용된다. KMO값은 입력변인들 간의 상관계수 제곱들과 편상관계수들을 모두 더한 값 중에서 상관계수 제곱의 합이 차지하는 비율값을 말한다. KMO값이 .5 이상이면 요인분석하기에 적절하다고 판단할 수 있다. Bartlett 검증은 상관계수 행렬의 행렬식 값을 계산하여 상관계수 행렬이 단위행렬인지 아닌지를 카이제곱분포를 이용해서 검정하는 방법이다. p값이 .05 이하면 요인분석을 해도 괜찮은 상관관계가 존재한다고 판단한다. 요인분석의 과정은 다음과 같다.

① 요인의 추출

요인을 추출하는 분석을 한다. 요인을 추출하는데 많이 사용되는 요인추출 방법은 주성분분석과 주요인분석이다. 주성분분석(principal component analysis)은 변인들에서 추출되는 변량(공통변량 및 고유변량)을 최대화시키는 변인들의 선형조합을 찾도록 반복하는 방법이다. 변인의 수가 너무 많아 자료를 축소하기 위해서, 또는 변인들의 변량을 최대로 설명하기 위해서 사용된다. 이 방법은 서로 상관관계가 없는 요인들을 만들어 낸다. 주요인분석(principal factor analysis)은 변인들 간의 고유변량이 아닌 공통변량만을 설명하는 최소의 요인을 찾는 방법이다. 최초 변인들을 통해 잠재된 공통요인을 알아내고자 할 때 사용된다. 일반적으로 주성분분석이 많이 사용된다.

주성분분석에서 요인들과 높은 상관관계를 보이는 변인(문항)들을 추출한다. 이때 상관관계가 낮아서 어떤 요인에도 속해지지 않는 변인은 제거한다. 그리고 요인부하량(요인적재계수), 각 요인의 고유치, 공통성을 본다.

요인부하량(factor loading)은 변인과 요인 간의 상관계수이다. 특정 요인이 어떤 변량을 얼마나 설명하는지 알려면 그 변인의 요인부하량을 제곱하면 된다. 각 변인은 요인부하량이 가장 높은 요인에 속하게 된다. 각 변인과 요인 간의 관계를 판단할 때 최대 요인부하량이 얼마 이상이어야 하는지에 대한 명확한 기준은 없다. 일반적으로 어떤 변인의 요인부하량 값이 .4를 넘으면 해당 요인에서 유의한 변인으로 간주하고, .5 이상이 되면 매우 중요한 변인이라고 할 수 있다.

고유치(eigenvalue)는 각 요인이 얼마나 많은 설명력을 가지는가를 나타내는 것이다. 각 요인별로 요인부하량의 제곱을 더한다. 특정요인의 고유치가 낮으면 그 요인이 변인들의 변량을 설명하는 데 별로 기여하지 못한다는 것을 의미한다.

공통성(communality)은 특정 변인의 모든 요인부하량을 제곱하여 더한 값이다. 공통성은 모든 요인들은 예측변인으로, 특정 변인은 결과변인으로 보았을 때의 제곱다중상관계수이다. 즉, 특정 변인의 변량이 모든 요인에 의해 얼마나 설명되는가를 비율로 표시한 것으로, 특정 문항의 공통성이 낮으면 요인모형이 해당 문항을 잘 설명하지 못한다는 것을 의미한다. 따라서 해당 문항을 제거한다. 그러나 공통성이 낮더라도 해당 문항이 특정 요인의 설명에서 해석적으로 중요한 역할을 한다면 그 문항을 남겨 놓는다. 통계보다 이론적 근거가 우선함을 연구자는 유의하여야 한다.

문항	1요인	2요인	3요인	4요인	5요인	6요인	7요인
1	.44	.25	.22	.12	.29	.03	.20
2	.43	.19	.20	.39	.30	.12	.23
3	.55	.11	.07	.14	.32	.19	.22
4	.28	.38	.21	.05	.26	.19	.01
5	.07	.73	.07	.41	.06	.06	.11
6	.05	.46	.12	.12	.30	.15	.22
7	.30	.08	.53	.30	.56	.10	.11
8	.23	.25	.45	.17	.35	.15	.03
9	.29	.21	.61	.45	.22	.47	.31
10	.30	.28	.32	.49	.34	.32	.31
11	.29	.34	.37	.52	.40	.31	.29
고유치	10.61	1.98	1.11	.98	.11	.16	.08
설명변량	35.95	7.35	4.09	2.30	2.08	1.51	1.01
누적변량	35.95	43.20	47.29	49.59	51.67	53.18	54.19

〈표 13-50〉 주성분분석 후 문항의 고유치 및 설명변량

② 요인의 수 지정

추출요인들이 개념화와 설명에 무리가 있는 것으로 예측되면 요인수를 지정해서 다시 요인분석을 한다. 요인수 지정의 의미는 산출된 요인이 이론적으로 타당하게 구성되어 신뢰할 수 있고 해석이 가능해야 하기 때문이다. 또한 분석을 용이하게 하면서도 어느 정도의 설명력을 유지하기 위해서 적절한 요인의 수를 정하기도 한다.

요인의 수 결정은 카이저방법, 스크리검사, 설명변량, 고유치의 평균, 해석가능성 등이 있다(Dunteman, 1989). 카이저방법은 고유치가 1 이하인 모든 요인들을 제거하는 방식이다. 요인의 수를 지나치게 많이 혹은 적게 산출하기도 한다. 스크리검사는 Cattell(1965)에 의해 제안된 방식이다. 요인의 수를 X축에, 각 요인의 고유치를 Y축에 나타낸 스크리 차트를 본다. 고유치가 X축과 거의 수평선을 이루는 지점에서 요인의 수를 결정하게 된다. 프로그램의 옵션 scree를 첨가하면 스크리 그래프가 출력된다. 추출된 요인이 설명할 수 있는 변량이 몇 %인가도 본다. 보통 사회과학에서는 총 설명변량의 60% 정도까지의 요인을 선정한다. 고유치의 평균으로 요인의 수를 정하는

방법은 평균 이상의 고유치를 갖는 요인만을 선택하는 방법이다. 요인의 수가 너무 작아질 수 있다. 요인의 수 지정은 〈표 13-50〉을 예로 보면 4요인과 5요인 사이에서 고유치가 상대적으로 크게 줄고 있다. 4요인으로 정하면 개념화와 설명에 무리가 없는지 이론적 판단을 한다. 요인의 수가 결정되면 요인분석을 다시 한다.

주성분분석 후의 절차

- 주성분분석 후 요인과 높은 상관관계를 보이는 변인(문항)을 추출
- 상관관계가 낮은 변인은 제거
- 요인수를 지정해서 다시 요인분석
- 요인수 결정: 개념화와 설명에 무리가 없는지 판단, 이론적으로 타당한 구성
  - 카이저방법은 고유치가 1 이하인 요인들을 제거
  - 스크리검사는 고유치가 X축과 거의 수평선을 이루는 지점
  - 총 설명변량이 60% 정도까지의 요인
  - 평균 이상의 고유치를 갖는 요인

---

③ 요인의 회전

요인 지정 후에 단순한 구조를 얻기 위해 요인을 회전시킨다. 변인(문항)들이 여러 요인에 비슷한 요인부하량을 보이는 경우에는 각 변인이 어느 요인에 속하는지를 결정하기 힘들다. 이때 요인을 회전시키면 각 변인이 어느 한 요인에 높게 부하되고 다른 요인들에는 낮게 부하되어 요인구조를 명확하게 만든다. 그리고 요인의 해석도 쉬워진다. 요인을 회전시키면 각 요인의 고유치와 요인부하량은 바뀌나, 고유치 총합은 회전 전과 후가 동일하다. 요인의 회전방법에는 직교회전과 사교회전이 있다.

요인의 회전

- 요인의 회전은 각 변인이 어느 한 요인에 높게 부하되고 다른 요인에는 낮게 부하됨
- 요인구조가 명확하게 되고, 요인 해석이 수월해짐
- 회전하는 방법에는 직교회전과 사교회전이 있음

직교회전(orthogonal rotation)은 추출된 요인들이 서로 독립적이라고 가정하는 경우에 사용한다. 회전축을 90°로 유지하면서 회전하는 방법이다. 직교회전에서 가장 많이 사용되는 방법은 베리맥스(varimax)이다. 베리맥스는 한 요인에 높게 적재하는 변인의 수를 줄이는 방식으로 요인의 해석에 중점을 둔 방법이다. 쿼티맥스(quartimax)는 각 변인을 설명하는 데 필요한 요인의 수를 최대한 줄이는 방식으로 변인의 해석에 중점을 둔 방법이다. 이쿼맥스(equamax)는 베리맥스 방법과 쿼티맥스 방법의 절충형이다.

사교회전(oblique rotation)은 추출된 요인들이 서로 독립적이지 않다고 가정할 때 사용한다. 회전축을 임의로 조정하는 방법이다. 사회과학에서는 요인들 간의 관계가 완전히 독립적인 경우가 드물기 때문에 사교회전을 적용하는 것이 적절할 수 있다. 그러나 요인점수를 활용하여 회귀분석이나 판별분석과 같은 추가적인 분석을 하려면 직교회전을 사용해야 다중공선성을 방지할 수 있다.

사교회전은 요인 간의 상관관계를 인정하고, 형태행렬(pattern matrix)과 구조행렬(structure matrix)을 산출한다. 구조행렬은 직교회전의 요인부하량 행렬과 같고, 형태행렬은 고유변량만을 반영한 상관계수이다. 요인의 수가 많을수록 설명변량에서 공통변량이 많아지므로 형태상관계수는 작아진다. 사교회전은 요인을 명명하고 해석할 때 형태상관계수와 구조상관계수를 모두 고려하여야 한다.

요인분석을 직교회전으로 하고 요인의 수를 정하기 위해서는 요인분석 통계프로그램의 옵션 명령어로 nfact와 rotate를 지정하면 된다. 예를 들어, 요인의 수를 4로 지정하고 직교회전의 베리맥스로 분석을 하려면 nfact＝4, rotate＝varimax로 하면 된다.

문항번호와 내용	요인1	요인2	요인3	요인4
〈표 13-51〉 요인의 수 4로 지정, 직교회전의 요인구조, 설명변량				
1. 자녀를 보면 기분이 좋아진다.	.73			
11. 문제행동을 일으키면 매를 든다.	.72			
15. 갈등해결방법을 가르친다.	.68			
2. 말로 문제를 해결하는 방법을 가르친다.		.66		
7. 자녀 행동에 관성 있는 기대를 한다.		.43		
9. 자녀의 미소에 반응해 준다.		.42		
33. 자녀가 긍정적인 행동을 하면 칭찬해 준다.			.71	
26. 문제행동을 보이면 즉석에서 이야기한다.			.58	
24. 문제행동을 보이면 차분하게 이야기한다.			.37	
21. 문제행동을 보이면 벌을 준다.				.73
25. 문제행동을 보이면 좋아하는 것을 못하게 한다.				.64
30. 문제행동을 보이면 화가 난다.				.44
고유치	9.07	3.13	2.24	2.09
설명변량(%)	28.80	9.27	6.72	5.30
누적변량(%)	28.80	38.07	44.79	50.09

④ 요인의 명명

마지막이 요인의 명명이다. 예를 들면, 1요인은 수용, 2요인은 존경, 3요인은 두려움 등으로 요인을 명명하는 것이다. 요인회전을 통해 최종 요인들이 산출되면 각 요인을 명명하고 해석한다. 동일요인으로 묶인 변인(문항)들의 공통적인 특성을 보고 요인을 해석하면 된다. 요인의 해석가능성을 고려하여 1개의 요인에 적어도 3개 이상의 변인이 있어야 한다. 요인을 해석하고 명명하는 과정에는 연구자의 주관적 판단이 개입되므로, 명명결과가 연구자에 따라 다를 수 있다.

10) 구조방정식모형

구조방정식모형은 변인들 간의 인과관계를 동일선상에서 파악할 수 있는 방법이다. 구조방정식모형의 의미, 구조방정식모형의 절차에 대해 살펴보겠다.

(1) 구조방정식모형의 의미

구조방정식모형(structural equation modeling: SEM)은 인과관계 변인들 간의 구조관계를 분석하는 방법이다. 구조방정식모형은 회귀분석, 변량분석, 경로분석을 토대로 생성되었다. 그리고 회귀분석, 변량분석, 경로분석과는 다르게 모형 내에 내재된 측정오차를 알 수 있고, 이론변인과 측정변인의 관계를 검증할 수 있다(조선배, 1999).

구조방정식모형은 구조모형과 측정모형이 있다. 구조모형은 이론 및 가설을 구성하고 있는 이론변인과 관련된 모형이며, 측정모형은 측정변인과 관련된 모형이다. 이론적 고찰을 토대로 어떤 변인이 원인이 되는 변인이고, 어떤 변인이 결과가 되는 변인이며, 어떤 변인이 매개변인이 되고, 어떤 변인이 종속변인이면서 동시에 원인이 되는 변인인지에 관한 가설을 검증할 수 있다. 이론적인 배경하에 측정변인들의 구조가 설정되고 검증하게 된다. 예를 들면, 미술치료성과에 관련되는 변인 간의 상호관계와 인과관계를 동시에 고려한 미술치료성과 측정모형을 제시한다. 그리고 이 모형을 검증하여 미술치료성과에 영향을 주는 변인들을 통합적으로 설명한다. 측정모형이 분석되기 전에 구조모형이 형성되어야 한다. 구조모형은 연구자가 통계분석을 하기 전에 논리적 배경에 근거하여 일차적으로 만든 가설이나 가정의 집합이다(김기영, 강현철, 2001). 이 모형에 바탕을 두고 측정모형이 형성되어 적절한 구조방정식모형 분석을 하게 된다.

구조방정식모형은 인과관계에 기초하고 있어 변인들 간의 관계를 추정할 수 있는 이론적 정당성이 중요하다. 이론적 근거 없이 인과관계를 입증하는 수단으로서 구조방정식모형을 사용하는 것은 경계해야 한다. 탐색적 방법(exploratory manner)으로 이 분석을 사용하는 것은 적절한 결과를 제공하기보다는, 진실을 오도하거나 의미 없는 결과를 가져올 수 있음을 명심해야 한다(조선배, 1999).

구조방정식모형은 관찰변인(observed variable)과 잠재변인(latent variable)이 있고, 변인들 간의 인과관계를 일련의 방정식으로 표현한 모형이다. 관찰변인과 잠재변인은 측정가능성의 여부에 따라 구분되는 변인이다(Byrne, 1994). 관찰변인은 사회경제적 지위, 성적, 소득, 길이, 온도처럼 직접 측정이나 관찰이 가능한 변인이다. 잠재변인은 미술치료를 포함한 사회과학 분야의 구성개념에 속하는 변인이다. 직접 측정이나 관찰이 어려운 자아개념, 무력감, 치료동맹 같은 변인이다. 관찰변인은 독립변인으로 외생변인이 되며, 잠재변인은 내생변인으로 외생변인으로부터 설명되는 종속변인이 된다. 또한 잠재변인은 독립변인으로 외생변인도 된다. 예를 들면, 아동의 자아조절능력은 어머니 양육행동의 내생변인이면서 동시에 또래관계라는 변인에 대해서는 외생변인으로 작용할 수 있다.

구조방정식모형은 연구고찰을 통해 설정해놓은 연구에 근거하여 작성된다. 연구가설에 따라 내생변인과 외생변인 간의 인과관계를 나타낸다. 그리고 오차변인이 포함된다. 오차의 근원은 단순한 자료입력오차(simple data entry error)부터 완벽하게 설명되지 못하는 개념의 정의(예 구성개념)까지 광범위하며, 실제로 모든 개념이 최적의 예측변인에 의해 예측되어도 측정오차를 갖고 있다(조선배, 1999). 오차에는 측정 및 관찰오차, 이론구조에서 누락된 가능한 변인, 구축된 모형의 함수형태에서의 오류 등도 포함된다(김기영, 강현철, 2001).

(2) 구조방정식모형의 절차

구조방정식모형의 절차는 몇 단계로 구성되어 있다. 연구목적에 따라 절차에 차이가 있을 수 있다. 이론모형의 개발, 경로도형 구축, 모형의 인정, 모형의 적합도 평가, 모형의 수정 및 해석으로 나누어 살펴보고자 한다.

① 이론모형의 개발

먼저 이론모형이 개발되어야 한다. 연구문제가 파악되고 연구문제의 해답을 위해 구조방정식모형이 필요하다는 인식에서 출발된다. 여러 현상들 간의 인과관계를 밝히려는 분석에는 여러 방법이 있다. 다중회귀분석, 경로분석, 다변량분석, 정준상관분석, 조절회귀분석, 판별분석 등 다양하다. 그리고 이 분석들은 종속변인에 대한 인과관계를 특정 시점에 국한하여 접근한다는 한계점이 있다(조선배, 1999). 연구문제를 해결하기 위해 구조방정식모형에 의한 분석이 적절하다는 인식이 중요하다.

구조방정식모형은 변인들 간의 다양한 인과관계를 동일선상에서 파악할 수 있는 방법이다. 상호관계, 매개관계, 경로관계 등의 상관관계와 경로, 다양한 독립변인들 간의 관계 및 종속변인들 간의 관계가 동시에 분석되는 방법이다. 그리고 이 관계는 이론적 배경에 근거하여 가설을 검증하는 분석이다. 처음의 이론모형은 선행연구 고찰을 통해 몇 번의 수정을 거쳐 완성된다.

② 경로도형 구축

변인들의 연결에 대한 이론모형이 개발된 다음에 경로도형을 그린다. 경로도형은 그림으로 묘사되는 것으로 수식보다 빠르게 의미를 전달해 줄 수 있다. 변인들이 어떤 형태의 구조를 가지고 있는가가 쉽게 이해되도록 그려져야 한다.

이론적 개념에 근거하여 관찰변인, 외생변인, 내생변인의 인과관계 구조가 이루어져야 한다. 관찰변인과 잠재변인이 어떤 구조로 원인변인, 결과변인이 되고, 어느 변인이 매개변인이 되는가, 어느 변인이 종속변인이 되면서 또 다른 변인의 독립변인이 되는가의 상호관계와 인과관계의 배치가 적절해야 한다.

경로도형을 구축하기 위해서는 경로도형의 표시를 알아야 한다. 관찰변인들은 직사각형으로 표시하고, 잠재변인(내생변인이나 내생변인이면서 외생변인)은 원이나 타원형으로 표시한다. 오차변인은 표시를 하지 않는다.

인과관계의 방향은 분명하게 화살표를 그려야 한다. 화살표는 구조들 간의 관계를 표시한다. 일방향 화살표는 인과관계를 표시하는 것이다. 화살표가 시작되는 부분이 원인이며 화살표의 끝부분이 결과가 된다. 양쪽 화살표는 상호관계를 의미한다.

③ 모형의 인정

모형의 인정(identification) 과정은 수집된 자료를 기반으로 연구자가 설정한 모형의 적절성을 살펴보는 과정이다. 구축된 모형이 수집된 자료와 잘 부합하는 모형이면 연구자가 구축한 모형은 인정을 받은 것이 된다. 통계 프로그램의 결과가 통계적으로 의미 있는 결과를 산출했고, 논리적으로는 부합되는 결과를 가져온 것이다. 모형인정이 부적합한 것으로 산출되면, 모형추정을 다시 진행하여야 한다. 초기 모형의 값을 고려하며, 인과구조의 첨가, 삭제, 변경 등의 수정을 하면서 몇 번의 재추정이 된다.

모형인정에 문제가 되는 요인은 매우 큰 표준오차로 절대값으로 보아 2.5 이상이거나, 음오차분산이 있을 때이다. 또한 비합리적인 추정치가 있거나 매우 높은 상관관계이다. 이러한 문제요인들을 해결하기 위해 경로도형에서 경로를 수정하거나 문제가 있는 변인을 삭제 또는 첨가하게 된다. 또한 오차변량은 고정시킨다. 예를 들면, 음수오차변량은 작은 양수인 .005 또는 .01로 고정시킨다. 그리고 변인의 수정에서 한 변인의 수정은 다른 변인에 영향을 미치므로 한 번에 한 변인의 수정이 요구된다. 그런데 이와 같은 방법들은 이론적으로 근거가 있어야 한다. 그리고 수정한 방법들은 모형에 제약을 가져온다는 것을 연구자는 인식해야 한다.

〈표 13-52〉 모형 인정의 문제와 해결

인정의 문제	인정의 해결: 이론적 근거
큰 표준오차	경로도형에서 경로 수정
음오차변량	오차변량 고정
비합리적인 추정치	경로 수정, 변인 삭제 및 첨가
변인 간의 매우 높은 상관관계	경로 수정, 변인 삭제 및 첨가

④ 모형의 적합도 평가

모형의 적합도(goodness of fit statistics)가 평가되어야 한다. 적합도 평가는 모형이 가정에 얼마나 적합한가를 평가하는 것이다. 구조분석의 출력결과에서 적합도(goodness of fit statistics)를 본다. 일반적으로 χ^2, RMESA, GFI, AGFI, PGFI, RMR을 보게 된다.

χ^2값은 자유도를 기준으로 평가된다. 자유도에 비해 지나치게 큰 값은 적합도의 증가를 위해 모형을 전체적으로 수정하거나, 모형에 더 많은 모수를 추가하여 모형의 제약을 완화해야 한다(김기영, 강현철, 2001). χ^2의 p값은 유의수준보다 커야 된다. RMESA는 .05 보다 작으면 적정하고, .05~.10이면 보통, .10보다 크면 좋지 않음을 나타낸다.

GFI와 AGFI, NFI, NNFI 지수는 보통 0에서 1 사이에 존재하고, 값이 .9보다 크면 잘 부합되는 모델로 해석한다. RMR은 .05 이하이면 잘 부합되는 모델로 해석한다. PGFI는 .5 정도면 적합도가 좋은 것으로 판단한다. 〈표 13-53〉을 보면 모형이 적합하지 않음을 볼 수 있다.

〈표 13-53〉 모형의 적합도

χ^2	p값	df	RMESA	GFI	AGFI	NFI
24.99	.41	24	.03	.98	.95	.94

모형의 적합도가 좋은 것으로 판단되면, 적합도 출력의 다음에 나오는 통계치들을 보게 된다. 통계치들을 보면서 모형의 구조에 대한 해석에 들어가게 된다.

⑤ 모형의 수정 및 해석

적합도가 좋지 않다면 모형의 일부를 수정하거나 또는 모형을 재설정하여 다시 분석과정을 거친다. 모형에 추가적인 변인을 도입해야 할 수도 있다. 모형을 수정하면 적합도가 높아질 가능성이 많지만, 수정모형에 대한 이론적 근거가 반드시 있어야 한다.

구조모형분석인 LISREL에서는 수정지수(modification indices and expected change)가 제공된다. 그리하여 어느 모수를 수정해야 하는지 방향을 제시해 준다. 수정지수는 제14장에 설명되어 있다. 그러나 실제의 모형수정에 출력된 수정지수는 참고사항임을 유의해야 한다. 선행연구의 이론적 근거가 우선적임을 고려하여야 한다.

수정지수를 참고하고, 이론적 고찰을 다시 하여 수정모형을 구축한다. 그리고 다시 구조분석을 실행한다. 출력된 모형의 적합도 평가(〈표 13-54〉 참조)와 이론적 근거를 통해 모형이 적합하다는 판단이 되면 다음의 단계로 가게 된다.

〈표 13-54〉 최종수정모형의 적합도

모형	χ^2	p값	df	RMESA	GFI	AGFI	NFI
기본모형	124.99	.014	25	.06	.89	.85	.91
최종수정모형	28.75	.54	25	.03	.95	.93	.96

출력된 통계치를 보면서 모형에 대한 해석이 들어간다. 경로계수와 인과관계에 대한 통계결과를 해석하면서 최종모형이 구축된다.

최종모형에서는 개별모수에 대한 추정치를 본다. Structural Equations과 Reduced Form Equations을 보는데, 각 모수의 추정치, 표준오차, t값이 출력되어 있다. 즉, 감마(γ), 베타(β), 람다(λ), 유의도를 알게 된다. 그림에도 기재한다. 출력의 내용을 이해하기 위해서는 프로그램에 입력된 변인의 명칭을 이해하여야 한다. 프로그램의 입력방법, 프로그램에 입력된 변인과 경로를 알고 있어야 출력결과를 알 수 있다(제14장 참조). 제곱다중상관계수(Squared multiple correlation: SMC)는 설명력이다. 결과변인이 원인변인에 의해 얼마나 설명되는가를 나타낸다.

Reduced Form Equations는 Structural Equations의 우측 내생변인을 외생변인으로 대체하여 방정식을 재구성한 것이다. 좌측 내생변인에 대한 각 외생변인의 효과를 나타낸다. 구체적인 총효과, 직접효과, 간접효과는 Total and Indirect Effect의 Total Effects of KSI on ETA, Total Effects of ETA on ETA와 Indirect Effects of KSI on ETA, Indirect Effects of ETA on ETA에서 구체적으로 파악한다.

〈표 13-55〉 구조모형에 의한 효과				
결과변인: 원인변인	직접효과	간접효과	총효과	SMC(R^2)
아동 또래관계				.26
모자녀 의사소통	.28		.28	
아동 정서조절	.23	.09	.32	
어머니 우울				.31
아동 기질	.51		.51	
아동 정서조절		.17	.17	
아동 정서조절				.17
모자녀 의사소통	.30		.30	

〈표 13-55〉를 보면 모자녀 의사소통과 아동의 정서조절이 아동의 또래관계에 직접효과를 보이고 있다. 그리고 아동의 정서조절은 아동의 또래관계에 간접적으로도 영향을 미치고 있다. 모자녀 의사소통과 아동의 정서조절이 아동의 또래관계를 설명하는 설명력은 26%로 나타났다. 어머니 우울에 아동의 기질은 직접효과를 주고 있고, 아동의 정서조절은 간접적인 효과를 주고 있다. 그리고 아동의 정서조절에 모자녀 의사소통은 직접적인 영향을 주는 것으로 나타났다.

연구는 결과변인에 대해 원인변인들이 주는 영향력의 크기에도 관심이 있다. 측정 단위들이 서로 다른 경우에는 추정치를 직접 비교할 수 없다. 비교하기 위해서는 표준화추정치로 전환되어야 한다. Standardized Solution은 표준화추정치를 제시한다.

표준화추정치는 모든 잠재변인의 변량을 1로 하는 것이고, 완전표준화추정치는 모든 잠재변인과 관찰변인의 변량을 1로 한다. 잠재변인이 없는 경로분석에서는 표준화추정치와 완전표준화추정치가 같다.

이제까지의 출력결과를 이해하고, 출력결과를 표와 그림으로 작성하기 위해서는 구조방정식모형에서 사용하는 기호에 대한 이해가 필요하다. λ^X(lambda-X)는 외생변인과 관찰변인 X의 계수, λ^Y(lambda-Y)는 내생변인과 관찰변인 Y의 계수이다. γ(감마: gamma)는 외생변인과 내생변인의 관계이며, β(베타: beta)는 내생변인 간의 관계이다.

구조방정식모형은 모형에서의 λ값을 경험적 타당도라고 부르기도 한다. 관찰변인과 잠재변인이 표준화된 λ값이 관찰변인과 잠재변인 간의 상관관계가 되기 때문이다. 그리고 신뢰도는 SMC를 본다. 관찰변인에 대한 잠재변인의 선형성의 정도를 나타내는 경험적 신뢰도로 사용되고 있다(김기영, 강현철, 2001).

<표 13-56> 모형의 타당도와 신뢰도

변인		자녀수용	모자녀 친밀도	심리적 안녕감	치료성과	SMC(R^2)
자녀 수용	죄책감	1.74***(.32)				.25
	거부	2.28***(.41)				.33
	수용	1.23***(.43)				.35
모자녀 친밀도			2.51***(.37)			.37
심리적 안녕감				3.45***(.54)		.46
치료 성과	주문제감소				2.34***(.42)	.33
	양육유능감				1.64***(.45)	.41
	자아수용				1.69***(.55)	.49
	자녀이해				2.51***(.43)	.34

( )는 완전 표준화추정치

*** $p < .001$

모형의 타당도와 신뢰도의 <표 13-56>을 보면 표준화추정치가 모두 통계적으로 유의하게 나타났다. 모든 경로계수가 유의한 경로계수인 것을 보여 주고 있다. 각각의 변인들은 타당성 있게 측정되었다고 볼 수 있다. 신뢰도의 수치도 무난함을 보여 주고 있다. 적합도 평가, 통계치와 이론적 근거에 의한 해석으로 결론에 도달하게 된다. 이를 통해 구축된 구조방정식모형은 관련분야의 예측모형으로 기여하게 될 수 있다. 그리고 모형을 검증한 결과는 최종적으로 그림으로 제시된다.

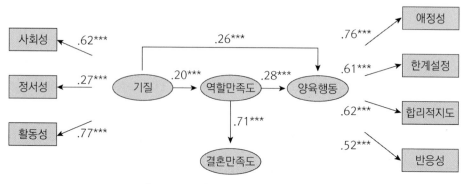

[그림 13-2] 구조방정식모형의 예

구조모형은 변인들 간의 인과관계의 경로가 그림으로 표현된다. 이 그림은 변인들 간의 구조 전체를 포괄적으로 보여 주어, 구조의 전반적 내용을 한눈에 파악할 수 있는 장점이 있다.

구조방정식모형의 연구절차

- 이론모형의 개발
  - 연구문제의 설정(선행연구 및 이론에서 구조모형 구축의 필요성)
  - 연구문제 해결에 구조방정식모형 분석의 필요성
  - 이론모형 구축: 변인들의 연결에 대한 이론모형의 개발
- 경로도형의 구축
  - 변인들의 구조가 쉽게 이해되도록 표현
  - 이론적 개념에 근거하여 관찰변인, 외생변인, 내생변인의 상호관계, 인과관계 구조형성
  - 화살표로 구조들 간의 관계 표시
- 모형의 인정
  - 수집자료를 기반으로 설정한 모형의 적합성 평가
  - 인정의 부적절한 문제 점검
  - 구조모형의 재추정
- 모형의 적합도 평가
  - 모형이 가정에 얼마나 적합한가를 평가
  - χ^2, RMESA, GFI, PGFI 등
- 모형의 수정 및 해석
  - 부합되는 모형이면 연구결과 해석
  - 적합도가 좋지 않다면 모형을 수정하여 다시 분석과정을 거침: 이론적 근거 필요
  - 최종 모형 구축

---

6. 비모수통계의 방법과 내용

연구는 검증력이 강한 모수통계분석을 선호한다. 그러나 모수통계가 사용되기 위한 정규분포 가정과 동변량 가정의 위배, 각 집단의 사례수 차이, 사례수가 적을 때에는 비모수통계(nonparametric statistics)를 사용하는 것이 바람직하다. 수집된 자료가

명목척도인 경우에도 모수통계는 사용할 수 없다. 서열척도는 연구자에 따라 모수통계를 사용하거나 비모수통계가 사용된다.

비모수통계의 사용

- 정규분포 가정과 동변량 가정의 위배
- 집단의 사례수가 다르거나, 사례수가 적을 때 비모수통계를 사용
- 수집된 자료가 명목척도
- 수집된 자료가 서열척도의 경우에는 모수통계 또는 비모수통계 사용

비모수통계의 가설검증 과정은 모수통계와 같다. 첫째, 가설을 설정하고, 둘째, 유의도 수준을 정하며, 셋째, 통계치를 구하고, 넷째, 임계치를 구한 다음, 다섯째, 영가설을 기각하거나 채택한다.

비모수통계는 카이제곱검증, 스피어만 순위상관, 부호검증, 윌콕슨 부호순위검증, 중앙치검증, 맨-휘트니 U검증, 크루스칼-월리스 검증 등이 있다.

1) 카이제곱검증

카이제곱검증(chi-square test, χ^2검증)은 흔히 사용되는 비모수통계 중의 하나이다. 기대값과 관찰값 간에 차이가 나타나는가를 검증하는 통계방법이다. 표본의 빈도분포를 이용하여 모집단의 빈도분포에 관한 가설을 검증하는 절차이다. 카이제곱검증의 기본 가정은 측정수준이 명목척도이어야 한다. 그리고 N개의 독립적 관찰로 이루어져야 하며, 둘 이상의 범주는 상호배타적이고 포괄적이어야 한다.

카이제곱검증을 위한 가정

- 측정수준이 명목척도이다.
- N개의 독립적 관찰로 이루어져야 한다.
- 둘 이상의 범주는 상호배타적이고 포괄적이어야 한다.

카이제곱검증은 영가설에 의해 연구자가 기대하는 빈도와 실제 관찰되는 빈도 간에 차이가 있는가를 검증하는 것이다. 유의점은 영가설이 양방검증임에도 불구하고, 카이제곱검증은 항상 일방검증이라는 점이다.

카이제곱검증은 기본적으로 표본의 수가 많을수록 좋다. 예를 들어, 범주의 수가 2일 때 기대빈도는 5 이상이 되어야 한다. 그리고 범주의 수가 2 이상일 때 기대빈도의 20% 이상이 5보다 적거나, 기대빈도의 1개라도 1보다 적으면 카이제곱검증은 사용할 수 없다. 이를 해결하는 방법은 범주의 수를 줄이거나 표본의 수를 늘리는 것이다.

카이제곱검증에는 단일표본 카이제곱검증과 독립표본 카이제곱검증이 있다. 단일표본 카이제곱검증은 적합도검증이라고도 한다. 기대하는 빈도와 실제 관찰되는 빈도 간에 차이가 있는가를 검증하는 것이다.

〈표 13-57〉 단일표본 카이제곱검증

변인	구분	일반아동		임상아동		χ^2
		N	%	N	%	
문의 격자	있음	24	34.29%	34	48.57%	4.12
	없음	46	65.71%	36	51.43%	
창문	있음	38	54.29%	30	42.86%	3.92
	없음	32	45.71%	40	57.14%	

독립표본 카이제곱검증은 둘 이상의 독립표본에 사용된다. 예를 들면, 남녀의 성별과 초등학교, 중학교의 학교로 범주가 나누어진다. 그러면 실제빈도와 기대빈도의 분할표(contingency table)가 작성된다. 독립표본 카이제곱검증에서 자유도가 1인 경우에는 모든 기대빈도가 10 이상이어야 하고, 자유도가 1 이상이면 모든 기대빈도가 5 이상이어야 한다.

〈표 13-58〉 독립표본 카이제곱검증

변인	구분	일반아동				임상아동				χ^2
		남		여		남		여		
		N	%	N	%	N	%	N	%	
문의 격자	있음	35	21.88	37	23.13	45	28.12	47	29.37	3.72
	없음	45	28.12	43	26.87	35	21.88	33	20.63	

2) 스피어만 순위상관

스피어만 순위상관(Spearman rank-order correlation)은 두 변인이 모두 서열척도인 경우에 사용하는 비모수통계방법이다. 그러나 두 변인이 모두 등간척도인 경우에도 표본의 크기가 너무 작다면 피어슨의 적률상관계수 대신에 스피어만의 순위상관계수를 산출해야 한다.

스피어만의 r_s는 순위가 중복됨이 없이 N개의 사례에 1부터 N까지의 순위가 있다는 것을 전제로 한다. 피어슨의 적률상관공식을 실제 점수가 아니라 순위에 적용하여 계산한다.

〈표 13-59〉 스피어만의 순위상관				
대상	평가자1	평가자2	d(순위차이)	d^2
1	2	1	1	1
2	1	2	−1	1
3	3	5	−2	4
4	5	4	1	1
5	4	3	1	1
				8

스피어만의 순위상관계수를 구하는 공식은 다음과 같다. 통계프로그램에서는 proc corr data＝hee spearman으로 쉽게 구할 수 있다.

$$r_s = 1 - \frac{6\sum d^2}{n(n-1)(n+1)}$$

위의 예는 1−6(8)/5*4*6＝.60

3) 부호검증

부호검증(sign test)은 모수통계의 대응 t-검증에 상응하는 비모수통계이다. 대응 t-검증과 마찬가지로 두 표본이 서로 상관이 있어야 한다. 미술치료 효과 검증에서 사전검사와 사후검사처럼 동일한 대상자가 두 번 측정되거나 서로 짝을 이룬 집단 또는 부모나 형제자녀로 이루어진 두 집단을 비교할 때 사용하는 방법이다. 부호검증은 두 변인의 비교에 +와 −의 방향만을 이용하여 분석한다.

짝을 이룬 쌍은 상호배타적이어야 한다. 그리고 2개의 범주에서 하나에 분류되는데 첫 번째 범주는 '+'로, 두 번째 범주는 '−'로 표현된다. '+'와 '−' 부호를 사용하기 때문에 부호검증이라고 한다. 짝을 이룬 두 집단 중에서 어느 쪽의 값이 큰가, 작은가의 양이 아니라 단지 '+'와 '−' 부호만을 결정하므로, 모수통계에 비해 검증력이 약하다.

예를 들면, 장애아동에 대한 부모의 수용이 아버지와 어머니가 같은가를 알아보는 것이다. 8쌍의 아버지와 어머니를 대상으로 하였다. 첫 번째 행은 부부의 번호이고, 두 번째 행은 어느 쪽이 장애수용을 더 하는가를 나타낸다. 세 번째 행은 아버지와 어머니 간의 차이에 대한 방향을 나타내 주는 '+' 또는 '−' 부호이다. 0은 아버지와 어머니의 장애수용에 차이가 없음을 나타내는 것으로 전체 사례수에 포함시키지 않는다. 부호검증의 영가설은 '+' 부호와 '−' 부호의 수가 같다는 것이다.

〈표 13-60〉 부호검증

부모	부모 장애수용 비교	부호
1	아버지 > 어머니	+
2	>	+
3	>	+
4	<	−
5	=	0
6	>	+
7	<	−
8	>	+

가설을 검증하기 위해 전체 사례수 N(+부호와 −부호를 합한 수)과 '−' 부호의 수 m을 구한다. 예에서 N=7이고 m=2이다. N과 m을 가지고 비모수통계표에서 임계치를 구한다. 임계치가 유의도 수준보다 작으면 영가설을 기각한다. N이 25 이상이면 임계치를 구하기 위해 Z 테이블을 이용한다.

4) 윌콕슨 부호순위검증

윌콕슨 부호순위검증(Wilcoxon signed rank test)은 차이의 방향과 크기를 동시에 고려하는 통계방법이다. 차이만 비교하는 부호검증보다 검증력이 높다. 모수통계의 대응 t-검증의 대안이다. 부호검증처럼 두 표본이 서로 상관이 있어야 한다.

예를 들어, 아버지와 어머니 8쌍이 자녀에 대한 장애수용이 같은지를 알아보는 연구이다. 첫 번째 행은 아버지와 어머니의 번호이고, 두 번째와 세 번째 행은 아버지와 어머니의 장애수용을 나타내고, 네 번째 행은 아버지와 어머니의 장애수용 점수의 차이(d)이다. 다섯 번째 행은 부호에 상관없이 차이의 서열을 나타내 준다. 차이가 가장 작은 아버지와 어머니에게 1을 부여하고, 그다음으로 차이가 작은 아버지와 어머니에게 2를 부여하는 식으로 진행한다. '−' 부호는 그대로 가져온다.

마지막 행은 '−' 부호의 서열만 가져오고 '−' 부호를 없앤다. 그리고 이를 더해서 T값을 구한다. 유의도 검증으로 T값이 임계치와 비교된다. 임계치와 유의도 수준($\alpha =$ .05)을 가지고 통계표에서 찾게 된다. 임계치는 N으로 예는 8쌍이므로 8이 된다. T값이 임계치보다 작으면 영가설을 기각하게 된다. N이 25 이상이면 임계치를 구하기 위해 Z 테이블을 이용한다.

〈표 13-61〉 윌콕슨 부호순위검증 계산

부모	아버지	어머니	d(차이)	d의 서열	−부호의 서열
1	9	2	7	5	
2	11	1	10	6	
3	6	0	6	4	
4	1	2	−1	−1	1
5	5	2	3	2	
6	0	5	−5	−3	3
7	15	0	15	8	
8	12	1	11	7	
T＝4					

윌콕슨 부호순위검증은 미술치료 연구의 실험연구에서 종종 사용된다. 실험집단의

사전-사후의 결과를 비교하기 위해 실시된다. 예를 들면, 집단미술치료프로그램의 효과는 윌콕슨 부호순위검증으로 실험집단과 통제집단의 사전-사후 점수를 비교한다.

〈표 13-62〉 윌콕슨 부호순위검증						
	-순위		+순위		동률	Z
	순위합	사례수	순위합	사례수	사례수	
사전-사후a	0.00(0.00)	0	4.00(28.00)	7	0	-2.37^{*}
사전-사후b	3.75(7.50)	3	2.50(7.50)	4	0	.03

a: 실험집단, b: 통제집단

$^{*}p < .05$

실험집단은 사전점수와 사후점수 간에 유의한 차이가 있는 것으로 나타났다($Z = -2.37$, $p < .05$). 그러나 통제집단은 사전과 사후의 차이($Z = 0.03$, $p > 0.05$)가 나타나지 않았다. 이 결과로 미술치료프로그램이 효과가 있다고 볼 수 있다.

5) 중앙치검증

중앙치검증(median test)은 모수통계의 독립표본 t-검증에 상응하는 비모수통계이다. 두 집단이 같은 중앙치를 갖는 모집단으로부터 추출되었다는 것이다. 이 검증은 일반적으로 표본의 수가 20~40인 경우에 사용된다.

예를 들면, 어머니가 아버지보다 비합리적 신념이 더 높은가의 연구문제를 설정하고 어머니와 아버지의 비합리적 신념 점수의 중앙치를 구한다. 그리고 나서 어머니와 아버지의 집단에서 중앙치보다 높은 빈도와 낮은 빈도의 표를 만든다. 아버지 집단에서는 40명이 중앙치 이상이고, 20명이 중앙치 이하인 것으로 나타났다. 그리고 어머니 집단에서는 30명이 중앙치 이상이고, 35명이 중앙치 이하인 것으로 나타났다.

중앙치검증의 통계치를 구하기 위해 독립표본 카이제곱검증의 공식을 사용해서 χ^2값을 구한다. 그리고 나서 χ^2통계표에서 유의도 수준과 자유도를 가지고 임계치를 구한 다음 통계치가 임계치보다 크면 영가설을 기각한다.

〈표 13-63〉 중앙치검증

	아버지	어머니	계
중앙치 이상	40	30	70
중앙치 이하	20	35	55
계	60	65	125

6) 맨-휘트니 U검증

맨-휘트니 U검증(Mann-Whitney U-test)은 중앙치검증과 마찬가지로 모수통계의 독립표본 t-검증에 상응하는 비모수 통계이다. 이것은 중앙치검증보다 검증력이 더 높은 통계기법이다. 맨-휘트니 U검증의 영가설은 두 독립표본이 동일한 모집단에서 추출되었다는 것이다. 두 집단을 모두 합쳐 가장 낮은 점수에서 가장 높은 점수까지 모두 순위를 정한다. 영가설은 두 집단 순위의 합이 동일하다는 것이다.

〈표 13-64〉 맨-휘트니 U검증

A집단	순위	B집단	순위
12	2	13	1
8	5	7	6
4	8	9	4
6	7	10	3
2	9	1	10
R_1	31	R_2	24

임계치를 구하는 통계표가 다양한데, 두 집단 중 어느 한 집단이라도 표본의 수가 8을 넘지 않을 때 사용하는 통계표와, 두 집단 중 한 집단이라도 표본의 수가 9~20일 때 사용하는 통계표가 다르다. 그리고 어느 한 집단이라도 표본의 수가 20 이상이라면 임계치를 구하기 위해 Z 테이블을 이용한다.

미술치료 연구에서는 실험집단과 통제집단의 사전 동질성을 알아보는 데 사용되기도 한다. 두 집단이 차이가 없다면 집단은 동질하다고 볼 수 있다.

〈표 13-65〉 실험집단과 통제집단의 사전 동질성 검증(맨-휘트니 U검증)			
변인	실험집단($M,\ SD$)	통제집단($M,\ SD$)	Z
의사소통	6.25(37.50)	6.75(40.50)	-.58
주도성	7.25(43.50)	6.85(40.50)	-1.06

〈표 13-65〉를 보면 실험집단과 통제집단은 의사소통, 주도성에서 집단 간에 유의한 차이가 나타나지 않았다. 따라서 두 집단은 동질적이라고 볼 수 있다. 실험집단과 통제집단이 동질집단인 경우에는 실험집단과 통제집단 간의 사후결과를 비교하기 위해 같은 Mann-Whitney U검증으로 실험집단과 통제집단 간의 사전-사후 차이를 비교할 수 있다(〈표 13-66〉 참조).

〈표 13-66〉 실험집단과 통제집단의 프로그램 효과 검증					
집단	사전검사	Z	사후검사	변화점수	Z
	($M,\ SD$)		($M,\ SD$)	순위평균	
실험집단	6.25(8.50)	.58	8.75(4.50)	9.50	5.06*
통제집단	6.33(7.85)		6.85(4.55)	3.50	

*$p < .05$

7) 크루스칼-월리스검증

모수통계의 일원변량분석에 상응하는 것이 크루스칼-월리스검증(Kruskal-Wallis Test)이다. 크루스칼-월리스검증은 세 집단 이상의 독립표본이 모두 동일한 모집단으로부터 추출되었는지를 알고자 할 때 사용하는 통계방법이다. 변량분석의 가정을 충족시키지 못할 때, 즉 정규분포 가정이나 동변량 가정이 위배될 때, 측정수준이 명목척도이거나 서열척도일 때, 표본의 수가 적을 때(5 이하), 크루스칼-월리스 일원변량분석을 사용하게 된다.

제14장

통계분석의 실제

　이 장에서는 미술치료 연구에 활용되는 실제적인 통계분석에 대해 살펴보고자 한다. 통계에 많이 활용되는 프로그램으로 SAS프로그램과 SPSS프로그램이 있다. 통계프로그램들은 자체의 언어와 규칙에 따라 프로그램이 형성되어 있고, 프로그램을 실행하기 위한 명령어에 차이가 있다. 그러나 한 통계프로그램의 명령어, 언어, 규칙을 이해하고, 통계의 기본 지식이 있으면 다른 통계프로그램도 쉽게 익숙해질 수 있다.

　SAS프로그램은 명령어 몇 개의 활용으로, 깊이 있는 해석이 가능한 결과를 출력해 준다. 이 장에서는 SAS프로그램을 중심으로 제시하고자 한다. 그리고 SAS프로그램과 SPSS프로그램은 구조방정식모형을 제공하지 않으므로 SAS프로그램과 연동이 가능한 리스렐의 구조방정식모형을 제공하고자 한다.

　이 장의 통계분석의 실제에 대한 순서는 제13장의 순서에 따라 제시하고자 한다. 제13장과 이 장을 함께 보면, 실제로 통계를 돌리고 출력결과를 해석하여 연구결과를 표로 제시하는 과정의 이해가 더 쉬울 것으로 보인다.

　이 장에서는 SAS프로그램의 연구결과에 제시되는 출력을 중심으로 살펴보겠다. 논문의 연구결과 통계표 제시는 제13장을 참조하면 된다.

1. Data 정리

　통계분석을 위해 먼저 수집된 자료, 즉, Data(자료)를 정리한다. Data 정리는 질문지 문항에 대한 대답을 정리하는 것으로부터 시작한다. 인구학적 배경이나 문항에 대해 대답이 저조하거나 불성실하게 대답이 된 질문지는 Data에서 제외한다. 이 내용은 논문의 연구절차에 제시되어야 한다. 질문지 또는 면접이나 실험이 ○○명에게 부여되었고, 부실 기재나 어떠한 이유로 ○○명의 자료가 제외되어, 실제의 통계분석에는

○○명의 자료가 사용되었음을 기술한다.

통계분석 제외의 제시

㉠ 질문지와 그림 검사지에서 어느 하나가 누락되거나, 불성실하게 응답한 자료 20부를 제외한 총 304부(남 158명, 여 146명)가 본 연구의 분석자료로 사용되었다.

Data 정리에서 질문지의 문항을 인구학적 배경의 질문지와 심리학적 변인의 질문지로 분류한다. 그리고 인구학적 질문지는 명목척도의 형태로 점수를 부여한다. 이때 명칭은 영문자로 한다. 예를 들어, 성별은 sex, 남자는 1, 여자는 2이다. 학년은 grade, 고학년은 1, 저학년은 2이다. 각 대상자의 질문지는 1부터 마지막 대상자의 질문지 000까지 숫자를 부여하고, 명칭은 id로 한다.

인구학적 배경의 질문지

• 문항
  1. 자녀의 성별은 어떠합니까? ① 남 ② 여
  2. 자녀는 몇 학년입니까?   ① 1~2학년 ② 3~4학년 ③ 5~6학년
• 점수의 부여
  1. 성별: 남녀에 점수 각각 점수 부여(1, 2)
  2. 학년: 학년에 따라 각각 점수 부여(1, 2, 3……)

심리학적 변인 질문지는 독립변인과 종속변인의 자료로 활용된다. 어느 질문지가 독립변인이며, 어느 질문지가 종속변인인가는 선행연구 고찰에 의한 연구문제 선정에서 정해진다. 심리학적변인 질문지의 예로 독립변인인 장애수용의 질문지(〈표 14-1〉 참조)를 보겠다. '전혀 그렇지 않다' 1점, '그렇지 않다' 2점, '그렇다' 3점, '매우 그렇다' 4점을 부여한다.

<표 14-1> 독립변인(예 장애수용 질문지: 문항을 임의로 삭제)

	내용	전혀 그렇지 않다	그렇지 않다	그렇다	매우 그렇다
1	아이가 장애가 있음을 알고 나서 더 쉽게 좌절한다.	①	②	③	④
2	아이가 장애라는 사실 때문에 삶의 의욕이 없다.				
3	나 혼자 멀리 떠나고 싶다.				
4	장애아라는 사실로 무엇을 해야 할지 모를 때가 있다.				
5	장애 진단을 통보받는 순간 내 인생은 끝난 것이다.				
6	아이를 생각하기만 하면 울음이 나거나 무력감을 느낀다.				
7	삶이 더 이상 행복하지 않을 것 같다.				
	이하 질문지 문항이 계속됨				

질문지는 장애수용이 세 가지 하위변인(충격, 부정, 수용: 임의로 3개로 축약)으로 되어 있고, 문항내용(임의로 축약하였음)은 〈표 14-2〉와 같다.

<표 14-2> 하위변인의 예

변인	하위변인	문항	역산문항
장애수용 (=acc)	충격(=acca)	2, 5, 9, 10, 12, 14	5, 12
	부정(=accc)	1, 6, 7, 11, 13, 17	1, 11
	수용(=acce)	3, 4, 8, 15, 16, 18	8, 15

변인의 이름은 영문자로 한다. 장애수용은 acc로 지었고 하위변인의 충격은 acca, 부정은 accc, 수용은 acce로 지었다. 각 문항도 명칭을 부여한다. 장애수용 1번 문항은 a1, 2번 문항은 a2 식으로 한다. 그러면 acca=a2, a5, a9, a10, a12, a14가 된다.

하위변인의 점수

acca＝a2＋a5＋a9＋a10＋a12＋a14;

accc＝a1＋a6＋a7＋a11＋a13＋a17;

acce＝a3＋a4＋a8＋a15＋a16＋a18;

독립변인의 다른 질문지도 이와 같이 정리한다. 종속변인의 질문지는 〈표 14-3〉
의 양육스트레스이고, stre이다. 하위변인은 pstr, fstr, sstr이다.

〈표 14-3〉 종속변인		전혀 그렇지 않다	그렇지 않다	그렇다	매우 그렇다
	내용				
1	아이 장애로 인해 생활수준이 나아지지 않을 거라고 생각한다.	①	②	③	④
2	아이 치료나 교육을 위해 부업을 해야 할 것 같다.				
3	아이에게 드는 지출로 노후대책은 엄두를 못 낸다.				
4	나로 인해 아이가 장애를 가지게 된 것 같다.				
5	아이에게 잘해 주고 싶은데 행동은 잘 안 된다.				

pstr＝b1＋b2＋b3＋b4＋b5;

fstr＝c1＋c2＋c3＋c4;

sstr＝d1＋d2＋d3＋d4;

2. 자료입력

자료입력은 코딩이라고도 하며, 원자료가 입력된다. 연구대상의 수가 적고, 통계분석방법이 간단한 경우에는 통계프로그램에 직접 입력(프로그램 에디터)도 가능하다. 별도로 엑셀이나 HWP에 기입하여, 통계프로그램에서 불러오는 것이 여러모로 편리하다.

엑셀의 코딩 예는 표와 같다. 엑셀은 보통 왼쪽 1칸이 id가 된다. 위쪽 첫 번째 줄은 인구학적 배경이나 하위변인의 명칭이 부여된다.

	sex	age	a1	a2		a20	b1	b2		b14	c1	c2		c12
001														
002														
					생략				생략				생략	

엑셀에 data가 기입되면 저장한다(예 hee). 엑셀 저장은 직접 SAS프로그램에서 불러올 수 있다. 다음으로 통계식을 입력한다. 이를 프로그램이라고 한다. 통계가 간단하면 통계프로그램의 편집부분에 직접 입력(SAS프로그램을 열면 편집, 실행과정, 결과의 3화면이 있음)해도 된다. 그렇지 않은 경우에는 필요한 통계의 식을 HWP에 저장하여 두고, 통계분석을 실행할 때 통계프로그램의 편집기에 HWP의 내용을 복사하여 사용하면 편리하다.

HWP 코딩에서는 일반적으로 첫 줄 앞의 세 자리는 대상자의 번호가 된다. 먼저 인구학적 변인을 기입하고, 독립변인, 종속변인 순으로 기입한다. 한 칸 띄우고 5번째 칸은 성별로 1이나 2(남/여)를 기입한다. 6번째 칸은 1이나 2 또는 3(초/중/고)이다. 이런 식으로 인구학적 변인이 다 기입되면 한 칸 띄우고, 8~28번째 칸은 장애수용으로 a1~a20가 기입된다. 두 번째 줄(아래 예와 data 부르는 프로그램 #2)의 1~16번째 칸은 의사소통으로 b1~b14가 기입된다. 종속변인인 치료성과인 c1~c12는 17~28번째 칸에 기입된다. 중간의 한 칸씩 띄어쓰기는 안 해도 되나, 입력의 오류를 점검하는 데 있어 띄어쓰기가 있으면 편리하다.

HWP 입력의 예

001 23 343 22621 31424 45213 34254

22621 31424 45213 34254 1311111---

002 12 154 23432 31155 12213 42124

23432 31155 12213 42124 1213223---

003 21 342 31944 11121 12555 44555

31944 11121 12555 44555 4542353---

004 22 511 11332 11512 21214 14124

11332 11512 21214 14124 1134223---

005 13 231 11211 12121 11443 99211

11211 12121 11443 99211 1233312---

HWP의 입력은 변인의 문항이 적은 경우에 시간과 에너지 면에서 엑셀보다 훨씬 실용적이다. HWP에 입력하는 경우에는 입력 후 저장에서 아스키 파일(hwp 대신 txt; 예를 들면, hee.dat.txt)로 저장해야 통계프로그램에서 불러올 수 있다. 엑셀은 그냥 불러오면 된다. 입력하는 방법은 연구자에 따라 다를 수 있으나, 대상자의 번호, 인구학적 변인, 독립변인, 종속변인 순으로 입력한다.

다음에는 저장한 data를 통계프로그램에서 불러오는 프로그램을 구성한다. 그리고 실제로 분석하는 통계프로그램을 구성하게 된다. 프로그램도 HWP에서 구성하고, 저장은 아스키 파일(hwp 대신 txt; 예를 들면, hee.pro.txt)로 저장해야 통계프로그램에서 프로그램을 불러올 수 있다. data를 불러오는 프로그램은 다음과 같다.

```
data hee;
infile 'c:₩hee.dat';
input
#1 id 1-3 sex 5 bir 6 fage 8 mage 9 fed 10 a1 12 a2 13 a3 14 a4 15 a5 16
a6 18 a7 19 a8 20 a9 21 a10 22 a11 24 a12 25 a13 26 a14 27 a15 28 a16
30 a17 31 a18 32 a19 33 a20 34
#2 b1 1 b2 2 b3 3 b4 4 b5 5 b6 7 b7 8 b8 9 b9 10 b10 11 b11 13 b12 14
```

b13 15 b14 16 c1 18 c2 19 c3 20 c4 21---;

run;

3. 프로그램의 편집

프로그램의 편집은 질문지의 하위변인을 통계로 돌리기 위한 과정이다. 그리고 필요한 통계방법을 입력하는 것이다. 먼저 하위변인의 편집을 한다. 하위변인의 편집은 통계처리가 가능하도록 하는 것이다. 각 문항들은 하위변인별로 묶어서 통계처리해야 한다는 것을 의미하는 명령문을 만들어야 한다. 통계처리는 문항으로 하는 것이 아니라, 하위변인 별로 입력된 것을 이용해야 함을 의미한다.

〈표 14-2〉 장애수용의 하위변인 명칭은 충격이 acca, 부정은 accc, 수용은 acce였다. 그리고 양육스트레스가 stre이다. 각 문항도 a1-a18, b1-b5, c1-c4식으로 명칭을 부여했다. data가 엑셀에 저장되어 있는가, HWP에 저장하였는가에 따라 data를 불러오는 명령어만 다르고, 이후의 통계프로그램 구성을 위한 명령어는 같다. 앞에서 Hwp에 저장한 data 불러오는 방법을 제시했으므로 여기서는 엑셀의 경우를 보겠다. set 다음의 hee가 엑셀 data 저장명이다.

```
data hee1;
 set hee;
  acca=a2+a5+a9+a10+a12+a14;
  accc=a1+a6+a7+a11+a13+a17;
  acce=a3+a4+a8+a15+a16+a18;
  stre=b1+b2+b3+b4+b5;
    if myear=1 or myear=2 then myear1=1;
    if myear=3 then myear1=2;
    if myear=4 or myear=5 then myear1=3;
  run;
```

data 뒤의 hee1는 연구자가 부치는 명칭으로 새로 형성하는 파일명이다. if 뒤의 내용은 인구학적 변인으로 명목척도에 숫자를 부여한 것이다. 인구학적 질문지에 1, 2, 3, 4 중에서 고르는 것이었고, 1과 2는 합한다는 의미이다. 예로 ① 24세 이하, ② 25~29세, ③ 30~34세, ④ 35~39세, ⑤ 40세 이상이다. ①이나 ②에 답한 29세 이하는 1, 30~34세는 2, ④나 ⑤에 답했으면 3을 부여하라는 명령어이다. 기본 정리가 끝나면 연구에 필요한 프로그램을 구성하여 돌리게 된다. 예를 들어, 빈도, 평균, 회귀분석 등의 프로그램을 구성하는 것이다.

4. 빈도, 분할표, 카이제곱검증, 그룹에 따른 카이제곱검증

이 절에서는 빈도, 분할표, 카이제곱검증, 그룹에 따른 카이제곱검증에 대해 살펴보겠다. 제13장에서 카이제곱검증은 비모수통계에서 다루고 있다. 그러나 이 절은 실제적 활용상 빈도와 함께 다루고자 한다.

1) 빈도

빈도는 사상이나 대상의 수를 의미한다. 예를 들면, 성별에 따른 인원을 구하는 것이다. 이때의 빈도를 의미하는 명령어는 freq이다.

```
proc freq data＝hee1;
    tables sex;
    run;
```

프로그램 가동키를 누르면 결과가 출력된다. 이 결과를 추후에 읽고 싶으면, hee.out.hwp의 파일명으로 저장하여, 후에 hwp에서 계속 읽을 수 있다. hwp가 파일명이다. 논문에 제시할 때는 결과에 나타난 성별 1, 2를 남성, 여성으로 바꾸고, 백분율을 보고 한다. 일반적으로 소수점은 두 자리까지 제공한다.

sex

sex	Frequency 빈도	Percent 백분율	Cumulative Frequency 누적빈도	Cumulative Percent 누적백분율
1	91	45.50	91	45.50
2	109	54.50	200	100.00

빈도의 통계를 돌리는 데 필요한 각 빈도의 내용(성별, 연령, 학력 등)을 각각 따로 입력하는 것이 번거로울 수 있다. 그러면 한꺼번에 입력해도 된다.

```
proc freq data＝hee1;
  tables sex age gra label;
  run;
```

2) 분할표

연구에 따라서는 성별과 학년에 따른 빈도를 보는 경우가 있다. 이때에는 두 변인 (성별, 학년)의 분할표가 필요하다. '＊'가 필요하다.

```
proc freq data＝hee1;
  tables sex*gra;
  run;
```

빈도 백분율 행 백분율 칼럼 백분율	1	2	총합
1	100.00 19.61 41.67 33.33	140.00 27.45 58.33 66.67	240.00 47.06 100.00 100.00
2	200.00 39.22 74.07 66.67	70.00 13.73 25.93 33.33	270.00 52.94 100.00 100.00
총합	300.00 58.82	210.00 41.18	510.00 100.00

3) 카이제곱검증

빈도의 통계량이 유의미한가를 보기 위해 χ^2(카이제곱)검증을 한다. χ^2 검증은 proc freq에 chisq를 첨가한다.

```
proc freq data=hee1;
  tables year/chisq;
  run;
```

The FREQ Procedure

year	Frequency	Percent	Cumulative Frequency	Cumulative Percent
1	24	26.67	24	26.67
2	21	23.33	45	50.00
3	20	22.22	65	72.22
4	25	27.78	90	100.00

Chi-Square Test
for Specified Proportions

Chi-Square	5.0286
Pr > ChiSq	0.1697

경력(year)에 따라 차이가 없다(chi-square=5.0286, p=.1697).

4) 그룹에 따른 카이제곱검증

실제 연구에서는 그룹을 분류하여 빈도를 보는 경우가 있다. 예를 들어, 성별에 따라 HTP 반응에 차이가 있는가를 보는 것이다. 이 때에는 그룹을 분류하는 명령어인 sort를 사용하여, 그룹 분류를 하여, proc freq을 하게 된다. 그리고 이 빈도의 차이가 유의미한가를 보기 위해 χ^2 검증을 한다. χ^2 검증은 proc freq에 chisq를 첨가한다.

성별의 분류

```
proc sort data=hee1 out=csb;
  by sex;
  run;
```

카이제곱검증 구하기

```
proc freq data=csb;
  tables htp/chisq;
  by sex;
  run;
```

성과 학년에 따라 빈도를 내고 이 차이를 χ^2 검증할 수 있다. 이는 성별과 학년별의 2*2의 교차분석이 된다.

```
proc freq data=csb;
  tables sex*gra/chisq;
  run;
```

5. 평균, 표준편차와 그룹분류에 따른 평균

이 절에서는 변인의 평균, 표준편차에 대해 보겠다. 그리고 그룹분류에 따른 평균, 표준편차에 대해 보겠다.

1) 변인의 평균, 표준편차

변인의 평균, 표준편차에 대한 명령어는 mean이다. var는 Variable로 변인을 뜻한다. 예를 들면, 장애수용, 양육스트레스, 우울, 자아개념 등이 될 수 있다. 방법은 다음과 같다.

```
/* means, sd*/
proc means data=hee1;
   var acca accc acce;
   run;
```

Variable	N	Mean	Std Dev	Minimum	Maximum
acca	380	17.6105263	5.0570252	6.0000000	36.0000000
accc	381	7.2572178	2.7418744	3.0000000	18.0000000
acce	381	11.2939633	3.2610444	4.0000000	28.0000000

일반적으로 평균을 M, 표준편차는 SD로 제시한다.

2) 그룹분류에 따른 평균, 표준편차

대부분의 연구에서는 인구학적 변인인 성별, 학년, 경력 등에 따라 변인의 평균이 어떠한가를 보게 된다. 이때 성별, 학년, 경력 등에 따른 분류를 먼저 하고, 평균을 보게 된다. 분류의 명령어는 sort이다. 그리고 나서 평균을 본다.

성별의 분류
```
/* means, sd by sex*/
proc sort data=hee1 out=hee2;
   by sex;
   run;
```

프로그램의 의미는 hee1에서 성별에 따라 분류하여 hee2를 만든다는 것이다. 성별에 따라 분류한 자료파일명은 hee2이다. 그리고 hee2로 평균을 구한다.

평균 구하기
```
/* means, sd by sex*/
proc means data=hee2;
```

var acca accc acce;

by sex;

run;

	Variable 변수	N N	Mean 평균값	Std Dev 표준편차	Minimum 최소값	Maximum 최대값
sex						
1	acca	189	12.5079365	2.6849047	4.0000000	19.0000000
	accc	189	13.9682540	3.2598537	6.0000000	20.0000000
	acce	189	11.1058201	2.2383072	5.0000000	15.0000000
2	acca	141	13.2340426	2.7970349	8.0000000	19.0000000
	accc	141	13.8652482	2.9525288	6.0000000	20.0000000
	acce	141	11.0567376	2.2544339	7.0000000	15.0000000

성별과 학년에 따른 평균을 보는 경우가 있다.

성별, 학년의 분류
/* means, sd by sex gra*/

proc sort data=hee1 out=hee3;

  by sex gra;

  run;

이 프로그램의 의미는 hee1에서 성별(sex)과 학년(gra)에 따라 분류하여 hee3을 만든다는 것으로 성별과 학년에 따른 분류의 자료파일명이 hee3이다. 그리고 hee3으로 평균을 구한다.

성별과 학년에 따른 평균
/* means, sd by sex gra*/

proc means data=hee3;

  var acca accc acce;

  by sex gra;

  run;

acca gra	sex	N	Mean	Std Dev	Minimum	Maximum
저	남	140	17.6105263	5.0570252	6.0000000	36.0000000
	여	138	15.2572178	2.7418744	3.0000000	18.0000000
고	남	150	12.2939633	3.2610444	4.0000000	28.0000000
	여	145	16.6105263	5.0570252	6.0000000	36.0000000

6. Univariate와 정규분포검증

평균을 보기위한 proc means에서 출력하지 않는 메디안, 최빈치, 사분위수들은 Univariate에서 출력해 준다. 이 결과는 연구에서 필요한 경우에 제시하게 된다.

```
proc univariate data=cee;
  var sb;
  run;
```

Variable=sb

N	148	가중합	148
평균	3.1027027	관측치 합	459.2
표준편차	0.36847654	분산	0.13577496
왜도	−0.1102455	첨도	0.55310658
제곱합	1444.72	수정 제곱합	19.9589189
변동계수	11.875986	평균의 표준오차	0.03028858

정규분포의 검증도 Univariate에서 출력되며, 정규분포의 검증은 normal을 옵션으로 프로그램에 기재하면 된다. 그러면 주어진 변인이 정규분포에서 나왔는가를 검증해 준다. 검증으로 shapiro-wilk 통계량 W(W: normal)와 kolmogorov-smirnov 통계량 D가 나온다. W는 관찰수(사례수)가 2,000 이하이면 사용한다. 0~1의 값을 갖는데, 0에 가까우면 정규분포를 갖는다고 결론을 낼 수 없다.

```
proc univariate data=cee normal plot;
  var sb;
  run;
```

Variable=sb

N	148	Sum Wgts	148
Mean	3.1027027	Sum	459.2
Std Dev	0.36847654	variance	0.13577496
Skewness	−0.1102455	Kurtosis	0.55310658
Uss	1444.72	Css	19.9589189
CV	11.875986	Std Mean	0.03028858
T:Mean	62.456776	prob>T	0.0001
Sign Rank	2378	prob>T	0.0001
W: Normal	0.9634	prob<W	0.1778

W:normal 옆의 prob<W이 제1종오차보다 작으면(.05)정규분포를 갖는다고 할 수 없다. 그런데 0.05보다 커서 정규분포임을 기각 못하므로 정규분포이다.

7. 상관관계, 정준상관, Cronbach α

1) 상관관계

상관관계는 두 변인 간의 관계를 분석하는 통계방법이다. 부호에 관계없이 상관계수가 높을수록 두 변인 간의 관계는 높다고 할 수 있다.

```
/* Pearson의 상관관계*/
data hee1;
  set hee;
    lov=a1+a3+a5+a7;
    cor=a2+a4+a6+a8;
    onv=b1+b2+b3+n4;
```

```
    run;
  proc corr data=hee1;
    var lov cor onv;
    run;
```

결과는 다음과 같이 출력된다.

피어슨 상관 계수, N=330

H0: Rho=0 검정에 대한 Prob>|r|

	lov	cor	onv
lov	1.00000	0.35361	−0.49163
		<.01	<.001
cor	0.35361	1.00000	0.58577
	<.01	<.0001	<.0001
onv	0.54266	0.42162	1.00000
	<.0001	<.0001	

　lov cor onv의 상관관계를 본 것이다. lov와 cor의 첫행 0.35361이 상관계수이며 아래의 <.01가 p이다. $r=.35$, $p<.01$로 제시하게 된다.

　연구는 성별이나 경력 등의 인구학적 배경변인의 범주에 따라 상관관계를 보고자 할 수 있다. 먼저 범주에 따른 분류를 한다. 예를 들면, 성별에 따른 분류를 먼저 한다. 분류의 명령어는 sort이다. 그리고 나서 상관관계를 본다.

```
  /*성별에 따른 상관관계*/
  proc sort data=hee1 out=hee2;
    by sex;
    run;
  proc corr data=hee2;
    var lov cor onv;
    by sex;
    run;
```

프로그램의 의미는 hee1에서 성별에 따라 분류하여 hee2를 만든다는 것이다. 성별에 따라 분류된 자료파일명은 hee2이다. 그리고 hee2로 상관관계를 구한다. 출력결과는 성별에 따라 출력되며, 앞의 상관관계와 같은 방법으로 해석하면 된다.

2) 정준상관

정준상관분석은 둘 이상의 독립변인과 둘 이상의 종속변인 간의 관계를 알아보고자 할 때 사용되는 통계기법이다. 용어는 독립변인군, 종속변인군을 사용한다. 독립변인들 간에 상호관련이 있고, 특히 종속변인들 간에 상호관련이 있을 때 사용한다.

독립변수들 간의 상관, 종속변인들 간의 상관은 이론적 근거(선행연구)에서 오는 것이다. 정준상관의 분석은 이를 통계적으로 검증하는 것이다. 실제로 심리적요인은 요인 간에 상관이 있기 때문에, 단순히 다중상관이나 회귀분석을 하기보다는 정준상관분석을 하는 것이 더 타당한 면이 있다.

```
data jeong1;
  set jeong;
    pstr=a1+a2+a3+a4;
    hstr=b1+b2+b3+b4;
    fstr=c1+c2+c3+c4;
    sstr=d1+d2+d3;
    tstr=e1+e2+e3;
    estr=f1+f2;
    wath=l1+l2+l3+l4+l5+l6+l7+l8+l9+l10;
    unatt=m1+m2+m3+m4+m5+m6+m7+m8+m9+m10;
    anti=n1+n2+n3+n4+n5+n6+n7+n8+n9+n10;
    chil=o1+o2+o3+o4+o5+o6+o7+o8+o9+o10;
    anxi=p1+p2+p3+p4+p5+p6+p7+p8+p9+p10;
    run;
```

```
proc cancorr data=jeong1 redundancy;
    var pstr hstr fstr sstr tstr estr;
    with wath unatt anti chil anxi;
run;
```

Canonical Correlation Analysis

	Canonical Correlation	Adjusted Canonical Correlation	Approximate Standard Error	Squared Canonical Correlation
1	0.719085	0.705160	0.033245	0.517083
2	0.244716	—	0.064720	0.059886
3	0.220857	—	0.065485	0.048778
4	0.141503	—	0.067464	0.020023
5	0.025611	—	0.068798	0.000656

Eigenvalues of Inv(E)*H
=CanRsq/(1−CanRsq)

	Eigenvalue	Difference	Proportion	Cumulative
1	1.0708	1.0070	0.8873	0.8873
2	0.0637	0.0124	0.0528	0.9400
3	0.0513	0.0308	0.0425	0.9825
4	0.0204	0.0198	0.0169	0.9995
5	0.0007		0.0005	1.0000

Test of H0: The canonical correlations in the
current row and all that follow are zero

	Likelihood Ratio	Approx F	Num DF	Den DF	Pr>F
1	0.42292709	6.45	30	806	<.0001
2	0.87577662	1.37	20	670.91	0.1300
3	0.93156443	1.22	12	537.38	0.2680
4	0.97933411	0.71	6	408	0.6387
5	0.99934409	0.07	2	205	0.9350

정준함수의 출력에서 통계적 유의성을 살펴보아야 한다. 통계적 유의성은 Likelihood Ratio로 본다. 제1정준함수에서 통계적 유의성이 인정되었음을 알 수 있다. 표에는 대체로 Canonical R, Canonical R^2, Eigenvalue, Likelihood Ratio, df 를 제시한다(제13장 참조). 통계적 유의성이 인정되면 다음 단계는 통계적으로 유의미한 정준함수에 대한 정준상관관계의 정준변형계수와 정준부하량을 본다.

Raw Canonical Coefficients for the 'VAR' Variables

	V1	V2	생략	V5
pstr	0.0905868613	−0.204750848	---	0.07528763
hstr	0.0590703382	0.1327105841	---	0.0928987284
fstr	0.158775255	0.0115631768	---	0.15488031
sstr	0.1065771219	0.1214439198	---	0.2527728417
tstr	0.0536792957	−0.183699565	---	0.0251190399
estr	0.0586297877	0.3270207949	---	0.225744204

Raw Canonical Coefficients for the 'WITH' Variables

	W1	W2	생략	W5
wi	0.0852309535	0.056812607	---	−0.039535744
unatt	0.0028770858	−0.112574262	---	−0.021197159
anti	0.0643023119	0.0036738192	---	0.1040223266
chil	0.0208040455	0.1234240208	---	0.1373092127
anxi	0.0070130095	−0.069222386	---	−0.023938931

각 변인의 중요성 비교는 표준화된 계수를 보아야 한다. 표준화된 계수는 Standardized Canonical Coefficients를 본다. Canonical Correlation Analysis에서 정준함수가 5개였으므로 V1, V2, V3, V4, V5, W1, W2, W3, W4, W5까지 있다. 첫 번째 정준상관함수가 유의하였기 때문에 V1, W1를 본다. 표준화된 계수는 정준변형계수라고 한다. 높은 계수가 정준함수에 대한 기여도가 높다고 본다.

Standardized Canonical Coefficients for the 'VAR' Variables

	V1	V2	생략	V5
pstr	0.3076	−0.6952	---	−0.2556
hstr	0.1687	0.3790	---	0.2653
fstr	0.4826	0.0351	---	−0.4707
sstr	0.3336	0.3801	---	0.7912
tstr	0.1402	−0.4798	---	0.0656
estr	0.1388	0.7744	---	0.5346

Standardized Canonical Coefficients for the 'WITH' Variables

	W1	W2	생략	W5
wi	0.5749	0.3832	---	0.2667
unatt	0.0222	−0.8686	---	0.6246
anti	0.4359	0.0249	---	−0.2812
chil	0.1368	0.8114	---	0.0371
anxi	0.0547	−0.5397	---	1.2351

Canonical Structure는 정준함수에 대한 각 변인의 정준부하량값이다. 정준변인의 특성을 가장 잘 보여 준다. V1, V2, V3, V4, V5, W1, W2, W3, W4, W5가 출력되나 V1, W1을 보면 된다.

Canonical Structure

Correlations Between the 'VAR' Variables and Their Canonical Variables

	V1	V2	생략	V5
pstr	0.6441	−0.4621	---	−0.0673
hstr	0.5908	0.0719	---	0.4579
fstr	0.7033	−0.0252	---	−0.1952
sstr	0.6303	0.2424	---	−0.2115
tstr	0.7065	−0.1729	---	0.5838
estr	0.3855	0.6164	---	0.1899

Correlations Between the WITH Variables and Their Canonical Variables

	W1	W2	생략	W5
wi	0.8864	0.2107	---	0.0620
unatt	0.6466	−0.5633	---	−0.3423
anti	0.7878	−0.3115	---	−0.1422
chil	0.6994	0.3265	---	0.1783
anxi	0.6767	0.3201	---	0.1446

예측군의 높은값, 평가군의 높은값이 정준함수에 대한 공헌도가 높다고 본다. 다음에는 교차부하량을 본다. 교차부하량은 예측변인군의 각 하위변인에 대한 평가변인군의 개별적 상관정도, 평가변인군의 각 하위변인에 대한 예측변인의 개별적 상관정도를 보는 것이다. V1, V2, V3, V4, V5, W1, W2, W3, W4, W5가 출력되나 V1, W1을 보면 된다.

Correlations Between the VAR Variables and the Canonical Variables of the WITH Variables

	W1	W2	생략	W5
pstr	0.4632	−0.1131	---	−0.0019
hstr	0.4249	0.0176	---	0.0055
fstr	0.5058	−0.0062	---	−0.0092
sstr	0.4532	0.0593	---	0.0166
tstr	0.5081	−0.0423	---	0.0010
estr	0.2772	0.1508	---	−0.0115

Correlations Between the WITH Variables and the Canonical Variables of the VAR Variables

	V1	V2	생략	V5
wi	0.6374	0.0516	---	−0.0003
unatt	0.4649	−0.1379	---	−0.0069
anti	0.5665	−0.0762	---	−0.0026
chil	0.5029	0.0799	---	0.0038
anxi	0.4866	−0.0783	---	0.0165

예측군의 어느 하위변인이, 그리고 평가군의 어느 하위변인이 높게 나타났는가를

본다. 그리고 상대적으로 매우 낮은 점수가 있는가를 본다. 매우 낮은 점수는 상관이 낮음을 의미한다. 앞의 정준변형계수, 정준부하량, 교차부하량을 종합하여 예측군에서의 어느 하위변인이, 그리고 평가군에서의 어느 하위변인이 상대적으로 영향력이 큰가를 알게 된다.

마지막으로 설명력이 어느 정도인가를 보게 된다. 설명력을 보기 위해서는 proc cancorr의 redundancy 명령어에 의해 redundancy analysis가 출력됨으로써 알게 된다. redundancy analysis는 종속변인군을 무엇(Own: Opposite)으로 보느냐에 따라 redundancy analysis 출력의 어느 것을 보는가가 결정된다. 종속변인군의 결정은 선행연구 고찰에 근거한다.

The CANCORR Procedure
Canonical Redundancy Analysis
Standardized Variance of the VAR Variables Explained by

Canonical Variable Number	Their Own Canonical Variables			The Opposite Canonical Variables	
	Proportion	Cumulative Proportion	Canonical R-Square	Proportion	Cumulative Proportion
1	0.3839	0.3839	0.5171	0.1985	0.1985
2	0.1147	0.4986	0.0599	0.0069	0.2054
3	0.1123	0.6109	0.0488	0.0055	0.2109
4	0.1156	0.7265	0.0200	0.0023	0.2132
5	0.1339	0.8605	0.0007	0.0001	0.2133

Standardized Variance of the WITH Variables Explained by

Canonical Variable Number	Their Own Canonical Variables			The Opposite Canonical Variables	
	Proportion	Cumulative Proportion	Canonical R-Square	Proportion	Cumulative Proportion
1	0.5543	0.5543	0.5171	0.2866	0.2866
2	0.1336	0.6879	0.0599	0.0080	0.2946
3	0.0935	0.7814	0.0488	0.0046	0.2992
4	0.1146	0.8960	0.0200	0.0023	0.3015
5	0.1040	1.0000	0.0007	0.0001	0.3015

redundancy analysis는 raw variance와 redundancy analysis의 standardized variance 가 출력된다. redundancy analysis의 standardized variance를 보면 된다. 설명력은 제1정준함수에서 통계적 유의성이 인정되었으므로 1을 보면 된다.

3) Cronbach α

내적합치도는 각 문항 간의 상관을 종합하여, 문항의 동질성을 검토하는 방법이다. Cronbach의 알파(α)계수는 내적합치도의 한 방법으로 동질성을 측정하는 데 가장 많이 알려진 방법이다. 표준화된 Cronbach α값을 제시하면 된다.

```
proc corr alpha data=csb;
  var soa sob;
  run;
```

soa Cronbach의 α계수

변수	α계수
원데이터	0.771895
표준화	0.768211

측정도구의 문항선정에 Cronbach α값이 활용된다. 그 문항을 제거하면 신뢰도가 높아지는 문항이 있다. 그러면 그 문항을 제거하게 된다. 측정도구 개발의 신뢰도 검증에도 활용된다.

변수를 제외했을 때의 Cronbach α계수

삭제한 변수	데이터 변수 합계와의 상관계수	α계수	표준화된 변수 합계와의 상관계수	α계수	라벨
b1	0.156713	0.785075	0.160569	0.780495	b1
b2	0.347328	0.781059	0.352567	0.779128	b2
b3	0.408967	0.778980	0.413108	0.774613	b3
b4	0.523527	0.771359	0.517273	0.773500	b4
b5	0.520680	0.770208	0.518196	0.772385	b5
b6	0.428348	0.769860	0.431836	0.770006	b6

8. t-검증, 변인수준에 의한 t-검증, 대응 t-검증

미술치료 연구의 많은 t-검증은 심리학적 독립변인의 수준정도(높음, 낮음: 상, 중, 하)에 따라 종속변인에 차이가 있는가에 관심이 있다. 예를 들면, 어머니의 자녀수용이 높은 집단과 낮은 집단 간에 어머니의 양육스트레스에 차이가 있는가를 알고자 한다. 또는 자아개념 수준의 정도에 따라 미술치료사의 심리적 소진에 차이가 있는가를 보고자 한다. 그리고 대응 t-검증도 있다.

1) t-검증

연구는 인구학적 배경변인에 따라 종속변인에 차이가 있는가를 본다. 이러한 연구는 자료입력에 이미 집단분류가 되어 있어 t-검증을 직접할 수 있다. 예를 들면, 성별에 따라 어머니의 장애수용에 차이가 있는가를 본다.

성별의 분류
```
/* by sex*/
proc sort data=hee1 out=hee2;
  by sex;
  run;
```

프로그램의 의미는 hee1에서 성별에 따라 분류하여 hee2를 만든다는 것이다. 성별에 따른 분류의 자료파일명은 hee2가 된다. 성별 앞에 by를 적는다. 연령, 학년에 따라 본다면 연령, 학년 앞에 by를 적으면 된다.

성별에 의한 평균
```
/* means, sd by sex*/
proc means data=hee2;
  var acca accc acce sb;
  by sex;
```

run;

sex	Variable 변수	N N	Mean 평균값	Std Dev 표준편차	Minimum 최소값	Maximum 최대값
1	acca	189	12.5079365	2.6849047	4.0000000	19.0000000
	accc	189	13.9682540	3.2598537	6.0000000	20.0000000
	acce	189	11.1058201	2.2383072	5.0000000	15.0000000
2	acca	141	13.2340426	2.7970349	8.0000000	19.0000000
	accc	141	13.8652482	2.9525288	6.0000000	20.0000000
	acce	141	11.0567376	2.2544339	7.0000000	15.0000000

성별에 따른 장애수용의 차이를 비교한다. 이는 두 집단이므로 t-검증이다. 명령어는 t-검증이다.

```
proc ttest data＝hee2;
  class sex;
  var  acca accc acce stre;
  run;
```

The TTEST Procedure

					Statistics			
Variable sex	N	Lower CL Mean	Upper CL Mean	Mean	Lower CL Std Dev	Std Dev	Upper CL Std Dev	Std Err
acca 1	85	2.9685	3.0494	3.1303	0.3259	0.375	0.4417	0.0407
acca 2	63	3.0865	3.1746	3.2627	0.2975	0.3496	0.4242	0.0441
acca Diff (1 2)		−0.245	−0.125	−0.005	0.327	0.3644	0.4116	0.0606

			T-Tests			
Variable	Method	Variances	DF	t Value	Pr＞ltl	
acca	Pooled	Equal	146	−2.07	0.0406	
acca	Satterthwaite	Unequal	138	−2.09	0.0386	

		Equality of Variances			
Variable	Method	Num DF	Den DF	F Value	Pr > F
acca	Folded F	84	62	1.15	0.5652

F Value, Pr > F는 변량의 동질성을 보여 준다. 1.15, 0.5652에서 모집단의 변량이 같다고 할 수 있다. 집단의 차이에 대한 방향(+ 또는 −)이 없는 검증은 양방검증이라고 하며, equal 행을 보면 된다. −2.07, 0.0406이므로 두 집단은 차이가 있다고 결론을 내릴 수 있다.

차이에 방향이 있을 때는 unequal의 행을 보면 된다. t−검증은 실험연구의 사전검사에서 실험집단과 통제집단 간에 차이가 있는가를 보는 동질성 검증에도 사용된다.

2) 변인수준에 의한 t−검증

심리학적 독립변인의 정도(높음, 낮음: 상, 중, 하)에 따라 집단을 분류하여, 종속변인의 차이를 보는 t−검증(상, 중, 하의 3집단이면 변량분석)에서는 먼저 집단분류를 하여야 한다. 집단분류를 한 다음 t−검증을 한다. proc sort로 집단을 분류하고, 각 집단(상, 하집단)에 따른 평균이 필요하다. 그리고 평균의 비교를 하는 t−검증을 한다.

많은 연구에서 심리학적 변인에 따른 집단 분류는 상위 73% 이상이면 그 변인의 수준이 높은집단이며, 하위 27% 이하이면 낮은집단으로 분류한다. 이 경우의 집단분류 방법을 보겠다. 이 방법은 4단계 과정이다. 1단계는 상위 73% 부분의 분위수 값과 하위 27% 부분의 분위수 값을 구하기, 2단계는 1단계의 점수로 집단을 분류하기, 3단계는 sort하고 평균 구하기, 4단계는 t−검증하기이다.

/*1) 상위 73% 부분의 분위수 값과 하위 27% 부분의 분위수 값을 구하는 방법*/
```
proc univariate data=hee1;
  var acca;
  output out=hee1.accaout pctlpts=27 73 pctlpre=acca;
  run;
```

/* 2) 1)의 점수로 집단을 분류하기*/

1)의 결과에서 acca의 상위 73%는 3.72414, 하위 27%는 3.34483으로 나왔다. 그러면 이 결과를 가지고 if문을 통해서 그룹을 나눈다. 그룹명은 예를 들어 gacca로 정한다. gacca1은 높은 집단, gacca3은 낮은 집단으로 하겠다.

주의할 점은 높은 집단과 낮은 집단의 값은 하위변인 또는 각 독립변인마다 모두 다르기 때문에 항상 새로운 data set을 생성해야 한다. acca, accc, acce의 각각의 분위수 점수를 구하고, 개별적으로 if문을 통해서 그룹을 나누어야 한다.

```
data hee2;
  set hee1;
    If acca >=3.72414 then gacca=1;
    ELSE If 3.34483 >=acca then gacca=2;
    run;
```

acca가 27% 이하이거나 73% 이상인 개체들을 남기는 과정은 if문을 통해서 그룹을 나누는 것이다. 그룹변인명은 gacca로 하고 gacca에서 1은 높은집단 2는 낮은집단이다.

/* 3) sort로 집단 분류(장애수용 높은 집단과 낮은 집단) 및 평균 구하기*/

sort로 데이터를 집단으로 분류하고, 종속변인인 stre(양육스트레스)는 장애수용이 높은 집단과 낮은 집단 간에 차이가 있는가 t-검증하는 것이다.

```
proc sort data=hee2 out=hee3;
  by gacca;
  run;
```

집단의 분류가 이루어지면 각 집단의 평균과 표준편차를 구한다. 이 방법은 앞에서 제시한 방법과 동일하다.

```
proc means data＝hee3;
  var stre;
  by gacca;
  run;
```

마지막 절차로 t-검증을 한다. 이 방법은 앞에서 제시한 방법과 동일하다.

/* 4) t-검증하기 */

```
proc ttest data＝hee3;
  class gacca;
  var stre;
  run;
```

group	Mean	Std Dev	Std Err	Minimum	Maximum
1	62.5152	10.6511	1.8541	37.0000	82.0000
3	68.4815	4.8125	0.6549	59.0000	78.0000
Diff (1−2)		−5.9663	7.5597	1.6704	

group	Method	Mean	95% CL	Mean	Std Dev	95% CL Std Dev	
1		62.5152	58.7384	66.2919	10.6511	8.5655	14.0881
3		68.4815	67.1679	69.7950	4.8125	4.0455	5.9411
Diff (1−2)	Pooled	−5.9663	−9.2875	−2.6452	7.5597	6.5742	8.8955
Diff (1−2)	Satterthwaite	−5.9663	−9.9402	−1.9925			

Method	Variances	t Value	Pr＞|t|
Pooled	Equal	−3.57	0.0006
Satterthwaite	Unequal	−3.03	0.0042

Equality of Variances

Method	Num DF	Den DF	F Value	Pr＞F
Folded F	32	53	2.90	＜.3187

3) 대응 t-검증

대응 t-검증(paired t-test)은 두 집단이 독립적이지 않은 경우에 두 집단을 비교하는 데 사용한다. 예를 들면, 프로그램의 효과를 보기 위해 사전-사후 사회성 향상을 비교하는 경우이다. 즉, 첫 번째 집단의 점수가 두 번째 집단의 점수와 관련이 있을 때 사용한다.

```
/* Paired t-test*/
proc ttest data=jee;
  paired q1*q2;
  run;
```

The TTEST Procedure

Statistics

Difference	Lower CL Mean	Mean	Upper CL Mean	Std Dev	Lower CL Std Dev	Std Dev	Upper CL Std Dev	Std Err
q1*q2	−0.790	1.523	1.8801	8.1025	8.9086	9.1254	0.7012	

T-Tests

Difference	DF	t Value	Pr > |t|
q1−q2	202	1.81	0.4012

이 결과는 q2가 q1의 평균과 통계적으로 차이가 없다($t=1.81$, $p=.4012$).

9. 변량분석, 반복측정 변량분석, 공변량분석, 다변량분석

1) 변량분석

변량분석은 일원변량분석, 변인수준에 의한 일원변량분석, 이원변량분석으로 살펴보겠다.

(1) 일원변량분석

일원변량분석(one-way ANOVA)은 독립변인이 하나이며, 비교하고자 하는 집단이 셋 이상인 경우의 통계분석이다. 변량분석은 세 집단 이상의 집단 간에 차이가 있는 가를 검증한다. 변량분석의 명령어는 anova이다. 예를 들어, 미술치료사 경력(4년 이하, 5~9년, 10년 이상)에 따라 직무스트레스에 차이가 있는가를 보는 것이다.

```
proc anova data＝hee1;
  class mjo;
  stre＝mjo;
  run;
```

변량분석은 어느 집단에서 차이가 나타났는지 사후검증을 해야 하고, 사후검증에 는 Scheffé, Duncan, Tukey가 있다. 그리고 집단의 평균을 같이 구할 수 있다. 집단 에 따른 평균을 구하기 위해 means mjo(변인)를 넣는다.

```
proc anova data＝hee1;
  class mjo;
  model stre＝mjo;
  means mjo;
  means mjo/scheffé duncan tukey;
  run;
```

The ANOVA Procedure

Dependent Variable: stre

Source	DF	Sum of Squares	Mean Square	F Value	Pr > F
Model	3	300.365	100.122	5.060	0.0045
Error	326	6520.321	20.001		
Corrected Total	329	5099.951			

R-Square	Coeff Var	Root MSE	sme Mean
0.039288	22.04233	3.876778	17.58788

$F = 5.060$, $p < .001$을 보아 집단 간에 차이가 있다고 볼 수 있다. F값이 유의하게 나오면 구체적으로 어느 집단 간에 평균의 차이가 있는지 알아보기 위한 사후검증이 필요하다. 어느 집단에서 차이가 나타났는지 사후검증을 하게 된다.

Scheffé's Test

Comparisons significant at the 0.05 level are indicated by ***.

mjob Comparison		Difference Between Means	Simultaneous 95% Confidence Limits	
1	−2	0.3974	−0.7860	1.5809
1	−3	0.6308	−0.9249	2.1864***
2	−1	−0.3974	−1.5809	0.7860
2	−3	0.2333	−1.3402	1.8069
3	−1	−0.6308	−2.1864	0.9249***
3	−2	−0.2333	−1.8069	1.3402

***가 1집단과 3집단에 표시되어 있다. 1집단과 3집단 간에 차이가 있다고 할 수 있다.

(2) 변인수준에 의한 일원변량분석

변량분석도 심리학적변인의 수준에 따라 3집단으로 나누고 3집단 간의 비교를 할 수 있다.

심리학적 변인의 수준으로 3집단 분류

1)/*1) 상위 73% 부분의 분위수 값과 하위 27% 부분의 분위수 값 구하기 */

    proc univariate data=hee1;

      var acca;

      output out=hee1.accaout pctlpts=27 73 pctlpre=acca;

      run;

    1)의 결과에서 acca의 상위 73%는 3.72414, 하위 27%는 3.34483으로 나왔다. 그러면 이 결과를 가지고 if문을 통해서 3 그룹으로 나눈다. 그룹명은 gacca로 정하고, 1은 높은 집단, 2는 중간 집단, 3은 낮은 집단으로 한다. 각 독립변인마다 항상 새로운 data set을 생성(변인수준에 의한 $t-$검증 참조)한다.

2) /*1)의 점수로 3개의 집단으로 분류하기 */

    data hee2;

      set hee1;

        If acca>3.72414 then gacca=1;

        If 3.34483<=acca<=3.72414 then gacca=2;

        If 3.34483>acca then gacca=3;

        run;

3)/* 집단 분류 및 변량분석 */

    proc sort data=hee2 out=hee3;

      by gacca;

      run;

    proc anova data=hee3;

      class gacca;

      model stre=gacca;

means gacca/scheffé duncan tukey;

　　run;

결과의 출력은 앞의 변량분석과 동일하다.

(3) 이원변량분석

이원변량분석은 독립변인이 두 개로, 독립변인 간의 상호작용 효과를 보기 위해 사용한다. 예를 들어 첫 번째 독립변인은 미술치료사의 연령이고, 두 번째 독립변인은 미술치료사의 경력이다. 종속변인은 미술치료사의 스트레스인 경우에 미술치료사의 연령과 경력에 따라 미술치료사의 스트레스에 차이가 있는가를 보고자 하는 경우에 실시하는 통계분석방법이다. 사후검증은 duncan을 한다면 다음과 같다.

```
proc anova data=hee1;
   class age grade;
   model stre=age grade age*grade;
   means age grade age*grade/duncan;
   run;
```

Analysis of Variance

Dependent Variable: stre

Source	DF	Sum of Squares	Mean of Square	F Value	Pr>F
Model	14	1339.0249	95.6446	4.87	.0012
Error	75	473.7666	19.6502		
Corrected Total	89	2812.7915			

Source	DF	Sum of Squares	Mean of Square	F Value	Pr>F
age	2	953.1562	476.5781	24.25	0.0010
grade	4	227.6042	56.9005	2.82	0.0448
age*grade	8	374.4882	46.8110	2.38	0.0241

F Value, Pr > F를 보아 두 독립변인(연령, 경력) 효과와 독립변인 간의 상호작용 효과가 유의미함을 알 수 있다. 미술치료의 효과를 보는 실험연구에서 실험집단과 통제집단 사전검사의 동질성 여부를 검증(t-검증)하여 동질성이 확보되면, 집단과 검사시기에 따라 차이가 있는가(미술치료의 효과가 있는가)를 위한 집단*검사시기의 이원변량분석을 하기도 한다. 동질성이 확보되지 않으면, 공변량분석을 한다. 그러나 일반적으로 반복측정 변량분석이 추천된다.

2) 반복측정 변량분석

반복측정은 동일한 대상을 2번 이상 측정하는 경우의 분석방법이다. 예를 들어, 미술치료의 효과를 검증하기 위해 사전, 사후, 추후 검사를 실시하는 경우에 해당된다.

(1) 먼저 data를 정리한다.

```
data hee.data3;
  set hee.data2;
    time1=mean(a1a-a10a);
    time2=mean(a1b-a10b);
    time3=mean(a1c-a10c);
    run;
```

(2) proc means를 이용하여 각 집단(예 실험집단, 통제집단, 비교집단)의 평균을 구한다. 그리고 반복측정 변량분석을 한다.

```
proc means data=hee.data3;
  class group;
  var time1 time2 time3;
  run;
```

MEANS 프로시저

GROUP	관측치 수	변인	평균값	표준편차
1	9	TIME1	2.26	0.54
		TIME2	2.88	0.42
		TIME3	3.44	0.72
2	9	TIME1	2.54	0.27
		TIME2	2.98	0.35
		TIME3	3.15	0.44
3	9	TIME1	2.54	0.39
		TIME2	2.51	0.37
		TIME3	2.58	0.22

(3) 반복측정 변량분석을 한다.

```
proc glm data=hee.data3;
  class group;
  model time1 time2 time3=group/ss3;
  repeated time 3/summary nom;
  run;
```

위의 프로그램 대신 contrast를 사용하는 프로그램이 사용될 수 있다. 위 프로그램은 contrast와 같은 결과를 보인다.

```
data kee;
  set hee.data3;
    if group=1;
    proc glm data==kee;
    model time1-time3=;
    repeated time 3 contrast(1)/summary;
    repeated time 3 contrast(2)/summary;
    run;
```

```
data kee;
  set hee.data3;
    if group=2;
    proc glm data==kee;
    model time1-time3=;
    repeated time 3 contrast(1)/summary;
    repeated time 3 contrast(2)/summary;
    run;

data kee;
  set hee.data3;
    if group=3;
    proc glm data==kee;
    model time1-time3=;
    repeated time 3 contrast(1)/summary;
    repeated time 3 contrast(2)/summary;
    run;
```

The GLM Procedure
Repeated Measures Analysis of Variance
Univariate Tests of Hypotheses for Within Subject Effects

Source	DF	Type III SS	Mean Square	F	Pr>F	G-G	Adj Pr>F H-F
TIME	2	4.90799137	2.45399569	31.91	<.0001	<.0001	<.0001
TIME*GROUP	4	2.87239366	0.71809842	9.34	<.0001	0.0003	0.0002
Error(TIME)	46	3.53706019	0.07689261				

　반복측정 분산분석의 결과, 시기, 그룹, 시기*그룹(상호작용)에 의미있는 차이가 나타났다. 그러면 단순 주효과를 보기 위한 분석으로 변량분석을 한다.

```
proc glm data＝hee.data3;
  class group;
  model time1＝group/ss3;
  means group/scheffé;
  run;
proc glm data＝hee.data3;
  class group;
  model time2＝group/ss3;
  means group/scheffé;
  run;
proc glm data＝hee.data3;
  class group;
  model time3＝group/ss3;
  means group/scheffé;
  run;
```

The GLM Procedure

Dependent Variable: TIME1

Source	DF	Sum of Squares	Mean Square	F Value	Pr>F
Model	2	0.44944541	0.22472270	1.34	0.2812
Error	23	3.85374306	0.16755405		
Corrected Total	25	4.30318846			

R-Square	Coeff Var	Root MSE	TIME1 Mean
0.104445	16.68392	0.409334	2.453462

Dependent Variable: TIME2

Source	DF	Sum of Squares	Mean Square	F Value	Pr > F
Model	2	1.09128462	0.54564231	3.79	0.0378
Error	23	3.31235000	0.14401522		
Corrected Total	25	4.40363462			

Dependent Variable: TIME3

Source	DF	Sum of Squares	Mean Square	F Value	Pr > F
Model	2	3.28448088	1.64224044	6.72	0.0050
Error	23	5.61916528	0.24431153		
Corrected Total	25	8.90364615			

F Value와 Pr > F를 보면 사전에는 그룹 간에 의미있는 차이가 없었으나, 사후와 추후에 집단 간에 의미있는 차이가 나타났다. 읽는 방법은 앞의 변량분석과 같다.

다음은 contrast의 프로그램 출력이다. contrast도 같은 결과를 보인다.

The GLM Procedure

Repeated Measures Analysis of Variance

Analysis of Variance of Contrast Variables

TIME_N represents the contrast between the nth level of TIME and the last

Contrast Variable: TIME_1

Source	DF	Type III SS	Mean Square	F	Pr > F
Mean	1	9.77114689	9.77114689	45.38	< .0001
GROUP	2	5.53823162	2.76911581	12.86	0.0002
Error	23	4.95217222	0.21531184		
Corrected Total	25	8.90364615			

Contrast Variable: TIME_2

Source	DF	Type III SS	Mean Square	F Value	Pr > F
Mean	1	1.90320050	1.90320050	9.15	0.0060
GROUP	2	1.12953088	0.56476544	2.71	0.0874
Error	23	4.78496528	0.20804197		

Dependent Variable: TIME2

Source	DF	Sum of Squares	Mean Square	F Value	Pr > F
Model	2	1.09128462	0.54564231	3.79	0.0378
Error	23	3.31235000	0.14401522		
Corrected Total	25	4.40363462			

R-Square	Coeff Var	Root MSE	TIME2 Mean
0.247815	13.62257	0.379493	2.785769

Source	DF	Type III SS	Mean Square	F Value	Pr > F
GROUP	2	1.09128462	0.54564231	3.79	0.0378

F값이 유의하게 나오면, 구체적으로 어느 집단 간에 평균의 차이가 있는지 알아보기 위해 사후검증이 필요하다. 어느 집단에서 차이가 나타났는지 사후검증을 하게 된다. 이 프로그램은 변량분석의 프로그램과 같다.

Scheffé's Test for TIME2

NOTE: This test controls the Type I experimentwise error rate, but it generally has a higher Type

II error rate than Tukey's for all pairwise comparisons.

Alpha	0.05
Error Degrees of Freedom	23
Error Mean Square	0.144015
Critical Value of F	3.42213

Comparisons significant at the 0.05 level are indicated by ***.

GROUP Comparison	Difference Between Means	Simultaneous 95% Confidence Limits	
2−1	0.1025	−0.3799	0.5849
2−3	0.4700	0.0020	0.9380 ***
1−2	−0.1025	−0.5849	0.3799
1−3	0.3675	−0.1149	0.8499
3−2	−0.4700	−0.9380	−0.0020 ***
3−1	−0.3675	−0.8499	0.1149

The GLM Procedure

Dependent Variable: TIME3

Source	DF	Sum of Squares	Mean Square	F	Pr > F
Model	2	3.28448088	1.64224044	6.72	0.0050
Error	23	5.61916528	0.24431153		
Corrected Total	25	8.90364615			

R-Square	Coeff Var	Root MSE	TIME3 Mean
0.368892	16.23042	0.494279	3.045385

Source	DF	Type III SS	Mean Square	F Value	Pr > F
GROUP	2	3.28448088	1.64224044	6.72	0.0050

F값이 유의하게 나오면 구체적으로 어느 집단 간에 평균의 차이가 있는지 알아보기 위한 사후검증이 필요하다. 어느 집단에서 차이가 나타났는지 사후검증을 하게 된다. 사후검증의 해석방법은 일원변량분석의 사후검증을 참조하면 된다.

Scheffé's Test for TIME3

GROUP Comparison	Difference Between Means	Simultaneous 95% Confidence Limits	
1-2	0.2915	-0.3368	0.9199
1-3	0.8593	0.2310	1.4876 ***
2-1	-0.2915	-0.9199	0.3368
2-3	0.5678	-0.0418	1.1774
3-1	-0.8593	-1.4876	-0.2310 ***
3-2	-0.5678	-1.1774	0.0418

3) 공변량분석

공변량분석은 이미 집단 간에 있는 차이가 종속변인에 줄 수 있는 영향력을 조정하여, 집단 간의 차이를 검증하는 통계분석이다. 미술치료의 효과를 보는 연구에서 실험집단과 통제집단의 출발선을 동일하게 조정해 준다. 사전검사 점수가 공변인이 된다.

```
proc glm data=hee;
  class group;
  model sel2=group time/solution;
  lsmeans group/stderr pdiff;
  run;
```

공변인: time(사전검사 점수)
sel2: 사후검사 점수
group: 집단
lsmeans: ANOVA의 means에 해당
        : 공변량에 의해 수정된 처치의 평균
        : 처치 비교에 사용

Source	DF	Sum of Squares	Mean of Square	F	Pr>F
Model	3	4.91096	1.63698	17.90	.00012
Error	26	2.37797	0.09146		
Corrected Total	29	7.28893			

Source	DF	type 1 SS	F Value	Pr>F	type 3 SS	F Value	Pr>F
group	2	3.1562	6.5781	.0017	2.2354	0.5678	0.5067
time	1	6.3804	22.8450	.0042	6.3804	13.0561	0.0001

공변량분석의 결과가 출력되었다. 유의성은 type 3 SS의 F값(.5678)과 Pr>F(.5067)를 본다. 집단 간에 차이가 없는 것으로 나타났다.

	Estimate	Parameter T for HO: Parameter=0	Pr> |t|
Intercept	12.0833B	1.28	0.2001
group1	3.1293B	1.38	0.3316
group2	3.1429B	1.32	0.3214
group3	3.0011B	1.08	
time	8.7129	6.21	0.0007

Least Squares Means

group	Lsmean	STD Err Lsmean	Prob> |t| HO:Lsmean=0
1	3.2965	0.2109	0.0001
2	3.6753	0.4521	0.0001
3	3.9062	0.7835	0.0001

Prob> \|t\| HO:Lsmean(1)=Lsmean(j)

1/j	1	2	3
1		0.9215	0.3316
2	0.8523		0.3214
3	0.3316	0.3214	

공변인으로 교정된 평균과 비교가 출력된 결과이다. 처치 2와 3의 차이는 유의수준이 32%(0.3214), 처치 1과 3의 차이는 33%(0.3316), 처치 1과 2의 차이는 92% (0.9215)이므로 모두 차이가 없다. 이는 type 3 SS의 F Value 0.5678에서와 같다.

4) 다변량분석

종속변인들 간에 관계가 없다면 각 변인별로 변량분석을 하여도 다변량분석과 같은 결과를 얻는다. 그러나 대부분의 경우 종속변인들 간에는 어느 정도의 상관이 있다. 그런데 두 변인 간에 명백한 상관이 있는데, 종속변인 각각에 대해 변량분석을 하면 제1종오류가 증가한다. 또한 종속변인 간에 전혀 상관이 없어도 종속변인의 수가 증가하면, 제1종오류가 증가하므로 다변량분석을 하여야 한다.

```
proc glm data＝hee1;
  class age;
  model wath unatt anti chil＝age;
  manova h＝age/scheffé;
  run;
```

Multivariate Statistics and F Approximations

Statistic	Value	F Value	Num DF	Den DF	Pr＞F
Wilks' Lambda	0.64147749	4.81	20	670.91	＜.0001
Pillai's Trace	0.39164966	4.45	20	820	＜.0001
Hotelling-Lawley Trace	0.50748742	5.10	20	437.01	＜.0001
Roy's Greatest Root	0.37127509	15.22	5	205	＜.0001

유의도는 Wilks' Lambda 0.64의 F값 4.81을 본다. $P＜.001$에서 유의미한 차이가 있다. Type III SS, Mean Square, F, Pr＞F를 본다.

The GLM Procedure

1. Dependent Variable: wath

Source	DF	Sum of Squares	Mean Square	F Value	Pr＞F
Model	3	130.68443	65.34222	1.21	0.3004
Error	376	20363.91715	54.15935		
Corrected Total	378	20494.60158			

R-Square	Coeff Var	Root MSE	wath Mean
0.006377	32.67928	7.359304	22.51979

Source	DF	Type III SS	Mean Square	F Value	Pr>F
age	3	130.6844305	65.3422152	1.21	0.3004

2. Dependent Variable: unatt

Source	DF	Sum of Squares	Mean Square	F Value	Pr>F
Model	3	125.79427	62.89713	1.20	0.3009
Error	378	19734.51020	52.20770		
Corrected Total	380	19860.30446			

R-Square	Coeff Var	Root MSE	unatt Mean
0.006334	28.06516	7.225490	25.74541

Source	DF	Type III SS	Mean Square	F Value	Pr>F
age	3	125.7942665	62.8971333	1.20	0.3009

계속되는 출력결과는 생략한다.

10. 다중회귀, 단계적회귀, 조절회귀, 매개효과 회귀분석

회귀분석은 변인들 간의 인과관계를 분석한다. 종속변인에 영향을 미치는 독립변인은 무엇이고, 독립변인이 종속변인을 어느 정도 설명해 줄 수 있는가를 예측한다.

1) 다중회귀분석

회귀분석을 실시하기 전에 먼저 독립변인들 간에 상관관계가 있는가의 다중공선성을 보아야 한다. proc corr은 변수 간의 상관관계를 보여 주는데, 상관관계가 너무 높으면 다중공선성을 의심해야 한다. 다중공선성을 검증하기 위한 명령어는 collin vif tol이다. 결과는 VIF(Variance Inflation Factor)가 10 이상이고, 허용도(Tolerance)가 0.1 이하이면 다중공선성으로 판단한다.

```
proc reg data=csb1;
  model sg=sa sb sc sd se/collin vif tol;
  run;
```

Dependent Variable: sg

Parameter Estimates

Variable	DF	Parameter Estimate	Standard Error	T for H0: Parameter=0	prob>|T|	Tolerance	Variance Inflation
INTERCEP	1	45.4053	8.9210	0.741	0.1491	·	0.0000
sa	1	0.9911	0.6985	1.099	0.0708	0.1357	7.22210
sb	1	0.6101	0.6237	0.812	0.6009	0.1234	8.56314
sc	1	0.4019	0.8147	0.424	0.7859	0.1393	6.99363
sd	1	0.2140	0.5690	0.313	0.6841	0.1505	6.74283
se	1	0.3210	0.4547	0.255	0.5923	0.1313	7.47838

　모든 변인의 허용도 값이 .1 이상이고 분산팽창요인(VIF)값이 10 이하이다. 따라서 독립변인들 간에는 다중공선성이 없는 것으로 본다. 그러면 회귀분석을 실시한다. 독립변인들이 동시에 회귀방정식에 투입되는 분석이 동시다중회귀분석이다. 일반적으로 다중회귀분석으로 불린다.

　회귀분석의 예측방정식에서 각 예측변인들이 측정된 척도가 동일하지 않으므로 어떤 독립변인이 가장 좋은 예측변인인가를 알기 위해 이들을 직접 비교할 수 없다. 이들을 직접 비교하려면 동일한 단위로 전환시켜 주어야 한다. 이것이 표준화된 회귀계수(β: Standardized Estimate)이다. 이 옵션이 stb이다.

```
proc reg data=csb1;
  model sg=sa sb sc sd se/stb;
  run;
```

The REG Procedure

Model: MODEL1

Dependent Variable: sag

Analysis of Variance

Source	DF	Sum of Squares	Mean Square	F Value	Pr > F
Model	7	554.07766	79.15395	5.73	<.0001
Error	322	4450.21325	13.82054		
Corrected Total	329	5004.29091			

Root MSE	3.71760	R-Square	0.1107
Dependent Mean	10.78182	Adj R-Sq	0.0914
Coeff Var	34.48026		

Parameter Estimates

Variable	DF	Parameter Estimate	Standard Error	t Value	Pr > |t|	Standardized Estimate
Intercept	1	12.08339	1.28035	9.44	<.0001	0
sa	1	−2.04863	0.08898	−3.55	0.0450	−1.03433
sb	1	4.00831	0.10249	3.08	0.0054	3.00667
sc	1	−2.79000	0.12954	−3.78	0.0002	−2.28167
sd	1	3.66604	0.18140	2.04	0.0422	3.13837
se	1	3.87866	0.07689	3.81	0.0002	2.22911

성별에 따라 회귀분석을 하는 경우에는 sort로 분류를 먼저하고 회귀분석을 한다. 그리고 proc reg에 by sex를 첨가하게 된다. 결과표에는 회귀계수(Parameter Estimate: B), 표준화된 회귀계수(Standardized Estimate: β), F값, Adj−R^2를 제시하면 된다.

집단에 따른 회귀분석

```
proc sort data=hee1 out=hee2;
  by sex;
  run;
proc reg data=hee2;
  model pstr=me mye youe emp achieve/stb;
```

by sex;

run;

2) 단계적회귀분석

단계적회귀분석은 컴퓨터가 어떤 변인이 종속변인을 가장 잘 예측하는지, 그다음으로 어떤 변인이 유의하게 추가될 수 있는지를 계산하여, 종속변인을 잘 예측하는 순서로 독립변인을 투입하는 방법이다. 출력결과가 단계적으로, 즉 설명력이 높은 유의미한 독립변인 순으로 출력된다. 그리고 마지막에 출력결과의 요약이 나타난다.

proc reg data=hee1;

model with=agrr act emot pros supp/stb selection=stepwise ;

run;

The REG Procedure

Stepwise Selection: Step 1
Variable agrr Entered: R-Square=0.0736 and C(p)=35.6276

Analysis of Variance

Source	DF	Sum of Squares	Mean Square	F Value	Pr>F
Model	1	1420.90871	1420.90871	27.89	<.0001
Error	351	17883	50.94804		
Corrected Total	352	19304			

Variable	Parameter Estimate	Standard Error	Type II SS	F Value	Pr>F
Intercept	17.12879	1.12424	11827	232.13	<.0001
agrr	0.77112	0.14602	1420.90871	27.89	<.0001

Stepwise Selection: Step 2
Variable act Entered: R-Square=0.1005 and C(p)=26.4830

Step1과 같은 표가 유의미한 독립변인에 대해 계속 출력하게 된다. Step2 이하는 생략하고 마지막 요약표를 제시하겠다.

The REG Procedure

Model: MODEL1

Dependent Variable: with

Summary of Stepwise Selection

Step	Variable Entered	Number Vars In	Partial R-Square	Model R-Square	C(p)	F Value	Pr >F
1	agrr	1	0.0736	0.0736	35.6276	27.89	<.0001
2	act	2	0.0268	0.1005	26.4830	10.44	0.0013
3	emot	3	0.0316	0.1320	15.3818	12.69	0.0004
4	pros	4	0.0175	0.1495	10.1007	7.18	0.0077
5	supp	5	0.0205	0.1700	3.5993	8.56	0.0037

5개의 독립변인 F Value와 Pr > F가 이 독립변인들이 유의미한 설명변인임을 보여 주고 있다. 그리고 설명력과 누적설명력도 보여 주고 있다. Partial R-Square는 각 독립변인의 설명력을 보여 주며, Model R-Square는 누적설명력을 보여 준다. 연구결과로 제시되는 표에는 다중회귀의 표와 다르게, 누적된 설명력과 첨가되는 설명력이 제시된다(R^2, ΔR^2). B, β는 요약표 다음에 출력된다(내용은 '다중회귀분석' 참조).

3) 조절회귀분석

독립변인의 변화가 종속변인의 변화를 유발한다. 그러나 제3변인의 특정한 조건하에서만 종속변인의 변화를 유발하는 것을 분석하는 방법이다. 독립변인과 조절변인의 상호작용 설명력을 검증할 수 있는 회귀식이다. 조절회귀분석의 절차는 3단계이다. 1단계는 조절변인없이 회귀분석을 실시한다. 2단계에서는 조절변인를 포함하여 추가적인 회귀분석을 실시한다. 3단계에서는 독립변인와 조절변인을 곱한 상호작용변인을 추가하여 회귀분석을 실시한다.

상호작용항의 다중공선성을 피하기 위해서는 독립변인과 조절변인을 중심화(zero-entering)시키고, 그 값에서 평균값을 빼서 새로운 편차점수(deviaton scores)로 변환된 독립변수와 조절변수를 만들어 이들을 곱한 상호작용항을 형성하는 방법이 필요하다. 이 방법이 많이 활용되고 있다.

/*1) 독립변인와 조절변인을 중심화시키기 위한 평균값 구하기 */

```
data deis.data02;
  set deis.data01;
  run;
data deis.data03; set deis.data02;
  sc1=a1+a2+a3+a4+a5+a6;
  sc2=b1+b2+b3+b4+b5+b6;
  sf1=c1+c2+c3+c4+c5+c6;
  run;
proc means data=deis.data03;
  var sc1 sc2 sf1;
  run;
```

/*2) 구해진 평균값을 독립변인과 조절변인에서 각각 빼어 새로운 편차점수를 만들기. 그리고 상호작용변인 만들기*/

```
/*rsc1=sc1-3.5809969
  rsc2=sc2-4.0062305
  rsf1=sf1-3.9075805;

  rsc1f1(상호작용변인)=rsc1 * rsf1
  rsc2f1(상호작용변인)=rsc2 * rsf1*/
```

/*위의 값은 절대값이 되어야 하기 때문에 절대값 명령어인 abs를 기재한다. */

```
data deis.data03;
  set deis.data02;
```

```
rsc1＝abs(sc1－3.5809969);


rsc2＝abs(sc2－4.0062305);

rsf1＝abs(sf1－3.9075805);


rsc1f1＝rsc1 * rsf1;

rsc2f1＝rsc2 * rsf1;

run;
```

상호작용항이 구성되면 조절회귀분석을 하게 된다. 조절회귀분석은 3단계로 구성된다. 인구학적 변인은 가변수화하여 회귀분석을 한다. 이 경우에 다중공선성 검증을 한다. 검증이 되면 회귀분석을 실시한다.

/* 1단계 */
```
proc reg data＝deis.data03;
  model sg1＝sex year1 fjob/collin vif tol;
  run;
proc reg data＝deis.data03;
  model sg1＝sex year1 fjob/stb;
  run;
```

독립변인의 다중공선성 검증을 한다. 검증이 되면 회귀분석을 실시한다. 그리고 독립변인, 조절변인의 다중공선성 검증을 한다. 검증이 되면 독립변인, 조절변인의 회귀분석을 실시한다.

/* 2단계 */
```
proc reg data＝deis.data03;
  model sg1＝sc1 sc2/collin vif tol;
```

```
      run;
    proc reg data＝deis.data03;
      model sg1＝sc1 sc2/stb;
      run;
    proc reg data＝deis.data03;
      model sg1＝sc1 sc2 sf1/collin vif tol;
      run;
    proc reg data＝deis.data03;
      model sg1＝sc1 sc2 sf1/stb;
      run;
```

독립변인, 조절변인, 상호작용변인의 다중공선성 검증을 한다. 검증이 되면 독립변인, 조절변인, 상호작용변인으로 회귀분석을 실시한다.

/* 3단계 */

```
    proc reg data＝deis.data03;
      model sg1＝sc1 sc2 sf1 rsc1f1 rsc2f1/collin vif tol;
      run;
    proc reg data＝deis.data03;
      model sg1＝sc1 sc2 sf1 /stb
      model sg1＝sc1 sc2 sf1 rsc1f1 rsc2f1 / stb
      run;
```

앞의 각 3단계를 실행해서 출력되는 내용은 앞서 제시한 다중회귀분석과 동일하다. 단계별로 B, β, $Adj-R^2$, F를 제시하면 된다. 즉, 1단계의 인구학적 변인과 이에 대한 B, β, $Adj-R^2$, F, 2단계의 독립변인, 조절변인의 B, β, $Adj-R^2$, F, 3단계의 독립변인, 조절변인, 독립변인과 조절변인의 상호작용항 B, β, $Adj-R^2$, F를 제시하면 된다. 정리한 표는 제13장을 보면 된다.

4) 매개효과 회귀분석

A변인 → B변인 → C변인의 관계라면 B는 매개변인으로, A의 효과는 B를 거쳐 C에 전달된다. 통계분석은 Baron과 Kenny(1986)의 매개효과 검증절차를 사용한 다중회귀분석이 많이 활용되고 있다. 3단계 회귀분석이 실시된다. 1단계는 독립변인의 매개변인에 대한 영향력을, 2단계는 독립변인의 종속변인에 대한 영향력을, 3단계는 독립변인과 매개변인의 종속변인에 대한 영향력을 본다.

```
/* 매개효과 회귀분석(단계별) */
    /* 1단계 */
    proc reg data=andata;
      model pain=leisure/stb;
      run;
    /* 2단계 */
    proc reg data=andata;
      model target=leisure/stb;
      run;
    /* 3단계 */
    proc reg data=andata;
      model target=leisure pain/stb;
      run;
```

SAS프로그램의 실행에서 출력되는 내용은 다중회귀분석과 동일하다. 각 단계의 β와 R^2이 제시된다. 즉, 1단계(독립 → 매개)의 β와 R^2이, 2단계(독립 → 종속)의 β와 R^2이, 3단계의(독립, 매개 → 종속)의 β와 R^2이 제시된다.

1단계의 독립변인과 매개변인의 관계에서 회귀계수가 유의미하며, 2단계에서 독립변인의 종속변인에 대한 회귀계수가 유의미해야 한다. 3단계에서 독립변인과 매개변인의 회귀계수도 유의미하며, 독립변인이 종속변인에 미치는 영향력은 2단계(β값)보다 3단계에서 줄고, 종속변인에의 설명력은 독립변인이 단독으로 투입되었을 때보다 매개변인이 투입되었을 때 증가하면, 매개효과가 확인된다.

11. 로지스틱회귀분석, 판별분석, 단계적판별분석

로지스틱회귀분석과 판별분석은 회귀분석의 일종이다. 그러나 회귀분석은 종속변인이 연속적인 변인이지만, 로지스틱회귀분석과 판별분석은 종속변인이 범주형이다.

1) 로지스틱회귀분석

로지스틱회귀분석은 종속변인이 연속적이지 않고 범주형일때 사용한다. 범주분류의 성공확률을 추정하고, 그 값에 유의한 영향을 미치는 독립변인이 무엇인가의 통계분석이다. 정규분포가정과 동변량가정이 위배될 때 사용한다.

```
data csb;
  set work;
  run;
proc logistic data=csb descending;
  model label=aah1 aah2 aah3/scale=none aggregate;
  run;
```

descending이 있는 경우, 없는 경우 값이 다르다.

descending은 반응변인 중 큰 값을 성공확률로 보게 된다.

The LOGISTIC Procedure
Model Information

Deviance and Pearson Goodness-of-Fit Statistics

Criterion	Value	DF	Value/DF	Pr>ChiSq
Deviance	27.9317	56	0.4988	0.9994
Pearson	36.4684	56	0.6512	0.9800

Deviance의 ChiSq 0.9994, Pearson의 ChiSq 0.9800이다. 모형적합도 검증에서 영가설을 기각 못하므로 모형이 적합하다.

The LOGISTIC Procedure

Testing Global Null Hypothesis: BETA＝0

Test	Chi-Square	DF	Pr＞ChiSq
Likelihood Ratio	141.8758	9	＜0.0001
Score	94.7240	9	＜0.0001
Wald	24.9180	9	0.0031

Model Fit Statistics
Analysis of Maximum Likelihood Estimates

Parameter	DF	Estimate	Standard Error	Wald Chi-Square	Pr＞ChiSq
Intercept	1	38.9551	37.8976	11.0164	0.0006
aah1	1	2.5341	1.8979	7.2584	0.0107
aah2	1	3.7023	2.8951	13.926	0.0002
aah3	1	1.0234	0.7890	5.0023	0.0418

회귀계수모형에서 aah1의 Estimate(회귀계수)는 2. 5341이고 Pr＞ChiSq는 0.0107로 유의함을 알 수 있다. aah2 aah3도 같은 방법으로 본다.

Wald 통계량이 임계치보다 크기 때문에 aah1 aah2 aah3는 적응과 부적응의 분류에 영향을 미친다.

Odds Ratio Estimates

Effect	Point Estimate	95% Confidence	Wald Limits
aah1	2.4345	1.0398	6.3508
aah2	3.0418	2.7807	8.2193
aah2	.9201	0.9701	1.9992

aah1은 예를 들면, 자존감이다. 그리고 종속변인이 적응과 부적응이다. 그러면 aah1의 오즈비(Odds)는 2.4345로 자존감 높은 사람이 낮은 사람에 비해 적응의 확률이 2.4345배 높다.

2) 판별분석

판별분석은 독립변인을 통해 집단을 판별하거나 예측하기 위해 사용하는 통계방법이다. 종속변인은 이분변인이다. 판별분석에서 proc discrim은 관찰치들을 구분할 수 있는 판별함수를 계산한다. proc stepdisc는 여러 설명변인에서 판별식을 잘 설명할 수 있는 설명변인의 선택에 사용할 수 있다.

proc candisc는 집단 간의 차이를 잘 나타내는 선형결합식을 찾기 위한 정준분석을 수행한다. proc candisc은 proc discrim의 옵션인 canonical로도 가능하다. 옵션으로 pool=test의 첨가는 공분산이 동일한지를, listerr는 오분류된 관측치의 결과를 출력해 준다. 가장 단순한 판별분석은 다음과 같다.

```
proc discrim data=csb1;
  class nor1;
  var aa1 bb1 cc1 dd1 ee1 ff1 gg1 hh1;
  run;
```

proc discrim은 단순하여 연구에 필요한 내용의 출력에는 부족함이 많다. 연구에 필요한 내용의 출력을 위해 옵션을 첨가하여 판별분석을 수행하게 된다.

```
proc discrim data=csb1 pool=test listerr anova manova canonical
wcov pcov out=result;
  class group;
  var soa sob soc sod a1 a2;
  run;
```

많은 출력이 나오게 된다. 대부분의 미술치료 연구에 사용되는 출력의 제목과 내용 그리고 통계수치를 중심으로 정리하고자 한다. univariate test statistics에서 F값이 의미가 있는가 본다. 그리고 독립변인의 설명정도로 average r-squared를 본다. Multivariate Test Statistics에서는 Wilks' Lambda가 의미가 있는가를 본다.

Discrimnant Analysis
Test Chi-Square Value=1.895673
Prob>Chi-Sq=0.6541

판별분석의 계산이 합동공분산 행렬의 사용인가, 공분산 행렬의 사용인가를 알게 된다. 만약 기각되면 각 집단의 공분산 행렬이 판별분석 계산에 사용된다. 카이스퀘어 값(chi-square value)이 1.895673으로 공분산이 같다는 가설을 기각할 수 없다. 따라서 판별분석의 계산은 합동공분산 행렬을 사용하게 된다.

Discrimnant Analysis
Univariate Test Statistics

Variable	F	Pr>F
1	18.4456	0.0025
2	6.4565	0.0345

Average R-Squared: Unweighted=0.354567
Weighted by Variance=0.359986

Multivariate Statistics and Exact F Statistics

Statistic	Value	F	Num DF	Den DF	Pr>F
Wilks' Lambda	0.42292709	6.45	30	806	<.0001
Pillai's Trace	0.64642627	5.07	30	1025	<.0001
Hotelling-Lawley Trace	1.20681936	8.04	30	525	<.0001
Roy's Greatest Root	1.07075085	36.58	6	205	<.0001

앞에서 보면 F값이 의미가 있다. Wilks' Lambda도 의미가 있다. 다음에는 정준상관판별분석의 결과를 보면 된다.

Canonical Discrimnant Analysis

	Canonical Correlation	Adjusted Canonical Correlation	Approximate Standard Error	Squared Canonical Correlation
1	0.669085	0.655160	0.133245	0.445708

Eigenvalues of Inv(E)*H
=CanRsq/(1−CanRsq)

	Eigenvalue	Difference	Proportion	Cumulative
1	0.8035	.0070	0.8873	0.8873

Test of H0: The canonical correlations in the
current row and all that follow are zero

	Likelihood Ratio	Approx F	Pr>F
1	0.52292709	6.4508	0.0071

정준상관과 고유값이 제시되었고, Likelihood Ratio에서 유의성이 인정되었다(정준상관 참조).

Total Canonical Structure

Var	Can1
A1	0.744112
A2	0.590809

A1변인의 정준적재량이 0.744112이고, A2변인은 0.590809이다. 집단을 구분하는 데 A1변인이 A2보다 유용하다. 정준적재량은 각 독립변인과 정준판별함수 간의 선형 상관을 측정한 것이다. 각 독립변인이 정준판별함수와 공유하고 있는 변량을 나타낸다(±0.3 이상일 때 유의한 판별치로 간주한다).

Raw Canonical Coefficients

Var	Can1
A1	0.394415
A2	0.190878

Pooled Within-Class Standardized Canonical Coefficients

Var	Can1
A1	0.204321
A2	0.320409

Raw Canonical Coefficients는 비표준화된 정준판별함수계수이다. 표준화된 정준판별함수계수는 정준판별함수에 대한 독립변인의 상대적인 기여도를 나타낸다.

Class Means on Canonical Variables

	Can1
제1집단	−0.750567
제2집단	0.750567

각 집단 중심값(centroid)은 Class Means on Canonical Variables를 본다. 임상을 선택할 경우: −0.750567, 일반을 선택할 경우: 0.750567로 대칭으로 나타났다. 다음 절차로 선형판별식을 본다. 제1집단, 제2집단으로 출력되는데, 예를 들면 1집단은 임상집단, 제2집단은 일반집단이다.

Linear Discrimnant Function

	제1집단	제2집단
constant	−2.03174	−9.89880
A1	0.42092	1.12223
A2	0.75855	0.89543

위의 선형판별식을 통해 피셔판별식 Z를 구한다. 구한 Z값은 개인의 점수로 판별점수와 비교하여, 어느 집단에 속할 것인가 예측할 수 있다.

$$Z = (0.42092 - 1.12223)A1 + (0.75855 - 0.89543)A2$$

그런데 판별점수(cutting score: C)는 역으로 계산된다. 판별점수는 선형판별식의 상수에서 구한다. −9.89880−(−2.03174)＝−7.86706이다(제2집단 상수−제1집단 상수). 이 점수보다 작으면 제2집단, 이 값보다 크면 제1집단으로 분류한다.

　　다음 절차는 적중률을 보게 된다. 전체대상에서 정확하게 분류될 수 있는 분류정확도를 보는 것이다.

Number of Observations and Percent Classified into Group

Group	제1집단	제2집단	전체
제1집단	90	10	100
	90.00	10.00	100.00
제2집단	10	90	100
	10.00	90.00	100.00
전체	100	100	200
백분율	50.00	50.00	100.00
Priors	0.5	0.5	

Error Count Estimates for Group

	제1집단	제2집단	전체
Rate	0.1000	0.1000	0.1000
Priors	0.5	0.5	

　　위의 결과에서 보면 90%가 정확히 분류되었다. 집단이 이미 분류된 경우의 판별분석은 위와 같이 프로그램을 실행하면 된다.

　　그런데 실제의 연구에서는 심리적 변인의 수준에 따라 높은집단, 중간집단, 낮은집단의 3 집단으로 나누어 판별분석을 해야 하는 경우도 있다. 예를 들면, 자아개념이 종속변인이고 자아개념의 측정은 연속변인이다. 그런데 연구는 자아개념이 높은집단, 중간집단, 낮은집단을 판별하는 독립변인이 무엇이고, 이들 독립변인의 판별력을 보는 것이다. 그러면 먼저 자아개념이 높은집단, 중간집단, 낮은집단으로 분류하는 것이 필요하다. 그리고 나서 판별분석을 한다. 프로그램의 soa가 자아개념이다. 그리고 aa1 bb1 cc1 ddd1 ee1 fff1 gg1 hh1는 독립변인들이다.

/*1단계: 상하그룹으로 나누기*/

```
proc univariate data=csb1;
  var soa;
  output out=ccc1 pctlpts=27 73  pctlpre=a1 a2;
  run;
proc print data=ccc1;
  run;
data csb2; set csb1;
    if soa<2.1 then soanew=1;
    if 2.1<=soa<=2.5 then soanew=2;
    if soa>2.5 then soanew=3;
run;
proc print data=csb2;
  run;
```

집단의 분류가 되면 판별분석을 한다. 출력과 해석은 앞의 판별분석과 같다.

/*2단계: 판별분석*/

```
proc discrim data=csb2 pool=test listerr anova manova canonical
wcov pcov out=result;
  class soanew;
  var aa1 bb1 cc1 ddd1 ee1 fff1 gg1 hh1;
run;
```

3) 단계적 판별분석

독립변인이 많은 경우에는 의미가 없는 독립변인을 제거하고 판별분석을 하는 것이 더 실용적이다. 설명변인 중에서 집단을 잘 구분하는, 즉 종속변인 간의 차이(집단 분류)를 잘 나타내는 설명변인을 찾기 위해 단계적 판별분석을 활용할 수 있다.

/* 단계적 판별분석*/

proc stepdisc data＝csb1;

class doc;

var soa sob soc sod;

run;

The STEPDISC Procedure
Stepwise Selection: Step 1
Statistics for Entry, DF＝1, 142

Variable	R-Square	F Value	Pr＞F	Tolerance
soa	0.2890	57.73	＜.0001	1.0000
sob	0.4007	94.93	＜.0001	1.0000
soc	0.2508	47.54	＜.0001	1.0000
sod	0.2904	58.11	＜.0001	1.0000

Variable sob will be entered.
sob Multivariate Statistics

Statistic	Value	F	Num DF	Den DF	Pr＞F
Wilks' Lambda	0.599340	94.93	1	142	＜.0001
Pillai's Trace	0.459733	94.93	1	142	＜.0001
Average Squared Canonical Correlation	0.400660				

Variable sod will be entered.
sob sod
Multivariate Statistics

Statistic	Value	F	Num DF	Den DF	Pr＞F
Wilks' Lambda	0.540267	59.99	2	141	＜.0001
Pillai's Trace	0.459733	59.99	2	141	＜.0001
Average Squared Canonical Correlation	0.459733				

Stepwise Selection: Step 3

Variable	Partial R-Square	F Value	Pr>F
sob	0.2387	44.20	<.0001
sod	0.0986	15.42	<.0001

Variable soc will be entered.
sob soc sod Multivariate Statistics

Statistic	Value	F	Num DF	Den DF	Pr>F
Wilks' Lambda	0.531999	41.05	3	140	<.0001
Pillai's Trace	0.468001	41.05	3	140	<.0001
Average Squared Canonical Correlation	0.468001				

Stepwise Selection: Step 4

Variable	Partial R-Square	F Value	Pr>F
sob	0.1679	28.24	<.0001
soc	0.0153	2.18	0.1424
sod	0.0749	11.33	0.0010

Variable	Partial R-Square	F Value	Pr>F	Tolerance
soa	0.0071	1.00	0.3197	0.4331

Stepwise Selection Summary

Step	Number In	Entered	Partial R-Square	F	Pr>F	Wilks' Lambda	Pr< Lambda	Average Squared Canonical Correlation	Pr> ASCC
1	1	sob	0.4007	94.93	<.0001	0.5993	<.0001	0.4006	<.0001
2	2	sod	0.0986	15.42	0.0001	0.5402	<.0001	0.4597	<.0001
3	3	soc	0.0153	2.18	0.1424	0.5319	<.0001	0.4680	<.0001

단계적 판별분석의 독립변인 투입에 따른 해석은 단계적 다중회귀분석의 해석과 같다. 그리고 다음에 출력되는 내용과 해석도 판별분석의 출력과 해석을 그대로 하면 된다.

12. 요인분석

요인분석은 변인들 간에 공통적인 특성을 보이는 변인들을 묶어 요약된 정보를 구성하고자 할 때 사용되는 통계방법이다. 이때 상관관계나 공변량이 기초가 된다.

```
data csb;
  set work;
  run;
proc factor data=csb m=p scree;
  var H1-H9 t1-t8 p1-p3;
  run;
```

	factor1	factor2	factor3	factor4	factor5
H1	0.48555	0.45164	0.03192	0.53580	0.20072
H3	0.49717	0.19459	0.12134	0.42837	0.23290
H4	0.25862	0.42030	0.19254	0.38257	0.01245
H5	0.06006	0.22851	0.06224	0.07306	0.10898
H7	0.32389	0.40950	0.18996	0.40377	0.22305
H8	0.27662	0.38530	0.39306	0.21699	0.12233
H9	0.23023	0.21783	0.18155	0.05509	0.23112
T1	0.40321	0.20848	0.14659	0.30764	0.41564
T2	0.36178	0.40309	0.09827	0.42760	0.40404
T3	0.42073	0.50834	0.49074	0.29210	0.40713
T4	0.23162	0.45549	0.46089	0.05650	0.35644
T6	0.45015	0.44721	0.15082	0.43008	0.39354
T7	0.22311	0.10191	0.23954	0.22738	0.22034
T8	0.27006	0.43305	0.29493	0.41406	0.39550
P1	0.46335	0.44030	0.07051	0.20450	0.06502
P2	0.47961	0.44818	0.37775	0.19612	0.02672
P3	0.27843	0.15049	0.66230	0.46599	0.23893
고유치	9.52	1.60	0.92	0.78	0.73
설명변량	30.49	7.45	5.02	1.29	1.02
누적변량	30.49	37.98	43.00	44.29	45.31

요인(factor)과 문항(H1~P3)의 상관관계인 요인적재량이 0.3 이하이면 낮고, 0.4 이상이면 유의성이 있다고 본다. 대개 0.3 이하의 문항은 제거한다. 모든 요인적재량의 값을 제곱하여 합한 값이 공통성이다.

요인분석의 출력을 보면 총 5요인이 추출되었다. 요인분석에서 요인의 수는 일반적으로 고유치(eigenvalue), 스크리(scree)검사, 누적변량, 해석가능성을 고려한다. 프로그램의 옵션 scree의 출력에서 scree 그래프가 출력된다. scree 그래프에 의한 요인의 수를 정하는 것은 그래프의 곡선이 급격히 떨어지는 점을 기준으로 본다.

앞의 예는 고유치(eigenvalue)가 1.0 이상이 2요인이다. 총 설명변량은 45.31%로 나타났다. 변인들이 여러 요인에 비슷한 요인부하량을 보이고 있어 각 변인이 어느 요인에 속하는지를 결정하기 힘들다. 이때 요인을 회전시키면 각 변인의 요인부하량이 어느 한 요인에 쏠리게 되므로, 요인을 해석하기 쉬워진다. 단순한 구조를 얻기 위해 회전을 하는 것이다.

```
proc factor data=csb scree nfact=2 priors=smc method=prinit rotate
   =varimax score;
   var h1~h9 t1~t8 p1~p3;
   run;
```

요인분석을 재실시하고 직교회전의 베리맥스로 회전한 것이다. 또한 연구자가 요인의 개수를 정하는 방법으로 요인을 추출할 수 있다. 프로그램에서 옵션 nfact은 최종으로 추출될 요인의 개수를 지정하는 것이다. nfact=2는 요인의 개수를 2개로 지정한 것이다. priors=smc은 제곱다중상관이며, method=prinit는 반복적인 요인분석을 실시함을 의미한다. rotate=varimax는 회전방법이 베리맥스라는 의미이다. score는 계수를 출력하라는 의미이다.

	factor1	factor2
H3	0.45745	0.32945
H4	0.25458	0.42030
H5	0.44786	0.21452
H7	0.33238	0.41209

T2	0.32676	0.43450
T3	0.42230	0.52308
T4	0.21431	0.46755
T6	0.45890	0.43784
T7	0.26782	0.52901
T8	0.22457	0.44531
P1	0.47833	0.45630
P2	0.44361	0.43481
P3	0.23458	0.25048
고유치	9.52	4.60
설명변량	58.42	11.42
누적변량	58.42	69.84

출력결과는 앞의 요인분석과 같은 출력이다. 대신 요인은 factor1, factor2의 2요인이 출력된다. 요인 1에 .40 이상의 부하량을 가지고 있는 문항(변인), 요인 2에 .40 이상의 부하량을 보인 문항(변인)으로 요인이 구성된다. 2요인에 분산되거나 부하량이 적은 문항은 제거된다. 요인이 구성되면 문항(변인)의 내용을 고려하여 요인에 대한 명명을 한다.

13. 구조방정식모형(리스렐)

구조방정식모형은 인과관계를 파악하고자 회귀분석, 요인분석, 경로분석을 토대로 생성된 분석방법이다. 구조방정식모형의 한 프로그램인 리스렐을 중심으로 살펴보겠다. 리스렐을 수행하기 위해서는 먼저 각 변인의 평균, 표준편차, 변인들 간의 상관관계를 구하고, 선행연구나 이론적 근거에 의해 변인들 간의 관계를 설정해야 한다. 또한 외생변인, 잠재변인을 결정해야 한다.

1) 각 변인의 평균, 표준편차, 변인들 간의 상관관계

SAS프로그램을 이용하여 각 변인의 평균, 표준편차, 변인들 간의 상관관계를 구한다. 이 내용은 앞서 설명한 프로그램 구성과 결과해석을 참고하면 된다.

2) 변인들 간의 관계를 설정

변인들 간의 관계를 설정해야 한다. 예를 들어, 변인은 성별, 기질(3요인: cs ce ca), 결혼만족도(2요인: sa sar), 양육행동(4요인: lo li re ac)이다. 그러면 변인들을 ksi(외생변인)이나 eta(잠재변인)로 명명한다. ksi나 eta의 갯수에 따라 ksi나 eta의 뒤에 1, 2, 3 ,4 를 붙이면 된다. 예를 들면, 성별은 외생변인이므로 sex＝ksi1, 잠재변인인 기질은 cs ce ca의 하위변인으로 되어 있어, cs ce ca＝eta1, 역할만족도인 sa sar＝eta2, 양육행동은 lo li re ac＝eta3이다. 그리고 ksi, eta(변인)의 관계를 구성한다. 관계들은 eta1 ＝ksi1, eta3＝eta2, eta3＝eta1이다(관계는 선행연구의 고찰에 의해 설정된다).

1)과 2)로 Lisrel에 입력하는 프로그램을 짜기
    /*Lisrel의 프로그램*/

Observed Variables: sex cs ce ca sa sar lo li re ac
    Correlation Matrix:

1.00000
0.08867 1.00000
0.01391 0.15637 1.00000
0.03197 0.49971 0.01322 1.00000
0.07692 0.02995 0.06768 0.05998 1.00000
0.05156 0.02355 0.14140 0.01703 0.71726 1.00000
0.05116 0.15071 0.08078 0.06084 0.19594 0.15183 1.00000
0.04893 0.06642 0.05418 0.00131 0.20800 0.14845 0.48349 1.00000
0.01555 0.15950 0.14515 0.04058 0.13451 0.13713 0.46097 0.40968 1.00000
0.01780 0.12698 0.08423 0.02837 0.08128 0.05372 0.43110 0.25792 0.31249 1.00000
Standard Deviations:
0.5 3.95 4.01 2.53 4.88 4.82 5.03 2.83 3.95 3.55
Latent Variables: ksi1 eta1 eta2 eta3

Relationships:

sex＝ksi1

cs ce ca＝eta1

sa sar＝eta2

lo li re ac＝eta3

eta1＝ksi1

eta3＝eta2

eta3＝eta1

Sample Size＝281

Set the Errors Variance of sex to 0

Options: AD＝OFF EF MI ND＝3 SC IT＝500

Path Diagram

End of problem

결과가 출력된다. 출력에서 대부분의 연구에 사용되는 출력을 제시하겠다.

LISREL Estimates (Maximum Likelihood)

Measurement Equations

ce＝0.465*eta1, Errorvar.＝15.864, Rý＝0.0134

(0.428) 오차   (1.346)

1.086 t값   11.783

ca＝0.935*eta1, Errorvar.＝5.528, Rý＝0.136

(0.745)   (0.823)

1.255   6.715

cs＝5.366*eta1, Errorvar.＝−13.196, Rý＝1.846

(22.425)

−0.588

lo＝3.958*eta3, Errorvar.＝9.630, Rý＝0.619

(1.702)

5.658

— 생략 —

Measurement Equations에서 t값과 오차를 살펴본다. 유의수준 5%, 1%는 $|t| \geq 1.96$, $|t| \geq 2.58$이다. t값이 유의미하지 않고, 오차에 음수가 있으면 모형의 적합성, 수정지수(Modification Indices)를 본다. 선행연구 고찰을 하면서 경로가 제대로 되었는가, 변인설정에 문제가 없는가를 고려하여 경로변경, 오차의 지정 등의 수정모형을 구성한다. 수정지수는 참고사항이며, 이론적 근거가 우선적임을 고려하여야 한다.

모형의 적합성은 Goodness of Fit Statistics에서 본다. 주로 Chi-Square, SRMR, GFI, AGFI, NFI를 보게 된다.

Goodness of Fit Statistics

Degrees of Freedom＝32

Minimum Fit Function Chi-Square＝23.323 (P＝0.868)

Normal Theory Weighted Least Squares Chi-Square＝23.179 (P＝0.873)

Estimated Non-centrality Parameter (NCP)＝0.0

90 Percent Confidence Interval for NCP＝(0.0 ; 4.816)

Minimum Fit Function Value＝0.0833

Population Discrepancy Function Value (F0)＝0.0

90 Percent Confidence Interval for F0＝(0.0 ; 0.0172)

Root Mean Square Error of Approximation (RMSEA)＝0.0

90 Percent Confidence Interval for RMSEA＝(0.0 ; 0.0232)

P-Value for Test of Close Fit (RMSEA＜0.05)＝0.999

Expected Cross-Validation Index (ECVI)＝0.279

90 Percent Confidence Interval for ECVI＝(0.279 ; 0.296)

ECVI for Saturated Model＝0.393

ECVI for Independence Model＝2.063

Chi-Square for Independence Model with 45 Degrees of Freedom＝557.618

Independence AIC＝577.618

Model AIC＝69.179

Saturated AIC＝110.000

Independence CAIC＝624.002

Model CAIC＝175.862

Saturated CAIC＝365.110

Normed Fit Index (NFI)＝0.958

Non-Normed Fit Index (NNFI)＝1.024

Parsimony Normed Fit Index (PNFI)＝0.681

Comparative Fit Index (CFI)＝1.000

Incremental Fit Index (IFI)＝1.017

Relative Fit Index (RFI)＝0.941

Critical N (CN)＝643.156

Root Mean Square Residual (RMR)＝0.638

Standardized RMR＝0.0391

Goodness of Fit Index (GFI)＝0.984

Adjusted Goodness of Fit Index (AGFI)＝0.972

Parsimony Goodness of Fit Index (PGFI)＝0.572

적합도가 양호한 것으로 판정되면 개별모수의 추론을 보아야 한다. 적합도가 좋지 않으면 추가적인 모수의 도입이 필요한데 Lisrel은 Modification Indices and Expected Change를 제시해 주어 추가모수에 대한 방향을 제시해 준다. 수정지수는 Chi-Square 값으로 나타난다. 예는 추가모형에서 설명하겠다.

적절한 것으로 판정되면 개별모수에 대한 추정치를 본다. Structural Equations를 보는데, 각 모수의 추정치, 표준오차, t값이 출력되어 있다. $R^2 = 0.01381$는 제곱다중상관(squared multiple correlation: SMC)이다. 결과변인이 원인변인에 의해 얼마나 설명되는가를 나타낸다. R^2은 Rý를 본다.

Structural Equations

eta1 = 0.0617(감마)*ksi1, Errorvar. = 0.996, Rý = 0.01381

(0.0424) 표준오차   (0.779)

4.567   t값   1.279

eta3 = 0.133*eta1 + 0.261*eta2, Errorvar. = 0.914, Rý = 0.1861

(0.122)   (0.0741)   (0.148)

2.089   3.522   6.155

0.0617은 γ_{12}이다. 0.0424는 표준오차이고 4.567는 t값이다. 통계적으로 유의미하다고 할 수 있다. 표준정규분포의 유의수준 5%, 1%, 0.1%는 $|t| >= 1.96$ $|t| >= 2.58$, .1%는 $|t| >= 3$ 이상이다. t값의 유의수준 .05는 절대값으로 1.96, .01은 절대값으로 2.58, .001은 절대값으로 3.0 이상이다. 4.567이므로 $p < .001$에서 유의하다. 성별 (ksi1)은 기질에 유의한 영향을 주고 있다고 해석한다.

γ는 외생변인과 잠재변인의 관계(성별과 기질의 관계)이다. 0.133은 β(베타) 잠재변인 간의 관계이다. 2.089이므로 $p < .05$에서 유의하다. γ와 β는 모형을 그림으로 제시할 때 기재한다(제13장 참조).

Reduced Form Equations

eta1 = 0.06174*ksi1 + 0.0*eta2, Errorvar. = 10.996, Rý = 0.10381

(0.0124)

4.456

eta3＝0.00819*ksi1＋0.261*eta2, Errorvar.＝0.931, Rý＝0.0685

(0.00984)   (0.0741)

0.832   3.522

Reduced Form은 Structural Equations의 우측 내생변인을 외생변인들로 대체하여 방정식체계를 재구성한 것이다. 좌측의 내생변인에 대한 각 외생변인의 효과를 보여 준다.

한 결과변인에 대해 어떤 원인변인이 상대적으로 더 큰 영향을 주는지를 알기 위해 완전표준화추정치(Completely Standardized Solution)를 보게 된다. 표준화(Standardized Solution)추정치는 모든 잠재변인의 분산을 1로 하는 것이고, 완전표준화추정치는 모든 잠재변인과 관찰변인의 분산을 1로 한다. 잠재변인이 없는 경로분석에서는 표준화추정치와 완전표준화추정치가 같다.

Standardized Solution

LAMBDA-Y

	eta1	eta3
cs	5.366	- -
ce	0.465	- -
ca	0.935	- -
lo	- -	3.958
li	- -	1.738
re	- -	2.409
ac	- -	1.811

LAMBDA-X

	ksi1	eta2
sex	0.500	- -
sa	- -	4.675
sar	- -	3.609

BETA

	eta1	eta3
eta1	- -	- -
eta3	0.133	- -

GAMMA

	ksi1	eta2
eta1	0.062	- -
eta3	- -	0.261

Correlation Matrix of ETA and KSI

	eta1	eta3	ksi1	eta2
eta1	1.000			
eta3	0.134	1.000		
ksi1	0.062	0.029	1.000	
eta2	0.005	0.262	0.080	1.000

Completely Standardized Solution

LAMBDA-Y

	eta2	eta3	eta4
sa	0.930	- -	- -
sar	- -	1.000	- -
lo	- -	- -	0.780
li	- -	- -	0.606
re	- -	- -	0.605
ac	- -	- -	0.523

LAMBDA-X

	eta1
cs	0.780
ce	0.150
ca	0.626

BETA

	eta2	eta3	eta4
eta2	- -	- -	- -
eta3	0.763	- -	- -
eta4	0.312	−0.048	- -

GAMMA

	eta1
eta2	0.054
eta3	- -
eta4	0.285

Correlation Matrix of ETA and KSI

	eta2	eta3	eta4	eta1
eta2	1.000			
eta3	0.763	1.000		
eta4	0.290	0.201	1.000	
eta1	0.054	0.042	0.300	1.000

총효과와 직접효과, 간접효과는 Total and Indirect Effect의 Total Effects of KSI on ETA, Total Effects of ETA on ETA와 Indirect Effects of KSI on ETA, Indirect Effects of ETA on ETA에서 구체적으로 파악한다.

Total and Indirect Effects

Total Effects of KSI on ETA

	ksi1	eta2
eta1	0.087	- -
	(0.019)	
	4.650	
eta3	0.008	0.261
	(0.010)	(0.074)
	0.832	3.522

Indirect Effects of KSI on ETA

	ksi1	eta2
eta1	- -	- -
eta3	0.008	- -
	(0.010)	
	0.832	

Total Effects of ETA on ETA

	eta1	eta3
eta1	- -	- -
eta3	0.133	- -
	(0.122)	
	1.089	

Standardized Indirect Effects of KSI on ETA

	ksi1	eta2
eta1	- -	- -
eta3	0.008	- -

Standardized Total Effects of ETA on ETA

	eta1	eta3
eta1	- -	- -
eta3	0.133	- -

수정지수의 예

Measurement Equations의 t값이 의미 없음, 오차(Errorvar)에 음수, 경로계수의 작음(예 eta1＝eta3의 계수 0.186)

Modification Indices and Expected Change

Modification Indices for LAMBDA-Y

	eta1	eta3
cs	- -	0.274
ce	- -	3.287
ca	- -	0.063
lo	0.058	- -
li	1.305	- -

오차가 음수로 나온 경우 W_A_R_N_I_N_G: Error variance is negative가 출력된다. 이때 0에 가까운 0.0005를 설정하여 Let the error Variances of sar to 0.005를 첨가하여 다시 돌릴 수 있다. 기본모형의 구조에서 eta1＝eta3의 경로계수의 t값이 작았다(예 비표준화계수＝.17, t＝1.93). 이것을 참고하고, 선행연구를 다시 고찰하여 수정모형에서 이 경로를 0으로 고정시킬 수 있다.

또한 경로의 첨가나 수정이 필요한 경우에 이를 첨가하여 수정 프로그램을 돌린다. 경로의 수정은 'set path from eta2 to eta3＝path from eta3 to eta2'(Modification Indices and Expected Change 참조와 이론적 근거)를 보면 된다. 수정모형을 프로그램을 구성한다.

수정한 프로그램

Observed Variables: cs ce ca sa sar lo li re ac

Correlation Matrix:

1.00

0.15 1.00

0.49 0.01 1.00

0.02 0.07 0.06 1.00

0.02 0.14 0.03 0.71 1.00

0.15 0.08 0.16 0.19 0.15 1.00

0.06 0.05 0.17 0.21 0.16 0.48 1.00

0.15 0.15 0.14 0.13 0.14 0.46 0.40 1.00

0.19 0.08 0.13 0.18 0.05 0.43 0.25 0.31 1.00

Standard Deviations:

3.95 4.01 2.53 4.88 4.82 5.03 2.83 3.95 3.55

Latent Variables: eta1 eta2 eta3 eta4

Relationships:

cs ce ca＝eta1

sa＝eta2

sar＝eta3

lo li re ac＝eta4

eta4＝eta1 eta2 eta3

eta3＝eta2

eta2＝eta1

Let the Errors Variance of sar to 0

set path from eta2 to eta3＝path from eta3 to eta2

Sample Size＝215

Options: AD＝OFF EF MI SC ND＝3 SC IT＝500

Path Diagram

End of problem

Let the error Variances of sar to 0.005

Let the error Variances of sa to 0.005

출력결과의 해석은 앞의 예를 따라 하면 된다. 모형이 적합하면 최종적으로 그림으로 모형을 제시하게 된다(그림에 앞에 출력된 lambda, beta, gamma를 제시).

14. 스피어만 순위상관

비모수통계는 모수통계를 사용하기 위한 가정이 위배될 때 사용한다. 카이제곱검증은 앞에서 살펴보았다. 스피어만 순위상관계수는 두 변인이 모두 서열척도인 경우에 사용되는 비모수통계방법이다. 그러나 두 변인이 모두 등간척도인 경우라도 표본의 크기가 너무 작은 경우에는 피어슨의 적률상관계수 대신에 스피어만의 순위상관계수를 산출한다.

```
proc corr data=hee spearman;
  var q1-q3;
  run;
```

Spearman Correlation Coefficients, N=200

Prob>|r| under H0: Rho=0

	q1	q2	q3
q1	1.0000	0.6167	0.6767
		<.0001	<.0001
q2	0.6167	1.0000	0.5623
	<.0001		<.0001
q3	0.6767	0.5623	1.0000
	<.0001	<.0001	<.0001

출력의 결과는 피어슨의 상관관계와 같은 방법으로 해석한다.

15. 윌콕슨 부호순위검증, 맨-휘트니 U검증

비모수통계인 윌콕슨 부호순위검증과 맨-휘트니 U검증에 대해 살펴보겠다. 이 두 검증은 미술치료프로그램의 효과를 검증하는 데 많이 사용된다.

1) 윌콕슨 부호순위검증

　윌콕슨 부호순위검증은 대응-t검증에 상응하는 비모수통계이다. 두 변인 값의 비교에 +, -방향을 이용하여 분석한다. +부호의 갯수가 -부호의 갯수보다 많은가, 적은가를 본다.

(1) 먼저 사전검사와 사후 검사의 차이를 계산
```
data hee;
  set kim;
    pass=h1+h2+h3+h4+h5;
    cont=u1+u2+u3+u4+u5;
    tdif=cont-pass;
    run;
```

(2) 변인의 차이를 보기
```
proc univariate data=hee1;
  var tdif;
  run;
```

UNIVARIATE 프로시저

변수: tdiff

적률

N	8	가중합	8
평균	4.5	관측치	36
표준편차	3.50509833	분산	12.2857143
왜도	-0.1061577	첨도	-1.9141157
제곱합	248	수정 제곱합	86
변동계수	77.8910739	평균의 표준오차	1.2392394

기본 통계 측도

위치측도		변이측도	
평균	4.500000	표준편차	3.50510
중위수	5.000000	분산	12.28571
최빈값	1.000000	범위	9.00000
		사분위 범위	6.50000

위치모수 검정: Mu0＝0

Test		Statistic		p Value	
Student's t	t	3.63126	Pr＞	|t|	0.0084
Sign	M	3.5	Pr＞＝	|M|	0.0156
Signed Rank	S	14	Pr＞＝	|S|	0.0156

검정		통계량		p-값	
스튜던트의 t	t	3.63126	Pr＞	|t|	0.0084
부호	M	3.5	Pr＞＝	|M|	0.0156
부호 순위	S	14	Pr＞＝	|S|	0.0156

signed rank S 14, Pr＞＝｜S｜ 0.0156을 2로 나누어야 한다. 통계분석에서 제공되는 값이 양방검증에 대한 p값이기 때문이다. 일방검증을 할 때의 유의수준은 $p/2$로 하여야 한다. 즉, 0.0156/2＝0.0078이므로, cont와 pass는 차이가 있다. 다음 단계는 평균등위합(순위합)을 구한다.

극 관측치

−작은값부터−		−큰값부터−	
값	관측치	값	관측치
1	6	2	5
1	4	2	7
1	3	4	8
1	2	4	9
2	7	4	10

(3) 평균 등위합(순위합) 구하기

평균 등위합을 구하는 방법

위의 관측치에서 음은 없으므로, 양의 평균 등위합만을 구한다.

```
양      4      10
               9      중간     9*3＝27
               8
        2      7
               6      중간     6*3＝18
               5
        1      4
               3      중간     2.5*4＝10   55/10＝5.5
               2
               1
```

모두 10까지 있다. 음은 없고 양만 있다. 1이 4번이고 이것들의 등위 평균은 2.5이다. 2는 3번이고 등위 평균은 6이다. 4는 3번이고 등위 평균이 9이다. 평균 등위합은 55/10＝5.5이다. 음의 등위합과 평균 등위합의 경우에도 같은 방식으로 한다.

2) 맨-휘트니 U검증

맨-휘트니 U검증(Mann-Whitney U Test)은 모수통계의 독립표본 t-검증에 해당되는 비모수통계이다. 두 집단의 서열이 동일한가를 검증한다.

```
proc npar1way wilcoxon data＝hee1;
  class group;
  var hstr fstr;
  run;
```

Wilcoxon Scores (Rank Sums) for Variable hstr

Classified by Variable group

group	Sum of Scores	Expected Under H0	Std Dev Under H0	Mean Score
1	26.0	18.0	3.4434	6.50
2	10.0	18.0	3.4434	2.50

Wilcoxon Two-Sample Test
Normal Approximation

Z	3.1844
One-Sided Pr > Z	0.0147
Two-Sided Pr > |Z|	0.0232

t Approximation

One-Sided Pr > Z	0.0329
Two-Sided Pr > |Z|	0.0658

유의확률은 $Z = 3.1844$, $P = 0.0232$에서 보며, 이 통계치를 보면 두 집단은 의미있는 차이가 있다. 1집단의 서열이 2집단보다 높다.

16. 크루스칼–월리스검증

세 집단이 서로 같은 모집단에서 추출이 되었는가의 검증이 크루스칼–월리스검증(Kruskal-Wallis Test)이다. 세 집단의 서열이 동일한가를 검증한다.

```
proc npar1way data=hee wilcoxon;
    class group;
    var sda;
    run;
```

Wilcoxon Scores (Rank Sums) for Variable hstr

Classified by Variable group

group	Sum of Scores	Expected Under H0	Std Dev Under H0	Mean Score
1	69.00	50.	10.80	13.80
2	91.50	70.	11.83	13.07
3	29.50	70.	11.83	4.21

Kruskal-Wallis Test
Chi-Square   11.78
DF   2
Pr＞Chi-Square   0.003

크루스칼-월리스검증을 본다. 유의확률이 Chi-Square 11.78, $p=0.003$으로, 0.01보다 작다. 각 집단은 서열이 동일하다고 할 수 없다. 그룹의 순위를 보면 2집단의 서열이 가장 높고, 1집단이 그다음이며, 3집단의 서열이 가장 낮다.

제15장

질적연구

　미술치료가 연구하고자 하는 연구대상이나 현상에는 양적방법으로 측정하여 분석하기에는 부적합하거나, 양적분석을 보완해야 하는 경우가 있다. 미술치료는 내담자의 내면, 미술치료사의 내면, 내담자의 미술활동과정과 작품, 미술치료사와 내담자의 내면적 만남, 그리고 내면의 변화가 중요한 연구영역이기 때문이다.

　미술치료 연구의 회기진행과정 분석, 작품분석, 내담자나 치료사의 변화과정의 분석이 통계분석이 아니라고 하여, 모두가 질적연구가 되는 것은 아니다. 자료수집 방법과 수집절차, 분석방법과 절차, 분석결과의 해석이 질적연구방법을 따를 때 질적연구가 될 수 있음을 연구자는 유의해야 한다.

　이 장에서는 질적연구의 의미, 질적연구의 연구과정, 질적연구의 평가, 그리고 질적연구의 유형인 전기연구, 현상학적연구, 근거이론연구, 문화기술지연구, 사례연구, 내러티브연구로 나누어 살펴보고자 한다. 연구의 의미, 연구과정, 평가 부분은 질적연구 전반에 해당되는 내용을 다루고, 질적연구의 유형에 따른 특성은 각각의 질적연구 유형에서 다루고자 한다.

미술치료의 질적연구

- 개인의 내면과 행동에 대한 양적연구의 대안
- 양적연구의 측정방법 보완
- 내담사 및 미술치료사 내면, 미술활동, 내담자와 치료자 관계의 양적연구 보완
- 내담자의 내면과 행동의 변화과정 양적연구 보완
- 통계분석이 아니라고 해서 모두 질적연구는 아님

1. 질적연구의 의미

질적연구(qualitative research)는 양적연구의 한계를 비판하면서 대안적 접근으로 모색된 연구방법이다(신경림, 2006). 양적연구는 자연과학의 발전과 더불어 발달되었고, 객관성과 일반화를 강조하는 경험적 · 실증적 패러다임이 핵심이다(Eisner, 2001). 양적연구는 변인들 간의 관계를 설명하고 예측하고자 한다. 연구하고자 하는 변인 외의 변인들이 통제되어야 연구하고자 하는 변인들 간의 관계가 제대로 파악될 수 있다. 그러나 실제 현상은 다양한 변인들로 구성되어 있고, 다양한 변인들이 연구하고자 하는 변인들을 오염시킬 수 있다. 그리고 연구의 분석과정이, 이론과 선행연구에서 연구문제나 연구가설이 형성되고 이것을 검증하고자 하는, 연역적 과정이다.

질적연구는 양적연구에 대한 대안적 연구라고 할 수 있다. 인간의 현상은 법칙을 정할 수 없는 경우가 많으며, 이 현상을 이해하고자 하는 것이 질적연구의 목적이다. 연구문제를 해결하기 위해 정확한 측정이나 통계분석에 의존하지 않고, 관련 자료를 관찰이나 심층면접을 통해 수집하여 분석하는 연구방법이다. 연구자는 현상의 이해와 의미의 조명을 주 목적으로 한다(박성희, 2004).

질적연구는 현상이 전개되는 자연적인 상황에서의 인간행동에 관심을 갖는다. 연구자가 연구대상에 적극적으로 들어가 일상적인 사회적 상호작용 및 의미를 관찰하고 심층면접을 하며 관련 문서를 수집한다(김익수, 2006). 이렇게 수집된 자료에 대하여 사려 깊게 성찰하면서 환경과 연관 지으며 분석해 나가는 연구이다. 그럼으로써 인간경험의 의미와 본질을 파악하고자 하는 것이다(Moustakas, 1994). 그리고 결론에 도달하기 위한 분석과정이 귀납적이다.

〈표 15-1〉 양적연구와 질적연구의 차이

구분	양적연구	질적연구
목표	변인 간의 관계 발견	현상의 이해와 의미를 조명
장소	통제 상황	현상이 전개되는 자연상황
연구문제 해결	정확한 측정, 통계분석	관찰, 심층면접
분석과정	분석방법이 연역적	분석방법이 귀납적
관심	객관적 법칙의 발견	인간경험의 의미와 본질을 파악

  질적연구에서의 개인은 의미를 추구하고 해석하는 존재로, 주관적인 존재이다. 개인이 상황을 어떻게 정의하고, 상황에 대하여 어떤 의미를 부여하며, 이러한 상황의 정의와 의미부여가 어떤 행동을 하게 하는가를 그 개인의 관점에서 이해하려는 것이다. 상황의 본질과 의미는 그 사회에 살고 있는 구성원이 그 상황을 어떻게 정의하느냐에 따라 달라지는 사회적 속성이 있기(Dukes, 1984) 때문이다. 상황을 이해하는 방법은 구성원이 상황에 대해 어떤 의미와 의도를 부여하고 있는가를 그들의 관점에서 기술하는 것이다(Natanson, 1973). 그리고 이 의미는 다른 사람과의 관계에서 표현되고, 더 나아가 사회적 관심으로 확장된다(Clandinin & Connelly, 2000).

〈표 15-2〉 질적연구에서의 개인의 의미

- 인간: 주관적 존재
- 상황의 본질과 의미: 구성원 개인이 부여
- 상황의 이해: 구성원 개인의 관점
- 사회적 관심: 타인에 대한 개인의 관심과 사회적 확장

  질적연구의 목적은 현상에 대한 개인의 내면의식, 주관적 인식의 탐구이다. 개인행동의 이면에 있는 감추어진 욕구, 사고, 정서, 신념, 동기 등을 심층적으로 이해하는, 개인의 주관적인 의미세계에 대한 탐구이다(Strauss & Corbin, 1990). 현상의 이면에 있는 인간의 심층적 구조나 과정을 밝히는 것이다.

  탐구과정은 연구대상자(연구참여자)의 자연스러운 삶에 대한 관찰이나 심층적인 면접을 통해 밝힐 수 있다고 보고 있다. 양적으로 표현되는 객관적 자료보다 언어, 그림, 사진 등의 주관적 자료가 중시된다(천성문, 2005). 질적연구의 연구자는 자신의 관점, 시각, 지식을 최대한 유보하고 현상을 관찰하는 연구대상자(내부자)의 관점(emic perspectives)이 강조된다. 연구대상자의 관점은 상황이나 행동을 정확하게 기술하고 이해하는 데 결정적이며, 왜 그러한 행동을 했는지 이해할 수 있게 해 준다(김영천, 2006).

  이러한 과정은 개인의 경험에 대한 사회적 의미나 본질을 밝히기보다, 개인의 경험과 그 경험의 의미가 한 개인의 삶이라는 총체적 맥락에서 이해되고 해석된다. 즉, 개인의 삶에 영향을 미친 경험의 의미와 그 경험의 궁극적인 의미를 해석한다. 이 해석은 경험의 의미가 연구대상에 한정되는 것이 아니라, 공유되는 것이다. 인간경험의

의미와 본질이 이해되는 것이다. 질적연구는 개인의 경험과 그 경험의 의미가 더 큰 사회적 맥락 및 다른 사람들의 삶과 연결시키는 것이 중요하다(Natanson, 1973).

현상의 이해

- 현상에 대한 개인의 내면의식, 주관적 인식의 탐구
- 행동 이면의 심층구조와 심층과정: 관찰과 심층면접
  주관적 자료의 중시
  내부자적 관점
- 더 큰 사회적 맥락 및 다른 사람들의 삶과 연결
- 인간경험의 의미와 본질을 이해

질적연구는 새로운 개념을 탐색하고 발견하려는 목적을 갖고 있다. 질적연구는 설정한 가설의 검증이나 기존의 이론으로 현상을 설명하거나 개념화하기보다는 연구하고자 하는 현상이나 대상이 알려지지 않았을 때 사용된다. 예를 들어, 청소년쉼터 입소 청소년들은 쉼터 경험에 대해 어떻게 인식하고 있는가? 쉼터 경험의 내러티브는 어떻게 해석할 수 있는가? 경험 내러티브를 통해 발견된 청소년쉼터의 특징은 무엇인가? 의 가출청소년의 쉼터 경험(이정현, 2010)의 질적연구를 통해 쉼터의 특징을 도출할 수 있었다. 이는 양적연구의 한계점을 극복할 수 있는 측면이 있었다. 따라서 기존의 이론이나 가설을 갖고 현장이나 현상에 접근한다면 연구의 목적에서 빗나갈 수 있다(Fetterman, 2009).

양적연구는 연구문제를 설정하고 필요하면 연구가설을 설정한다. 연구문제 해결이나 가설의 검증을 위하여 자료를 수집하고 분석한다. 자료수집 이전에 연구문제나 가설이 설정되며, 이는 자료수집 과정에 변경되지 않는다. 질적연구에서도 연구문제나 가설이 설정될 수 있으나, 양적연구와의 차이는 연구문제나 연구가설이 수정될 수 있는가에 대한 것이다. 질적연구에서는 연구 중간에 가설들이 형성되고, 기각되며, 수정 또는 재해석된다는 것이다. 분석방법이 귀납적으로, 기존 이론이나 선행연구의 개념이나 가설을 적용하여 분석하는 것이 아니다.

양적연구가 일반적인 공통된 원리나 규칙을 보여 주는 데 비해 질적연구는 현상의 내면을 심층적으로 보여 주는 것이다. 연구맥락과 현장맥락이 일치하며, 특정현상에

대하여 심층적으로 연구를 한다는 의미이다(Zahavi, 2001). 맥락 내에 있는 개인에 집
중되기 때문에 미래에 검증할 만한 가설을 제시할 수 있다(Wicks-Nelson & Israel, 2015).
인간행동의 이면에 있는 감추어진 생각, 느낌, 동기, 신념 등을 심층적으로 이해하고
개인의 의미세계에 대한 탐구를 지향하게 한다(Guba & Lincoln, 1994).

　　질적연구는 개인의 내면을 파악하는 연구도구의 개발을 가능하게 한다(Bogdan &
Biklen, 2007). 질적연구의 자료는 연구대상자(연구참여자)의 실제적 경험에서 수집된
다. 연구대상자의 느낌, 사고, 태도, 신념, 행동, 통찰 등의 표현에서 자료가 수집되며,
이를 통해 인간의 행동과 발달이 이해된다(Wicks-Nelson & Israel, 2015). 이 자료들은
범주화되고, 이 범주화는 개인의 내면을 파악하는 연구도구의 개발을 가능하게 한다
(Bogdan & Biklen, 2007).

　　질적연구는 개념이나 이론의 개발에 기여한다. 연구대상자(내부자)의 관점을 강조
하여, 연구자는 자신의 지식, 사고, 관점의 틀에서 벗어나 현장의 실체를 바라보아야
함을 강조한다. 연구자가 직접 현장에 참여하는 직접경험을 중요시하며, 기존의 이론
으로 현장을 설명하기보다 연구대상자가 세상을 어떻게 지각하고 행동하고 있는지를
이해하며 기술하는 것이다(Morgan & Drury, 2003). 이러한 질적연구는 설명할 수 없었
던 개념이나 이론의 개발을 가능하게 한다. 어떤 현상에 대해 지금까지와는 다른 의
미를 부여할 수 있게 하거나 이해되지 못하였던 현상의 이해를 가능하게 한다.

　　질적연구는 특정현상에 대해 심층적인 연구를 가능하게 한다. 특정현상의 연구에
서 연구대상자의 선정은 매우 중요하다. 연구대상자의 선정이 어떤 근거로 이루어졌
는지 합리적인 근거가 제공되어야 한다. 예를 들면, 전문상담교사의 직업 적응과정
(김지연, 2014)에 대한 연구대상자 선정기준은 교직 경력 2년 이상으로 전문상담교사
근무경력 만 2년 이상인 교사로 하였다. 일반적인 진로상담의 한 가지 경력의 인정 범
위는 최소 2년으로 하고, 교직사회에서 일반적인 신임교사의 경력은 2년으로 한다는
점(강완, 장윤영, 정선혜, 2011)을 고려하여 선정기준을 정하였다.

〈표 15-3〉 질적연구의 의미
- 새로운 개념의 탐색과 발견: 현상이나 대상이 잘 알려지지 않았을 때 적용
- 현상의 심층적 이해: 연구맥락과 현장맥락의 일치
- 연구도구의 개발: 연구대상자의 실제적 경험에서 수집되고 자료의 범주화
- 개념이나 이론의 개발에 기여: 다른 의미 부여나 이해 못한 현상의 이해
- 특정현상에 대한 심층적 연구: 연구대상자 선택의 합리적 근거

연구대상자를 선정하는 데 연구자가 접근이 가능한 개인이나 집단을 선택할 수 있다. 이렇게 연구대상자를 선정하면 연구자는 쉽게 연구대상자에게 접근할 수 있고 비용도 절약할 수 있으나, 연구자가 원하는 방향으로 정보가 치우칠 수 있다(Glesne & Peshkin, 1992).

연구자가 현장의 참여자로 깊이 참여하면 객관적으로 있는 그대로의 현장을 관찰하는 데 제한을 받을 수 있다(Wolcott, 1990). 미술치료 연구에서 연구자가 치료사이면서 관찰자가 되는 경우가 있다. 이런 경우에는 객관적으로 관찰하기가 어렵다. 미술치료사는 연구대상자의 행동이 개선되기를 바라며, 미술치료사의 역할이 개선에 도움을 주기 위해서 치료를 하는 것이기 때문이다. 연구자는 이 점을 충분히 고려해야 한다.

미술치료의 회기진행과정 분석, 작품분석, 내담자나 미술치료사 내면의 변화과정 분석은 관찰이나 면담을 통해 자료가 수집되고 분석된다. 이때 통계분석이 아니라고 하여, 질적연구가 되는 것은 아니다. 분석방법, 분석절차, 분석결과의 해석이 어떻게 이루어지는가에 따라 양적연구의 보완으로 질적연구의 일부 방법을 도입한 것인가, 아니면 질적연구의 절차와 분석, 해석에 의거한 질적연구인가가 구별되는 것이다.

지금까지 살펴본 질적연구의 특성과 의미는 양적연구와 차이가 있다. 질적연구와 양적연구와의 비교는 연구목적, 연구방법과 자료분석을 통해 이루어진다.

〈표 15-4〉 양적연구와 질적연구의 비교

구분	질적연구	양적연구
목적	이해와 의미의 발견	인과관계
연구설계	비구조적	구조적
연구도구	연구자	측정도구
대상과의 관계	긴밀적, 직접적	관계가 없거나 간접적
자료수집	참여관찰, 면접	심리검사, 조사, 질문지, 관찰, 면접
분석방법	귀납적, 분석적	통계적, 연역적

2. 질적연구의 연구과정

질적연구의 특성은 연구과정에서 나타나게 된다. 연구대상자 선정, 자료수집, 자료분석을 중심으로 살펴보고자 한다.

1) 연구대상자 선정

양적연구는 연구문제가 정의되고 연구방법이 정해진다. 이에 따라 자료가 수집되며, 자료수집이 끝난 후에 자료분석이 가능하다. 반면에 질적연구는 자료수집과 자료분석이 동시에 이루어진다. 연구가 진행되면서 연구문제가 점차적으로 구체화된다(김영천, 2006). 새로운 연구문제가 대두되고, 분석의 틀이 수정될 수 있다.

질적연구는 현장에서 이루어지는 연구이다. 연구를 위한 현장이 결정되어야 한다. 현장을 결정하기 전에 현장 접근의 가능성에 대한 사전조사가 필요하다. 연구대상자의 특성, 현장의 성격, 연구자의 특성 등의 여러 요인에 따라 현장의 접근이 수월하고 편안 곳도 있으나 어려울 수도 있다. 어떤 경우에는 접근 자체가 거부될 수도 있다.

현장이 결정되면 연구자는 현장을 방문하게 된다. 현장의 관찰이나 연구대상자의 경험에 대한 진술을 통해 자료가 수집되면서 연구가 이루어진다. 연구대상자의 자신과 일상경험이 자세하게 기술되므로, 양적연구보다 연구대상자에 대한 윤리적 고려가 더욱 중요하다. 연구자는 연구의 진행에 앞서 연구대상자에 대한 윤리적 보호에 관심을 가져야 한다. 연구에 대한 정보를 제공하고, 연구참여에 대한 동의를 구해야 한다(Padgett, 2004). 그리고 연구에 따라서는 인간대상 연구심의 위원회의 연구승인이 필요하다. 연구심의 위원회는 연구가 연구대상자에게 줄 수 있는 잠재적이거나 실제적으로 해로울 수 있는 영향이나 위험에 대해 심의한다. 연구심의 위원회의 승인을 얻기 위해 연구자는 연구문제, 연구대상자, 자료수집 방법 등의 연구절차를 자세히 기술한 연구계획서를 제출하여야 한다.

질적연구는 연구심의 위원회의 승인을 받았다고 하더라도 연구를 진행하는데 있어 연구대상자에 대한 윤리적 보호에 대해 연구자의 지속적인 관심이 중요하다. 연구대상자의 선정기준과 방법, 자료수집 방법과 분석, 질적보고서 작성의 모든 연구과정이 윤리적 문제를 갖게 된다. 연구대상자의 개인정보와 연구대상자가 제공한 정보에 대해 익명성이 보호되어야 한다. 연구대상자에게 연구의 주제나 목적에 대하여 설명하고, 연구가 어떻게 진행될 것인가에 대한 개략적인 정보제공이 필요하다. 연구자의 자료수집 과정에서 연구자가 우연히 알게 된 연구대상자의 사적인 내용이나 비공개가 요구되는 정보는 어떻게 할 것인가(활용 여부의 판단과 활용방법)에 대해서도 연구대상자의 권리와 보호라는 측면에서 접근되고 판단하여야 한다. 특히 아동을 대상으로 하는 연구나 고위험 집단의 연구, 또는 민감한 대상(예 장애아동, 학대아동, 에이즈 환자)에 대한 연구는 보다 더 철저한 심의과정이 요구된다.

연구심의위원회 승인을 위한 연구계획서의 예

- **기본 사항:** 연구과제명
  연구기관(기관명, 주소, 간단한 기관의 목적)
  연구자(성명, 전공, 학력, 경력)
- **연구의 목적:** 연구의 목적 및 필요성
  연구의 배경, 연구의 근거
- **연구일정표:** 연구일정 및 연구내용
- **연구방법:** 연구대상자 선정기준
  연구대상자 선정방법
  연구참여 동의서 취득 절차
- **자료수집:** 자료수집 방법
- **자료분석:** 자료분석 방법
- **연구대상자의 윤리적 보호:** 예측되는 잠재적 위험성
  예측되는 실제적 위험성
  위험에 대한 대처 방법
- **비밀보장 및 자료의 활용:** 비밀보장의 범위와 방법
  자료수집 범위
  자료관리 방법

그리고 연구대상자들에게 연구참여에 대한 동의서를 받아야 한다. 연구대상자의 동의는 서면으로 받는다. 연구대상자들의 동의서에는 연구목적, 연구기간과 종결까지의 기간과 필요시간, 자료수집의 방법 및 절차, 면접방법이나 관찰방법, 자료의 기록, 녹음이나 동영상 촬영을 위한 기기 등의 사용, 자료수집 결과의 활용, 연구대상자

의 익명성과 수집된 자료의 비밀보장 등의 내용이 포함된다. 또한 연구대상자가 원하는 경우에는 연구 중간에도 연구참여를 중단할 수 있다는 점이 포함되어 있어야 한다. 연구에 참여함으로써 발생할 수 있는 위험이나 이득도 알려 주어 자발적인 참여를 유도한다.

연구대상자 동의서 내용의 예

- 언제든지 자발적으로 참여를 그만둘 권리
  <u>예</u> 참여를 원하지 않을 경우에는 그만두실 수 있습니다.
- 연구의 주제
  <u>예</u> 교우관계에 있어 --- 경험의 의미
- 연구의 주요 목적
  <u>예</u> 본 연구는 ---를 경험한 청소년들이 무엇을 경험하였으며, 어떠한 과정을 겪는지 알아봄으로써 청소년들의 교우관계에 대한 --- 경험의 의미를 탐구하는 데 목적이 있습니다.
- 연구기간 및 참여기간
  <u>예</u> 본 연구는 ○○년 ○○월~○○년 ○○월까지 진행됩니다.
- 자료수집 방법과 절차
  <u>예</u> ---경험에 대해 이야기를 나누고자 합니다.
  ○○년 ○○월까지 일주일에 1회로 총 3회 만나게 됩니다.
  소요되는 시간은 1회에 40~50분 정도입니다. 이야기 내용은 녹음될 것입니다. 연구에 대해 궁금한 점은 질문하고 대답을 들을 수 있습니다.
- 자료수집 결과의 활용
  <u>예</u> 면담 내용은 연구목적 이외에는 사용되지 않을 것입니다.
  연구가 끝난 후에 수집된 기록자료와 녹음자료는 폐기됩니다.
- 연구대상자의 비밀보장
  <u>예</u> 연구대상자를 알 수 있는 개인정보나 내용은 보고서에 제시되지 않습니다.
- 연구대상자들과 관련되는 연구의 위험이나 이익
  <u>예</u> 연구대상자에게 직접적 이익은 없어도, 교우관계에 도움을 줄 수 있습니다.
- 자발적 참여
  <u>예</u> 위의 내용을 읽고 이해하였으며, 연구참여에 대해 자의로 결정하였습니다.
- 연구대상자의 서명과 날짜
- 연구자의 성명, 기관, 연락처

연구진행과정에서 윤리적 측면과 실용적 측면의 갈등이 발생하였을 때에는 연구대
상자 보호가 우선적이 되어야 한다. 연구규제나 연구심의로 연구의 모든 윤리적 문제
가 해결되기는 어렵다. 연구자로서의 양심이 무엇보다도 중요하다. 그리고 연구자는
연구대상자들에게 연구윤리 및 연구대상자의 권리 등에 대해 설명이 필요하다.

〈표 15-5〉 연구대상자에 대한 일반적 윤리

- 연구대상자의 정보제공자로서의 익명성 보호
- 연구목적 및 연구절차에 대한 정보 제공의 필요
- 연구자와 공유된 연구대상자의 비공개 정보의 활용 여부와 활용방법
- 연구대상자의 개인적 경험에 대한 연구자와의 공유 여부

연구대상자의 선정은 연구의 중요한 성패를 결정한다. 질적연구는 의도적인 표본
추출이 중요한 결정사항이다. 의도적 표본추출은 특정 환경이나 특정한 사건, 개인
등을 의도적으로 선정하는 방법으로, 다른 선정에서는 얻을 수 없는 중요한 정보를
얻기 위해서 하는 방법이다(Maxwell, 2005). 따라서 연구자는 의도적 표집에 대한 명
확한 기준을 제시하고, 선정에 대한 합리적인 근거를 제공할 수 있어야 한다.

양적연구에서는 모집단의 추정이 가능한 확률적 표본추출이 중요하다. 질적연구에
서는 연구주제에 대해 타당한 정보를 제공할 수 있는 이론적 대표성이 있는 연구대상
자 선정이 중요하다(Denzin & Lincoln, 2000). 또한 연구자와 연구대상자 접근이 질적
연구를 수행하는 데 중요하기 때문에, 연구자는 눈덩이식 표집을 하기도 한다.

〈표 15-6〉 연구대상자 선정

- 의도적 표본의 선정: 합리적 근거가 필요
- 연구대상자 선정: 선정의 적절성으로 이론적 대표성
- 연구대상자와의 접근성: 눈덩이식 표집

2) 자료수집

질적연구는 연구자가 현장에 직접 들어가 참여관찰을 하거나 면접하면서 자료를
수집한다. 연구대상자와의 만남에서 자료를 수집하는 것이기 때문에 연구대상자와

어떤 관계를 형성하는가가 연구결과의 중요한 결정요인이 된다. 질적연구의 연구자 역할은 양적연구의 연구자 역할과 다르다(Denzin & Lincoln, 2000).

　라포형성하기, 연구대상자의 말이나 행동에 관심을 보이고 경청하기, 이야기를 촉진하기 등의 상담기술이 요구된다. 연구자는 연구대상자의 관점을 보는 것이지, 어떤 이론적 원리나 개념에 따라 연구문제를 설정하고 자료를 수집하는 것이 아니다. 연구자는 자신의 시각을 벗어나 객관적인 자세를 취해야 한다. 연구대상자로부터 직접 보고 듣고 배우기 위하여 현장에 간 사람이라는 학습자적 관점을 갖고, 관찰 및 면담시간 지키기, 다양한 질문 유형 선택하기, 이유를 묻기보다는 설명을 구하기, 연구대상자의 특성이나 선호를 알아두기, 신뢰할 수 있는 좋은 친구되기의 태도와 자세도 필요하다(김익수, 2006).

〈표 15-7〉 질적연구자의 역할

- 연구대상자와의 관계형성이 중요: 좋은 정보의 수집
- 연구대상자의 관점을 보기: 객관적 태도 유지
- 연구대상자에 대한 학습자적 관점

　질적연구의 자료수집은 충분함(Maxwell, 2005)이 제안된다. 충분함은 연구하려는 현상에 대해 풍부한 자료가 포화 상태에 도달되도록 수집하는 것이다. 자료수집은 다음 절에서 살펴볼 질적 연구의 유형에 따라 다소 차이가 있으나, 면접과 관찰이 기본적이며, 문서(사문서, 공문서), 시청각 자료(사진, 그림, 일기, CD 등), 기록물 등이 활용되고 있다. 자료수집 방법인 면접과 관찰에 대해 살펴보겠다.

　면접은 일상 대화와는 다르다. 특정한 지식 추구를 목적으로 하는 전문적인 대화로, 공식적인 성격을 띤다(공병혜, 박순애, 2009). 면접은 직접 대면하여 이야기를 나누나, 사적인 이야기 나누기가 아니라는 사실을 인식하여야 한다. 연구자는 개방적인 시각과 태도로 연구대상자의 경험을 경청하고 기술하며, 그 의미를 분석하고 해석하여야 한다.

　면접의 과정에서 예기치 못한 상황이 발생할 수 있다. 면접하는 과정에 갑자기 분위기가 안 좋아질 수 있다. 연구대상자가 대답을 하지 않고, 어색한 침묵이 계속 될 수 있다. 같은 내용의 말을 반복할 수 있고, 연구대상자의 감정이 격해질 수도 있다. 이 상황은 연구자가 다루어야 할 문제이다. 미술치료, 심리치료, 상담 등의 면접태도나 전문기술을 참고하면 많은 도움이 된다. 또한 면접지침서에 작성한 질문의 순서를 기억하여야 면접 과정이 원활하게 흐를 수 있다.

면접이 끝나면 면접에 참여해 준 것에 대해 정중한 사의를 표해야 한다. 그리고 추후에 재면접이 필요한 경우에는 면접을 요청하겠다는 의사도 전하고, 재면접에 응하겠다는 답변을 받아 두는 것이 필요하다. 그리고 면접시간은 정해진 시간에 시작하고 정해진 시간 내에 끝내도록 하여야 한다.

면접은 내용의 깊이에 따라 심층면접과 일반적면접으로 분류한다. 질문의 제시방법에 따라 구조적 면접, 비구조적 면접으로 나눈다. 대상자의 수에 따라 개인면접, 집단면접, 초점면접, 초점집단면접이 있다. 구체적 내용은 제8장 조사연구의 5절 '면접법'을 참고하기 바란다. 질적연구에서는 비구조화면접이 이상적이나, 비구조화면접은 전문가가 아니면 실시와 분석에 어려움이 있다. 질적연구를 위한 면접방법과 분석에 훈련과 경험이 반드시 필요하다.

질적연구의 적절한 자료수집과 기록을 위해서는 면접지침서가 필요하다. 면접지침서는 면접을 하기 전에 작성된다. 비구조적 면접은 다음 질문이 앞 질문의 대답에 의해 결정된다. 따라서 많은 개방적 질문을 구성하지 않는다. 중심주제에 대해 대략 5개 정도의 하위 개방형 질문을 구성한다. 하위질문은 중심질문을 구체화하는 세부질문이다.

질문에는 개인의 경험이나 사건에서 연구대상자의 역할, 경험과 사건이 연구대상자 자신에게 미친 영향과 다른 사람에게 준 영향, 더 나아가 공동체에게 준 영향이나 파급 효과도 포함되어야 한다. 질적연구의 유형에 따라 질문에 다소 차이가 있다. 예를 들면, 현상학적 연구의 질문은 '자녀의 장애가 주는 의미는 무엇인가?'이고, 내러티브연구에서는 '어머니 재혼이 야기한 정체성 갈등은 무엇인가?'이다. 질적연구의 질문은 '왜'보다 '무엇' '어떻게'가 다루어진다. 또한 좀 더 알고자 할 때 연구자는 연구대상자에게 누구에게 문의하면 좋을 것인가의 질문도 포함하면, 자료수집이 더 풍부해진다.

면접지침서의 예

청소년에게 ○○ 경험의 의미는 무엇입니까?

- ○○ 경험에서 교우들과의 관계는?
- ○○ 경험 중 가장 힘들었던 점은?
- ○○ 경험한 후 학교생활의 변화는?
- ○○ 경험이 자신의 발달에 준 영향은?
- ○○ 경험에 대한 생각은?

　면접방법이 결정되면, 면접을 수행할 면접장소가 결정되어야 한다. 면접장소는 연구대상자의 주의가 산만해지지 않는 조용한 장소가 좋다. 연구자는 면접장소의 분위기도 고려하여야 한다. 연구대상자가 평상의 기분 상태에서 긴장감이나 불안감을 느끼지 않도록 심리적 분위기에도 관심을 가져야 한다.

　관찰은 누구를, 언제, 어떤 장소에서, 얼마 동안, 무엇을 관찰할 것인가를 정한 다음에 하게 된다. 관찰은 연구자의 개입정도에 따라 완전참여관찰, 중간적 참여관찰, 수동적 참여관찰, 비참여관찰로 구분한다. 완전참여관찰은 연구자가 집단의 구성원처럼 되어 현장에 직접 관여하게 된다. 긴밀한 관계에서 집단을 볼 수 있으나, 중립적 입장에는 지장을 받을 수 있고, 연구자가 자료를 기록하는 데도 지장을 받을 수 있다. 중간적 참여관찰은 연구자가 현장에서 이루어지는 활동에 참여한다. 연구자가 내부인의 관점과 주관적 자료를 얻을 수 있으나 활동에 참여하므로, 연구자가 자료를 기록하는 데 지장을 받을 수 있다. 수동적 참여관찰은 연구자가 집단의 외부인으로 거리를 두고 집단을 관찰한다. 내부인의 관점과 주관적 자료수집에 지장을 받을 수 있다. 비참여관찰은 연구자가 집단인들에게 보이지 않으며 알려지지도 않는다. 직접 관여하지 않고 자료를 기록할 수 있으며, 집단원의 관점이 아닌 객관적 입장의 자료수집이 될 수 있다. 연구자는 연구 초기에 관찰의 개입정도를 결정해야 한다.

　연구자는 특정 집단의 일상생활을 비교적 장기간에 걸쳐 관찰하게 된다. 그들의 삶과 문화를 배우며 관찰하고 기록하는 것이다(조용환, 1999). 먼저 외부인으로서 관찰을 한 다음, 내부인으로 관찰한다. 서술적 관찰로 시작하여 집중관찰, 선별관찰로 진행된다(Spradley, 1997). 적절한 자료수집과 기록을 위해 관찰 지침서를 작성하고 이에 따라 관찰을 진행한다. 관찰한 날짜, 시간, 장소, 정보제공자 등을 먼저 기록한다. 그리고 물리적 상황, 특정 사건과 이에 대한 반응을 기록하게 된다. 연구자의 개인적인 생각, 해석, 떠오르는 아이디어 등도 기록한다. 관찰기록에 반성기록이 포함되는 것이다. 장면에 대한 시각적 묘사나 어떤 표시는 부가적인 유용한 정보를 제공해 줄 수 있다(Creswell, 2013).

관찰 지침서

- 관찰 상황, 장면에 대한 기술
- 장면에서 행해지는 행동과 반응들의 흐름을 시간대로 기술
- 관찰에 대한 기록, 개인적 해석 및 이후 주제 개발을 위한 아이디어 기록
- 장면에 대한 시각적 묘사나 어떤 표시(부가적 유용한 정보)

---

3) 자료분석

질적연구의 자료분석은 자료가 변형되고 새로 구성되는 것이다(Miles & Huberman, 1994). 자료들은 관찰이나 면접을 하면서 기록한 원문과 수집한 공적 · 사적 문서, 일기, 편지, 사진, 그림 등이 있다. 시청각 기기의 자료도 있다. 동영상 촬영, 녹음기 등의 기자재를 사용한 자료는 문자로 전사되어야 한다. 자료를 전사하는 데에 많은 인내와 시간이 필요하나, 자료의 확인에 도움이 된다. 그리고 관찰이나 면접을 할 때 기록지의 여백에 기록한 내용이 있다. 이 모두를 먼저 검토하여야 한다. 연구대상자가 사용한 비유, 은유, 풍자 등에 대한 검토를 하고, 이에 대한 본래의 의미로 바꾸는 것도 필요하다.

질적연구는 많은 자료가 수집된다. 그러나 모든 자료가 연구에 사용되는 것은 아니다. 자료분석은 자료를 축소하는 과정이다. 계속적인 축소가 아니라, 축소와 확대를 반복하면서 최종적으로 축소화하는 것이다. 자료에 제시된 중요 생각들을 평가하고 해석하면서 일차적인 범주(항목, 주제, 차원, 명칭, 목록)로 구성한다. 처음의 과정은 5~6항목의 간단한 범주나 부호화로 시작한다. 계속 자료를 검토하다 보면 5~6항목으로는 부족하다고 판단되고, 재검토를 하다 보면 다른 범주가 고안되며, 이전의 범주들이 합쳐진다. 이렇게 재검토를 통하여 범주의 확인, 확대과정과 축약과정이 이루

어진다. 범주를 늘려가는 과정에서 25~30개 이상은 만들지 않으며, 최종 5~6개로 줄여 나간다(Wolcott, 1994).

범주화된 내용이 전체 자료와 같은 느낌을 주는지 검토한다. 범주는 여러 개의 하위범주가 있을 수 있다. 상위범주는 사회심리적 또는 심리적 개념의 관점으로 제시한다. 이 과정이 귀납적 분석과정임을 보여 준다. 즉, 경험의 수집을 통해 경험의 의미를 분석하고 종합하여 이론을 구성하는 절차를 밟는 과정이다. 범주를 형성하는 것은 질적연구 분석의 중심이 기술에서 분류로 그리고 해석으로 옮겨 가는 과정이다. 질적연구의 자료분석은 기존에 있던 것을 찾아내거나 발견하는 것이 아니라 연구자와 연구대상자의 관점에 의해 연구현장의 경험들이 새롭게 해석되는 과정이다(Clandinin & Connelly, 2000).

결국 해석은 자료를 이해하는 것이다. 해석은 수집된 자료를 심층적으로 이해하고, 그 의미를 추론해 가면서 새로운 시각과 이해를 갖는 것이다. 따라서 해석의 과정은 기계적인 해석이 아니라 인간에 대한 통찰력과 상상력, 인간 경험에 대한 분석력과 창의력 등의 인간탐구 능력이 요구된다. 해석은 사회과학적 전문지식과 사고, 직감, 통찰, 개인적 경험 등의 통합의 결과에 근거하기 때문이다. 해석을 위해서는 연구자의 성격특성, 다양한 경험, 학문적 배경, 경력이 필요하다. 연구자는 자료의 분석은 단순하게 보이는 대로 자료를 범주화하는 것이 아니라는 것을 인식하여야 한다. 해석에 의해 연구의 가치가 결정된다고 볼 수 있다.

분류와 분석이 원자료에 충실했다면, 해석은 연구자가 연구현장에서 벗어나 인간의 경험, 인간이라는 더 큰 틀에서의 의미를 형성하는 것이다. 질적연구는 개인적으로 관심이 있는 연구문제가 사회적 의미로 확장되고 객관화되며, 개인에 대한 관심이 더 큰 사회적 맥락이나 다른 사람들의 삶과 연결되도록 하는 것이기 때문이다. 그리고 연구자는 본인의 연구에서 연구자의 경험, 학문적 배경, 경력, 관점, 시각 등과 이들이 연구에 미칠 수 있는 영향력을 분석하고 노출시켜야 한다. 그리하여 연구결과나 해석에 미칠 수 있는 제한점에 대해 밝힘으로써 다른 연구자가 다른 해석, 인간에 대한 다른 이해를 내 놓을 수 있는 근거를 제시해 주는 것이 필요하다.

질적연구의 자료분석

- 자료분석
  - 자료가 변형되고 새롭게 구성
  - 범주(항목, 주제, 차원, 명칭, 목록)의 확인과정과 축약과정
  - 범주 형성은 기술에서 분류 그리고 해석으로 옮겨 가는 과정
  - 해석은 찾아내거나 발견하는 것이 아니라 새로운 시각과 이해
- 해석
  - 연구현장을 더 큰 사회적 맥락 및 다른 사람들의 삶과 연결
  - 연구자의 전문지식, 사고, 직감, 통찰, 개인적 경험 등의 통합의 결과
  - 연구현장을 넘어 인간의 경험, 인간본질이라는 더 큰 틀에서 의미를 형성
  - 연구자 배경의 영향력 밝혀 다른 연구자의 다른 해석가능성 제공

---

3. 질적연구의 평가

질적연구는 타당도와 신뢰도에서 요구하는 자료수집에 대한 객관적이고 구체적인 기준의 제시가 쉽지 않다. 제시된다고 하더라도 연구대상자를 면접하거나 관찰하는 과정에서 연구자의 주관적 판단이 개입할 가능성이 있어 객관성이 부족하다. 또한 분석과 해석에서도 객관적 평가기준의 설정이 애매하다. 연구자가 연구대상자의 경험을 분석하며, 경험에 의미나 가치를 부여하는 데 연구자의 학문적 배경, 개인적 배경 및 경험, 그리고 이에 따른 관점과 시각 및 개인의 직관력, 통찰력, 창의력, 통합력 등이 주요 요인이 되기 때문이다. 연구현장이나 개인경험의 의미를 사회적으로 확장하고, 인간의 공통성과 차이성을 발견하는 해석과정에서 더욱 연구자의 객관성과 합리성, 논리성에 대한 평가가 어렵다.

이와 같은 질적연구의 타당성과 신뢰성에 대한 제한성에도 불구하고, 연구로써의 가치를 갖기 위해서는, 연구의 신뢰성과 타당성이 있어야 한다. 이에 대한 논의가 질적 연구에서 계속 이루어지고 있다(Loh, 2013).

양적연구의 질을 평가하는 기준과 달리, 질적연구의 질을 평가하는 표준과 검증에는 다양한 시각이 있다. 연구자가 연구현장에 지속적인 참여를 하며, 계속 관찰을 한

다는 것은 현장의 문화를 배우고, 정보제공자의 왜곡으로 인한 잘못된 정보를 점검하게 한다(Merriam, 1988). 그리고 많이 언급되는 준거로 신빙성, 재연가능성, 의존가능성, 확증가능성, 중립성(Lincoln & Guba, 1985)이 있다.

신빙성(credibility)은 양적연구의 내적타당도와 유사한 개념이다(Shenton, 2004). 연구결과가 실제의 현상을 얼마나 정확하고 충실하게 기술하였고 해석하였는가를 의미한다. 신빙성의 평가는 연구대상자 검토(member check)를 통해 이루어질 수 있다. 연구대상자가 수집자료, 연구결과, 해석의 신빙성을 평가하는 것이다. 연구자가 자료를 분석하면서 부족하거나 애매한 부분은 연구대상자를 추후에 다시 면접을 통해 보완을 한다. 여러 차례 면접이 이루어질 수도 있다. 그리고 분석결과가 연구대상자의 생각이나 의미를 정확하게 이해한 결과인가 또는 왜곡되지는 않았는가를 위해 분석 결과에 대한 연구대상자의 평가를 받는다.

Eisner(2001)는 신빙성 조건을 제시했다. 조건은 구조적 확증(증거가 구조적인가), 합의된 검증(검증은 합의된 것인가), 참조의 적절성(참조는 적절했는가)이다. 구조적 확증은 반증의 증거와 해석의 부적합성을 평가하는 것이다. 증거가 다른 연구자에게 설득력이 있어야 한다. 합의된 검증은 다른 전공자들의 동의를 얻는 것이다. 전문가나 동료연구자의 검증에 해당된다. 참조의 적절성은 비판이 필요하다는 점이다. 비판은 주관성을 제거하고, 통합적이고 예리한 지각과 이해를 가져온다.

재연가능성(transferability)은 일반적 적용 및 일반화 가능성과 관계된다. 연구대상자와 현장에 대한 풍부하고 자세한 기술은, 연구결과가 다른 현장이나 개인에게도 적용될 수 있는가의 전이가능성에 대한 판단을 하는 데 도움이 된다(Erlandson, Harris, Skipper, & Allen, 1993). 다른 연구자가 연구결과를 읽고 자신들의 경험에 비추어 공감하고, 논리성을 발견한다면 재연가능성이 있다고 볼 수 있다(Polit & Beck, 2010).

의존가능성(dependability)은 신뢰성과 관련된다(Shenton, 2004). 연구과정과 연구결과 및 해석에 대하여 증거와 설명이 분명하고 충분하여 외부자검증이 가능한 것이다. 외부자검증은 연구와 관련이 없는 외부의 자문가나 전공자들이 연구과정과 연구결과에 대한 해석, 결론을 평가하는 것이다. 검증은 자료가 충분히 연구결과와 결론을 지지할 수 있는가를 평가한다.

확증가능성(confirmability)은 양적연구의 객관성과 유사한 의미이다. 동료연구자의 검토, 연구대상자와의 지속적인 면담이 확증가능성을 보장하는 데 도움이 된다(김지연, 2014). 동료연구자 검토는 양적연구에서의 평정자 간 신뢰도와 같은 의도로 외부의 검증을 가능하게 한다(Shenton, 2004).

중립성(Neutrality)은 연구과정과 결과에서 편견이 배제되어야 함을 의미한다. 신빙성, 적용가능성, 일관성이 확립될 때 중립성이 가능하다. 그러면서도 연구대상자에게 공감을 유지하여야 한다. 중립성에 영향을 줄 수 있는 연구자의 배경과 관점, 경험에 의한 편견이나 시각을 연구 초기에 명확히 밝히는 것은 연구자의 자기인식을 통해 자신의 태도를 성찰하고, 혹시 가져올 수 있는 주관성을 다른 연구자가 보완할 수 있는 여지를 주기 위한 부분이 있다(Merriam, 1998).

〈표 15-8〉 질적연구의 평가

- 정보의 점검: 현장의 지속적 참여와 관찰
- 신빙성: 연구대상자 점토, 다른 연구자의 구조 확증, 검증 합의, 참조의 적절성
- 재연가능성: 현장에 대한 풍부하고 자세한 기술, 일반화 가능성
- 의존가능성: 연구과정, 결과, 해석의 증거와 설명에 대한 외부자검증
- 확증가능성: 동료연구자의 검토, 연구대상자와의 지속적인 면담
- 중립성: 연구접근이나 해석에 영향을 줄 수 있는 연구자 편견 제시

---

4. 전기연구

이 절에서는 질적연구의 한 유형인 전기에 대해 살펴보겠다. Creswell(2013)은 질적 연구의 다섯 유형으로 전기연구, 현상학적연구, 근거이론연구, 문화기술지, 사례연구를 언급하였다.

전기(biography)는 문학, 역사학, 인류학, 심리학, 사회학 등의 학문에서 연구하는 방법이다. 전기는 한 개인과 그의 경험에 관한 서술이다. 한 개인의 삶에서 전환점을 기술하려는 목적으로 인생의 기록물을 수집한다. 기록물은 구술, 문서, 사진, 일기 등으로 이 자료를 통해 한 삶에 대해 탐색하는 것이다(Denzin, 2014). 전기는 학술적이나 비학술적으로 기술될 수 있고, 또는 예술적으로나 이야기 식으로 기술될 수도 있다. 연구자의 해석이 거의 없이 객관적으로 쓸 수 있고, 대상을 역사적 배경과 연결시키는 연대기적 구성의 학술적 의미로 쓸 수도 있다. 생생하고 흥미롭게, 세부적인 내용들을 묘사하는 예술적 관점에서 쓸 수도 있다. 장면과 사건의 특징에 대해 허구적인

설명을 붙이는 이야기 형식으로 쓸 수도 있다(Creswell, 2013).

전기는 전기연구, 자서전, 생애사로 분류할 수 있다. 전기연구(biographical study)는 한 개인의 인생에 대한 연구이다. 연구되는 개인 외의 다른 사람이 보관하는 있는 문서나 기록이 수집되어 기록된다(Denzin, 2014). 자서전(autobiography)은 저자가 자신의 인생에 대한 이야기를 쓰는 것이다. 생애사(life history)는 한 개인의 삶에 대한 보고이다. 연구자가 연구대상자 외의 면접과 대화를 통해 자료를 수집한다(Ellis, 2009).

전기는 연구대상자를 사회나 문화의 좀 더 커다란 흐름 속에 놓기 위해, 역사적, 맥락적인 이해가 필요하며, 대상에 대해 광범위한 정보를 수집할 필요가 있다. 프로이트의 전기를 통해, 프로이트가 살았던 시대의 특성과 시대 정신, 사회적 분위기, 문화, 개인적 환경과 교육, 경험 등은 프로이트 정신분석을 이해하는 데 많은 도움을 준다. 프로이트, 에릭슨, 아들러의 전기도 이들 이론들 간의 차이를 이해하는 데 중요한 관점을 제공해 준다. 전기연구는 개인의 관점과 시각을 인생이라는 맥락에서 보는 안목이 필요하다.

전기연구의 자료수집은 면접과 문서, 기록물 등이다. 수집자료의 분석은 연구자가 구체적이며 맥락적인 요소를 찾기 위해 대상자의 삶을 연대기로 구성한다. 대상자의 삶에서 객관적인 경험들을 중심으로 조직화한다. 그리고 다중적인 의미를 탐색한다. 주제가 다양한 영역으로 확대되면서 범주들이 분류되고, 유형과 의미가 결정되면서 개인의 인생이 이론화된다. 그리고 사회적 상호작용, 문화적 논쟁, 사고, 이념, 역사적 맥락 같은 의미들이 설명될 수 있는 더 큰 구조를 찾고, 개인의 인생경험에 대한 해석이 제시된다(Denzin, 2014).

〈표 15-9〉 전기연구

분류	내용
목적	개인의 삶 탐구를 통해 문화, 역사적 맥락의 의미 설명
학문분야	문학, 인류학, 심리학, 사회학
자료수집	면접, 문서, 기록물
자료분석	개인의 경험에 대한 사회적, 역사적 맥락의 해석
연구대상자	접근 가능한 독특한 개인

전기연구의 평가는 해석의 기준이다. 해석기준은 연구자가 현상을 설명하기 위하여, 상세한 기술과 더불어 대상자의 경험, 역사, 해석 간의 맥락적 관계를 보는 것이다. 연구자의 해석으로 인해 전에는 잘 이해되지 않았던 현상에 대한 이해를 더 잘 해 줄 수 있어야 한다(Angrosino, 2008).

5. 현상학적연구

현상학적연구(phenomenological study)는 철학적 관점에 뿌리를 두고 있으며, 사회학, 심리학, 교육학, 간호학 등에서 연구되고 있다. 현상학적연구는 경험에 대한 단일한 통합적 의미가 존재한다는 것을 인정하며, 경험의 본질적인 불변 구조를 탐색하고자 한다. 한 개인의 경험에 대한 기술에서 일반적이고 보편적인 경험 구조의 본질을 이끌어 낼 수 있기(Moustakas, 1994) 때문이다. 예를 들어, 사랑하는 사람을 상실한 개인의 애도에 대한 기술은 애도에 대한 보편적인 인간경험의 본질을 이해할 수 있게 한다. 한 특수한 사건이나 현상을 경험한 개인들의 경험에 의미를 기술하는 것은 경험에 관한 기저의미를 탐색하는 것이다(Englander, 2012).

현상학적 연구문제는 연구대상자의 독특한 경험에 대한 의미를 탐색하기 위해 설정된다(Giorgi, 2006). 연구자는 연구하고자 하는 현상을 경험하였고, 이 경험을 잘 표현할 수 있는 개인들로부터 자료를 수집한다. 연구대상자의 적절성은 경험에 대한 표현의 내용이 풍부하고 깊이가 있으며, 생생하고 자세하게 표현하는 연구대상자의 선정이다. 그런데 서로 다른 특성을 지닌 연구대상자들의 선정은 경험의 일반적 본질을 찾아내는 데 어려움을 줄 수 있다. 그리하여 눈덩이식 표집의 방법이 활용되기도 한다(Creswell, 2013).

현상학적 분석은 연구하려는 현상의 본질적 의미를 파악하는 것이다. 연구자는 먼저 자신의 경험이 갖는 의미를 파악해야 한다. 사물에 대한 진실된 인식에서부터 연구자로서의 인식이 시작되기(Moustakas, 1994) 때문이다. 먼저 연구자는 자신의 경험, 지식, 시각, 관점, 이론, 편견에 대해 인식을 하여야 한다. 그리고 자신의 인식에서 현상의 본질을 파악하는 데 방해가 될 수 있는 것들을 제시하고, 이들의 영향을 받지 않도록 의식적인 노력을 하여야 한다. 그리고 연구대상자에게 접근하여야 한다.

현상학적 자료분석 과정은 일반적으로 현상에 대한 전체적인 인식, 수평화(의미단위로 분류), 현상학적 개념으로의 변형(학문적 개념), 일반적 구조, 의미의 해석이다. 먼저 연구대상자로부터 진술된 현상에 대한 경험이 전체적으로 기술된다. 연구자는 기술된 내용을 여러 차례 읽음으로써 현상에 대한 전체적인 인식을 해야 한다.

전체적인 인식이 이루어지고 나면 주제의 나열을 하게 된다. 이를 기술된 자료의 수평화(horizonalization)라고 한다. 수평화는 주제에 대한 진술에서 주제가 어떻게 경험되고 있는가를 파악하게 되고, 주제는 의미 있는 진술로 나열한다. 이것은 현상의 본질을 탐구하려는 의도로 연구대상자의 진술문이 의미단위로 분류되는 것이다. 분류는 목록화된다. 의미단위가 목록화되는 것으로 목록은 중복되지 않아야 한다. 예를 들어, 미술치료 대상 어머니의 미술치료사에 대한 작업동맹의 경험에서 의미 있는 전환이 일어난다고 판단되는 부분에 표시를 하여, 의미단위를 목록화할 수 있다. 실제 분류에서는 각 의미단위에 번호를 부여하여 분류를 하게 된다.

의미단위는 현상학적 개념으로 변형된다. 분류된 의미단위가 학문적 개념으로 전환되는 것이다. 학문적 개념으로 변형될 때 연구자는 논리적 비약이나 현상의 본질에서 벗어나 추상화되지 않도록 하여야 한다.

학문적 개념으로 기술된 의미단위에서 구성요소들을 도출된다. 구성요소 간에는 관계를 포함하는 일반적 구조가 형성된다. 학문적 개념으로 변형된 의미단위들이 연구하고자 했던 현상에 대한 일반적 구조로 통합되는 것이다. 변형은 구분된 의미단위들이 통합되어 무엇이 경험되었는가의 어휘적 기술(textural description)과 어떻게 경험되었는가의 구조적 기술(structural description)로 형성한다. 이것을 경험의 조직이라고 한다. 이 과정을 통해 현상에 대한 다양한 의미와 관점이 발견된다. 현상에 대한 준거틀이 다양화되고, 현상이 어떻게 경험되는가를 기술하게 된다. 그럼으로써 경험의 의미와 본질에 대한 일반적인 의미의 해석이 이루어진다.

〈표 15-10〉 현상학적연구

분류	내용
목적	현상에 대한 경험의 본질 이해
학문분야	철학, 사회학, 심리학, 교육학, 간호학
자료수집	면접
자료분석	진술, 의미단위, 현상학적 개념, 일반적 구조, 의미의 해석
연구대상자	현상을 경험한 여러 개인

현상학적연구의 평가에는 연구자의 자기검토와 외부검증자의 시각에 의한 검증이 있다(Shenton, 2004). 외부검증자의 검증은 현상에 대해 동일한 구조를 연구하는 다른 연구자에게 보내져, 그 연구자가 검토를 하는 것이다. 경험에 대한 인식이 자신과 어떻게 일치하는가, 그리고 경험의 의미와 해석이 공감되고 받아들여질 수 있는가를 검토하는 것이다. 연구자의 자기검토는 자신이 발견한 의미들이 적절한가, 구조와 구성요인들이 잘 일치되고 있는가, 같은 요인들이 다른 구조를 구성할 수도 있는가 등을 자문하는 것이다. 또한 연구결과가 다른 현상이나 경험에도 해당될 수 있는가를 검토하는 것이다(Polit & Beck, 2010).

6. 근거이론연구

근거이론연구(grounded theory study)는 특정 상황에 관련되는 어떤 이론을 개발하거나, 어떤 현상에 대한 요약적이고 분석적인 구조를 생성하고자 하는 것이다. 근거이론연구는 다른 질적연구처럼 심층적인 기술을 하기보다는 체계적인 요약과정을 통한 이론개발을 목적으로 한다.

근거이론연구는 사회학, 간호학, 교육학에서 널리 사용되고 있다. 현상에 대한 적합한 개념이 아직 확인되지 않거나, 개념 간의 관계에 대한 이해가 부족한 분야, 특정한 현상에 적합한 변인과 그렇지 않은 변인들이 구체화되지 않는 분야, 이론적 기반이 취약하거나 잘 갖추어지지 않은 분야, 기존 이론이 수정되거나 명확하게 제시되어야 할 필요성이 있는 분야에 활용될 수 있다(Creswell, 2013).

근거이론연구의 연구대상자는 연구자가 이론을 형성하는 데 가장 잘 도움을 줄 수 있다는 이론적인 목적하에 선정되는 이론적 표본추출이다. 개인들이 어떤 현상에 대하여 어떻게 반응하고 행동하는지를 연구하기 위해, 연구자는 현장을 수차례 거듭 방문하고 면접을 함으로써 지속적으로 추가정보를 수집하게 된다(Strauss & Corbin, 1990). 수집한 정보에서 범주들을 개발하고 범주들을 상호관련시킨다.

현장을 몇 차례나 방문해야 하는가는 수집한 정보들을 검토하며 범주들이 포화(saturated)되었는가, 그리고 복잡한 이론이 충분히 정교화되었는가의 여부에 달려 있다. 범주들이 언제 포화되었는지, 혹은 이론이 언제 충분히 구체화되었는지를 결정하는 데에 연구의 어려움이 있다. 어려움의 극복은 연구자의 전문가로서의 능력과 태도, 현장에 대한 통찰력, 자료수집 방법과 분석에 대한 학문적 경력, 그리고 창의력, 직관, 통합력이 중요한 요건이 된다.

근거이론연구는 혼란스럽고 방대한 자료에서 새로운 개념과 범주, 그리고 이론을 형성하는 것이다. 방법론적 특징은 이론적 민감성, 지속적 비교방법, 이론적 표본추출(Misco, 2007)이다. 이론적 민감성(theoretical sensitivity)은 연구자가 자료에 의미나 가치를 부여하거나 자료의 의미를 이해하여, 관련 있는 것들을 구분할 수 있는 통찰력이다. 따라서 겉으로 드러나지 않는, 이면의 의미를 볼 수 있는 능력도 요구된다. 이론적 민감성은 현상을 전체적으로 바라보면서 자료들을 비교하며 분석하게 해 준다. 추가적인 자료 수집의 필요성에 대한 인식도 하게 해 준다. 이론적 민감성은 연구자의 개인적 자질로, 학술 및 비학술적 문헌에 대한 관심, 관련 분야에서 쌓은 전문적인 연구경력, 연구 현상에 대한 개인적 경험, 자료수집 및 분석 과정의 훈련을 통해 지속적으로 발달된다(Strauss & Corbin, 1998).

지속적 비교방법(constant comparative mathod)은 자료를 수집하고 분석해 나가는 과정에서, 연구에서 나타난 개념들을 이전에 나온 개념들과 지속적으로 비교하는 것이다. 비교과정은 유사점과 차이점, 개념의 출현 빈도, 개념이 나타나는 다양한 조건을 찾아내고 개념들을 범주화하는 것을 의미한다. 비교과정은 새로운 통찰이 더 이상 만들어지지 않을 때까지 계속적으로 반복되어야 한다. 지속적 비교과정은 현장을 방문하여 연구대상자를 면접하면서 실제로 자료를 수집하는 과정과 연구실에서 자료를 분석하는 과정을 반복하면서 더 이상 새로운 통찰이 이루어지지 않을 때까지 시행되는, 현장자료수집과 자료분석의 반복적 수행이다.

이론적 표본추출(theoretical sampling)은 연구대상자 선정이 매우 중요한 절차로, 이론적으로 적합한 대상자를 인위적으로 선정하는 것을 의미한다. 이론적 표본추출은 개념의 속성과 표현, 개념 표현의 조건, 개념 간의 관계, 표현의 변화, 개념의 속성과 차원의 발견을 최대화할 수 있는 개인, 장소, 상황을 추출하는 것이다. 이론적 표본추출은 연구를 수행하기 전에 결정된다기보다는 자료의 수집과 분석 과정을 통해 표본 대상을 조정해 가면서 발전된다(Corbin & Strauss, 2008).

근거이론연구의 방법적 특성

- 이론적 민감성
  - 자료에 의미나 가치를 부여
  - 자료의 의미를 이해하며 관련 있는 것끼리 구분하는 통찰력
  - 이면의 의미를 볼 수 있는 능력
  - 현상을 전체적으로 보며, 자료들을 비교 · 분석하는 능력
  - 추가적 자료수집의 필요성에 대한 인식 능력
  - 연구, 경험, 자료수집 및 분석과정의 훈련으로 계속 발전
- 지속적 비교방법
  - 수집자료의 분석에서 나온 개념과 이전 개념 간의 유사점과 차이점 비교
  - 개념의 출현 빈도나 개념이 나타나는 조건의 발견, 개념들을 범주화
  - 더 이상 새로운 통찰이 없을 때까지 현장자료수집과 자료분석의 반복 실행
- 이론적 표본추출
  - 이론적으로 적합한 대상자를 인위적으로 선정
  - 자료의 수집과 분석 과정을 통해 표본 대상을 조정해 가면서 발전

근거이론연구는 귀납적 특성을 지니고 있음에도 자료분석 과정은 체계적이다(Corbin & Strauss, 2008). 분석과정은 개방코딩, 축코딩, 선택코딩, 조건매트릭스로 되어 있다.

개방코딩(open coding)은 현상에 대해 수집된 자료를 구분하여 범주화하는 것이다. 먼저 원자료를 코딩하면서 내용에 이름을 붙이고 내용을 범주화한다. 코딩은 자료를 한 줄 한 줄 읽으면서 자료 내에 숨겨진 의미를 분석하는 행 단위 분석법(line-by-line analysis)과 의미의 단위가 문단에 이르는 하나의 사건인 경우의 사건 단위 분석법(incident by incident analysis)이 있다. 행 단위 분석법은 정확성에 몰입되어 이론형성을 위한 요약화를 간과하게 할 수 있다(Oktay, 2012). 의미가 있는 행이나 문장 및 문단은 각각 짧은 문장으로 요약하여 유사한 것끼리 묶고, 묶은 내용은 개념으로 명명하는 작업이 유용하다.

연구주제와 관련되는 것으로 추출한 의미있는 현상과 개념들은 다시 읽으면서 개념들 간의 유사점과 차이점을 비교한다. 개념적으로 유사하거나 의미상으로 관련이 있는 현상들을 범주화한다. 범주 내에서 속성이라고 할 수 있는 하위범주를 도출한다. 속성들은 차원화하여 연속선상에 제시한다. 범주가 포화될 때까지 수집된 자료의

원문들을 검토한다. 범주의 포화는 수집된 정보가 더 이상 범주에 대한 통찰을 제공하지 않을 때까지 계속 범주를 찾는 것이다. 새로운 범주는 다시 현상, 개념, 하위범주들과 비교한다. 비교하는 과정에서 하위범주들이 통합되면서 최종의 범주로 축약된다. 범주화 과정에서 범주들 간의 차별성이 확인되어야 한다(Corbin & Strauss, 2008).

축코딩(axial coding)은 자료의 분류가 하나의 범주를 중심으로 재조합되는 과정이다. 개방코딩 후에 새로운 방식으로 자료를 모으는 것이다. 중심현상이 되는 범주를 확인하고, 범주들의 상호관계를 설명하는 구조(structure)와 과정(process)을 밝히는 것이다. 구조만 안다면, 어떻게 특정한 사건이 발생했는지 이해할 수 없고, 과정만 안다면 왜 발생했는지 알 수 없다. 역동적으로 전개되는 사건의 본질을 보기 위해서는 구조와 과정을 모두 이해하여야 한다(Corbin & Strauss, 2008). 구조와 과정 간의 관계에 대한 본질이 이해되지 않으면 연구대상자의 삶의 경험을 제대로 이해하기 어렵다. 근거이론의 일차적 결과는 중심현상, 인과조건, 조건들과 맥락, 전략, 결과의 구체적인 구성요소가 있는 이론인 것이다.

구조와 과정의 관계는 중심현상에 영향을 주는 인과조건(casual conditions)을 탐색할 수 있게 하며, 중심현상의 결과로 나타나는 행동이나 상호작용인 전략을 구체화해 준다. 전략을 형성하는 맥락과 인과조건이 확인되며, 전략을 수행한 결과를 파악할 수 있게 된다. 개방코딩보다 현상에 대해 더 넓고 깊은 설명력을 얻을 수 있다.

선택코딩(selective coding)은 범주를 통합하고 세련화하여 하나의 이론으로 발전시키는 과정이다. 선택코딩은 핵심범주와 다른 범주들 간의 관계유형을 통해 이론 형성으로 나아갈 수 있다. 핵심범주는 중심범주로도 불린다. 다른 범주들 간의 관계를 통합적으로 설명할 수 있는 포괄적이고 요약적인 범주이다. 다른 범주와 논리적으로 연결되며 일관성이 있고, 이론적 깊이와 설명력을 보여 주어야 한다. 핵심범주 설정을 도와주는 기법으로 이야기 윤곽 전개하기, 도표 이용하기, 메모 이용하기 등이 있다. 많이 활용되는 방법은 이야기 윤곽 전개하기이다. 이야기의 줄거리를 확인하고 축코딩에 있는 범주들을 통합하는 이야기를 서술하는 것이다. 이때 조건적 명제 또는 가설이 대부분 제시된다. 축코딩 과정에서 나타난 범주들 간의 관계는 시각적으로 설명되는 코딩 패러다임이나 이론적 모형으로 구성된다. 즉, 이론적 명제 혹은 가설로 제시되는 것이다.

그런데 실제 연구에서는 개방코딩, 축코딩, 선택코딩이 순서적으로 되는 것이 아니다. 혼합되기도 하고, 반복이 되기도 한다. 또 자료수집과 코딩의 순서도 전후 관계로

정해진 것이 아니다. 코딩과정에서 자료가 불충분하면 다시 면담을 하여 자료가 수집
되며, 새로운 자료는 이 형성된 코딩을 수정하게 한다.

조건매트릭스가 마지막 단계이다. 중심 현상에 영향을 미치는 사회적, 역사적, 경
제적 조건들을 밝히는 것이다. 조건매트릭스가 개발되고 도식화되면, 차후의 경험적
인 검증을 필요로 한다.

근거이론연구의 검증은 적절성, 공감, 유용성이 중요하다(Corbin & Strauss, 2008).
검증은 연구자 자신과 외부검증자가 한다. 개방코딩에서 범주의 개발과 축코딩에서
범주들을 상호 연결시키는 과정이 중요한 검증단계의 시작이 된다. 연구자는 범주의
설정, 범주의 관계에 의문을 제기하고, 의문을 반박하기 위해 자료를 다시 검토하면
서 반박의 자료를 찾아야 한다. 이론형성의 과정과 이론의 모형을 구성한 후에는 타
당성을 위해 선행 문헌을 참고하여야 한다. 연구결과가 선행연구와 어떻게 다르게 현
상을 설명하고 있고, 이 설명이 어떻게 정당화될 수 있는가를 위해 선행문헌을 참고
하며, 제시되어야 한다. 연구자 자기검토 외에 외부검증자에 의한 연구의 평가도 필
요하다(Misco, 2007).

〈표 15-11〉 근거이론연구	
분류	내용
목적	이론 개발, 현상의 추상적, 분석적 구조 생성
학문분야	사회학, 간호학, 교육학
자료수집	면접, 지속적 추가 정보
자료분석	개방코딩, 축코딩, 선택코딩, 조건매트릭스
연구대상자	이론적 표본추출, 중심 현상에 참여한 여러 개인

7. 문화기술지연구

문화기술지연구(ethnography study)는 문화적 집단 또는 사회적 집단이나 체계에 대
한 기술과 해석이다. 사회적, 문화적 체계의 의미에 대해 연구한다. 문화기술지연구
는 특정의 문화적 맥락에서 살아가는 개인들이 사물과 현상에 대해 어떻게 이해하는

지를 알아내고자 한 문화인류학에 그 기원을 두고 있다. 특정한 문화적 맥락에서 개인들이 주어진 상황을 어떻게 해석하고, 그에 따라 어떻게 행동하는지에 관심을 가지고 있다. 한 문화에 관한 기술연구로 문화공유집단의 학습된 행동, 관습, 생활방식의 패턴을 검토하여 행동, 언어, 상호작용의 의미를 연구하는 것이다(Denzin, 2014).

문화기술지연구는 현장연구이다. 연구자가 특정 문화집단의 일상생활에 참여관찰 또는 연구대상자(집단원)의 면접을 통해 연구가 이루어진다. 즉, 문화공유집단의 삶과 문화를 관찰하여 분석하고 해석하는 것이다(Ellis, 2009). 연구자는 사회학이나 문화인류학에서 관찰과 면접에 대해 고도의 훈련을 받아야 한다(Borg & Gall, 1983).

〈표 15-12〉 문화기술지연구

분류	내용
목적	문화적 또는 사회적 집단이나 체계에 대한 기술과 해석
학문분야	문화인류학
자료수집	관찰, 면접
자료분석	기술, 분석, 해석
대상자	문화공유집단의 구성원 또는 대표하는 개인들

연구자는 개인들의 행동에 대해 광범위한 자료를 수집한다. 이후에 많은 분량의 질적자료를 분석해야 한다. 자료수집 과정에서 자세한 관찰내용이 현장노트에 기록되고 내용의 의미에 대한 연구자의 해석을 첨가하게 된다.

문화기술지연구는 자료수집과 해석의 주요 원칙으로 현상학적 원칙, 총체적 원칙, 비판단적 원칙, 맥락화의 원칙이 있다(Creswell, 2013). 현상학적 원칙은 연구자가 내부자의 관점에서 사회현상을 이해하고자 하는 것이다. 연구목적이 현상에 대한 객관적인 이해가 아니라 현상에 대해 내부자의 입장에서 이해하는 것이다. 총체적(holistic) 원칙은 연구자는 문화체계 전체를 보아야 한다는 것이다. 해석은 전체 체계와 각 요소의 관계를 규명하는 것이기 때문이다. 비판단적 원칙은 연구자가 자신의 이론적 관점, 시각, 가치, 판단에 의해서가 아니라 전체 상황을 있는 그대로 보고 기록해야 한다는 것이다. 맥락화(contextualization)의 원칙은 모든 자료는 고유한 환경의 맥락에서만 이해되어야 한다는 것이다.

문화기술지연구의 자료분석 과정은 문화공유집단에 대한 기술, 분석, 해석이다. 기술은 사회집단에 대해 총체적이어야 한다. 총체적의 의미는 문화기술지 연구자는 문화적 체계나 사회적 집단에 대해 가능한 한 많이 기술하는데, 집단에 대한 모든 측면들을 통합하는 전체적인 문화장면의 개관이 기술되어야 한다는 것이다. 집단의 역사, 종교, 경제, 환경도 포함된다(Fetterman, 2009). 집단이나 개인에 관한 사건은 연대기를 통해 기술될 수 있다. 또는 중요한 사건에 초점을 두거나, 줄거리와 인물이 있는 이야기를 전개하며, 상호작용하는 집단을 살펴볼 수 있다. 그리고 연구대상자들의 관점을 보여 주는 것이다.

분석은 자료에서 양식화된 규칙을 찾는 것이다(Denzin, 2014). 문화공유집단과 이론적 틀과의 관계를 이끌어 낸다. 그리고 문화공유집단을 다른 집단과 비교한다. 연구자는 자신의 분석과정을 계속 객관적·논리적으로 검토하면서 연구의 재설계를 한다. 분석결과는 기술에서 제시한 구체적인 자료들을 강조하거나 분류, 비교, 의미에 관한 표, 차트, 다이어그램, 그림 등을 통해 보여준다.

해석은 자료의 변형과정이다. 인간의 사회생활과 사회적 상호작용의 의미에 대한 일반화를 위해 집단구성원의 관점(내부자의 관점)과 사회과학 관점, 즉 인간의 사회생활에 대한 연구자 시각의 해석(외부자의 관점)이 통합되는 것이다. 연구자는 자료로부터 추론을 끌어내거나, 자신이 내린 해석의 구조를 제공하는 이론으로 돌아가는 것이다(Ellis, 2009).

문화기술지연구는 연구자가 문화집단에 들어가 현지화되어 현상을 깊이 이해할 수 있고, 이 과정에서 이론이나 가설을 만들어 낼 수 있다. 현실기반이론이나 현실기반가설이 될 수 있다. 그러나 연구자가 현지인화되어 연구를 완성할 수 없거나, 연구에서 타협할 가능성이 있다.

연구의 검증은 다원화와 연구대상자 검토(Atkinson, 2012)가 있다. 다원화는 연구자가 각기 다른 단계에서 수집한 자료와 비교하기, 다른 연구자가 수집한 자료와 비교하기, 사건이 발생되는 일시적 주기의 다른 시점에서 수집한 자료와 비교하기 등이다. 연구대상자 검토는 연구대상자가 연구자가 기록한 자신의 자료가 타당한가를 확인하는 것이다. 그리고 연구자의 자기검토도 중요하다. 관찰자로서의 능력과 자료수집, 연구자로서의 분석과정을 점검하여야 한다. 다른 연구자검증도 필요하다. 연구대상자 확인 및 자기검토의 결과를 활용하여 다른 연구자의 동의나 사회적 합의에 이를 수 있어야 한다.

8. 사례연구

사례연구(case study)는 사건이나 상황으로 경계가 지어지는 개인이나 소수집단을 시간의 경과에 따라 심층적으로 탐색하는 연구이다. 특정한 사건, 활동, 프로그램 같은 경계가 지어지는 사례나 집단에 대한 집중적인 연구이다. 사례나 집단에 대한 구체적이고, 자세한 기술과 이에 관련된 모든 측면에 대한 분석이 제시되며, 의미를 찾고 의미에 대한 해석을 하게 된다.

사례연구는 실생활에서 현재 일어나는 현상에 대한 연구이다. 사건의 전체적이며 의미 있는 특성은 그대로 보존하면서 복잡한 사회적 현상에 대한 통찰과 이해를 갖도록 해 준다(Yin, 2012). 이론 정립을 위한 기반 형성이 되며, 일반화 가능성을 갖게 된다. 심리학, 인류학, 사회학, 의학 등에서 활용되고 있다. 미술치료를 포함한 심리치료분야에서도 한 개인이나 집단의 치료과정 연구에서 사례연구를 활용하고 있다.

사례연구는 특정한 대상에 관련된 모든 자료를 종합적으로 수집하게 된다. 특정한 대상에 대한 포괄적이고 다각적인 이해와 더불어 개별적이고 변별적이며, 깊이 있는 기술을 가능하게 한다(Merriam, 1988). 예를 들어, 탈북 아동이 학교생활 적응과정에서 겪는 원인이 무엇이고 어떻게 변화되며 적응해 가는지에 관하여 사례연구를 할 수 있다.

〈표 15-13〉 사례연구

분류	내용
목적	사건이나 상황으로 경계 지어지는 체계나 사례의 심층탐색
학문분야	심리학, 인류학, 사회학, 의학
자료수집	관찰, 면접, 문서, 자료
자료분석	기술, 분석, 해석
연구대상자	개인 또는 소수집단

사례연구는 단일사례연구와 복수사례연구가 있다. 단일사례연구는 연구하고자 하는 사회현상이 하나의 사례를 통해 종합적이고 심층적으로 탐색되면서, 이론정립을 위한 토대가 이루어지게 된다. 복합적인 현장이 포함될 수 있으며, 하나의 주제에 초

점을 둘 수 있다. 복수사례연구는 동일한 조건이나 경험에서 각각 다른 결과가 야기되는 현상을 이해하고, 이와 같은 결과가 나타나는 것에 대한 원인을 찾는 것이 연구의 중요 목적이 되는 연구이다. 동일한 조건이나 경험이 다른 맥락에 의해 다른 결과로 나타나는 현상에 대한 자세한 규명이 될 수 있다.

연구대상자의 선정은 연구목적에 맞는 전형적인 사례를 선정하기 위해 의도적 표본추출이 이용될 수 있다. 자료수집은 관찰, 면접, 문서, 그림 등을 통해 이루어진다. 자료수집의 목적은 실제로 발생한 사건 및 개인행동에 대한 자료를 모으는 것이다. 자료수집의 내용은 연구대상자가 '무엇을 경험하였는가?'와 연구하고자 하는 '대상의 경험에 영향을 준 상황이나 맥락이 무엇인가?'가 중심내용이다.

자료분석 과정으로 연구자는 수집된 자료를 기술한다. 수집된 단편적 사실이나 분산된 자료는 체계적으로 정리되어야 한다. 주요 사건은 연대기 같은 방법으로 기술할 수 있다. 복합적인 사례가 선택되었을 때 각 사례에 대한 자세한 기술과 각 사례에서 공통된 주제(초점이 되는 주제)를 제시하는데, 이를 사례 내 분석(within-case analysis)이라고 하며, 사례들에 대한 의미를 해석한다.

수집하여 기술된 모든 자료는 분석된다. 자료들은 코드화를 통해 영역별로 개념과 범주로 유목화하여 원자료를 축약한다. 영역별로 나누어진 자료들은 다시 세밀하게 분석된다. 각 범주에 포함되어 있는 요소(하위범주)를 찾아낸다. 자료에서 반복적으로 나타나는 의미 있는 주제를 발견하는 주제분석방법(Maxwell, 2005)이 적용될 수 있다. 수집된 자료에서 의미가 불분명하거나 보완이 필요한 부분에 대해서는 다시 관찰이나 면접을 하면서 자료를 보충하고 분석을 다시 한다. 이 과정은 수차례 반복될 수 있다.

유목화된 범주들은 범주와 하위범주와의 관계, 범주들 간의 관계, 범주와 전체 간의 관계로 구조화된다. 그러면서 다양한 자료가 공통적으로 시사하는 수렴된 메시지를 포착한다(Yin, 2012). 분석된 자료에서 의미를 추출해 내는 것이다. 의미의 추출은 수집된 자료를 더 의미있는 방식으로 구성하는 것이고, 그리하여 일반화를 이끌게 된다.

사례연구는 특별한 사건이나 경험에 대해, 한 개인이나 소수집단의 시간경과에 따른 변화를 연구하는 것으로, 사회적, 문화적 맥락에서 연구대상자에 대해 포괄적이고 다각적인 접근을 할 수 있다. 그럼에도 사례 선정의 대표성에 대한 불확신성과 자료수집 특히 면접이나 관찰에서의 객관성, 세밀성, 포괄성, 깊이성이 불분명하다. 더욱이 연구자의 학문적 기반과 경험, 인간에 대한 통찰력, 직관력, 사고력 등이 없이는 주관적인 해석에 빠질 우려가 있다.

사례연구의 평가는 자료수집, 자료분석, 해석에 대한 연구대상자 검토, 외부연구자 검증, 연구자 자기검토 등이 있다. 자료분석 과정에서 연구자 외의 다른 동료전공자들도 참여할 수 있다. 각자 수집자료를 읽고, 항목을 구성하면서 코딩한 후에, 서로 내용을 비교할 수 있다. 반복되는 내용비교과정에서 최종 코딩북이 구성되면 이것을 기준으로 코딩할 수 있다. 이렇게 하여 코딩되고 범주화되고 구조화된 결과와 이에 대한 해석은 외부검증자가 검증한다.

외부검증자는 구조와 범주화가 잘 되었는지, 범주가 잘 분류되었고, 자료를 잘 축약하고 있는지 검증한다. 상위범주들 간의 관계, 상위범주와 하위범주와의 관계, 하위범주들 간의 관계도 잘 구성되었고, 변별성과 유사성이 범주 간, 범주 내에서 제대로 분류되었는가의 검증도 한다. 해석에 대해 다른 연구자의 동의가 이끌어질 수 있어야 한다. 연구자가 내린 해석이 사회과학적 관점과 잘 통합이 되었는지, 한 개인의 경험을 넘어 인간의 본질을 잘 반영하고 있는지에 관한 다른 연구자의 검증은 연구의 평가에서 중요한 부분이다.

연구자 자기검토는 연구자가 자신의 시각과 편견을 최소화하기 위한 노력을 하였는가를 먼저 스스로 평가한다. 그리고 자료수집과정에 편견이 없었는가를 객관적으로 평가한다. 자료분석 및 해석과정에서 선행연구를 고찰하고 비교하며, 차이점에 대한 다각적인 분석을 하였는가를 평가한다. 이를 통해 연구자 자신의 관점과 시각을 넘어, 객관적이었는가를 평가하여야 한다. 연구결과에 대한 연구대상자 검토도 중요하다. 연구대상자에게 기술과 결과를 보여주어 검토를 받음으로써 보다 타당성있는 연구가 될 수 있다.

9. 내러티브연구

내러티브연구는 경험의 의미를 이해하는 방법의 하나로, 개인경험의 이야기를 분석하고 해석하는 연구방법이다. 문학, 인류학, 사회학, 교육학 등에서 사용되고 있다. 내러티브는 과거의 특정한 사건에 대한 이야기로, 개인의 산물이 아니라 문화의 일부로 본다. 개인의 경험들이 이루어지는 사회적, 문화적, 제도적 내러티브를 탐색하는 것이다(Chase, 2005). 그러므로 내러티브 연구는 집단의 특성, 시대적, 사회적 현상에 대한 이해, 인간의 탐구에 활용될 수 있다.

내러티브연구는 과거의 경험뿐만 아니라 현재와 미래의 연속선상에서 경험에 접근하며, 경험에 의미를 부여하는 것이다. 경험은 이야기되는 과정에서 의미를 갖게 된다. 연구현장의 경험이 재조명되어 새롭게 해석되는 것이다. 경험은 연구대상자에 국한되는 것이 아니라, 개인의 행동에 표현되는 사회적 관계로 연결되는 것이다(Gubrium & Holstein, 2009). 모든 개인은 이야기를 가지고 있다. 그리고 개인의 이야기는 일차적 내러티브와 이차적 내러티브로 구성된다. 일차적 내러티브는 개인의 경험에 대한 이야기이며, 이차적 내러티브는 타인들의 경험과 삶을 이야기하는 집단의 이야기이다. 연구자는 어디에 더 집중할 것인지를 선택하게 된다.

내러티브연구의 연구대상자는 업적이 위대하여 시대에 강한 영향력을 주었거나, 일상이 독특한 개인 및 특정 현상을 경험하였고, 이것이 탐구할 가치가 있어야 한다. 또한 연구대상자에의 접근이 가능하면서 자료를 기꺼이 제공해 줄 수 있는 개인 또는 다수의 개인들이다. 자료수집은 연구자가 연구대상자들과의 면접, 문서, 그림, 편지, 일기 등을 통해 이루어진다.

연구절차는 현장으로 들어가기, 현장텍스트를 구성하기, 연구텍스트로 구성하기로 나누어 볼 수 있다. 현장으로 들어가기는 연구문제가 내러티브연구에 적절하다는 판단으로, 연구현장과 연구대상자를 선정한다. 연구자는 연구대상자를 면접하기 전에 자신을 내러티브 연구자로서 성찰해 볼 필요가 있다. 자신의 관점, 시각, 가치관, 세계관의 근원을 성찰하는 것이다. 자신의 삶에서 의미있는 경험에 대한 자서전적 이야기를 기록하는 것으로부터 연구가 시작될 수 있다(Creswell, 2013). 그리고 나서 연구자는 연구현장에 들어가 연구대상자와의 관계를 설정하게 된다.

현장텍스트를 구성하기는 현장에서 자료를 수집하는 단계이다(Clandinin & Connelly, 2000). 이야기, 자서전적 글쓰기, 일기, 문서, 사진, 편지, 그림 등 개인의 경험에 관한 모든 자료가 현장텍스트가 된다. 수집되는 자료는 경험의 어떠한 측면들을 기술한 것이기 때문에 현장텍스트라고 한다. 연구자는 면접을 진행하면서 연구대상자에게 어느 정도 깊이 들어갈 것인가를 정하게 된다. 너무 깊이 개입하면 객관성이 결여되고, 너무 떨어져 있으면 연구대상자에 대한 이해부족이 발생할 수 있다(안영미, 2008). 한 발 뒤로 물러나 연구대상자를 바라볼 수 있는 관계유지가 이 문제를 해결할 수 있는 방법이다. 현장텍스트를 수집하고 이를 기록하는 과정에 이미 연구자나 연구대상자의 주관적 선택이 있게 된다. 이를 최소화하기 위해 연구자는 여러 현장텍스트들을 개방적으로 받아들이며 연구하는 자세가 필요하다(Pinnegar & Daynes, 2007).

　연구텍스트로 구성하기는 현장텍스트가 연구텍스트로 전환되는 것이다. 수집된 자료에서 본연구의 탐구와 관련있는 주제들을 찾아내어 연구텍스트로 구성하는 것이다(염지숙, 2003). 연구텍스트로 구성하기 위해서는 수집한 자료를 반복적으로 읽으면서 분석과 해석을 해야 한다.

〈표 15-14〉 내러티브연구	
분류	내용
목적	경험의 사회적, 문화적, 제도적 내러티브를 탐색
학문분야	문학, 인류학, 사회학
자료수집	면접, 문서, 그림, 일기, 편지 등의 자료
자료분석	시간성, 상호작용, 장소를 중심으로 분석
연구대상자	개인 또는 개인들

　내러티브 자료분석은 연구대상자의 경험을 시간성, 상호작용, 그리고 장소의 3차원을 중심으로 탐구하는 것이다. 시간성은 시간의 연속성을 의미하며, 과거, 현재, 미래이다. 연구대상자의 내러티브는 시작, 중간, 종결이라는 시간적인 연속의 흐름으로 구성된다(Czarniawska, 2004). 그러나 실제 연구에서 자료의 내용들이 명확하게 시간적인 연속을 나타내 주지 않는다. 연구대상자들의 내러티브는 시간적으로 잘 정리되어 있지 않을 수 있다. 연구자는 이러한 내러티브가 시간적인 연속을 갖도록 재정리하여야 한다(Creswell, 2013).

　상호작용은 내부지향과 외부지향을 의미한다. 내부지향은 감정, 희망, 심미성, 도덕성과 같은 내면의 세계를 의미하고, 외부지향은 사회문화적 맥락이나 환경 같은 외적세계이다. 장소는 특정장소 또는 특정환경이다. 경험을 이야기한다는 것은 장소에서 시간성, 외부지향과 내부지향을 동시에 경험한다는 것이다. 현재 일어나고 있는 경험뿐 아니라 기억에 있는 과거의 사건들도 이야기하게 되며, 이 이야기들은 일어날 수 있는 미래의 이야기도 제공해 준다(Czarniawska, 2004).

　연구텍스트는 반복적으로 읽으면서 수정된다. 현장텍스트의 중요한 내용들을 단순히 정리하거나, 또는 답을 찾으려는 시도나 기존 이론에 대한 비교는 지양되어야 한다(Pinnegar & Daynes, 2007). 기술된 자료가 경험에 대한 의미로 구성되어야 한다는 것이다. 개인의 경험과 맥락 간의 관계와 의미, 다른 개인과 맥락에 대한 적용, 변별과 유사점 등에 대해 계속 의문을 제기하며 증거를 찾고, 이에 대한 해결을 위해 지속적인 분석과 해석을 하여야 한다.

내러티브연구의 평가도 연구의 질을 평가할 수 있는 명확한 준거가 마련되어 있지 않아 연구의 타당성과 신뢰성에 의문이 제기된다. 연구자가 연구대상자의 경험에 의미나 가치를 부여하기 위해 자료를 왜곡할 가능성이 있다. 또한 분석이나 해석에서 연구자의 주관적 해석, 독단 및 자기도취에 빠질 수도 한다(Creswell, 2013). 이에 대한 방안으로, 외부검증자, 연구대상자, 연구자 자기검토가 중요하다. 외부검증자는 연구자가 자료분석과 해석에서 개인의 경험을 잘 통찰했고, 개인의 경험을 넘어 인간의 본질을 잘 반영하고 있는가, 그리고 다른 연구자들의 공감을 이끌어낼 수 있는가에 관해 검증한다. 연구대상자에게 자료내용, 자료분석, 해석을 제공하여 연구자의 왜곡, 주관적 판단 등에 대한 검토를 받는 것이 필요하다. 무엇보다도 연구자는 과학자이면서 또한 검증가로서 자신의 연구를 검토하는 자세가 필요하다.

참고문헌

강민지(2012). 근거이론에 의한 아동상담자의 전문성 발달 연구. 숙명여자대학교 박사학위논문.

강영걸(2014). 사회복지조사론. 서울: 정민사.

강완, 장윤영, 정선혜(2011). 수학 수업 발문유형 분석 및 대안 탐색: 신임교사 사례연구. 초등수
학교육, 14(3), 293-302.

공병혜, 박순애(2009). 질적 연구 인터뷰에 대한 철학적 배경. 질적연구, 10(2), 77-85.

김기영(1994). 다변량 통계자료분석. 서울: 자유아카데미.

김기영, 강현철(2001). 구조방정식모형의 분석. 서울: 자유아카데미.

김기영, 전명식(1989). SAS 주성분 분석. 서울: 자유아카데미.

김병성(1996). 교육연구방법. 서울: 학지사.

김아영(2004). 관찰연구법. 서울: 교육과학사.

김영천(2006). 질적연구방법론Ⅰ. 서울: 문음사.

김영철(2003). 질적 교육연구에 있어서 방법주의와 개념주의 비판: 가다머의 입장에서. 교육인
류학연구, 6(1), 75-96.

김유하(2016). 정서에 따른 지적장애청소년의 대인문제해결미술치료 프로그램 효과. 동의대학
교 석사학위논문.

김익수(2006). 미술치료와 질적 연구방법론: 미술과 삶의 만남. 한국미술치료학회 전문가 초청
워크샵. 한국미술치료학회.

김재은(1971). 교육, 심리, 사회 연구방법. 서울: 익문사.

김지연(2014). 전문상담교사의 직업 적응과정. 서울대학교 박사학위논문.

김충련(1993). SAS라는 통계상자. 서울: 데이터리서치.

노길명, 정태환, 김응렬, 서용석, 현택수(2002). 문화인류학의 이해. 서울: 일신사.

노석준, 문승태, 장선철(2008). 교육연구방법 및 통계. 서울: 동문사.

노영운, 정현희(2015), 지적장애청소년의 대인문제해결을 위한 집단미술치료프로그램 개발 및
효과. 미술치료연구, 22(3), 755-775.

박성희(2004). 질적 연구방법의 이해. 서울: 도서출판 원미사.

박희진, 정현희(2014). HTP 리커트 평가항목 개발. 미술치료연구, 21(4), 643-660.

성태제, 시기자(2006). 연구방법론. 서울: 학지사.

송동호(2012). 청소년의 자살과 왕따: 임상적 접근. 한국미술치료학회 전문가 초청 워크샵. 한국미술치료학회.

송인섭, 강갑원, 이경화(2008). 아동연구방법. 서울: 동문사.

신경림(2004). 질적 연구방법론. 한국미술치료학회 전문가 초청 워크샵. 한국미술치료학회.

신화연(1990). 상황유도와 정서유도가 기억과 이타성에 미치는 영향. 이화여자대학교 석사학위논문.

안수현, 정현희(2015). 어머니 양육스트레스와 아버지 양육참여가 어머니와 미술치료사의 작업동맹에 미치는 영향. 미술치료연구, 23(4), 967-984.

안영미(2008). 내러티브탐구를 통한 두 남성 노인의 삶과 죽음에 관한 이해. 이화여자대학교 박사학위논문.

염지숙(2007). 내러티브 탐구를 통한 교수경험에 대한 성찰. 한국교원교육연구, 24(2), 243-260.

윤지현, 정현희(2016). 지적장애아동의 모자녀 친밀도에 따른 사회인지집단미술치료 프로그램 효과. 미술치료연구, 23(3), 715-733.

이미라, 정현희(2014). 지적장애아동의 사회인지집단미술치료 프로그램 개발 및 적용. 미술치료연구, 21(6), 1163-1180.

이소현, 박은혜, 김영태(2004). 단일대상연구. 서울: 학지사.

이순묵(1990). 공변량구조분석. 서울: 성원사.

이은해(1987). 아동연구방법. 경기: 교문사.

이정하, 정현희(2015). 지적장애청소년의 진로탐색집단미술치료프로그램 개발 및 효과. 미술치료연구, 22(2), 339-360.

이정현(2010). 가출청소년의 쉼터 경험에 대한 내러티브 연구. 중앙대학교 박사학위논문.

이정환, 박은혜(2009). 교사들을 위한 유아 관찰 워크북. 서울: 아이코리아.

이종승(1989). 교육연구법. 서울: 배영사.

이지영(2010). 미술치료사가 경험한 내담자 저항에 관한 현상학적 연구. 영남대학교 박사학위논문.

이해영(2005). 조사방법의 이해. 서울: 대영문화사.

이혁규(2004). 질적연구의 타당성문제에 대한 고찰. 교육인류학연구, 7(1), 175-210.

이형득(1997). 집단상담의 실제. 서울: 중앙적성출판사.

임창재, 오수정(2008). 유아연구 및 심리측정. 서울: 동문사.

정옥분(2008). 아동학 연구방법. 서울: 학지사.

정현희(2003). 어머니 양육행동의 관련변인에 대한 구조분석. 대한가정학회지, 41(6), 75-90.

정현희(2006). 실제 적용 중심의 미술치료. 서울: 학지사.

정현희(2013). 동적가족화에 의한 일반아동과 임상아동 판별. 미술치료연구, 19(2), 231–244.

정현희, 이은지(2007). 실제 적용 중심의 노인미술치료. 서울: 학지사.

정현희, 이화영(2012). HTP 평가항목 간편화. 미술치료연구, 19(2), 231–244.

조선배(1999). Lisel 구조방정식모델. 서울: 영지문화사.

조용기(2001). 질적 연구의 성격. 교육인류학연구, 4(1), 157–168.

조용태(2016). 단일사례연구설계와 자료분석방법. 한국미술치료학회 전문가 초청 워크샵. 한국미술치료학회.

조용환(2002). 질적 연구: 방법과 사례. 서울: 교육과학사.

지용근, 김옥희, 양종국(2005). 진로상담의 이해. 서울: 동문사.

차배근(1984). 사회과학연구방법. 서울: 대덕인쇄사.

천성문(2005). 미술치료연구방법론의 제 고려사항. 한국미술치료학회 미술치료사 재교육 초청 워크샵. 한국미술치료학회.

최병선(1994). PC SAS입문. 서울: 박영사.

허명회(1988). SAS 분산분석. 서울: 자유아카데미.

허명회(1989). SAS 범주형 데이터 분석. 서울: 자유아카데미.

허진(2015). 지적장애청소년의 또래갈등해결능력미술치료 프로그램 개발 및 사건표상에 따른 효과. 동의대학교 석사학위논문.

홍두승(2000). 사회조사분석. 서울: 다산출판사.

Adams, G. R. & Schvaneveldt, J. D.(1985). *Understanding research methods*. New York: Longman.

Aiken, L. S. & West, S. G.(1991). *Multiple regression: testing and interpreting interactions*. Newbury Park: Sage.

Alberto, P. A. & Troutman, A. C.(2003). *Applied behavior analysis for teachers*(6th ed.). NJ: Merrill.

Anastasi, A. & Urbina, S.(1997). *Psychological testing*(7th ed.). Upper Saddle River, NJ: Prentice-Hall.

Angrosino, M.(2008). *Doing ethnographic and observational research*. CA: Sage Publications.

Atkinson, P. A.(2012). *Understanding ethnographic texts(qualitative research methods)*. CA: Sage Publications.

Babbie, E.(2001). *The practice of social research*(9th ed.). CA: Wadsworth.

Bailey, K. D.(1994). *Methods of social research*(4th ed.). New York: Free Press.

Baron, R. M. & Kenny, D. A.(1986). The moderator-mediator variable distinction in social psychological research: conceptual, strategic, and statistical considerations. *Journal of Personality and Social Psychology, 51*, 1173–1182.

Billman, J. & Sherman, J. A.(2002). *Observation and participation in early childhood setting: a practicum guide, birth though age five.* Boston: Allyn & Bacon.

Bogdan, R. C. & Biklen, S. K.(2007). *Qualitative research for education: an introduction to theories and methods*(5th ed.). Boston: Allyn & Bacon.

Borg, W. R. & Gall, M. D.(1983). *Educational research: an introduction*(4th ed.). NY: Longman.

Bozkus-Genc, G. & Yucesoy-Ozkan, S.(2016). Meta-analysis of pivotal response training for children with autism spectrum disorder. *Education and Training in Autism and Developmental Disabilities, 51*(1), 13–26.

Busk, P. L. & Marascuilo, L. A.(1992). Statistical analysis in single-case research: issues, procedures, and recommendations with applications to multiple behaviors. In T. R. Kratochwill & J. R. Levin(Ed.). *Single case research design and analysis: new directions for psychology and education*(pp. 159–185). Hillsdale, NJ: Lawrence Erlbaum.

Byrne, B. M.(1994). *Structural equation modeling with EQS and EQS/windows: basic concepts, applications, and programming.* CA: Sage Publication.

Cattell R. B.(1965). Factor analysis: an introduction to essontials II. the role of factor analysis in research. *Biometrics, 21*, 405–435.

Chase, S. E.(2005). Narrative inquiry: multiple lenses, approaches and voices. In N. K. Denzin & Y. S. Lincoln(Ed.) *Handbook of qualitative research*(3rd ed.) (pp. 651–679). CA: Sage Publications.

Clandinin, D. J. & Connelly, F. M.(2000). *Narrative inquiry: experience and story in qualitative research.* San Francisco: Jossey-Bass.

Clausen, A. S.(2012). The individually focused interview: methodological quality without transcription of audio recordings. *The Qualitative Report, 37*(17), 1–17.

Cohen, J.(1960). A coefficient of agreement and nominal scales. *Educational and Psychological Measurement, 20*, 37–46.

Comrey, A. L. & Lee, H. B.(1992). *A first course in factor analysis*(2nd ed.). Hillsdale, NJ: Lawrence Erlbaum Associates.

Cone, J. D. & Foster, S. L.(1997). Dissertations and theses from start to finish: psychology and related fields. Washinton, DC: American Psychological Association.

Converse, J. M. & Presser, S.(1986). *Survey questions: handcrafting the standardized questionnaire.* Beverly Hills: Sage Publications.

Corbin, J. M. & Strauss, A. L.(2008). *Basics of qualitative research: techniques and procedures for developing grounded theory*(3rd ed.). CA: Sage.

Creswell, J. W.(2005). 질적 연구방법론(*Qualitative inquiry and research design*). (조흥식, 정선욱, 김진숙, 권지성 역). 서울: 학지사. (원저는 1998년에 출판).

Creswell, J. W.(2013). *Qualitative inquiry: choosing among five approaches*(3rd ed.). CA: Sage.

Cronbach, L. J.(1971). Test validation. In R. L. Thorndike(ed.). *Educational measurement*(pp. 443−507). Washington, DC.: American Council on Education.

Cronbach, L. J.(1990). *Essentials of psychological testing*(5th ed.). New York: Harper & Row.

Czarniawska, B.(2004). *Narratives in social science research.* London: Sage.

Denzin, N. K.(2014). *Interpretive autoethnography*(2nd ed.). Los Angeles, CA: Sage.

Denzin, N. K. & Lincoln, Y. S.(2000). *Handbook of qualitative research.* London: Sage Publications.

Dillman, D. A., Christensen, J. A., Carperten, E. H., & Brooks, R. M.(1974). Increasing mail questionnaire response: a four state comparison. *American Sociological Review, 39,* 751−760.

Dukes, S.(1984). Phenomenological methodology in the human sciences. *Journal of Religion and Health, 23,* 197−203.

Dunteman, G. H.(1989). *Principal component analysis.* Thousand Oaks, CA: Sage Publications.

Eisner, E. W.(2001). Concerns and aspirations for qualitative research in the new millennium. *Qualitative Research, 1*(2), 135−145.

Ellis, C.(2009). *Revision: autoethnographic reflections on life and work.* CA: Left Coast Press.

Englander, M.(2012). The interview: data collection in descriptive phenomenological human scientific research. *Journal of Phenomenological Psychology, 43,* 13−35.

Erlandson, D. A., Harris, E. L., Skipper, B. L., & Allen, S. D.(1993). *Doing naturalistic inquiry: a guide to methods.* Newbury Park, CA: Sage Publications, Inc

Fetterman, D.(2009). *Ethnography: step by step*(3rd ed.). Thousand Oaks, CA: Sage.

Gardner, H.(2006). *Multiple intelligences: new horizons in theory and practice.* NY: Basic Books.

Gast, D. L. & Ledford, J.(2010). Multiple baseline and multiple probe designs. In D. L. Gast(Ed.). *Single subject research methodology in behavioral sciences*(pp. 276–328). New York: Routledge.

Giorgi, A.(2006). Concerning variations in the application of the phenomenological method. *The Humanistic Psychologist, 34*(4), 305–319.

Glesne, C. & Peshkin, A.(1992). *Becoming qualitative researchers: an introduction.* White Plains, NY: Longman.

Gottman, J. M. & Bakeman, R.(1979). The sequential analysis of observational data. In M. E. Lamb, S. J. Suomi, & G. R. Stephenson(Ed). *Social interaction analysis: methodological issues*(pp. 185–206). Madison: University of Wisconsin: The University of Wisconsin Press.

Guba, E. G. & Lincoln, Y. S.(1994). Competing paradigms in qualitative research. In N. K. Denzin & Y. S. Lincoln(Ed.). *Handbook of qualitative research*(pp. 105–117). Thousand Oaks: Sage Publications.

Gubrium, J. F. & Holstein, J. A.(2009). *Analyzing narrative reality.* Thousand Oaks, CA: Sage.

Hartmann, D. P.(1977). Considerations in the choice of interobserver reliability estimates. *Journal of Applied Behavior Analysis, 10*, 103–116.

Hartmann, D. P. & Hall, R. V.(1976). The changing criterion design. *Journal of Applied Behavior Analysis, 9*, 527–532.

Hayes, A. F.(2013). *Introduction to mediation, moderation, and conditional process analysis.* New York: The Guilford Press.

Horner, R. D. & Baer, D. M.(1978). Multiple-probe technique: a variation on the multiple baseline. *Journal of Applied Behavior Analysis, 11*(1), 189–196.

Huck, S. W.(2011). *Reading statistics and research*(6th ed). New York: Allyn & Bacon.

Huck, S. W. & Cormier, W. H.(1996). *Reading statistics and research*(2nd ed.). NY: Harper Collins.

Johnson, B. & Christensen, L.(2004). *Educational research: quantitative, qualitative, and mixed approaches*(2nd ed.). Boston: Pearson Education Inc.

Johnson, M. B. & Ottenbacher K. J.(1991). Trend line influence on visual analysis of single-subject data in rehabilitation research. *International Disability Studies, 13*(2), 55–59.

Joreskog, K. G. & Sorbom, D.(1993). *LISREL 8: structural equation modeling with the simplis command language.* Chicago: Scientific Software International, Inc.

Joreskog, K. G. & Sorbom, D.(1996). *LISREL 8: user's reference guide.* Chicago: Scientific Software International, Inc.

Joreskog, K. G. & Sorbom, D.(2002). *Prelis 2: user's reference guide.* Lincolnwood: Scientific Software International, Inc.

Joreskog, K. G. & Sorbom, D., & Toit, M.(2001). *LISREL 8: new statistical features.* Lincolnwood: Scientific Software International, Inc.

Kazdin, A. E.(1973). Methodological and assessment considerations in evaluating reinforcement programs in applied settings. *Journal of Applied Behavior Analysis, 6*(3), 517–531.

Kazdin, A. E.(1982). *Single-case research designs.* New York: Oxford University Press.

Kazdin, A. E.(2003). *Research design in clinical psychology*(4th ed.). MA: Allyn & Bacon.

Kazdin, A. E. & Kopel, S. A.(1975). On resolving ambiguities of the multiple-baseline design: problems and recommendations. *Behavior Therapy, 6,* 601–608.

Kerlinger, F. N.(1986). *Foundations of behavioral research*(3rd ed.). New York: Holt, Rinehart, & Winston.

Kerlinger, F. N. & Lee, H. B.(2000). *Foundations of behavioral research*(4th ed.). Fort Worth: Harcourt College Publishers.

Kickul, J. & Margaret, P.(2001). Supervisory emotion support and burnout: an exploratory of reverse buffering effects. *Journal of Managerial Issue, 13*(3), 328–344.

Kidder, L. H. & Judd, C. M.(1986). *Research methods in social relations*(5th ed.). New York: Holt, Rinehart, & Winston.

Knaffl, K. A. & Howard, M. J.(1984). Interpreting and reporting qualitative research. *Research in Nursing and Health, 7,* 17–24.

Krippendorff, K.(2013). *Content analysis: an introduction to its methodology*(3rd ed.). Thousand Oaks, CA: Sage.

Kuder, G. F. & Richardson, M. W.(1937). The theory of estimation of test reliability. *Psychometrika, 2,* 151–160.

Kvale, S.(1998). *Interviews: an introduction to qualitative research interviewing.* Sage Publications

Landis, J. R. & Koch, G. G.(1977). The measurement of observer agreement for categorical data. *Biometrics, 33*, 159-174.

Lawshe, C. H.(1975). A quantitative approach to content validity. *Personnel Psychology, 28*, 563-575.

Lay-Dopyera, M. & Dopyera, J.(1993). *Becoming a teacher of young children*(5th ed.). New York: McGraw-Hill.

Lincoln, Y. & Guba, E.(1985). *Naturalistic inquiry.* London: Sage Publications.

Loh, J.(2013). Inquiry into issues of trustworthiness and quality in narrative studies: a perspective. *The Qualitative Report, 18*, 1-15.

Ma, H. H.(2006). An alternative method for quantitative synthesis of single-subject research: percentage of data points exceeding the median. *Behavior Modification, 30*, 598-617.

Ma, H. H.(2009). The effectiveness of intervention on the behavior of individuals with autism: a meta-analysis using percentage of data point exceeding the median of baseline phase. *Behavior Modification, 33*, 339-359.

Marshall, C. & Gretchen, B. R.(1999). *Designing qualitative research.* London: Sage Pub.

Maxwell, J. A.(2005). *Qualitative research design: an interactive approach*(2nd ed.). Thousand Oaks, CA: Sage.

McMillan, J. H. & Schumacher, S.(2001). *Research in education: a conceptual introduction*(5th ed.). NY: Longman.

Merriam, B. S.(1988). *Qualitative research and case study application in education.* San Francisco: Jossey-Bass Publishers.

Merton, R. K., Fiske, M., & Kendall, P. L.(1990). *The focused interview: a manual of problems and procedures.* NY: Free Press.

Miles, M. B. & Huberman, A. M.(1994). *Qualitative data analysis: an expanded sourcebook*(2nd ed.). Thousand Oaks, CA: Sage Publications.

Misco, T.(2007). The frustrations of reader generalizability and grounded theory: alternative considerations for transferability. *Journal of Research Practice, 3*, 1-11.

Morgan, A. K. & Drury, V. B.(2003). Legitimising the subjectivity of human reality through qualitative research method. *The Qualitative Report, 8*(1), 70-80.

Moustakas, C.(1994). *Phenomenological research methods.* CA: Sage.

Nachmias, D. & Nachmias, C.(1992). *Research methods in the social sciences*(4th ed.). New York: St. Martin's Press.

Natanson, M.(1973). *Phenomenology and the social sciences*. Evanston, IL: Northwestern University Press.

Oktay, J. S.(2012). *Grounded theory*. NY: Oxford University Press.

Ollerenshaw, J. & Creswell, J. W.(2002). Narrative research: a comparison of two restorying data analysis approaches. *Qualitative Inquiry, 8*, 329–347.

Padgett, D. K.(2004). *The qualitative research experience*. Belmont, CA: Wadsworth/ Thomson Learning.

Parker, R. I., Cryer, J., & Byrns, G.(2006). Controlling trend in single case research. *School Psychology Quarterly, 21*, 418–440.

Parker, R. I., Hagan-Burke, S., & Vannest, K.(2007). Percent of all non-overlapping data(PAND): an alternative to PND. *Journal of Special Education, 40*, 194–204.

Parker, R. I., Vannest, K. J., & Brown, L.(2009). The improvement rate difference for single-case research. *Exceptional Children, 75*(2), 135–150.

Parsonson, B. S. & Baer, D. M.(1978). The analysis and presentation of graphic data. In T. R. Kratochwill(Ed.). *Single-subject research*(pp. 101–165). New York: Academic Press.

Pillotte, W. J.(1991). The impact of mixed item stems on the responses of high school students to a computer anxiety scale. Doctorial Dissertation, University of Conneticut.

Pinnegar, S. & Daynes, J. G.(2007) Locating narrative inquiry historically: thematics in the turn to narrative. In D. J. Clandinin(Ed.). *Handbook of narrrative inquiry: mapping a methodology*(pp. 1–34). Thousand Oaks, CA: Sage.

Polit, D. F. & Beck, C. T.(2010). Generalization in quantitative and qualitative research: myths and strategies. *International Journal of Nursing Studies, 47*, 1451–1458.

Rosnow, R. & Rosenthal, R.(2002). *Beginning behavioral research: a conceptual primer*(4th ed.). NJ: Prentice-Hall.

Salkind, N. J.(1997). *Exploring research*(3rd ed.). NJ: Prentice-Hall.

Schutz, A.(1972): *The phenomenology of the social world*. London: Heinemann Educational Books.

Schutz, A. & Luckmann, T.(1973): *The structure of the life world*. Evanston, IL: Northwestern University Press.

Seidman, I.(2013). *Interviewing as qualitative research: a guide for researchers in education and the social sciences*. NY: Teachers College Press.

Shenton, A. K. (2004). Strategies for ensuring trustworthiness in qualitative research projects. *Education for Information, 22*, 63−75.

Sidman, M. (1960). *Tactics of scientific research*. New York: Basic Books.

Smith C. P. (2000). Content analysis and narrative analysis. In H. T. Reis & C. M. Judd(Ed.). *Handbook of research methods in social and personality psychology*(pp. 313−335). NY: Cambridge University Press

Sommer, R. & Sommer, B. (2002). *A practical guide to behavioral research: tools and techniques*(5th ed.). New York: Oxford University Press.

Spradley, J. P. (1997). *The ethnographic interviewer*. Cambridge, MA: International Thomson.

Stangor, C. (1998). *Research methods for the behavioral sciences*. Boston: Houghton Mifflin Company.

Strauss, A. L. & Corbin. J. M. (1990). *Basics of qualitative research: grounded theory procedures and technigues*. CA: Sage.

Strauss, A. L. & Corbin, J. M. (1998). *Basics of qualitative research: techniques and procedures for developing grounded theory*(2nd ed.). CA: Sage.

Suen, H. K. & Ary, D. (1989). *Analyzing quantitative behavioral observation data*. NJ: Lowrence Erlbaum Associates.

Swanson, H. L. & Sachse-Lee, C. (2000). A meta analysis of single-subject design intervention research for students with learning disabilities. *Journal of Learning Disabilities, 33*(2), 114−166.

Thorndike, R. L. & Hagen, E. P. (1977). *Measurement of attitudes*. Chicago: University of Chicago Press.

Wechsler, D. (2003). *Wechsler intelligence scale for children-fourth edition*. TX: Harcourt Assessment.

Wendt, O. (2009). Calculating effect sizes for single subject experimental designs: an overview and comparison. paper presented at the Ninth Annual Campbell Collaboration Colloquium, Oslo, Norway.

Wicks-Nelson, R. & Israel, A. C. (2015). *Abnormal child and adolescent psychology with DSM−V updates*(8th ed.). NJ: Pearson Education Inc.

Wolcott, H. F. (1994). *Transfornuing qualitative data: description, analysis, and interprelation*. Thousand Oaks, CA: Sage.

Wolery, M., Busick, M., Reichow, B., & Barton, E. E. (2010). Comparison of overlap methods for quantitatively synthesizing single-subject data. *The Journal of Special Education, 44,* 18-28.

Yin, R. K.(2012). *Case study research: design and methods.* CA: Sage Publications

Zahavi, D.(2001). Beyond empathy: phenomenological approaches to inter subjectivity. *Journal of Consciousness Studies, 8,* 151-167.

찾아보기

저자 소개

정현희(Jeong Hyeon Hee)

경기여자고등학교 졸업
서울대학교 가정관리학과 학사
서울대학교 대학원 가정관리학과 석사(아동가족전공)
고려대학교 대학원 이학박사(아동학전공)
전 한국미술치료학회장 역임
　　동의대학교 생활과학대학장 역임
현 동의대학교 보육 · 가정상담학과 교수
　　동의대학교 미술치료실 운영교수

〈저서〉
실제 적용 중심의 노인미술치료(공저, 학지사, 2007)
실제 적용 중심의 미술치료(학지사, 2006)
동그라미 중심 가족화에 의한 심리진단과 치료(개정판, 공저, 대구대학교출판부, 2004) 외 다수

〈논문〉
지적장애아동의 모자녀 친밀도에 따른 사회인지집단미술치료 프로그램 효과(2016)
지적장애청소년의 대인문제해결을 위한 집단미술치료 프로그램 개발 및 효과(2015)
HTP 리커트 평가항목 개발(2014)
동적가족화에 의한 일반아동과 임상아동 판별(2013)
초등학생의 사회적 기술 향상과 또래관계 개선을 위한 집단미술치료 사례(2008) 외 다수

미술치료 연구방법
Research Methods for Art Therapy

2017년 5월 10일 1판 1쇄 인쇄
2017년 5월 15일 1판 1쇄 발행

지은이 • 정현희

펴낸이 • 김진환

펴낸곳 • (주) **학지사**

04031 서울특별시 마포구 양화로 15길 20 마인드월드빌딩

대표전화 • 02)330-5114   팩스 • 02)324-2345

등록번호 • 제313-2006-000265호

홈페이지 • http://www.hakjisa.co.kr

페이스북 • https://www.facebook.com/hakjisabook

ISBN 978-89-997-1247-0   93370

정가 22,000원

이 도서의 국립중앙도서관 출판시도서목록(CIP)은 서지정보유통지원
시스템 홈페이지(http://seoji.nl.go.kr)와 국가자료공동목록시스템
(http://www.nl.go.kr/kolisnet)에서 이용하실 수 있습니다.
(CIP 제어번호: CIP2017009388)

⋯⋯⋯⋯⋯⋯ 교육문화출판미디어그룹 **학지사** ⋯⋯⋯⋯⋯⋯

심리검사연구소 **인싸이트** www.inpsyt.co.kr
원격교육연수원 **카운피아** www.counpia.com
학술논문서비스 **뉴논문** www.newnonmun.com